中国物料搬运装备产业发展研究报告
（2018—2019）

China Materials Handling Equipment Industry Development Report
(2018—2019)

主　编　陆大明
副主编　周奇才　罗丹青　张喜军　孟文俊　陈涤新
　　　　张　洁　邱伏生　李邵建
参　编（按姓氏笔画排序）
　　　　马　超　王雨杨　王　恺　刘国良　孙晓霞
　　　　纪　凯　李文锋　李淑君　杨光辉　杨　博
　　　　汪　萍　宋海萍　陈素珍　周　云　孟凡波
　　　　赵　炯　姜延柏　龚欣荣　常小林　崔志远
　　　　彭　锋　阚世奇　熊肖磊　滕旭辉　魏瑜萱

机械工业出版社

本书是一本定期出版发行的行业发展研究报告，分篇章全面总结了我国 2018 年和 2019 年物料搬运装备产业的发展情况与趋势。

本书共 7 篇，分为概论、起重机械、连续搬运机械、物流仓储机械、工业车辆四个专业篇和供应链、物料搬运装备及系统数字化设计案例两个综合共性技术分析篇，对物料搬运装备产业进行了市场分析、技术分析，对物料搬运装备产业企业进行了竞争力分析、盈利能力分析，最后结合重点企业介绍、访谈，对物料搬运装备产业的前景进行了展望。

本书数据来源于调研问卷与实地访谈，利用数据与技术分析，清晰地描述出物料搬运装备产业的发展现状与发展趋势，内容翔实，有利于读者全面掌握我国物料搬运装备市场发展的脉络，为我国物料搬运装备市场发展提供了第一手数据和资料。

本书可供物料搬运行业的从业人员、政府部门相关人员参考。

图书在版编目（CIP）数据

中国物料搬运装备产业发展研究报告. 2018—2019/陆大明主编. —北京：机械工业出版社，2021.1
ISBN 978-7-111-67071-1

Ⅰ.①中… Ⅱ.①陆… Ⅲ.①运输机械-机械工业-产业发展-研究报告-中国-2018—2019 Ⅳ.①F426.4

中国版本图书馆 CIP 数据核字（2020）第 251457 号

机械工业出版社（北京市百万庄大街 22 号　邮政编码 100037）
策划编辑：周国萍　责任编辑：周国萍　刘本明　王彦青
责任校对：刘雅娜　封面设计：马精明
责任印制：常天培
北京虎彩文化传播有限公司印刷
2021 年 1 月第 1 版第 1 次印刷
184mm×260mm · 27.75 印张 · 637 千字
标准书号：ISBN 978-7-111-67071-1
定价：198.00 元

电话服务　　　　　　　　　　网络服务
客服电话：010-88361066　　　机　工　官　网：www.cmpbook.com
　　　　　010-88379833　　　机　工　官　博：weibo.com/cmp1952
　　　　　010-68326294　　　金　书　网：www.golden-book.com
封底无防伪标均为盗版　　　机工教育服务网：www.cmpedu.com

前　言

　　物料搬运是利用人力或搬运机械,按要求将物料从一个位置移动到另一个位置,以实现特定目的而进行的有效作业的总称。物料搬运除包括起重、装卸、运输、堆码、仓储、分拣等不同作业外,有时还需要对物料进行识别、跟踪、计量和管理。物料搬运存在于生产、流通和生活的各个领域,其作业对象分为散状物料和成件物品两大类。

　　由于工业生产自动化程度的提高和生产规模的扩大,以及生产过程中物料搬运费用对赢利的影响巨大,企业在生产中越来越多地采用大型、高效、自动化的物料搬运装备。正是在这种条件下,我国物料搬运装备产业迅速发展,国内市场份额不断增加。我国物料搬运装备企业以为国民经济各行业、重大建设工程以及国防安全提供各种现代化的物料搬运装备为目标,基本形成了全面的产品范围、较好的技术体系和庞大的企业群体,成为机械工业中一个独立的行业,服务于国民经济各行各业,包括为第二与第三产业提供了数量巨大、品种繁多的产品,能独立或与国外合作为国家重点工程提供大型物料搬运成套设备及系统,并有一定规模的出口。

　　《中国物料搬运装备产业发展研究报告》（2018—2019）（以下简称《报告》）是由中国机械工程学会、中国机械工程学会物流工程分会联合中国工程科技知识中心、中国工程机械工业协会工业车辆分会、中国重型机械工业协会物流与仓储机械分会、同济大学、汉诺威米兰展览（上海）有限公司等单位发起,定期编辑出版发行的行业发展研究报告。目的是通过对物料搬运装备产业的市场需求分析、对物料搬运装备产业标杆企业的样本统计,以及分析主流企业的战略动向来勾勒物料搬运装备产业未来竞争格局的变化趋势。

　　《报告》全面总结了2018年和2019年物料搬运装备产业的发展情况,反映了起重机械、连续搬运机械、物流仓储机械、工业车辆以及供应链等的发展与技术的新特点,分析新问题,提出新趋势,对行业整体的发展态势、企业案例和行业数据以及未来趋势的把控均有全面深入的分析,对整体认识和把握行业现状及趋势深具价值。

　　《报告》力图通过研究和分析我国物料搬运装备相关产业的政策与环境,立足于调研行业内龙头企业的一手数据和资料,从而准确把握我国物料搬运装备产业的最新动态和发展规律,为政府、企业和学术界研究、了解我国物料搬运装备市场的发展提供了参考，也使国外的物料搬运企业更加了解中国市场。

《报告》共7篇，分别为概论、起重机械、连续搬运机械、物流仓储机械、工业车辆、供应链、物料搬运装备及系统数字化设计案例以及相关附录。

概论部分主要追踪与分析了我国物料搬运装备产业发展的现状、行业环境和市场，以及行业未来的发展趋势，既有利于读者全面掌握我国物料搬运装备市场发展的脉络，也对行业未来发展趋势做了分析和预判。

起重机械、连续搬运机械、物流仓储机械、工业车辆以及供应链部分首先立足于各自领域的行业发展特点、热点、难点，并选取了各个行业具有代表性的企业进行重点调研分析，然后对整体的行业环境进行分析，可以使读者对我国整个物料搬运装备产业有一个更深入的了解和把握。

《报告》中的行业数据均来源于调研问卷与实地访谈，依托全国性物料搬运装备市场调查，获取我国物料搬运装备市场发展的第一手数据和资料。

物料搬运装备及系统数字化设计案例展现了数字化先进技术条件下物料搬运装备设计的方法与技术，结束语总结并展望了物料搬运装备产业的发展。

《报告》共36章约70万字，通过开展大调研、大走访活动获取数据，突出"用数据说话、用数据创新"的统计特色和内容翔实的写作特色，可为从事物料搬运装备产业研究的相关人员提供参考。

本书篇目众多，疏漏之处在所难免，敬请同仁批评指正。

目 录

前 言

第1篇 概 论

第1章 行业环境 ... 2
1.1 行业政策、法律法规 ... 2
1.2 物料搬运装备产业在国民经济中的地位 ... 9
1.3 "十三五"期间发展环境 ... 9

第2章 行业发展基础与标准 ... 11
2.1 国内外物料搬运装备产业概况 ... 11
  2.1.1 国外概况 ... 11
  2.1.2 国内概况 ... 11
2.2 产学研基本情况 ... 12
  2.2.1 企业情况 ... 12
  2.2.2 科研机构情况 ... 12
  2.2.3 学校情况 ... 12
2.3 标准化组织 ... 13
  2.3.1 标准体系的构建思路和原则 ... 13
  2.3.2 技术标准体系的发展目标 ... 14
  2.3.3 现行国家标准以及行业标准 ... 14
  2.3.4 技术标准体系的发展方向 ... 15

第3章 行业市场 ... 17
3.1 物料搬运装备产业市场 ... 17
  3.1.1 "十三五"期间物料搬运装备产业市场概况 ... 17
  3.1.2 物料搬运装备产业市场竞争概况 ... 17
3.2 物料搬运装备产业市场主要经济指标 ... 17
  3.2.1 总体市场规模 ... 17
  3.2.2 主要营业收入增速与销售额占比 ... 18
  3.2.3 进出口额 ... 18
3.3 物料搬运装备产业市场发展 ... 21
  3.3.1 传统应用领域 ... 21
  3.3.2 新兴领域 ... 21

第4章 行业组织 ... 23
4.1 中国机械工程学会 ... 23
4.2 行业协会 ... 23
  4.2.1 中国重型机械工业协会桥式起重机专业委员会 ... 24
  4.2.2 中国重型机械工业协会起重葫芦分会 ... 24
  4.2.3 中国重型机械工业协会停车设备工作委员会 ... 24
  4.2.4 中国重型机械工业协会带式输送机分会 ... 24
  4.2.5 中国重型机械工业协会输送机给料机分会 ... 24
  4.2.6 中国重型机械工业协会散料装卸机械与搬运车辆分会 ... 24
  4.2.7 中国重型机械工业协会物流与仓储机械分会 ... 25
  4.2.8 中国工程机械工业协会工业车辆分会 ... 25

  4.3 专业期刊 25
  4.4 国际联盟与交流合作 26
  4.5 科技会展 26
第5章 行业发展趋势
  5.1 成长空间 27
  5.2 发展趋势 27
    5.2.1 新理论、新技术、新工艺 27
    5.2.2 信息化、智能化、自动化 27
    5.2.3 大型、高效和节能化 28
    5.2.4 模块化、通用化、多样化 28
    5.2.5 重视产品的人机工程学 28
    5.2.6 重视社会可持续发展 28

第2篇 起重机械

第6章 概述 30
  6.1 起重机械产业概况 31
  6.2 产业地位及现状 32
    6.2.1 产业定位 32
    6.2.2 产业现状 33
  6.3 起重机械产业特点 33
    6.3.1 市场高速发展 33
    6.3.2 企业多角度、多方位实现创新 34
    6.3.3 市场两极分化、竞争激烈 34
    6.3.4 起重机械制造业态正在转型 35
  6.4 重要应用领域 35
    6.4.1 交通运输业 35
    6.4.2 建筑业 36
    6.4.3 采矿业 37
    6.4.4 钢铁工业 38
    6.4.5 核工业 38
    6.4.6 电力工业 39
    6.4.7 物流业 39
    6.4.8 造船业 40
    6.4.9 化工业 40
    6.4.10 机械制造业 41
第7章 起重机械产业市场分析 43
  7.1 我国市场需求 43
    7.1.1 市场需求特点 43
    7.1.2 市场总体规模及增长率 43
    7.1.3 主要细分产品市场规模及分布 43
    7.1.4 区域市场分布 44
    7.1.5 我国市场发展趋势 44
  7.2 起重机械产业链 45
    7.2.1 我国市场总体供给结构 45
    7.2.2 上游产业影响分析 45
    7.2.3 下游用户影响分析 46
  7.3 出口市场 47
  7.4 进口市场 48

第8章 起重机械产业技术分析 49
  8.1 概述 49
  8.2 起重机械产业发展核心技术 49
    8.2.1 起重机械先进设计技术 49
    8.2.2 起重机械数字化技术 52
    8.2.3 起重机械智能控制技术 54
    8.2.4 起重机械智能维护技术 56
    8.2.5 自动化吊具技术 57
  8.3 起重机械产业新技术应用案例 57
    8.3.1 起重机械协同装配方案 57
    8.3.2 起重机械远程智能维护技术研制 57
    8.3.3 智能型无人化全自动桥式起重机系统 58
    8.3.4 起重机械智能化生产车间 58
  8.4 起重机械产业技术发展趋势 60
    8.4.1 智能化 60
    8.4.2 通用化 60
    8.4.3 绿色化 61
第9章 我国起重机械企业竞争力分析 62
  9.1 企业市场竞争概况 62
  9.2 主要企业营业总收入 62
  9.3 主要企业营业总收入市场分析 63
  9.4 我国市场竞争格局变化趋势 64
第10章 起重机械产业盈利能力分析 65
  10.1 主要细分产品营业总收入 65
  10.2 行业盈利能力变化趋势预测 65
第11章 我国起重机械产业前景展望 66
  11.1 宏观市场 66
    11.1.1 我国起重机械产业市场需求 66

11.1.2　我国起重机械产业产品需求 …… 66
11.2　技术创新 …………………………… 67
11.3　环境影响 …………………………… 69
　　11.3.1　我国经济发展战略 …………… 69
　　11.3.2　我国起重机械装备产业发展
　　　　　　环境 ……………………………… 71
11.4　路线图对比 ………………………… 73
　　11.4.1　我国起重机械产业发展态势 … 73
　　11.4.2　我国起重机械产业发展路线图 … 73

第12章　起重机械产业重点企业介绍 …… 78

12.1　国内主要相关企业概况 …………… 78
12.2　卫华集团有限公司 ………………… 78
　　12.2.1　企业简介 ……………………… 78
　　12.2.2　企业2018—2019年市场情况 …… 79
　　12.2.3　企业起重机械2018—2019年
　　　　　　市场销售情况 …………………… 80
12.3　河南省矿山起重机有限公司 ……… 80
　　12.3.1　企业简介 ……………………… 80
　　12.3.2　企业2018—2019年市场情况 …… 81
　　12.3.3　企业起重机械2018—2019年
　　　　　　市场销售情况 …………………… 81
12.4　太原重工股份有限公司 …………… 82
　　12.4.1　企业简介 ……………………… 82
　　12.4.2　企业2018—2019年市场情况 …… 82
　　12.4.3　企业起重机械2018—2019年
　　　　　　总销售情况 ……………………… 82

12.5　大连华锐重工集团股份有限公司 …… 83
　　12.5.1　企业简介 ……………………… 83
　　12.5.2　企业2018—2019年市场情况 …… 83
　　12.5.3　企业起重机械2018—2019年
　　　　　　销售情况 ………………………… 85
12.6　科尼集团 …………………………… 85
　　12.6.1　企业简介 ……………………… 85
　　12.6.2　企业起重机械2018—2019年
　　　　　　市场情况 ………………………… 85
　　12.6.3　企业起重机械2018—2019年
　　　　　　销售情况 ………………………… 85
12.7　凯澄起重机械有限公司 …………… 85
　　12.7.1　企业简介 ……………………… 85
　　12.7.2　企业2018—2019年市场情况 …… 86
　　12.7.3　企业起重机械2018—2019年
　　　　　　销售情况 ………………………… 86
12.8　华德起重机（天津）股份有限
　　　公司 …………………………………… 87
　　12.8.1　企业简介 ……………………… 87
　　12.8.2　企业2018—2019年市场情况 …… 87
　　12.8.3　企业起重机械2018—2019年
　　　　　　销售情况 ………………………… 87
12.9　江西工埠机械有限责任公司 ……… 88
　　12.9.1　企业简介 ……………………… 88
　　12.9.2　企业2018—2019年市场情况 …… 88
　　12.9.3　企业起重机械2018—2019年
　　　　　　销售情况 ………………………… 89

第3篇　连续搬运机械

第13章　概述 ……………………………… 92

13.1　连续搬运机械产业概况 …………… 92
13.2　连续搬运机械产业地位及现状 …… 93
　　13.2.1　连续搬运机械产业的地位 …… 93
　　13.2.2　连续搬运机械产业的现状 …… 93
13.3　连续搬运机械产业特点 …………… 94
　　13.3.1　市场规模不断变化 …………… 94
　　13.3.2　行业竞争加剧 ………………… 95
　　13.3.3　企业多方位寻求转型升级 …… 96
　　13.3.4　产业特色发展潜在空间大 …… 97
13.4　重要应用领域 ……………………… 98
　　13.4.1　机械加工业 …………………… 98
　　13.4.2　冶金行业 ……………………… 100

　　13.4.3　矿山行业 ……………………… 102
　　13.4.4　建材行业 ……………………… 102
　　13.4.5　粮食、化工行业 ……………… 104
　　13.4.6　交通行业 ……………………… 105
　　13.4.7　电力行业 ……………………… 107

第14章　连续搬运机械产业市场分析 …… 109

14.1　连续搬运机械市场分析 …………… 109
　　14.1.1　国际形势 ……………………… 109
　　14.1.2　国内形势及主要下游市场
　　　　　　情况 ……………………………… 109
　　14.1.3　国家重视和支持力度 ………… 109

14.2 输送带市场分析 …………………… 110
　14.2.1 2018年输送带行业基本情况 … 110
　14.2.2 2019年输送带行业基本情况 … 111
14.3 连续搬运机械行业发展方向 ………… 112

第15章　连续搬运机械产业技术分析 …………………………… 116

15.1 概述 ………………………………… 116
15.2 连续搬运机械产业核心技术分析 …… 116
　15.2.1 现代设计技术 ………………… 116
　15.2.2 数字化技术 …………………… 118
　15.2.3 智能化技术 …………………… 118
　15.2.4 智能维护技术 ………………… 119
　15.2.5 集装化单元技术 ……………… 119
　15.2.6 现代物流管控技术 …………… 119
15.3 连续搬运机械产业新技术应用分析 … 120
　15.3.1 产业代表性装备 ……………… 120
　15.3.2 产业新型装备 ………………… 124
15.4 连续搬运机械产业技术发展趋势 …… 127
　15.4.1 智能化 ………………………… 127
　15.4.2 高效化 ………………………… 128
　15.4.3 多样化与专业化 ……………… 129
　15.4.4 标准化与模块化 ……………… 130
　15.4.5 绿色化与节能化 ……………… 130

第16章　连续搬运机械企业竞争力分析 ……………………………… 132

16.1 连续搬运机械竞争力不强的原因 …… 132
　16.1.1 国产设备品牌树立和影响力有待提高 ……………………… 132
　16.1.2 企业研发投入不足 …………… 133
　16.1.3 企业服务水平与效率低 ……… 134
　16.1.4 产业协同有待强化 …………… 135
16.2 连续搬运企业市场竞争概况 ………… 135
16.3 连续搬运企业市场占有率 …………… 136
16.4 我国市场竞争格局变化趋势 ………… 136
16.5 行业主要参与企业的销售情况 ……… 136

第17章　连续搬运机械产业盈利能力分析 ……………………………… 138

17.1 行业主要经济效益分析 ……………… 138
17.2 行业综合经济效益分析 ……………… 138
17.3 行业主要产品进出口额分析 ………… 139
17.4 行业盈利能力变化分析 ……………… 139

第18章　连续搬运机械产业发展前景展望 …………………………… 141

18.1 连续搬运机械产业宏观市场 ………… 141
　18.1.1 物流需求多样性 ……………… 142
　18.1.2 绿色连续搬运机械及其系统需求迫切 ……………………… 143
　18.1.3 物流方式模式发生变化 ……… 143
18.2 连续搬运机械产业技术创新 ………… 146
　18.2.1 创新发展趋势与发展重点 …… 146
　18.2.2 智能化技术 …………………… 148
　18.2.3 集装单元化 …………………… 149
　18.2.4 高效化与绿色化 ……………… 149
18.3 连续搬运机械产业环境影响 ………… 150
　18.3.1 运输安全的需求、运输效率的需求、可持续发展的需求 …… 150
　18.3.2 国家安全的需求、决策科学化的需求 ……………………… 150
　18.3.3 可持续发展 …………………… 151
18.4 路线图对比 …………………………… 151

第19章　连续搬运机械产业重点相关企业访谈 ……………………… 153

19.1 北京起重运输机械设计研究院有限公司 ……………………………… 153
　19.1.1 企业简介 ……………………… 153
　19.1.2 企业连续搬运机械产品近三年的市场情况简述 …………… 153
19.2 上海振华重工港机通用装备有限公司 ……………………………… 154
　19.2.1 企业简介 ……………………… 154
　19.2.2 企业连续搬运机械产品近三年的市场情况简述 …………… 154
　19.2.3 企业2018—2019年连续搬运机械产品的总销售额 ………… 155
　19.2.4 对我国连续搬运机械产业发展的期望 ……………………… 155
19.3 上海科大重工集团有限公司 ………… 155
　19.3.1 企业简介 ……………………… 155
　19.3.2 企业连续搬运机械产品近三年的市场情况简述 …………… 156
　19.3.3 对我国连续搬运机械产业发展的期望 ……………………… 156
19.4 大连华锐重工集团股份有限公司 …… 157

- 19.4.1 企业简介 …………………… 157
- 19.4.2 企业连续搬运机械产品近三年的市场情况简述 …………………… 157
- 19.4.3 企业2018—2019年连续搬运机械产品的总销售额 …………………… 158
- 19.4.4 对我国连续搬运机械产业发展的期望 …………………… 158
- 19.5 北方重工集团有限公司 …………………… 158
  - 19.5.1 企业简介 …………………… 158
  - 19.5.2 企业连续搬运机械产品近三年的市场情况简述 …………………… 159
  - 19.5.3 企业2018—2019年连续搬运机械产品的总销售额 …………………… 159
  - 19.5.4 对我国连续搬运机械产业发展的期望 …………………… 159
- 19.6 华电重工股份有限公司 …………………… 159
  - 19.6.1 企业简介 …………………… 159
  - 19.6.2 企业连续搬运机械产品近三年的市场情况简述 …………………… 160
  - 19.6.3 企业2018—2019年连续搬运机械产品的总销售额 …………………… 160
  - 19.6.4 对我国连续搬运机械产业发展的期望 …………………… 160
- 19.7 四川自贡运输机械有限公司 …………………… 161
  - 19.7.1 企业简介 …………………… 161
  - 19.7.2 企业连续搬运机械产品近三年的市场情况简述 …………………… 162
  - 19.7.3 企业2018—2019年连续搬运机械产品的总销售额 …………………… 162
  - 19.7.4 对我国连续搬运机械产业发展的期望 …………………… 162
- 19.8 太原向明智能装备股份有限公司 …………………… 162
  - 19.8.1 企业简介 …………………… 162
  - 19.8.2 企业连续搬运机械产品近三年的市场情况简述 …………………… 163
  - 19.8.3 企业2018—2019年连续搬运机械产品的总销售额 …………………… 163
  - 19.8.4 对我国连续搬运机械产业发展的期望 …………………… 163
- 19.9 焦作科瑞森重装股份有限公司 …………………… 164
  - 19.9.1 企业简介 …………………… 164
  - 19.9.2 企业连续搬运机械产品近三年的市场情况简述 …………………… 164
  - 19.9.3 企业2018—2019年连续搬运机械产品的总销售额 …………………… 165
  - 19.9.4 对我国连续搬运机械产业发展的期望 …………………… 165
- 19.10 衡阳运输机械有限公司 …………………… 165
  - 19.10.1 企业简介 …………………… 165
  - 19.10.2 企业连续搬运机械产品近三年的市场情况简述 …………………… 166
  - 19.10.3 企业2018—2019年连续搬运机械产品的总销售额 …………………… 166
  - 19.10.4 对我国连续搬运机械产业发展的期望 …………………… 166
- 19.11 福建龙净环保股份有限公司 …………………… 166
  - 19.11.1 企业简介 …………………… 166
  - 19.11.2 企业连续搬运机械产品近三年的市场情况简述 …………………… 167
  - 19.11.3 企业2018—2019年连续搬运机械产品的总销售额 …………………… 168
  - 19.11.4 对我国连续搬运机械产业发展的期望 …………………… 168
- 19.12 安徽马钢输送设备制造有限公司 …… 168
  - 19.12.1 企业简介 …………………… 168
  - 19.12.2 企业连续搬运机械产品近三年的市场情况简述 …………………… 169
  - 19.12.3 企业2018—2019年连续搬运机械产品的总销售额 …………………… 170
  - 19.12.4 对我国连续搬运机械产业发展的期望 …………………… 170
- 19.13 山西煤矿机械制造股份有限公司 …… 170
  - 19.13.1 企业简介 …………………… 170
  - 19.13.2 企业连续搬运机械产品近三年的市场情况简述 …………………… 170
  - 19.13.3 企业2018—2019年连续搬运机械产品的总销售额 …………………… 171
  - 19.13.4 对我国连续搬运机械产业发展的期望 …………………… 171
- 19.14 中国煤科宁夏天地奔牛实业集团有限公司 …………………… 172
  - 19.14.1 企业简介 …………………… 172
  - 19.14.2 企业连续搬运机械产品近三年的市场情况简述 …………………… 172

19.14.3 企业2018—2019年连续搬运机械产品的总销售额 …… 172
19.15 山西焦煤集团公司西山机电厂 …… 173
　19.15.1 企业简介 …… 173
　19.15.2 企业连续搬运机械产品近三年的市场情况简述 …… 173
　19.15.3 企业2018—2019年连续搬运机械产品的总销售额 …… 173
19.15.4 对我国连续搬运机械产业发展的期望 …… 173
19.16 阳泉华鑫采矿运输设备有限公司 …… 174
　19.16.1 企业简介 …… 174
　19.16.2 企业连续搬运机械产品近三年的市场情况简述 …… 174
　19.16.3 企业2018—2019年连续搬运机械产品的总销售额 …… 174

第4篇 物流仓储机械

第20章 概述 …… 178
20.1 产业地位 …… 179
20.2 产业特征 …… 180
20.3 应用领域 …… 181
20.4 发展方向 …… 182
　20.4.1 高质量 …… 182
　20.4.2 智能化 …… 182
　20.4.3 国产化 …… 183
　20.4.4 安全化 …… 183
　20.4.5 标准化 …… 184
　20.4.6 绿色节能 …… 184
20.5 宏观环境 …… 184
　20.5.1 产业规划环境 …… 185
　20.5.2 人文社会环境 …… 187
　20.5.3 技术环境 …… 187

第21章 我国产业发展现状 …… 190
21.1 我国产业规模 …… 190
　21.1.1 结构分析 …… 190
　21.1.2 发展阶段 …… 191
21.2 技术特征 …… 193
　21.2.1 主要核心技术 …… 193
　21.2.2 研发能力 …… 215
21.3 发展难点 …… 218
　21.3.1 创新能力 …… 218
　21.3.2 管理能力 …… 218
　21.3.3 人才培养 …… 219

第22章 市场需求 …… 220
22.1 我国市场需求 …… 220
　22.1.1 需求特点 …… 220
　22.1.2 总体市场规模及增长率 …… 223
22.2 重点领域的需求 …… 226
　22.2.1 制造业 …… 227
　22.2.2 零售业 …… 229
　22.2.3 邮政快递业 …… 229
　22.2.4 其他 …… 230
22.3 需求市场分析 …… 230
　22.3.1 主要细分产品市场规模及占比 …… 230
　22.3.2 区域市场分布 …… 231
　22.3.3 海外市场需求 …… 232
22.4 市场发展趋势 …… 233
　22.4.1 技术创新驱动市场应用 …… 233
　22.4.2 供给侧改革引领企业转型 …… 234
　22.4.3 行业标准化进程加快 …… 234
　22.4.4 市场国际竞争加剧 …… 235

第23章 行业的产能及格局 …… 236
23.1 我国物流装备行业产销分析 …… 236
　23.1.1 近年来我国物流装备产量分析 …… 236
　23.1.2 我国生产的物流装备产品销售去向 …… 237
23.2 产业集聚模式 …… 239
　23.2.1 长三角地区 …… 240
　23.2.2 珠三角地区 …… 240
23.3 我国市场竞争格局 …… 241
　23.3.1 我国物流装备市场细分概况 …… 242
　23.3.2 我国物流装备市场竞争格局变化趋势 …… 244

第24章 物流仓储装备产业链及企业盈利能力研究 …… 246
24.1 物流仓储装备产业链模型及运行机制 …… 246
24.2 上下游产业的行业影响 …… 247
　24.2.1 上游产业 …… 247

24.2.2　下游产业 …………………… 247
　　24.2.3　下游用户分析 ………………… 248
24.3　企业盈利能力 …………………………… 249
　　24.3.1　我国主要物流装备企业销售净
　　　　　　利率 ………………………… 249
　　24.3.2　我国主要物流装备企业净资产
　　　　　　收益率 ……………………… 250
24.4　行业盈利能力变化趋势预测 …………… 251

第25章　我国物流仓储装备产业发展趋势 …………………………………… 252

25.1　全球市场发展状况 ……………………… 252
　　25.1.1　全球物流仓储装备产业发展
　　　　　　态势 ………………………… 252
　　25.1.2　全球化加快物流技术发展 …… 254
　　25.1.3　全球物流仓储装备重点企业 … 255
25.2　借鉴分析 ………………………………… 257
　　25.2.1　技术升级快速发展 …………… 257
　　25.2.2　提升质量和品牌建设 ………… 258
　　25.2.3　提升自主创新能力 …………… 259
　　25.2.4　健全人才培养体系 …………… 259
25.3　发展展望 ………………………………… 260
　　25.3.1　"一带一路"快速推进 ……… 260
　　25.3.2　进一步规范法规，促进行业良性
　　　　　　稳健发展 …………………… 261
　　25.3.3　加强科技创新驱动，强化产业
　　　　　　创新能力 …………………… 262
　　25.3.4　加强标准制定、知识产权布局和
　　　　　　人才培养 …………………… 262

第26章　物流仓储装备产业重点企业访谈 …………………………………… 265

26.1　北京起重运输机械设计研究院有限
　　　公司 ………………………………… 265
　　26.1.1　企业简介 ……………………… 265
　　26.1.2　企业物流仓储装备产品近三年的
　　　　　　市场情况简述 ……………… 266
　　26.1.3　企业2018—2019年物流仓储装备
　　　　　　产品的总销售额 …………… 266
　　26.1.4　对我国物流仓储装备产业发展的
　　　　　　期望 ………………………… 266
26.2　北自所（北京）科技发展有限
　　　公司 ………………………………… 266
　　26.2.1　企业简介 ……………………… 266
　　26.2.2　企业物流仓储产品近三年的市场
　　　　　　情况简述 …………………… 267
　　26.2.3　企业2018—2019年物流仓储
　　　　　　产品的总销售额 …………… 268
　　26.2.4　对我国物流仓储产业发展的
　　　　　　期望 ………………………… 268
26.3　上海精星仓储设备工程有限公司 …… 268
　　26.3.1　企业简介 ……………………… 268
　　26.3.2　企业物流仓储装备产品近三年的
　　　　　　市场情况简述 ……………… 269
　　26.3.3　企业2018—2019年物流仓储装备
　　　　　　产品的总销售额 …………… 269
　　26.3.4　对我国物流仓储装备产业发展的
　　　　　　期望 ………………………… 270
26.4　昆船智能技术股份有限公司 ………… 270
　　26.4.1　企业简介 ……………………… 270
　　26.4.2　企业物流仓储装备产品近三年的
　　　　　　市场情况简述 ……………… 271
　　26.4.3　企业2018—2019年物流仓储装备
　　　　　　产品的总销售额 …………… 271
　　26.4.4　对我国物流仓储装备产业发展的
　　　　　　期望 ………………………… 271
26.5　南京音飞储存设备集团 ……………… 272
　　26.5.1　企业介绍 ……………………… 272
　　26.5.2　企业物流仓储装备产品近三年的
　　　　　　市场情况简述 ……………… 273
　　26.5.3　企业2018—2019年物流仓储装备
　　　　　　产品的总销售额 …………… 275
　　26.5.4　对我国物流仓储装备产业发展的
　　　　　　期望 ………………………… 275
26.6　无锡中鼎集成技术有限公司 ………… 275
　　26.6.1　企业基本情况 ………………… 275
　　26.6.2　企业物流仓储产品近三年的
　　　　　　市场情况简述 ……………… 276
　　26.6.3　企业2018—2019年物流仓储产品
　　　　　　的总销售额 ………………… 276
　　26.6.4　对我国物流仓储产业发展的
　　　　　　期望 ………………………… 276
26.7　新松机器人自动化股份有限公司 …… 277
　　26.7.1　企业基本情况 ………………… 277
　　26.7.2　企业物流仓储装备产品近三年的
　　　　　　市场情况简述 ……………… 278

26.7.3　企业2018—2019年物流仓储
　　　　　产品的总销售额 ················· 279
　　26.7.4　对我国物流仓储产业发展的
　　　　　期望 ································· 279
26.8　浙江德马科技股份有限公司 ········· 279
　　26.8.1　企业简介 ························ 279
　　26.8.2　企业物流仓储装备产品近三年的
　　　　　市场情况简述 ················· 280
　　26.8.3　对我国物流仓储装备产业发展的
　　　　　期望 ································· 280
26.9　中邮科技有限责任公司 ················ 281
　　26.9.1　企业介绍 ························ 281
　　26.9.2　企业物流仓储装备产品近三年的
　　　　　市场情况简述 ················· 281
　　26.9.3　企业2018—2019年物流仓储装备
　　　　　产品的总销售额 ················· 282
　　26.9.4　对我国物流仓储装备产业发展的
　　　　　期望 ································· 282

第5篇　工　业　车　辆

第27章　概述 ······································· 284
第28章　工业车辆产业市场分析 ········· 286
28.1　2018—2019年世界工业车辆行业的
　　　运行情况 ····································· 286
　　28.1.1　世界机动工业车辆销售情况 ····· 286
　　28.1.2　世界各类型工业车辆销售
　　　　　情况 ································· 286
28.2　2018—2019年我国工业车辆行业的
　　　运行情况 ····································· 289
　　28.2.1　销量增长持续创新高 ········· 289
　　28.2.2　销售市场全球第一 ············ 290
　　28.2.3　出口销量高于预期 ············ 292
　　28.2.4　国内市场分地区销售情况 ····· 293
　　28.2.5　其他类型工业车辆市场销售
　　　　　情况 ································· 295
28.3　行业主要企业生产经营情况 ········· 296
28.4　2018—2019年工业车辆行业发展
　　　特点 ··· 297
　　28.4.1　全球机动工业车辆销售继续
　　　　　创历史新高 ····················· 297
　　28.4.2　生产量、销售量继续保持世界
　　　　　领先地位 ························· 297
　　28.4.3　出口车型更加丰富、产品可靠
　　　　　性稳步提升 ····················· 297
　　28.4.4　低碳环保的新能源叉车受市场
　　　　　青睐 ································· 297
　　28.4.5　自动化、智能化叉车得到高度
　　　　　关注 ································· 298
　　28.4.6　叉车后市场目前已进入快速
　　　　　发展期 ···························· 298
　　28.4.7　主要企业整合上下游资源、加强
　　　　　国际化合作 ····················· 298

第29章　工业车辆产业技术分析 ········· 299
29.1　行业取得的研究成果 ···················· 299
29.2　工业车辆行业未来发展趋势 ········· 305

第6篇　供　应　链

第30章　供应链发展概况 ······················ 308
30.1　全球供应链发展的重要变化 ········· 308
　　30.1.1　全球产业链重构 ··············· 308
　　30.1.2　供应链数字化促进广泛的
　　　　　协作 ································· 309
30.2　我国企业供应链发展概述 ············· 309
　　30.2.1　面向智能制造的供应链 ····· 309
　　30.2.2　智能工厂物流中心化 ········· 310
　　30.2.3　制造业供应链物流发展 ····· 310
30.3　发达国家企业供应链发展概述 ····· 314
30.4　供应链智能化发展概述 ················ 316
　　30.4.1　智能供应链的发展是大势
　　　　　所趋 ································· 316
　　30.4.2　智能供应链图谱 ··············· 317
　　30.4.3　新时代供应链发展的关键
　　　　　属性 ································· 320
　　30.4.4　我国智能供应链发展的切
　　　　　入点 ································· 321

第31章　企业供应链技术应用现状 ······ 325
31.1　企业供应链技术发展 ···················· 325

31.2 企业供应链技术应用趋势 …… 328
    31.2.1 智能研发 …… 328
    31.2.2 数字化供应网络 …… 329
    31.2.3 物流中心化的智能工厂 …… 330
    31.2.4 供应链计划一体化协同 …… 331
    31.2.5 工业互联网平台 …… 331
    31.2.6 供应链控制塔 …… 332

第32章 企业供应链优化案例 …… 333
32.1 G公司家居供应链改革 …… 333
    32.1.1 供应链变革总体策略 …… 333
    32.1.2 供应链改革的基本历程 …… 334
    32.1.3 供应链变革项目总体逻辑与行动 …… 335
    32.1.4 供应链变革项目涉及的范围 …… 336
    32.1.5 供应链变革项目成果 …… 336
32.2 Y公司供应链改革 …… 337
    32.2.1 供应链改革背景 …… 337
    32.2.2 供应链数字化升级需求 …… 338

    32.2.3 智能物流供应链系统支持智能制造 …… 339
    32.2.4 供应链信息化平台构建 …… 342
    32.2.5 智能化物流供应链对公司的影响 …… 343

第33章 应急供应链 …… 345
33.1 国家应急供应链 …… 345
    33.1.1 建立应急供应链运作逻辑 …… 345
    33.1.2 建立专业的应急管理组织 …… 346
    33.1.3 应急供应链运营管理 …… 347
    33.1.4 应急供应链对于技术的应用 …… 348
33.2 企业应急供应链 …… 348
    33.2.1 制定应急处理的机制 …… 349
    33.2.2 建立企业危机意识 …… 350
    33.2.3 重视供应链能力建设 …… 350
    33.2.4 关键风险重点管理 …… 350
    33.2.5 快速行动、加强自救 …… 350

第7篇 物料搬运装备及系统数字化设计案例

第34章 物料搬运系统规划设计 …… 352
34.1 生产线仿真分析案例 …… 354
    34.1.1 案例简介 …… 354
    34.1.2 案例内容 …… 355
34.2 生产线布局案例 …… 358
    34.2.1 案例简介 …… 358
    34.2.2 案例内容 …… 358

第35章 物料搬运装备快速智能设计与制造 …… 365
35.1 自动化设计案例 …… 368
    35.1.1 案例简介 …… 368
    35.1.2 案例内容 …… 369
35.2 轻量化设计案例 …… 370
    35.2.1 案例简介 …… 372
    35.2.2 案例内容 …… 372
35.3 数据管理案例 …… 373
    35.3.1 案例简介 …… 373
    35.3.2 案例内容 …… 374

第36章 未来物料搬运系统设计与数字化运维 …… 376
36.1 案例简介 …… 376

36.2 案例内容 …… 376

附录 …… 379
附录A 物料搬运装备产业标准 …… 379
    A.1 起重机械国家标准与行业标准（截至2019年4月）…… 379
    A.2 连续输送机械国家标准和行业标准（截至2019年4月）…… 395
    A.3 物流仓储机械国家标准和行业标准（截至2019年4月）…… 399
    A.4 工业车辆国家标准和行业标准（截至2019年4月）…… 400
附录B 国际联盟与交流合作（部分）…… 404
    B.1 ISO起重机技术委员会（ISO/TC 96）…… 404
    B.2 全球工程机械产业大会 …… 405
    B.3 中日韩起重机安全论坛 …… 405
    B.4 世界物料搬运联盟（WMHA）…… 405
    B.5 世界工业车辆联盟 …… 406
    B.6 中美物料搬运技术交流 …… 406
    B.7 中日物流技术交流会 …… 406
附录C 科技会展 …… 407
    C.1 物流技术与装备 …… 407

C.1.1 日本东京国际物流综合展
（Logis-Tech Tokyo） ………… 407
C.1.2 亚洲国际物流技术与运输系统
展览会（CeMAT ASIA） …… 408
C.1.3 中国（广州）国际物流装备与技术
展览会（LET-a CeMAT ASIA
event） …………………… 409
C.1.4 美国物流展 Promat …………… 409
C.1.5 汉诺威工业博览会（HANNOVER
MESSE） …………………… 410
C.1.6 德国斯图加特物流展（Logimat
Germany） ………………… 410

C.2 工程机械技术与装备展览会 ……… 411
C.2.1 德国慕尼黑国际工程机械博览会
（Bauma） ………………… 411
C.2.2 美国工程机械博览会（CONEXPO-
CON/AGG） ……………… 412
C.2.3 法国巴黎国际工程机械和建材
机械博览会（INTERMAT） … 412

附录 D 科技期刊 ………………………… 413
附录 E 开设物料搬运装备相关专业大专
院校 …………………………… 423

结束语 …………………………………… 426
参考文献 ………………………………… 427

第1篇 概 论

第1章 行业环境

我国物料搬运装备产业是具有基础性、战略性、先导性的产业，国内外物料搬运装备市场正处在快速成长阶段，发展呈快速增长态势。我国物料搬运装备产品性价比的国际竞争力在不断增强，但目前国内系统集成商在技术创新能力、项目交付能力、售后服务水平、专业技术人才队伍培养能力提升等方面仍需提高。

1.1 行业政策、法律法规

纵观发达国家的发展，全球物流最先进的国家美国和日本，都是从国家层面颁布相关的政策和法规，明确引导和推动物流行业发展，带动经济的发展。例如，日本政府为促进日本物流业的发展，统一规划建设物流基础设施，统一搭建货主与物流企业之间的电子交易平台。美国没有集中统一管理物流的专职政府部门，但美国物流业的发展离不开税收政策的支持。美国普遍采用非专项补贴的税收优惠方式，税收优惠与政府导向密切配合，事前扶持和事后鼓励共举，选择恰当的优惠对象来控制税收优惠成本与考核效益。

我国的物料搬运装备产业政策尚处于形成初期，主要包括产业定位等方面的内容，还存在理论准备不足等方面的问题。物流作为国民经济发展中的一个重要产业，也受我国民商法、合同法、行政法、交通法等法律法规的规范和约束。

近年来，国家对于物料搬运装备产业的发展十分关心，在制造强国战略、工业4.0等工业、制造业发展规划下，物料搬运装备产业作为制造业的一部分，有关政策不断推出；此外，各个省、市、自治区也积极颁布地方性的政策与文件，这些政策与文件都极大地推动了物料搬运产业的发展。表1-1为近年来颁布的部分国家政策，表1-2为"十三五"期间部分省市物料搬运机械产业发展规划的要点汇总。

表1-1 近年来颁布的部分国家政策

序号	文件名/颁布时间	文件要点	颁布部门
1	《物流业发展中长期规划（2014—2020年）》/2014年9月	提出到2020年基本建立现代物流服务体系，重点一是着力降低物流成本，二是推动物流企业规模化，三是改善物流基础设施	国务院

（续）

序号	文件名/颁布时间	文件要点	颁布部门
2	《"互联网+"高效物流实施意见》/2016年7月	通过先进信息技术,提高物流仓储、运输、配送等环节智能化水平;利用互联网促进物流新技术、新模式、新业态成为行业发展新动力	国家发改委
3	《关于深化制造业与互联网融合发展的指导意见》/2016年5月	到2025年,制造业与互联网融合发展迈上新台阶,融合"双创"体系基本完备,融合发展新模式广泛普及,新型制造体系基本形成,制造业综合竞争实力大幅提升	国务院
4	《智能制造发展规划（2016—2020年）》/2016年11月	到2020年,智能制造发展基础和支撑能力明显增强,传统制造业重点领域基本实现数字化制造,有条件、有基础的重点产业智能转型取得明显进展;到2025年,智能制造支撑体系基本建立,重点产业初步实现智能转型	工业和信息化部、财政部
5	《"十三五"国家战略性新兴产业发展规划》/2016年11月	加快包括"互联网+"、重点领域智能工厂等战略性新兴产业发展,形成一批具有全球影响力和主导地位的创新型领军企业	国务院
6	《安全生产"十三五"规划》/2017年1月	加强安全生产工作的决策部署,安全生产总体水平与全面建成小康社会目标相适应	国务院办公厅
7	《国务院办公厅关于促进建筑业持续健康发展的意见》/2017年2月	加强包括物料搬运机械在内的技术装备的研发应用,深化建筑业改革,加快产业升级	国务院办公厅
8	《商贸物流发展"十三五"规划》/2017年2月	实施"互联网+"高效物流行动,推广应用物联网、云计算、大数据、人工智能、机器人、无线射频识别等先进技术,探索发展智慧物流生态体系	商务部等5部门
9	《"十三五"现代综合交通运输体系发展规划》/2017年2月	通过科技革命和产业变革,发展包括物料搬运机械在内的先进技术装备,建成安全、便捷、高效、绿色的现代综合交通运输体系	国务院
10	《快递业发展"十三五"规划》/2017年2月	提出加强移动互联网、物联网、大数据、云计算、虚拟现实、人工智能等现代信息技术在企业管理、市场服务和行业监管中的应用	国家邮政局
11	《国务院关于调整工业产品生产许可证管理目录和试行简化审批程序的决定》/2017年6月	部分工业产品生产许可证取消,其中将棉花加工机械等转为实施强制性产品认证管理,将轻小型起重设备等下放给省级人民政府技术监督部门审批发证	国务院

(续)

序号	文件名/颁布时间	文件要点	颁布部门
12	《高端智能再制造行动计划（2018—2020年）》/2017年6月	到2020年，推动建立100家高端智能再制造示范企业、技术研发中心、服务企业、信息服务平台、产业集聚区等，带动我国再制造产业规模达到2,000亿元。到2019年，累计制修订300项以上智能制造标准，全面覆盖基础共性标准和关键技术标准，逐步建立起较为完善的智能制造标准体系	工业和信息化部
13	《关于加快发展冷链物流保障食品安全促进消费升级的意见》/2017年8月	加大科技创新力度，结合冷链物流行业的发展趋势，积极推进冷链物流设施、技术装备的标准化工作	国务院办公厅
14	《关于进一步推进物流降本增效促进实体经济发展的意见》/2017年8月	创新物流资源配置方式，推广应用高效便捷的物流新模式，加快智能化发展步伐，加强物流装载单元化建设	国务院办公厅
15	《关于深化"互联网+先进制造业"发展工业互联网的指导意见》/2017年11月	在2018—2020年三年起步阶段，初步建成低时延、高可靠、广覆盖的工业互联网网络基础设施，初步构建工业互联网标识解析体系，初步形成各有侧重、协同集聚发展的工业互联网平台体系，初步建立工业互联网安全保障体系	国务院
16	《促进新一代人工智能产业发展三年行动计划（2018—2020年）》/2017年12月	提升高速分拣机、多层穿梭车、高密度存储穿梭板等物流装备的智能化水平，实现精准、柔性、高效的物料配送和无人化智能仓储	工业和信息化部
17	《关于推进电子商务与快递物流协同发展的意见》/2018年1月	完善电子商务快递物流基础设施，推进电子商务园区与快递物流园区建设与升级，提升快递物流装备自动化、专业化水平，加强快递物流标准体系建设	国务院办公厅
18	《关于推广标准托盘发展单元化物流的意见》/2018年1月	加快标准托盘推广应用，促进物流链各环节标准化衔接，推进物流载具循环共用，推进物流单元化、一体化运作	商务部等10部委
19	《关于组织实施城乡高效配送重点工程的通知》/2018年4月	通过设施规划保障、政策引导支持、体制机制创新、重点项目推动，促进城乡配送资源整合与协同共享，推广现代物流技术应用和标准实施，推进城乡配送组织方式创新和集约化发展	商务部、公安部、国家邮政局、供销合作总社
20	《关于物流企业承租用于大宗商品仓储设施的土地城镇土地使用税优惠政策的通知》/2018年6月	对物流企业承租用于大宗商品仓储设施的土地，减按所属土地等级适用税额标准的50%计征城镇土地使用税	财政部、税务总局

(续)

序号	文件名/颁布时间	文件要点	颁布部门
21	《中华人民共和国电子商务法》/2018年8月	主要针对物流交付方式、交付时间等进行规定	全国人大常委会
22	《关于印发推进运输结构调整三年行动计划（2018—2020年）的通知》/2018年10月	加快联运枢纽建设和装备升级，推进具有多式联运功能的物流园区建设，加快铁路物流基地、铁路集装箱办理站、港口物流枢纽、航空转运中心、快递物流园区等规划建设和升级改造	国务院办公厅
23	《关于印发完善促进消费体制机制实施方案（2018—2020年的通知》/2018年9月	加快推进5G技术商用，支持企业加大技术投入，突破核心技术，带动产品创新。支持可穿戴设备、消费级无人机、智能服务机器人等产品创新和产业化升级	国务院办公厅
24	《关于进一步优化超大型起重机械型式试验工作的意见》/2018年11月	针对超大型起重机械型式试验工作提出优化，包括《起重机械型式试验规程（试行）》(国质检锅〔2003〕305号)和《机电类特种设备制造许可规则（试行）》(国质检锅〔2003〕174号)相关条目	市场监管总局
25	《关于工业通信业标准化工作服务于"一带一路"建设的实施意见》/2018年11月	全面落实《标准联通共建"一带一路"行动计划（2018—2020年）》要求，对于包括起重机械在内的制造业领域加强与"一带一路"沿线国家标准化领域合作	工业和信息化部
26	《国家物流枢纽布局和建设规划》/2019年1月	加强物流等基础设施网络建设的决策部署，科学推进国家物流枢纽布局和建设	国家发改委、交通运输部
27	《关于推动物流高质量发展促进形成强大国内市场的意见》/2019年2月	促进现代物流业与制造业深度融合，积极推动物流装备制造业发展，加大重大职能物流技术研发力度，加强物流核心装备设施研发攻关，推动关键技术装备产业化	国家发改委等24部委
28	《国家物流枢纽网络建设实施方案（2019—2020年）》/2019年4月	明确国家物流枢纽网络建设的总体要求、重点工作、申报基本条件、实施程序和组织保障	国家发改委、交通运输部
29	《关于促进制造业产品和服务质量提升的实施意见》/2019年8月	到2022年，制造业质量总体水平显著提升，质量基础支撑能力明显提高，质量发展环境持续优化，行业质量工作体系更加高效。建设一批国家标准、行业标准与团体标准协调配套的标准群引领行业质量提升，推动不少于10个行业或领域建立质量分级工作机制，完善重点产品全生命周期的质量追溯机制，提高企业质量和品牌的竞争力	工业和信息化部

(续)

序号	文件名/颁布时间	文件要点	颁布部门
30	《关于发布〈起重机械安装改造重大修理监督检验规则〉第1号修改单的公告》/2020年5月	对《起重机械安装改造重大修理监督检验规则》（TSG Q7016—2016）中关于流动式起重机械的部分内容进行了修改	市场监管总局

表1-2 "十三五"期间部分省市物料搬运机械产业发展规划要点汇总

地区	规划目标	来源
北京市	到2020年,北京市将实施数字化车间、智能工厂、京津联网智能制造等约100个应用示范项目,打造约60个智能制造标杆企业	《"智造100"工程实施方案》
重庆市	力争到2020年,全市智能制造取得明显进展,累计推动2,500家企业实施智能化改造,建设5个具备国内较强竞争力的工业互联网平台、20个智能工厂和200个数字化车间,创建10个行业级智能制造标杆企业,建设5个智能制造示范园区	《重庆市发展智能制造实施方案（2019—2022年）》
天津市	到2020年,高端装备制造产业实现产值1,500亿元	《天津开发区先进制造业"十三五"规划》
上海市	到2020年,基本实现以下目标:产业保持平稳增长,装备制造业增速快于全市工业平均水平,装备制造业占全市工业总产值的比重达到40%左右。创新突破能力显著增强,开发30项具有引领带动作用、市场潜力大的首台（套）高端装备,争取创建10个以上国家级研发、测试等功能性平台。智能转型明显提速,装备智能化程度显著提高,支撑智能制造应用"十百千"工程建设,即培育10家引领性智能制造系统解决方案供应商,建设100家示范性智能工厂,带动1,000家企业实施智能化转型。产业布局更加优化,建设临港装备、长兴岛船舶及海洋工程装备、民用航空等3个世界级高端装备产业基地,形成一批具有专业化特色的产业园区	《上海促进高端装备制造业发展"十三五"规划》
安徽省	到2020年,安徽省装备制造业产业规模跃上新台阶;创新能力大幅提升;两化融合显著提升;基础配套能力增强;产业组织结构进一步优化	《安徽省"十三五"装备制造业发展规划》
广东省	到"十三五"末,广东省先进制造业发展跨上新台阶,在全球价值链的分工地位明显提升,综合实力、可持续发展能力显著增强,基本建成先进制造业产业体系,打造具备国际竞争力的世界先进制造业基地	《广东省先进制造业发展"十三五"规划》

（续）

地区	规划目标	来源
广西壮族自治区	到2020年,高端装备制造业成为全区重要的新兴产业,建成以创新引领、智能高效、绿色低碳、结构优化为核心特征的高端装备制造体系,提升高端装备制造业发展水平	《广西高端装备制造业发展"十三五"规划》
河北省	到2020年,建成以创新引领、智能高效、绿色低碳、结构优化为核心特征的先进装备制造业体系,装备制造业成为全省第一主导产业,主要指标达到国内先进水平。突破一批关键核心技术,形成一批在国内有竞争力的主导产业,装备制造业的智能化水平显著提高	《河北省先进装备制造业"十三五"发展规划》
甘肃省	到2020年,全省工业转型升级基本实现,制造业竞争力有较大提升,创新能力较大增强,循环经济发展迈上新台阶,节能降耗达到国内先进水平,"两化"深度融合取得新进展,工业综合实力进一步增强,工业发展质量和竞争力全面提升	《甘肃省"十三五"工业转型升级规划》
湖北省	全省智能制造装备形成较完备的产业体系,主营业务收入达到2,000亿元,年均递增19%。加快智能制造先行区建设,打造全国智能制造发展高地,基本建成在全国具有重要影响的智能制造装备产业基地	《湖北省智能制造装备"十三五"发展规划》
湖南省	主营销售收入年均增长10%~12%,2020年达到15,000亿元以上;增加值年均增长8%~10%,2020年达到4,500亿元以上;利税年均增长8%~10%,2020年达到1,000亿元以上;实现出口交货值100亿元以上,出口占产业主营收入10%左右。装备制造业在全国排名进入前10强,中部区域进入前两位	《湖南省装备制造业"十三五"发展规划》
江苏省	"十三五"期间,装备制造业产业规模持续扩大,产业结构不断优化,创新发展取得显著成效,产业国际竞争力大幅提升,成为国内领先、国际有影响力的装备制造强省	《江苏省装备制造业"十三五"发展规划》
山东省	重点发展高档数控机床及机器人、海洋工程装备及船舶、轨道交通装备、汽车及零部件、现代农业机械、工程机械、专用设备、智能仪器仪表、电力及新能源装备、节能环保设备等10大高端装备制造业,提升智能化制造水平	《山东省制造业"十三五"发展规划》
青海省	到2020年,循环经济发展迈上新台阶,创新能力显著增强,企业改革实现新突破,资源精深加工取得新成效,节能降耗达到国内先进水平,两化深度融合大幅提升,转型升级取得重大突破,基本建成国家循环经济发展先行区	《青海省"十三五"工业和信息化发展规划》
山西省	到2020年,山西省装备制造业掌握一批重点领域关键核心技术,优势领域竞争力进一步增强,新兴领域加快布局,产品质量有较大提高,国际化水平取得明显提高,重点行业单位工业增加值能耗、物耗及污染物排放明显下降	《山西省"十三五"装备制造业发展规划》

(续)

地区	规划目标	来源
陕西省	到2020年,全省实现规模以上工业总产值3.6万亿元左右。积极促进精密传感技术、智能控制技术、互联网技术等先进技术在工程机械领域的综合应用	《陕西省"十三五"工业经济发展规划》
四川省	以高效发电设备、工程机械、轨道交通设备、节能环保设备、航空航天装备、智能制造装备、汽车制造等为发展重点,装备制造产业到2020年实现主营业务收入超万亿元	《四川省"十三五"工业发展规划》
云南省	到2020年,全省先进装备制造业主营业务收入达到1,700亿元,年均增长20%;工业增加值达到400亿元,年均增长18%	《云南省装备制造业"十三五"发展规划》
浙江省	到2020年,在重点领域突破一批关键核心技术,培育形成一大批创新型企业,制造业技术创新体系更加完善。节能环保、新能源、电力设备、石油化工、新能源汽车以及关键零部件等重点行业被着重提及	《浙江省制造业发展"十三五"规划》
宁夏回族自治区	到2020年,全区规模以上装备制造业企业工业总产值达到502亿元,年均增长14%;工业增加值达到123亿元,年均增长15%	《宁夏回族自治区装备制造业"十三五"发展规划》
新疆维吾尔自治区	"十三五"期间,装备制造业产业结构继续向高端化、数字化、网络化和智能化升级,先进装备发展提速,质量效益不断提升,两化深度融合发展,绿色低碳水平进一步提高。力争到2020年,实现工业总产值1,500亿元以上,工业增加值年均增速达到12%,实现利润110亿元,实现国际营业收入200亿元	《新疆维吾尔自治区装备制造业"十三五"发展规划》
内蒙古自治区	到2025年,装备制造业标准体系基本健全,企业质量发展内生动力持续增强,质量主体责任意识显著提高,拥有大批重要国家标准和国内知名自主品牌,产品质量效益大幅提高	《内蒙古自治区装备制造业标准化和质量提升规划》
辽宁省	到2020年,装备制造业大省地位进一步巩固,制造强省建设取得重要进展,建成以创新引领、智能高效、绿色低碳、结构优化为核心特征的装备制造业体系,高端装备制造业发展水平位于全国先进行列,成为我国重要的先进装备制造基地	《辽宁省装备制造业发展"十三五"规划》
吉林省	到2020年,全省规模以上装备制造业工业总产值达到4,300亿元,占全省工业总产值的比重为10%以上,年均增长1%左右;工业增加值达到1,160亿元以上,占全省GDP的比重为5%以上,年均增长11%左右	《吉林省关于加快建设装备制造支柱产业的意见》
黑龙江省	到2020年,制造业规模以上企业工业增加值年均增长3%左右,全省制造业空间布局进一步优化,战略性新兴产业快速增长,高端装备制造、高品质食品制造的竞争力不断提升	《黑龙江省制造业转型升级"十三五"规划》

1.2 物料搬运装备产业在国民经济中的地位

物流是以信息技术和供应链管理为核心的先进管理技术与组织方式。物流是制造业、商贸业与农业发展的重要支撑，是联结生产与消费、国际与国内市场的重要载体。物流在提高社会经济运行效率、促进产业结构调整、支撑和带动区域经济增长、提升企业和国家竞争力、服务民生和增强人民幸福感等诸多方面发挥着重大作用。

物流业涉及领域广、吸纳就业人数多，已成为很多国家和地区国民经济和社会发展的重要支柱性产业。2018 年，全年社会物流总费用为 13.3 万亿元，同比增长 9.8%，增速较上年提高 0.7%。快递业务量突破 500 亿件，稳居世界第一，实现了跨越式发展，走出了一条中国特色的物流发展道路。

物料搬运机械的应用在生产中有着重要的意义。现代的物料搬运机械开始于 19 世纪。19 世纪 30 年代前后，出现了蒸汽机驱动的起重机械和输送机；19 世纪末期，由于内燃机的应用，物料搬运机械获得迅速发展；1917 年，出现了既能起升又能搬运的叉车；20 世纪 70 年代出现的计算机控制物料搬运机械系统，使物料搬运进入高度自动化作业阶段。

物料搬运装备产业为国民经济各行业、重大建设工程以及国防安全提供了各种现代化的搬运设备。目前，中国物料搬运装备产业已具有一定的规模和水平，基本形成了全面的产品范围、较好的技术体系和庞大的企业群体，成为机械工业中一个独立的行业，服务于国民经济各行各业，包括为第二与第三产业提供了数量巨大、品种繁多的产品，能独立或与国外合作为国家重点工程提供大型起重机械成套设备及系统，并有一定规模的出口。

未来，物料搬运装备产业将进一步发展，为国民经济在高起点提供基础动力，对全球经济体系产生革命性的影响，物流将成为国家和企业全球竞争力的核心来源。

1.3 "十三五"期间发展环境

从国内市场来看，传统市场潜力大，新兴市场快速发展，市场对高技术性能产品的需求日益增长。从国际市场看，由于中国产品技术水平和发达国家差距逐渐缩小，性价比高，中国物料搬运装备在国际市场受到越来越多的欢迎。

从国家层面和地方层面的政策环境来说，全面贯彻党的十八大和十九大的会议精神，努力实现物料搬运装备产业中高速增长和迈向中高端水平的"双目标"；实施"制造强国"战略，坚持创新驱动、质量为先、优化结构、绿色发展、人才为本，努力强化基础，推动智能转型，坚持持续发展。结合物料搬运装备行业特点，实施"互联网+"行动计划，推动互联网、云计算、大数据、物联网与物料搬运装备产业结合，优化产业结构、加速结构调整和推进智能化制造相结合，全面实现"十三五"规划战略目标。

"十三五"期间，物料搬运行业把握全面建成小康社会的目标要求和内容，坚持创新、协调、绿色、开放、共享的发展理念，全力推进物料搬运装备由中国制造向中国创造转变，由中国速度向中国质量转变，由中国产品向中国品牌转变，促进物料搬运装备产业的可持续发展；加快实施物料搬运装备产业走出去战略，使物料搬运装备产业主要产品全面达到国际先进水平，为发展成为制造强国打下坚实基础；注重质量效益的提升、技术研发和产品更新换代、科学管理与可持续发展、先进制造技术的推广应用、人才培育和队伍建设，营造公平竞争环境，坚持行业自律，以质量效益、结构优化为重点，实现行业的可持续发展和迈向中高端水平。

第2章

行业发展基础与标准

2.1 国内外物料搬运装备产业概况

2.1.1 国外概况

美国物流专家 Richard Muther 在 20 世纪七八十年代就提出了系统搬运分析方法（System Handing Analysis，SHA），将物料搬运分为内部衔接、总体搬运方案、详细搬运方案以及实施四个阶段，通过理论分析极大地推动了物料搬运的进步。从 20 世纪 80 年代以来，结合机械、电子、计算机等领域成果，建设了一大批高效的配送中心、自动化搬运系统等，物料搬运装备相关企业在全世界也有较强竞争力，例如起重机龙头企业特雷克斯公司和马尼托瓦克公司，工业车辆龙头企业科朗公司，物流仓储机械龙头企业霍尼韦尔等。

欧洲是引进物料搬运概念较早的地区之一，而且也是较早将现代技术用于物料搬运的先锋。目前主要欧盟国家的"第三方物流"市场的总体规模越来越大，在运输、仓储、物流信息管理等环节利用专业化物流服务和外部资源的企业比例也越来越高。越来越多的欧洲企业将资源和能力集中在掌握关键技术、核心业务和市场控制能力方面。德国的凯傲集团、永恒力公司、利勃海尔公司、德马泰克公司、胜斐迩公司、林德公司、库卡公司、德马格公司等，奥地利的科纳普公司，瑞士的瑞仕格公司，芬兰的科尼起重机公司等均在物料搬运装备产业有着举足轻重的地位。

日本是最早提出和发展物流园区（又称物流团地）的国家。日本物料搬运装备产业发展的现状主要表现在以信息技术为核心，以信息化、自动化、智能化和集成化为手段，形成了一批社会化、组织化程度高的物料搬运装备企业，例如日本大福株式会社（以下简称大福公司）、丰田产业车辆集团、日本三菱叉车公司等均为产业内处于领先地位的企业。

2.1.2 国内概况

20 世纪 50 年代，因受苏联的影响，物料搬运机械在我国被称为起重运输机械。80 年代后，随着我国改革开放深入，国内产业界积极采用国际标准及发达国家先进技术标准并逐渐与国际接轨，国内业界也开始采用"物料搬运装备"的名称。

我国物料搬运机械行业从 20 世纪五六十年代开始建立并逐步发展壮大，已经形成了各种门类的产品范围和庞大的企业群体,服务于国民经济各行各业。2019 年版《国民经济行业分类标准》把物料搬运设备制造归入了通用设备制造业,其行业代码为 C343。

我国企业在物料搬运装备产业也取得了长足进步,以卫华集团有限公司(以下简称卫华集团)、河南省矿山起重机有限公司(以下简称河南矿山)、太原重工股份有限公司(以下简称太重)等为代表的起重机械设备制造公司,以上海振华重工港机通用装备有限公司(以下简称振华港机公司)、华电重工股份有限公司(以下简称华电重工)、大连华锐重工集团股份有限公司(以下简称华锐重工)等为代表输送机械设备制造公司,以北京起重运输机械设计研究院有限公司(以下简称北起院)、昆船智能技术股份有限公司(以下简称昆船集团)、上海精星仓储设备工程有限公司(以下简称精星)等为代表的物流仓储机械设备制造公司,以浙江杭叉集团股份有限公司(以下简称杭叉集团)、安徽合力股份有限公司(以下简称安徽合力)、中国龙工控股有限公司(以下简称龙工叉车)等为代表的工业车辆设备制造公司都是中国物料搬运装备产业的标志性企业。

2.2 产学研基本情况

2.2.1 企业情况

根据 2019 年重机行业年鉴统计,国内现有物料搬运装备产业企业 2,334 家。其中轻小型起重设备制造企业超过 200 家,专用起重机制造企业超过 600 家,连续搬运设备制造企业 300 家,机械式停车设备制造企业 38 家,其他物料搬运设备制造企业超过 100 家。

2018—2019 年物料搬运市场发展较好,市场需求呈多样性变化,产品整机国产化率越来越高。目前,我国物料搬运装备企业之间的竞争进一步加剧,一些龙头企业纷纷进行海外布局。但是,国内仍有很多的企业还在争取进入该领域。

2.2.2 科研机构情况

作为支撑国民经济发展的基础性、战略性、先导性产业之一,物料搬运装备产业的作用不言而喻,国家层面较为重视物料搬运装备产业的发展,配备自动化设备、模拟软件等完备软硬件的实验室已经成为科研机构的标配。

我国现已形成了国家级、省部级重点实验室相统筹,高校、科研院所与企业共建、自建实验室相互支持的发展格局,从而有力保障和支撑我国物料装备产业的健康、稳定发展。

2.2.3 学校情况

随着物料搬运装备产业的快速发展,社会和企业对物料搬运装备人才的需求与日俱增,物料搬运装备制造企业、科研机构以及高校对物料搬运装备人才的培养越来越重视,加强对物料搬运装备人才培养的研究,是我国物料搬运装备产业发展的需要,也是企业自身发展的需要，有着重要的意义。

根据教育部公开资料，截至 2019 年底，开设物流工程、管理、装备等相关专业的高校 503 所。专业方向分别有起重运输机械、工程机械、工业车辆、物流管理、物流工程、物流信息及供应链等。

大力推动物料搬运装备的产学研结合，科研院所与教学结合起来，把研究成果用于企业，培养科研人员、高等学校教师和企业的高层管理人员较强的研究能力，使其能够驾驭物料搬运装备产业日常业务的经营和决策，具备解决现代物料搬运装备产业发展中的重大理论及实际问题的能力。同时从高校出发，调研熟悉并掌握企业及科研院所对于物料搬运装备产业人才的需求，培养多层次的物料搬运装备产业人才。企业和科研院所除了要不断输入新的素质较高的人员，还要重视在职人员的职业教育，加强物料搬运装备产业从业人员的培训，提高相关人员的素质。

2.3 标准化组织

专业标准建设是物料搬运装备产业发展的重要技术基础。目前国家设有全国起重机械标准化技术委员会（SAC/TC 227）、全国工业车辆标准化技术委员会（SAC/TC 332）、全国连续搬运机械标准化技术委员会（SAC/TC 331）、全国物流仓储设备标准化技术委员会（SAC/TC 499）等四个全国标委会。国际标准化组织设有起重机技术委员会（ISO/TC 96）、连续搬运机械技术委员会（ISO/TC 101）、工业车辆技术委员会（ISO/TC 110），以及钢制圆环链、吊链、部件及附件技术委员会（ISO/TC 111），为我国的物料搬运装备产业发展起到了积极的推进作用。全国物流仓储设备标准化技术委员会（SAC/TC 499）暂无对应的国际标准化组织。表 2-1 为物料搬运装备产业全国标委会与对应国际标准化组织。

表 2-1 物料搬运装备产业全国标委会与对应国际标准化组织

全国标委会	对应国际标准化组织
全国起重机械标准化技术委员会（SAC/TC 227）	钢制圆环链、吊链、部件及附件技术委员会（ISO/TC 111）
	起重机技术委员会（ISO/TC 96）
全国连续搬运机械标准化技术委员会（SAC/TC 331）	连续搬运机械技术委员会（ISO/TC 101）
全国工业车辆标准化技术委员会（SAC/TC 332）	工业车辆技术委员会（ISO/TC 110）
全国物流仓储设备标准化技术委员会（SAC/TC 499）	暂无对应

2.3.1 标准体系的构建思路和原则

标准作为经济活动和社会发展的技术支撑，在便利经贸往来、支撑产业发展、促进科技进步、规范社会治理等方面发挥着基础性、引领性和战略性的作用。随着经济社会的不断深入发展，人们对标准化重要性的认识越来越深刻，企业运用标准化规范企业管理和参与市场竞争，国家积极实施标准化战略引领时代进步，世界各国使用标准互联互通、维护国家利益，标准的作用日益凸显。

物料搬运装备标准化工作为支撑物料搬运装备产业发展、便利经贸往来、促进科技进步、配合特种设备监督管理、保障人身和财产安全等发挥着基础性、引领性和战略性的重要作用。起重机械标准的制订、修订的原则就是提高行业整体技术水平、促进物料搬运装备高质量发展、规范市场经济秩序、减少物料搬运装备安全事故。

我国物料搬运装备标准化工作思路伴随着行业的发展起步于20世纪60年代，标准体系历经起步阶段、发展阶段、优化完善阶段。经过几代人的努力，物料搬运装备主要产品的标准制修订工作稳步推进，标准体系涵盖物料搬运装备设计、制造、检验检测、使用、维护与保养、安全评价和报废的全寿命周期，标准供给侧体系结构日趋完善。

2.3.2 技术标准体系的发展目标

习近平总书记在致第39届国际标准化组织大会的贺信中指出：标准是人类文明进步的成果；标准已成为世界"通用语言"；世界需要标准协同发展，标准促进世界互联互通；中国将积极实施标准化战略，以标准助力创新发展、协调发展、绿色发展、开放发展、共享发展。

近年来，为了推动标准化工作改革，推进标准化战略发展，标准化工作频繁以高规格形式亮相，如为加强各部委间协调配合，协调推进标准化工作，国务院以国函〔2015〕94号文批复建立国务院标准化协调推进部际联席会议制度；以国务院发文印发《深化标准化工作改革方案》《强制性标准整合精简工作方案》《国家标准化体系建设发展规划（2016—2020年）》等标准化改革措施和发展规划；以国家质检总局、工业和信息化部等部级函的形式联合印发《装备制造业标准化和质量提升规划》《国家工业基础标准体系建设指南》等；10部委联合发文开展"百城千业万企对标达标提升专项行动"等。由此可以看出，国家已将标准化作为发展的战略支撑。

2018年随着新的《中华人民共和国标准化法》（以下简称《标准化法》）颁布，标准工作将以习近平新时代中国特色社会主义思想为指导，以实施《标准化法》为契机，围绕落实制造强国战略的目标任务，以市场需求、服务行业为导向，瞄准国际标准，做好基础国家标准，完善推荐性标准，培育发展团体标准，放开搞活企业标准，提高标准国际化水平，全面推进标准化工作，助力物流装备行业高质量发展。物料搬运装备产业作为"十三五"规划和制造强国战略计划中的我国装备制造业重要组成部分，行业发展活跃，新技术、新面孔层出不穷，是一个未来五到十年需求不断扩大的行业，无论是拉动国内市场内需还是"走出去"做大做强国外市场，都需要标准的引领，需要制造商、集成商、使用者、研究者从各方利益全面考虑，来分析和规范行业的行为，掌握技术需求和发展方向，了解国际先进水平，并同它接轨，引领行业健康发展。

2.3.3 现行国家标准以及行业标准

1. 起重机械

截至2019年4月，我国起重机械行业发布的现行有效标准304项，其中国家标准

201项，机械行业标准103项，详见附录A。2018—2019年更新或新发布19项国家/行业标准，表2-2为2018—2019年更新或新发布国家/行业标准数量。

表2-2 起重机械行业2018—2019年更新或新发布标准

国家标准/项	行业标准/项
7	12

2. 连续搬运机械

截至2019年4月，我国连续搬运机械行业共有现行有效标准83项，其中国家标准13项，机械行业标准70项，详见附录A。2018—2019年更新或新发布8项国家/行业标准，表2-3为2018—2019年更新或新发布国家/行业标准数量。

表2-3 连续搬运机械行业2018—2019年更新或新发布标准

国家标准/项	行业标准/项
3	5

3. 物流仓储机械

截至2019年4月，我国物流仓储机械行业共有现行有效标准21项，其中国家标准9项，机械行业标准12项，详见附录A。2018—2019年无更新或新发布国家/行业标准。

4. 工业车辆

截至2019年4月，我国工业车辆行业共有现行有效标准304项，其中国家标准201项，机械行业标准103项，详见附录A。2018—2019年更新或新发布9项国家/行业标准，表2-4为2018—2019年更新或新发布国家/行业标准数量。

表2-4 工业车辆行业2018—2019年更新或新发布标准

国家标准/项	行业标准/项
5	4

2.3.4 技术标准体系的发展方向

1. 开展智能制造和绿色制造标准体系研究

由于数字化、信息化、智能化产品在起重机械上的应用越来越广泛，智能化、节能型物料搬运机械逐渐成为市场追捧的热点，并将成为未来智能工厂、自动化码头、智能停车服务中的物料搬运主力军。为引领物料搬运装备智能化和绿色化发展，服务行业科技进步，促进产业结构转型升级，针对智能物流装备、智能机械式停车设备等物料搬运设备开展智能制造和绿色制造关键技术标准体系研究，是完善物料搬运装备标准供给侧体系结构的重要工作内容。

2. 加强物料搬运装备安全评价和报废标准体系研究

国家质检总局统计数据显示，物料搬运装备安全事故多数是发生在使用环节。开展在用物料搬运装备的安全评价和报废标准体系研究，为及时排除物料搬运装备使用的潜在安全危险提供可靠的技术依据，对加强在用物料搬运装备的使用安全，减少物料搬运装备安全事故，具有重要现实意义。目前，全国起重机械标准化技术委员会已组织制定国家标准《铸造起重机报废条件》，该国家标准填补了世界起重机械报废标准的空白，为建立健全物料搬运装备报废标准体系奠定了基础。

3. 构建国家标准、行业标准、团体标准协同发展的新型标准体系

为了充分发挥市场在资源配置中的主体作用，增加标准有效供给，2015年国务院印发的《深化标准化工作改革方案》中将"培育发展团体标准"作为一项重要的改革措施。新《标准化法》第十八条规定"国家鼓励学会、协会、商会、联合会、产业技术联盟等社会团体协调相关市场主体共同制定满足市场和创新需要的团体标准，由本团体成员约定采用或按照本团体的规定供社会自愿采用"，赋予了团体标准的法律地位。团体标准是国家标准化工作改革的宠儿，也是市场经济时代发展的需要，制定快速响应创新和市场、填补现有国家标准、行业标准和地方标准空白的团体标准，构建国家标准、行业标准、团体标准协同发展的新型标准体系，必将是物料搬运装备标准化工作的重点发展方向。

4. 强化标准实施和宣传，助力起重装备高质量发展

标准只有得到实施才能发挥效应，才能使标准的修订工作更具科学性、先进性和适用性。起重机械属于特种设备，标准作为特种设备安全技术规范的重要支撑，为提高起重机械产品质量和本质安全性，减少起重机械安全事故，发挥了很大的作用。进一步完善标准宣贯的工作机制，加强与地方标准化工作部门以及特种设备检验检测机构的沟通合作，将会更加广泛地传播标准化理念，更加有力地推动标准的贯彻实施，助力物料搬运装备的高质量发展。同时，建立标准实施信息反馈和评估机制，及时掌握标准的实施效益和存在问题，并将反馈信息和评估结果作为标准修订依据，以使标准更具适用性和有效性。

5. 争取承担更多国际标准的制定工作

随着经济全球化继续深入发展，标准在国际贸易中的应用越来越频繁，已成为国际经济和科技竞争的重要手段。经过十几年的努力，中国在国际物料搬运装备标准化工作中取得了喜人的成绩，获取到国际标准化工作的话语权，并逐步开始主导制定国际标准。然而，在现行有效的对口国际标准中，尚未有中国主导制定的，这对于作为物料搬运装备制造大国的我国来说是远远不够的。因此，需要开展国内外标准体系和标准技术内容的对比分析研究，掌握国际标准体系中的缺失，洞悉国际标准技术内容的结构框架和需要规定的技术指标，提高国际标准提案立项的成功率；同时鼓励企业参与国际标准化活动，积极提出国际标准提案，从而实现起重机国际标准制定工作"百花齐放，百家争鸣"，争取为国际物料搬运装备标准化工作的发展贡献更多中国智慧和力量。

第3章

行业市场

3.1 物料搬运装备产业市场

物质流通是社会生产活动必需的重要环节。发展现代物流业,对于推动和提升相关产业的发展、提高经济质量和效益、增强综合国力和企业竞争力,具有十分重要的意义。在国民经济的各行各业中,只要存在着产品的生产、消费和流通,就离不开物料搬运机械。

3.1.1 "十三五"期间物料搬运装备产业市场概况

"十三五"是我国贯彻国民经济可持续发展战略、推动循环经济发展、走新型工业化道路、奠定建设资源节约型和环境友好型社会基础的重要时期。高度重视社会与企业物流作用,大力发展现代物流业,对于推动和提升产业的发展、提高经济运行质量和效益、增强综合国力和企业竞争力,具有十分重要的意义。面向国民经济各行各业,包括第二与第三产业提供所需大量装备的物料搬运设备制造业,是有效的载体手段。国民经济的快速、稳定发展,基础产业的信息化和工业化推进,为物料搬运设备制造行业提供了最好的发展机遇。

3.1.2 物料搬运装备产业市场竞争概况

国内物料搬运机械市场的基本竞争格局是:高端市场主要由跨国企业占据,国内重点大型企业也在一些特定领域获得了一些市场;中端市场的参与者包括国内的大型企业及少数制造工艺优良、管理水平较高的中小企业;众多的规模小、技术薄弱、管理不善的企业缺乏产品创新,产品质量不高、附加值低,经济效益较差,处于行业低端市场,竞争激烈。

3.2 物料搬运装备产业市场主要经济指标

3.2.1 总体市场规模

2018年至2019年期间,行业经济效益状况有一定改善,详情见表3-1。根据重机协会报告数据,2018年物料搬运装备产业规模以上企业数为2,344户,2019年规模以上企业数为 2,288 户，同比减少 56 户；2018 年实现营业收入 5,576 亿元，2019 年实现营业收入 6,134 亿元，同比增长 10.0%；2018 年营业成本为 4,599 亿元，2019 年营业成本为 5,054 亿元，同比增长 9.9%；2018 年实现利润总额 328 亿元，2019 年实现利润总额 378 亿元，同比增长 15.2%。

表 3-1　2018—2019 年物料搬运装备产业总体市场规模

指标	2018 年	2019 年	同比增长
企业数	2,344 户	2,288 户	-56 户
营业收入	5,576 亿元	6,134 亿元	10.0%
营业成本	4,599 亿元	5,054 亿元	9.9%
利润总额	328 亿元	378 亿元	15.2%

3.2.2　主要营业收入增速与销售额占比

2019 年物料搬运装备产业全年实现营业收入 6,134 亿元，同比增长 10.01%，比 2018 年的 9.77% 上升了 0.24%，如图 3-1 所示。

图 3-1　物料搬运装备产业主要营业收入增速同期对比

数据来源：重机行业统计资料

如图 3-2 所示，物料搬运装备产业整体销售额中，电梯及升降机占比最大，达到了 47%；其次是起重机产业，占比 27%；专用车辆、连续搬运设备、轻小型起重设备等组成了剩余 26% 的销售份额。

3.2.3　进出口额

根据中国海关总署公布数据与联合国商品贸易统计数据库，起重机械（主要包括 8425 轻小型起重设备、8426 起重机及 8431 中相关零件）2018 年进口额为 6.39 亿美元，出口额为 62.20 亿美元；2019 年进口额为 5.08 亿美元，出口额为 58.59 亿美元。进口方面，以德国和日本的产品为主，进口产品几乎均来自发达国家。出口方面，从国别角

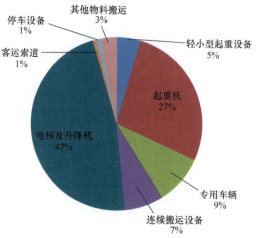

图 3-2　物料搬运装备产业销售额占比

数据来源：重机行业统计资料

度看，出口至美国与印度尼西亚的产品较多，其他出口市场广而散地分布于各个国家；从地区角度看，产品主要出口至北美与东南亚地区。详情如图 3-3~图 3-5 所示。

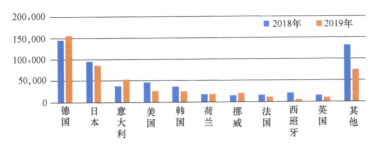

图 3-3　2018—2019 年起重机械分国别进口额（单位：千美元）

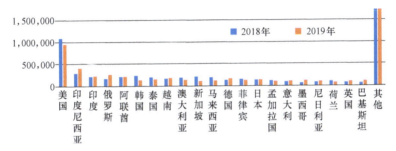

图 3-4　2018—2019 年起重机械分国别出口额（单位：千美元）

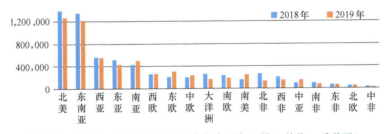

图 3-5　2018—2019 年起重机械分地区出口额（单位：千美元）

连续搬运机械（主要包括 8428 升降机与运输机及 8431 中相关零件）2018 年进口额为 18.08 亿美元，出口额为 129.32 亿美元；2019 年进口额为 17.29 亿美元，出口额为 132.11 亿美元。进口方面，以德国和日本的产品为主。出口方面，从国别角度看，出口至德国与美国的产品较多，其他出口市场广而散地分布于各个国家；从地区角度看，中欧、东亚、北美、东南亚等地区均有不小的市场。详情如图 3-6~图 3-8 所示。

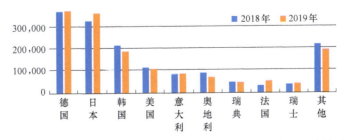

图 3-6　2018—2019 年连续搬运机械分国别进口额（单位：千美元）

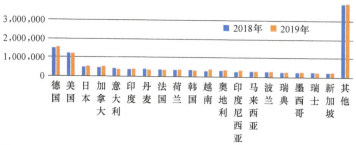

图 3-7　2018—2019 年连续搬运机械分国别出口额（单位：千美元）

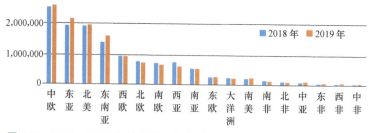

图 3-8　2018—2019 年连续搬运机械分地区出口额（单位：千美元）

工业车辆（主要包括 8427 各类叉车、8709 短距离牵引车及 8431 中相关零件）2018 年进口额为 4.73 亿美元，出口额为 38.38 亿美元；2019 年进口额为 4.57 亿美元，出口额为 35.95 亿美元。进口方面，以德国和日本的产品为主，进口产品几乎均来自发达国家。出口方面，从国别角度看，出口至美国的产品最多，其他出口市场广而散地分布于各个国家；从地区角度看，北美、西欧、东南亚、东亚等地区均有不小的市场。详情如图 3-9~图 3-11 所示。

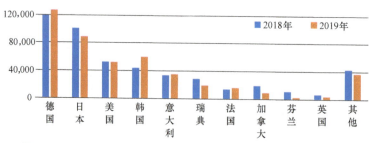

图 3-9　2018—2019 年工业车辆分国别进口额（单位：千美元）

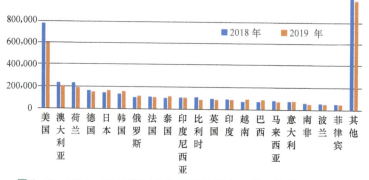

图 3-10　2018—2019 年工业车辆分国别出口额（单位：千美元）

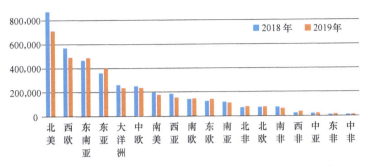

图 3-11　2018—2019 年工业车辆分地区出口额（单位：千美元）

3.3　物料搬运装备产业市场发展

3.3.1　传统应用领域

1. 煤炭工业进入深度调整阶段

国家有关煤炭产业政策提高了煤矿企业最低规模标准，并推进兼并重组。从长远来看，煤炭产能过剩趋势明显。随着煤炭行业的转型，对普通物料搬运设备的需求将放缓。但是，随着骨干企业的技术升级，对竖井提升设备、斜井防爆带式输送机、移置式带式输送机、装车机、露天矿连续开采输送设备、洗选厂各种输送设备仍具有一定需求，并提高设备安全性、可靠性和自动化程度。

2. 电力工业逐步优化非化石能源比重

逐步增加非化石能源发电量，火电发电量出现负增长。电力工业也处在转型调整阶段，风电、太阳能、水电、生物质发电、核电等清洁能源加大建设，传统火电进行改造升级。物料搬运机械产业将按照新的电力需求，调整产品结构，重点发展风电施工维护用起重机、水电闸门启闭机械、垃圾焚烧发电专用起重机、核电专用起重机以及核废料自动搬运处理设备。

3. 冶金工业和建材工业加速淘汰落后工艺和装备

钢铁、有色金属、水泥等主要高耗能行业正着力解决产能过剩，加速淘汰落后工艺、装备和产品，加大结构调整力度，重点发展节能降耗、减少环境污染的新工艺和新装备。在产业结构优化和技改过程中，对物料搬运机械提出新的需求，如自动化冶金起重机、厂内物料搬运装卸设备、料场堆取料与混匀设备、金属露天矿连续/半连续开采输送等高端设备和系统将成为需求重点。

3.3.2　新兴领域

1. 物流业发展如火如荼

物流业是融合运输、仓储、信息等产业的综合性服务业，是支撑国民经济发展的基础性、战略性产业。国务院印发《物流业发展中长期规划（2014—2020 年）》（以下简称《规划》），部署加快现代物流业发展，建立和完善现代物流服务体系，提升物流业发展水平，为全面建成小康社会提供物流服务保障。《规划》明确，要以着力降低物流成本、提升物流企业规模化集约化水平、加强物流基础设施网络建设为发展重点，大力提升物流社会化、专业化水平，进一步加强物流信息化建设，推进物流技术装备现代化，加强物流标准化建设，推进区域物流协调发展，积极推动国际物流发展，大力发展绿色物流，并提出了多式联运、物流园区、农产品物流、制造业物流与供应链管理等重点工程。物料搬运机械产业将提供物流业发展所需的各种装备，如物流配送中心成套装备、仓储及自动化搬运成套设备、冷链物流装备以及厂内物流成套装备等。

2. 港口运输成为国际贸易的重要通道

港口是国民经济发展的基础，是社会物流各环节正常协调运转的前提条件。我国港口基础设施建设规模将进一步扩大，面向国际贸易的集装箱港口建设和面向工业原材料，如煤炭、铁矿石、水泥、粮食等散货港口建设都将保持增长。特别是随着"一带一路"倡议以及中国—东盟自贸区的推进，港口建设将保持平稳增长。物料搬运机械产业将提供自动化集装箱码头成套设备、散料码头装卸运输成套设备等。

3. 智能制造正在带动智能物流的发展

制造强国战略指出，智能制造已成为我国现代先进制造业新的发展方向。全球各国都开始意识到先进技术对制造业的重要作用。近几年我国制造业走向智能制造步伐加快，数字化车间、智能工厂、智能制造产业园区如雨后春笋般接连涌现，智能制造发展持续向好。为满足智能制造系统的需要，传统的制造业物流系统将升级为智能物流系统，进一步强化供应链管理的作用，将物料搬运及物流技术推升到智能时代。

第4章

行业组织

4.1 中国机械工程学会

中国机械工程学会是由以机械工程师为主体的机械科学技术工作者和在机械工程及相关领域从事科研、设计、制造、教学和管理等工作的单位、团体自愿结成并依法登记的全国性、学术性、非营利性社会组织，是中国科学技术协会的组成部分。

学会前身是1912年成立的中华工程师会中华工学会，1936年更名为中国机械工程学会。

学会秘书处是学会常设办事机构，设立了9个工作委员会和1个办事机构，中国机械工程学会还包括31个省、自治区、直辖市物理学会及31个分会、专业委员会。中国机械工程学会拥有18万名会员，其中有3,000余名高级会员，500余名通信会员，4,000余个单位会员。

中国机械工程学会物流工程分会（原物料搬运分会）成立于1980年10月，是中国机械工程学会直属的专业学术组织，是全国从事物流工程和物料搬运专业科研、设计、生产、教学以及使用部门的科技工作者的学术性群众团体。目前拥有团体会员400多个，秘书处设在北京起重运输机械设计研究院有限公司。

物流工程分会的主要任务是：开展国内外学术交流，促进物流工程和物料搬运技术及装备的开发与应用；组织国内外物流技术、物流管理、物流设施、物料搬运新产品、新工艺信息的发布与交流；接受政府部门和企事业单位的委托，提供技术论证、技术咨询和技术服务；编辑出版科技书刊，组织技术培训；组织团体和技术规范的制修订工作；开展国际科技交流，发展同国外相关专业科技团体和科技工作者的学术交往等。

物流工程分会设有物流仓储、连续输送、管道物料输送、起重机械、起重机结构、供应链、电气自动化、工业搬运车辆等八个专业领域，负责本领域的学术工作，并与国内18个省、直辖市的地方物流工程（物料搬运）分会或专业委员会保持密切的业务联系。

4.2 行业协会

按照产品类别，物料搬运机械领域拥有多家行业分会，多数行业分会隶属于中国重型机械工业协会。中国重型机械工业协会是全国从事冶金机械、矿山机械、起重运输机械（物料搬运机械）、重型锻压机械、大型铸锻件等重型机械生产、科研、设计、成套、教育等企业和单位自愿组成的全国性社会团体。

4.2.1　中国重型机械工业协会桥式起重机专业委员会

中国重型机械工业协会桥式起重机专业委员会是中国重型机械工业协会的下属分支机构，是由全国从事桥（门）式起重机行业的整机制造企业、配套件制造企业以及科研、检测、维修、使用单位和大专院校等200多家单位组成的全国性社会团体，秘书处设在北京起重运输机械设计研究院有限公司。

4.2.2　中国重型机械工业协会起重葫芦分会

中国重型机械工业协会起重葫芦分会是中国重型机械工业协会的下属分支机构，是由从事起重葫芦行业生产、科研、配套等单位组成的全国性行业组织，现有会员单位120多家，产品涉及钢丝绳电动葫芦、环链电动葫芦、微型电动葫芦、手拉葫芦、手扳葫芦、气动葫芦等。秘书处设在中国重型机械工业协会秘书处。

4.2.3　中国重型机械工业协会停车设备工作委员会

中国重型机械工业协会停车设备工作委员会是中国重型机械工业协会的下属分支机构，现有会员单位300多家，包括了国内从事机械式停车设备设计、制造、安装、维修的主要企业、配套产品生产企业以及科研院所、停车场管理公司等。

4.2.4　中国重型机械工业协会带式输送机分会

中国重型机械工业协会带式输送机分会是中国重型机械工业协会的下属分支机构，是由全国专业从事带式输送机研究设计、生产制造的企业、大专院校、工程设计院及配套企业组成的社会团体，现有会员总数200多家，秘书处设在北方重工集团有限公司。

4.2.5　中国重型机械工业协会输送机给料机分会

中国重型机械工业协会输送机给料机分会是中国重型机械工业协会的下属分支机构，目前拥有会员单位50余家，产品涉及链式输送机、螺旋输送机、埋刮板输送机、振动给料机、板式给料机、圆盘给料机、斗式提升机等。秘书处设在芜湖起重运输机器有限公司。

4.2.6　中国重型机械工业协会散料装卸机械与搬运车辆分会

中国重型机械工业协会散料装卸机械与搬运车辆分会是中国重型机械工业协会的下属分支机构，是全国从事斗轮堆取料机、混料机、排土机、翻车机、装卸船（车）机、工矿机车、电动平车、冶金车辆等机械设备制造的企业、科研院所和有关高等院校及主要配套企业等组成的行业组织，属于全国性社会团体。秘书处设在大连华锐重工集团股份有限公司。

4.2.7　中国重型机械工业协会物流与仓储机械分会

中国重型机械工业协会物流与仓储机械分会是中国重型机械工业协会的下属分支机构，是由从事仓储系统（设备）、分拣系统（设备）、工厂内物流系统（设备）等系统集成、规划设计、制造、咨询、经销以及研究、教学、管理的企业、研究院所、大专院校和用户组成的全国性行业社会团体。秘书处设在北京起重运输机械设计研究院有限公司。

4.2.8　中国工程机械工业协会工业车辆分会

中国工程机械工业协会工业车辆分会是中国工程机械工业协会的下属分支机构，是由全国工业车辆行业的制造、配套营销企业，以及科研、检测、维修、流通使用单位和大专院校等170多个单位组成的全国性社会团体，秘书处设在北京起重运输机械设计研究院有限公司。自1989年成立以来，工业车辆分会主要承担了行业管理工作，包括行业信息统计和行业基本情况的调查；编制了行业发展规划；提供各种经济信息和行业市场发展动向；组织技术交流，协办展览和出版多种专题刊物，开展国际交流等，为推进行业的技术进步与发展做出了积极的贡献。2008年受美国、欧盟和日本协会邀请，工业车辆分会代表我国加入世界工业车辆联盟，是联盟主要成员。

4.3　专业期刊

物料搬运装备产业方面的科技发展已进入新的历史时期，科技直接转化为生产力的周期越来越短，科技劳动的专业化分工又逐渐深化，所以对科技信息交流的要求越来越高，越来越迫切。在科技信息交流中，科技期刊的作用越来越重要，因为科技期刊在科技交流中有着重要的不可替代的作用：①周期短、出版快：与书籍、专刊、报告集等相比，科技期刊可以把个人的研究成果更迅速、更广泛地加以报道，很快变成社会的知识。②既可发表成熟的理论和方法，又可发表未成熟的新见解、不成系统的新发现，代表最新的思潮与动态。③可以展开连续的争鸣、讨论，开拓研究者的思路，使问题的探讨更深入、更明朗。④定期和连续性、可以使某些课题的研究更集中更连续，汇聚科技专家的群体力量，有时会产生"科技接力赛"的效果。

物料搬运装备通常涉及起重机械、运输机械、装卸机械、工业搬运车辆、仓储机械、环保机械、停车机械、水利机械及电子称量等各种物料和件货搬运设备等，物料搬运装备产业期刊以介绍国内外物料搬运机械和各种搬运系统成套设备的科研成果、新产品、新技术、新工艺、使用维修经验、发展趋势、市场信息等为主。

目前，物料搬运装备产业领域期刊有中文期刊30余家，外文期刊40余家，其中EI/SCI 20余家，中文核心6家，详见附录D，它们为行业的技术进步和科技发展起到了相当积极的促进作用。

4.4 国际联盟与交流合作

成立物料搬运装备产业国际化联盟的目的是加强、推动物料搬运领域世界范围的合作，从而提升我国物料搬运装备产业的水平。物料搬运装备产业国际联盟所覆盖的产品类别包括输送机、起重机或起重设备、升降设备、仓储设备、高空作业平台、货架和托盘、工业车辆等方面。国际联盟会在物料搬运装备范围内，开展市场（生产与对外贸易）数据交换、最新技术交流、最新国家/地区性（安全、环境、能源等领域）规格要求及标准协商。国际化组织应具有国际性、权威性和广泛的代表性。

以全球工程机械产业大会、中日韩起重机安全论坛、世界物料搬运联盟、世界工业车辆联盟、中美物料搬运技术交流、中日物流技术交流会等为代表的国际联盟和交流合作为增强国际合作，提高我国物料搬运装备水平，促进我国相关产业发展做出了巨大贡献。

4.5 科技会展

科技会展是将某一地区的技术或优良品种的实物或图片定期、公开地展出。物料搬运装备产业科技会展的主要任务是展示最新物料搬运装备，交流最新发展方向与技术，通过实体展出吸引客户选购。

2018—2019年物料搬运领域的会展繁多，凸显出我国物料搬运装备产业发展的繁荣、强劲，提供了国内与国外技术交流的平台，其中国内影响力最大的展会之一亚洲国际物流技术与运输系统展览会2019年展会现场吸引了来自20个国家和地区超过14万名专业观众前来参观，展会期间超40场专业会议及论坛举办，特别是由中国机械工程学会与汉诺威公司联合主办的"2019智能物流发展论坛"（又名"千人大会"），吸引了来自工信部智能制造专家、美国机械工程师学会、德国西门子、美国欧特克、日本大福、德国SEW公司等高层出席演讲，同时，超过1,500名专业观众莅临，为搭建科企跨界交流、促进科技与产业深度融合提供了重要的平台。

物料搬运装备产业科技会展分为物流技术与装备会展和工程机械技术与装备展览会两部分，部分有代表性的物料搬运产业科技会展详见附录C。

第5章

行业发展趋势

5.1 成长空间

"十三五"期间,世界经济缓慢复苏,中国经济全面进入"新常态"。物料搬运机械行业坚持创新驱动发展战略,从传统的"简单产品+制造"向"高端产品+服务"转变,加大提升产品技术附加值,行业保持稳定增长态势。2018年物料搬运机械行业实现营业收入5,576.61亿元,同比增长9.77%;2019年物料搬运机械行业实现营业收入6,134.27亿元,同比增长10.01%。

2020年是"十三五"收官之年,是全面建成小康社会的关键之年。

在国家宏观政策,如"一带一路"、制造强国战略、"亚洲基础设施建设"、"重点发展十大领域"等引导下,物料搬运机械产业仍将保持稳定发展。但受年初新冠肺炎疫情影响,预计增长6%,行业营业收入可达6,500亿元。

5.2 发展趋势

"十四五"阶段,我国将处在转变发展方式、优化经济结构、转换增长动力的关键时期。国家要围绕增强发展内生动力、激发市场活力,研究推出一批重大改革举措,转变经济增长方式、走新型工业化道路、建设资源节约型和环境友好型社会、推动高质量发展。国民经济的高质量稳定发展,装备制造业振兴,为物料搬运机械产业提供了良好的发展机遇。

5.2.1 新理论、新技术、新工艺

进一步开展物料搬运机械的载荷变化规律、动态特性、疲劳特性和可靠性的试验研究;推广采用优化目标设计、可限状态设计、虚拟样机设计、CAD/CAE等现代设计方法;采用各种高强度低合金钢等新材料以提高承载能力;采用机电一体化的新型机械与电气传动,简化机构;采用各种数控切割、数控加工、数控焊接等精准工艺手段,并与CAPP/CAM相衔接,实现产品的设计与制造一体化。

5.2.2 信息化、智能化、自动化

柔性/半柔性制造生产线上的各种自动物料搬运装卸设备,自动化立体仓库库前区

中的各种自动物料搬运装卸设备,可精确测位、按照程序起重作业并可自监测、自诊断维护的桥式起重机等都已得到应用。发展趋势是进一步将各种物料搬运系统进行动态模拟仿真,寻求二者相关参数的最佳匹配组合,并将这类自动、智能的设备纳入系统的多级计算机信息控制与管理网络中,更充分地发挥其高技术信息化的效能。近年来发展应用的重要成果如:港口散料和集装箱装卸系统、工厂生产搬运装卸自动化系统、自动化立体仓库系统、商业物质配送集散系统、交通运输部门和邮电部门的货物自动分拣与搬运系统等。

5.2.3　大型、高效和节能化

物料搬运装备大型化是适应不同情况下任务的必然要求,最大的桥式起重机起重量可达 22,000t;最大的浮式起重机起重量达 8,000t;履带式起重机最大起重量可达 4,000t;采用双小车、双 40in 箱的 80t 集装箱起重机;生产率达 8,000~10,000t/h 的斗轮堆取料机;自动化立体仓库巷道堆垛机最大的运行速度达 400m/min;最大的带式输送机宽达 3.2m,输送能力 37,500t/h,单机最大的输送距离超过 30km 等。

为了响应国家节能减排政策的号召,物料搬运装备生产过程中,未来的发展趋势即通过优化物料搬运装备的生产工艺、结构布置以及附加配置来实现生产过程的节能减排。

5.2.4　模块化、通用化、多样化

许多系列生产的通用类物料搬运机械采用模块组合方式,即用各种模块和部件生产多品种、多规格、多用途的系列产品。对单件小批量生产的方式可以改换成相当批量规模的组合模块生产,以适应用户需求"个性化解决方案"的供货。对小型、轻量、非繁重作业的各种物料搬运机械,采用减小尺寸、简化结构、降低造价和使用维护费用的方案。这些发展趋势可以使得通用化程度提高、成本降低、供货周期缩短,适应市场激烈竞争的需求。

5.2.5　重视产品的人机工程学

产品合理的人机关系、外观造型与表面涂装都属于人机工程学的范畴,这些因素涉及设备操作安全、作业效率提高、产品直观质量与耐用程度等,是用户可直接感受到的第一印象与质量标准,将有效地促进品牌推广和市场营销。

5.2.6　重视社会可持续发展

现代企业不仅是从事经济活动的基本单位,更是从事生态活动的基本单位。"绿色产品"开发,将产品、用户和环境结合起来,对产品的质量、功能、成本和环境进行并行设计,可提高产品的功能性、可靠性、可维修性、环境友好性等,并且减少材料使用,降低产品成本,减少能源消耗,显著改善企业的社会公共形象。

第2篇 起重机械

第6章

概述

起重机械产业是为国民经济各部门的建设提供装备的产业，既为国民经济各行业、重大建设工程以及国防安全提供各种现代化的物料搬运设备，也与中国中长期发展目标相吻合，是为发展现代物流、建设国际制造强国提供关键设备的行业。

自有人类文明以来，起重便成了人类活动的重要组成部分。在商朝就出现了由杠杆、配重和取物装置组成的简易起重机用于汲水，称为桔槔。在古代埃及建造金字塔时就采用了能吊运几十吨重石块的杠杆装置。亚述人在公元前 1500 年已开始使用简单的绳索滑轮装置了。公元前 1 世纪古罗马建筑师兼工程师维特鲁威在他的著作《建筑十书》里发表了起重机的第一张草图。意大利艺术家和发明家达·芬奇于 1480 年前后设计出第一台可旋转的起重机。德国德马格公司于 1840 年开始生产起重机，并于 1873 年生产出蒸汽驱动的起重量为 25t 的桥式起重机。1911 年德国德马格公司生产出了世界上第一台钢丝绳电动葫芦。

到现代社会，起重机械的制造已经有 200 多年的发展历史，主要生产国为经济发达国家，如美国、德国、日本等，其主要销售市场也都集中在北美、欧洲和亚洲。随着中国制造业的迅猛发展及科技实力的增强，我国迎来了起重机械的高速发展时期。

起重机械作为应用广泛的机械设备，涵盖制造业多个方面。按照机械的结构划分，起重机械可划分为轻小型起重设备、起重机、升降机、工作平台、机械式停车设备等五类。其中，轻小型起重设备较为便携，适用于工作强度要求不高的场合。升降机是一种行程垂直的起重机械，其升降路线较固定。起重机是指在一定范围内垂直提升并水平搬运物料的多动作起重机械。工作平台和机械式停车设备是指起重小车沿着由吊挂单轨组成的复合线路运行的起重机械。起重机械按结构分类如图 6-1 所示。

第6章 概述

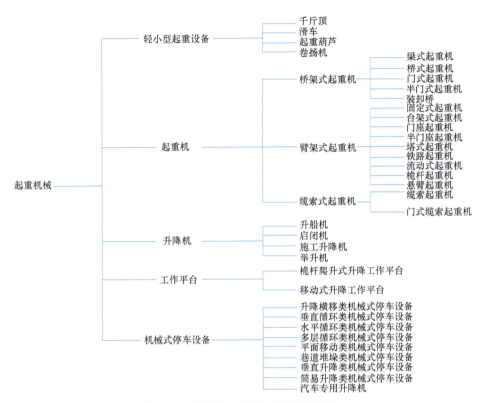

图 6-1 起重机械分类（按结构划分）

6.1 起重机械产业概况

我国的起重机械产业是随着中华人民共和国的建立才奠基发展起来的，经过六十多年，特别是近二十多年的飞跃发展，已具有一定的规模和水平，基本形成了全面的产品范围、较好的技术体系和庞大的企业群体，成为机械工业中一个独立的行业，服务于国民经济各行各业，包括为第二与第三产业提供了大量的和多种多样的产品，能独立或与国外合作为国家重点工程提供所需的大型起重机械成套设备及系统，并有一定量的出口。

随着生产规模的扩大和自动化程度的提高，起重机械在现代化生产过程中的应用越来越广，作用越来越大。港口码头、铁路装卸、轨道交通、飞机制造、飞机维修要使用大量的起重机械。

近年来国外一些专家指出，起重机械工程领域是现代化工业中最薄弱、最迫切需要解决的领域之一，但也是最具潜力、最有发展前途的领域之一。正是由于起重机械使用的广泛性、基础性和重要性，许多工业发达国家把起重技术作为发展重点之一。而国际市场需求量的不断增长更促进了这一领域的发展。我国国民经济的发展也离不开起重机械，各行各业的发展，都需要采用大量多品种、高质量、高可靠性的起重机械。

目前正在准备实施的制造强国战略，要实现制造业升级，强化工业基础能力，提高工艺水平和产品质量，推进智能制造、绿色制造。制造强国战略重点发展的十大领域包括：新一代信息技术、高档数控机床和机器人、航空航天装备、海洋工程装备及高技术船舶、先进轨道交通装备、节能与新能源汽车、电力装备、新材料、生物医药及高性能医疗器械、农业机械装备等。其中大部分领域在生产过程中都要用到与之相配套的数字化、智能化起重机械。

2016—2020年是我国贯彻国民经济可持续发展战略、推动循环经济发展、走新型工业化道路、奠定建设资源节约型和环境友好型社会基础的重要时期。随着国民经济的快速、稳定发展，基础产业的信息化和工业化推进，国民经济各行各业对起重机械的需求将具有大量和高端的特点。预计到2020年，我国起重机械制造业综合指数将达到发达国家21世纪初期的水平，在某些重点领域达到发达国家的水平，起重运输机械制造业综合指数接近发达国家的水平，成为名副其实的制造强国。

现代物流已作为我国新兴产业之一。在国际上，物流已被认为是国民经济发展的动脉，被视为继原材料、劳动力之外的第三利润源泉。在中国，加快现代物流的发展，以此不断增强企业竞争力，优化资源配置，提高经济运行质量，对推动国民经济持续良性的发展具有十分重要的意义。作为新的经济增长点的现代物流业必将成为我国在21世纪实现国民经济发展的基础产业。而在物流产业中，起重机械是最重要的物流设施与技术装备之一，将在运输、配送、装卸、包装和仓储等各个环节发挥重要作用。

6.2　产业地位及现状

我国起重机械产业正以前所未有的速度进入国际化竞争市场，同时面临着前所未有的机遇与挑战。起重机械的迅猛发展，提升了我国起重机械的制造水平，也提升了起重机械产品的技术含量，整个行业无论是从技术上还是从市场上，都经历着日新月异的改变。

6.2.1　产业定位

"十三五"规划提出实施高端装备创新发展工程，明显提升自主设计水平和系统集成能力；实施智能制造工程，加快发展智能制造关键技术装备，强化智能制造标准、工业电子设备、核心支撑软件等基础；加强工业互联网设施建设、技术验证和示范推广，推动"中国制造+互联网"取得实质性突破；培育推广新型智能制造模式，推动生产方式向柔性、智能、精细化转变。在《国务院关于修改〈特种设备安全监察条例〉的决定》（国务院令第549号）中除对特种设备的安全性提出严厉控制外，还对特种设备的节能也提出了新的要求。由于国家对起重机械安全可靠性和节能降耗要求的不断提高，轻量化、低能耗、高性能的起重机械市场需求大幅扩大。

随着工业生产规模的不断扩大及生产效率的日益提高，产品生产费用中物料搬运的占比逐渐增加，用户企业对大型、高速和自动化起重机械的需求不断提高，对能耗和可靠性也提出了更高的要求。起重机械的性能已成为自动化生产流程的重要环节。我国桥、门式起重机的起重量越来越大，动作速度越来越快，自动化程度越来越高，产品技术含量也随着国际市场竞争的加剧在明显提高。

6.2.2 产业现状

2014年4月17日,国家发展和改革委员会召开全国"十三五"规划编制工作电视电话会议,宣布启动编制国民经济和社会发展第十三个五年规划。起重机械产业"十二五"取得了可喜的成绩,规划达成情况乐观,经济运行状况良好,市场竞争有序。"十三五"起重机行业将继续深化体制改革,健全行业体系,改善行业管理。

2015年,我国政府正式发布了"中国制造2025",提出要打造中国品牌,形成我国制造,突出创新驱动,在中国国情下完成中国由制造大国向制造强国的转变。起重机械产业属于我国制造业领域的一部分,面临着新的机遇与新的挑战。

伴随着经济持续快速发展,我国起重机械产业发展取得了长足进步,并已成为全球最大的起重机械市场。中国已成为世界上起重机械产品类别、产品品种最齐全的国家之一;完成了一轮产品的升级换代;上回转自升式塔式起重机已成为国际领先水平的代表;汽车起重机、全地面起重机、履带起重机等达到国际先进水平;智能化、信息化发展取得成效;数字化智能化设计、制造、管理初具规模;围绕精细化、数字化、智能化方向,企业产品研发设计手段先进,成果丰硕,智能化产品应用取得新的突破,产品的可靠性和环境适应性等明显改善;大部分规模以上企业搭建了以ERP为核心的企业资源规划系统,形成了采购、计划、制造、财务、销售、仓储一体化管控平台。

2018年,我国全行业桥、门式起重机械产量约8.7万台,销售量约8.5万台,销售产值约420亿元。目前我国集装箱起重机械国际市场占有率可达80%以上,产品出口到欧美等全球近百个国家和地区,港口起重机械年产值更是居世界第一位。在起重机械制造方面,我国的工艺装备水平已得到明显改善,焊接机器人等先进设备已经得到广泛的运用。据中国重机协会统计,我国现有桥门式起重机械生产企业654家,年生产能力1,134万t。

6.3 起重机械产业特点

6.3.1 市场高速发展

在起重机械产业,目前我国已经成为全球最大的起重机市场和最大的小吨位起重机产品出口国。从起重机械产业的增速来看,我国在起重机械产业上已经实现了产值的增加、出口量的增加、产品产量的提升,企业也对此出谋划策,国内高速增长需经济来支撑,高端产品产业逐步突出了它的优势。

随着我国经济的迅速发展,起重机械在工业生产中也取得了很大的进步。目前我国起重机械设备生产企业高达3,500多家,其中1,898家企业拥有了安装、拆卸许可证,它们具有较先进的制造能力,其中"十二五"期间,起重机械产品的工业生产总值和销售收入,分别每年增长30%。随着数字基建等政策的提出,中国起重机械的市场将进一步扩大。

6.3.2 企业多角度、多方位实现创新

在"互联网+"的环境下，信息技术的发展推动了以"产业互联网"为特征的新工业革命，"智慧制造、智慧工厂的信息物理系统"展现在行业面前。新革命带来的起重机械技术创新主要体现在以物联网、云计算、大数据、移动互联网应用为标志的起重机械信息管理创新和以自动化、智能化、绿色环保为方向的装备性能创新。

产品智能化和数字化的应用及发展将使社会的生产模式和产业形态发生重大变革，智能化的起重机制造旨在将传统的起重机打造成具有自动化、信息化及智能化功能的搬运机器人。近几年，国内外起重机发展的趋势就是采用高性能传感器、自学习系统、起重机大数据平台、物联网技术、自动驾驶技术、可视化图像技术等一系列高端技术，实现起重机的全方位智能化。

利用大数据、5G技术等，起重机械信息的创新可以体现在技术作业的智能化、行驶的智能化、施工规划的智能化和运营管理的智能化上。具体可以包括智能臂架技术、智能作业、互联网远程操控技术、多机协同技术；路况与轴荷监控的自适应行驶、驾驶辅助系统；空间识别技术、吊装方案规划与智能导航；多终端跨平台远程管理及健康评估和主动服务等。

节能与环保是世界各国可持续发展的一个重要主题。起重机的轻量化与节能化对促进我国低碳型经济的可持续发展具有重要意义。在新世纪之前，我国起重机的设计大多为保证安全性，对起重机的安全系数进行富裕设计，以至于制造出的起重机自重与体积都比较庞大，从而导致原材料的浪费和起重机制造成本加大。随着新技术的发展，怎样使起重机看起来精巧美观、运行平稳、噪声低、自重轻等成为起重机制造行业追求的目标。目前，如何把起重机设计得质量轻、运行稳定，同时又安全可靠，是我国当前起重机行业面临的另一个主要挑战。

上海振华重工（集团）股份有限公司、中联重科股份有限公司、三一重工股份有限公司、徐州工程机械集团有限公司、西南交通大学、同济大学、太原科技大学、南开大学等均在起重机械的智能化、绿色化上取得了较大进步与成果。

6.3.3 市场两极分化、竞争激烈

2000年迎来起重机械发展的黄金期，中国起重机制造商数量庞大，许多地方出现了一个村一个县的全部企业都转型做起重机械，大多数企业都是依靠市场获得利润后加大投资力度，并扩大生产规模。这种盲目乐观、缺少市场风险判断、通过扩大生产规模提高竞争力的方式使中国起重机产业形成了价格的恶性竞争。由于企业缺乏核心技术，产品同质化严重，附加值低，致使企业利润越来越低，一些生产低端型产品的起重机企业已经陷入困境。

与此同时，有一些起重机制造企业通过合资或者技术引进，占领了一部分高端市场，在做大做强的同时开始实现创新，在满足客户的实际需求的同时实现个性化定制，以区别于其他低端同质的产品，使自己的企业在恶劣的竞争中得以生存。

在竞争日益激烈的市场环境下，起重企业要想更好地发展，通过细化市场、扩大市场、提供系列解决方案无疑是一个良好的解决办法。

6.3.4 起重机械制造业态正在转型

中国制造业的形态正在慢慢转型，逐步从生产型制造转向服务型制造，顾客买的起重机并非单纯的实质性产品，而是包括依托产品的服务和产品的整体解决方案等各类服务。起重机的智能化、大数据系统、物联网远程监控术为起重机从制造业向服务业发展提供了便利条件。通过生产性服务系统来促进产品的销售，以逐步建立涵盖商品、技术与服务的完整产业链。现代信息化技术的高速发展使这种产业服务可以达到实时服务。企业通过建立起重机的远程监控系统，用户可根据提供的远程监控数据处理平台，对起重设备的数据通过诊断单元收集、处理，甚至可以将数据处理翻译成报告，在线经由技术人员指导，准确迅速地解决用户起重机存在的各种问题，从而实现真正的实时服务。

6.4 重要应用领域

6.4.1 交通运输业

交通运输业是指使用运输工具将货物或者旅客送达目的地，使其空间位置得到转移的业务活动，包括陆路运输服务、水路运输服务、航空运输服务和管道运输服务。图 6-2 所示为港口用门座式起重机，图 6-3 所示为青岛港的门式起重机。

图 6-2 港口用门座式起重机

图 6-3 青岛港的门式起重机

改革开放以来，我国的铁路、公路、水运和民航等运输方式均得到较快的发展，而且随着交通运输事业市场化程度的不断提高，各种运输方式之间的市场竞争也已全面展开。图 6-4 所示为西安铁路监管局下辖铁路起重机。

近年来，随着共建"一带一路"的推进，我国对外进出口贸易额也在增长。2018年，中国与"一带一路"沿线国家货物贸易进出口总额达到 1.3 万亿美元，同比增长 16.3%，高于同期外贸增速 3.7%，占外贸总值的 27.4%。

图 6-4　西安铁路监管局下辖铁路起重机

交通运输业应用的起重机械基本上覆盖了大部分起重机、升降机，以及部分轻小型起重设备和工作平台。图 6-5 所示为三峡大坝升船机，图 6-6 所示为甲板起重机。

图 6-5　三峡大坝升船机

图 6-6　甲板起重机

6.4.2　建筑业

建筑业指国民经济中从事建筑安装工程的勘察、设计、施工以及对原有建筑物进行维修活动的物质生产部门。建筑业是国民经济的重要物质生产部门，它与整个国家经济的发展、人民生活的改善有着密切的关系。我国正处于从低收入国家向中高等收入国家发展的过渡阶段，建筑业的增长速度很快，对国民经济增长的贡献也很大。图 6-7 所示为用于建筑业的塔式起重机，图 6-8 所示为用于建筑业的物料提升机。

自 2010 年以来，建筑业增加值占国内生产总值的比例始终保持在 6.6% 以上。2019 年达到了 7.16% 的近十年最高点，在 2015 年、2016 年连续两年下降后连续三年出现回

第6章 概述

图 6-7 用于建筑业的塔式起重机

图 6-8 用于建筑业的物料提升机

升，建筑业国民经济支柱产业的地位稳固。近年来，随着我国建筑业企业生产和经营规模的不断扩大，建筑业总产值持续增长。

建筑工地所用的起重机械常见的有塔式起重机、物料提升机、施工升降机、轻小型起重设备等。起重机械作为建筑业不可缺少的机械设备，对我国建筑业的发展贡献了力量。

6.4.3 采矿业

近些年来，国内外地下采矿技术发展很快，很多采矿新技术、新工艺、新材料和新设备在地下矿山得到了应用。国内一些矿山和一批先进的采矿工艺技术和装备，已步入世界先进水平的行列。国内外地下金属矿山采矿工艺技术和设备的发展，主要表现在采用各种采矿方法的比重和回采工艺、技术装备有了很大的变化，均沿着高效率、高回采率和机械化的方向发展，采场生产能力和劳动生产率有了较大的提高，损失、贫化指标大幅度降低。图 6-9 所示为用于矿山开采的缆索式起重机。

采矿业常用的起重机械包括桥式起重机、门式起重机、桅杆式起重机、缆索式起重机、轻小型起重设备等。图 6-10 所示为用于采矿业的桅杆式起重机。

图 6-9 用于矿山开采的缆索式起重机

图 6-10 用于采矿业的桅杆式起重机

6.4.4 钢铁工业

钢铁工业是指生产生铁、钢、钢材、工业纯铁和铁合金的工业，是世界所有工业化国家的基础工业之一。经济学家通常把钢产量或人均钢产量作为衡量各国经济实力的一项重要指标。中国是钢铁生产的大国，从 2019 年钢产量首次突破 1 亿 t 开始，一直稳居世界钢铁产量达到了 5 亿 t，超过位居第二位到第八位的国家的粗钢产量的总和。图 6-11 所示为用于钢铁工业的冶金起重机。

钢铁工业的起重机械主要是铸造起重机、桥式起重机等，铸造起重机比普通起重机有更好的耐高温性能和更高的安全系数。图 6-12 所示为用于钢铁工业的夹钳起重机。

图 6-11　用于钢铁工业的冶金起重机

图 6-12　用于钢铁工业的夹钳起重机

6.4.5 核工业

核工业是核能开发、利用的综合性新兴工业部门，在国民经济中具有重要作用：利用核能转变为电能、热能和机械动力，可获得安全、清洁、热值高的能源。图 6-13 所示为用于吊装福建宁德核电站一号机组核岛穹顶的履带起重机。

到 2050 年，根据不同部门的估算，我国核电装机容量可以分为高、中、低三种方案：高方案为 3.6 亿 kW（约占全国电力总装机容量的 30%），中方案为 2.4 亿 kW（约占全国电力总装机容量的 20%），低方案为 1.2 亿 kW（约占全国电力总装机容量的 10%）。

核工业中应用的起重机械有轻小型起重机、桥式起重机、流动式起重机等。

图 6-13　用于吊装福建宁德核电站一号机组核岛穹顶的履带起重机

6.4.6　电力工业

电力工业是将煤炭、石油、天然气、核燃料、水能、海洋能、风能、太阳能、生物质能等一次能源经发电设施转换成电能,再通过输电、变电与配电系统供给用户作为能源的工业部门。图 6-14 所示为振华重工海上风力 800t 全回转浮式起重机。

图 6-14　振华重工海上风力 800t 全回转浮式起重机

2018 年,全国电力供需情况总体较为宽松。2018 年,我国全社会用电量 68,449 亿 kW·h,同比增长 8.5%,比上年提高 1.9%,全国全口径发电量 69,940 亿 kW·h,同比增长 8.4%,比上年提高 1.8%。图 6-15 所示为水电站用桥式起重机。

电力工业主要应用的起重机械包括塔式起重机、桥式起重机、流动式起重机、门座式起重机、轻小型起重设备、启闭机等。图 6-16 所示为水电站用双向门式启闭机。

图 6-15　水电站用桥式起重机

图 6-16　水电站用双向门式启闭机

6.4.7　物流业

物流业是为保证社会生产和社会生活的供给,由运输业、仓储业、通信业等多种行业整合的结果。回顾历史,我们可以看到,物流业的每一次重大进步都离不开上述各行业的变革。随着铁路网、高速公路网、水运网、管道运输网、航空网、通信网、计算机网等不断涌现，物流速度越来越快，越来越精准。图 6-17 所示为机械式停车设备。

用于物流业的起重机械有升降平台、梁式起重机、臂架式起重机、工作平台、机械式停车平台等。图 6-18 所示为用于提升货物的升降平台。

图 6-17　机械式停车设备

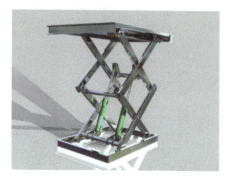

图 6-18　用于提升货物的升降平台

6.4.8　造船业

造船业是指为水上交通、海洋开发和国防建设等行业提供技术装备的现代综合性产业，也是劳动、资金、技术密集型产业，对机电、钢铁、化工、航运、海洋资源勘采等上、下游产业发展具有较强带动作用，对促进劳动力就业、发展出口贸易和保障海防安全意义重大。

用于造船业的起重机械包括桥式起重机、门式起重机、固定式起重机、流动式起重机、升降机等。图 6-19 所示为菲律宾造船厂用振华重工龙门吊。

6.4.9　化工业

化学工业又称化学加工工业，泛指生产过程中化学方法占主要地位的过程工业。化学工业是从 19 世纪初开始形成并发展较快的一个工业部门。

化学工业是属于知识和资金密集型的行业。化学工业是多品种的基础工业，为了适应化工生产的多种需要，化工设备的种类很多，设备的操作条件也比较复杂。

用于化工业的起重机械包括轻小型起重

图 6-19　菲律宾造船厂用振华重工龙门吊

机、梁式起重机、桥式起重机、流动式起重机、工作平台等。图 6-20 所示为用于化工业的流动式起重机，图 6-21 所示为化工用防爆梁式起重机。

图 6-20　用于化工业的流动式起重机

图 6-21　化工用防爆梁式起重机

6.4.10　机械制造业

机械制造业指从事各种动力机械、起重运输机械、农业机械、冶金矿山机械、化工机械、纺织机械、机床、工具、仪器、仪表及其他机械设备等生产的行业。机械制造业为整个国民经济提供技术装备，其发展水平是国家工业化程度的主要标志之一，是国家重要的支柱产业。图 6-22 所示为应用于机械制造生产线的梁式起重机，图 6-23 所示为用于机械毛坯制造的半门式起重机。

图 6-22　应用于机械制造生产线的梁式起重机

图 6-23　用于机械毛坯制造的半门式起重机

用于机械制造业的起重机械包括轻小型起重机、梁式起重机、桥式起重机、门式起重机、工作平台、升降机等。图 6-24 所示为应用于机械加工的臂架式起重机与电动环链葫芦。

图 6-24　应用于机械加工的臂架式起重机与电动环链葫芦

第7章 起重机械产业市场分析

7.1 我国市场需求

7.1.1 市场需求特点

我国起重机械市场在经历了 4 年的持续下滑后,从 2017 年开始大幅度反弹,2018 年、2019 年则继续保持快速增长。起重机械产业为国内基建、房地产、仓储物流、冶金、煤炭、航空、船舶、港口集装箱等产业或部门提供多种多样的起重机械产品以及大型成套设备。随着这些下游产业的蓬勃发展,国内起重机械行业的市场需求也稳中有增,近几年市场需求波动率也明显下降。除此之外,下游生产企业对于设备更新需求占比显著提高,客户对设备使用寿命也提出了更高的要求。近两年来,我国起重机械市场的快速增长主要还是受到基础设施建设规模扩张、房地产投资增速加快以及大型矿山生产需求回暖等因素的推动,同时环保法规升级和监察力度加强也促使旧机更新速度加快。但是,在调整经济结构和防控金融风险政策的影响下,当前投资增速已经回落到较低的水平,期望国内需求在经历了一轮高增长后继续保持持续高速增长是不现实的。

7.1.2 市场总体规模及增长率

总体来说,近两年我国起重机械市场在保持较大规模的同时平稳运行,较前几年略有增长。根据《起重运输机械》统计结果显示,2018 年我国起重机械装备各类设备营业总收入约为 1,071 亿元,2019 年我国起重机械装备各类设备营业总收入约为 1,420 亿元,同比增长 32%。但是值得注意的是,国内企业发展还不够均衡,各个行业中 70% 以上的收入由行业各龙头企业获得,行业内中小企业的发展仍需加强。

7.1.3 主要细分产品市场规模及分布

2018 年我国起重机械装备各类设备营业总收入约为 1,071 亿元,其中桥式和门式起重机约 393 亿元,占比 36.69%;塔式、流动式起重机约 470 亿元,占比 43.88%;臂架起重机约 197 亿元,占比 18.39%;其他约 11 亿元,占比 1.03%(见图 7-1、图 7-2)。2019 年我国起重机械装备各类设备营业总收入约为 1,420 亿元,其中桥式和门式起重机约 476 亿元,同比增长 21%;塔式、流动式起重机约 712 亿元,同比增长 52%;臂架起重机约217亿元,同比增长10%;其他约15亿元,同比增长36%(见图7-3、图7-4)。从上述数据可以看出,近两年塔式以及流动起重机在市场中需求增加最快,而臂架起重机增长速度稍慢,这与国内新基建的迅速发展以及房地产放缓开发速度的市场行情有一定关系。

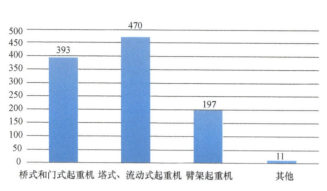

图7-1　2018年我国起重机械装备各类设备营业收入(单位:亿元)

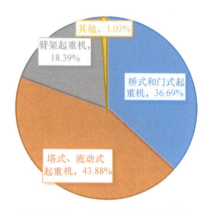

图7-2　2018年我国起重机械装备各类设备营业收入占比

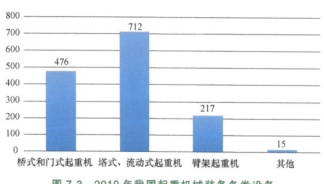

图7-3　2019年我国起重机械装备各类设备营业收入(单位:亿元)

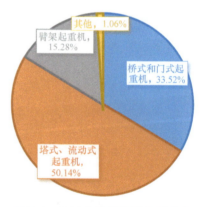

图7-4　2019年我国起重机械装备各类设备营业收入占比

7.1.4　区域市场分布

我国起重机械主要为国内基建、房地产、仓储物流、冶金、煤炭、航空、船舶和港口集装箱等行业提供技术支持与服务,市场也主要集中在珠三角、长三角、东三省以及南京、重庆等制造业、物流运输产业密集的城市。除此之外,在中西部的一些开发与基建项目中,起重机械也有着广泛的市场。

7.1.5　我国市场发展趋势

在上下游各行业以及全国经济发展的共同推动下,我国的起重机械市场已经取得了不错的成绩。但当前全球经济正面临着很大的不确定性,各大经济体也正在做出不同的抉择。因此，此时的我国市场需求调整显得尤为重要。考虑到各种不确定性因素的影响，预计本轮市场增长已经接近高点，但是与前一周期相比，预期中将出现的回落幅度应当是比较缓和的。根据 Off-Highway Research 的预测，未来五年内，全球市场的调整幅度为 5%~10%。与历史上市场曾经达到过的高点相比，这意味着我国市场总体需求即使不会持续扩大，但仍将处于比较旺盛的水平。由于国内外市场普遍向好和行业结构的调整，我国起重机械主要制造企业的经营状况出现了明显改善。面向未来，这些企业正在实施智能化、数字化制造的新战略，行业也重新获得了对投资的吸引力。但是，对整个市场需求持续上升的预期是不现实的，我国企业仍面临着提高经济效益和抵御经营风险能力的压力。因此，各企业更要坚持创新发展、科技进步，加强智能化、数字化、工业互联网技术的应用，坚持绿色发展，为起重机械市场的发展增加更多的动力。

7.2 起重机械产业链

7.2.1 我国市场总体供给结构

2005—2010 年，宏观环境呈现重要变化：各国加大基础建设投资，能源等建设项目带动了大型吊装工艺技术革新，这个过程中主流企业实现三大突破：一是国际化提速；二是起重机产品结构及品类进一步细分，型谱跨度从 5t 到 2,000t 级，随车式、汽车式、全地面、履带式和越野轮胎式等得到发展；三是大型化。我国起重机最大吨位 200t 的历史被打破，全球起重机械行业完成了从百吨级到千吨级的跨越。

2011—2019 年，宏观经济环境收紧，但供给能力增长了近两倍，主流企业一方面要应对各种竞争压力，同时还要抓住地区结构性变化，在战略布局上实现第二次国际化腾飞，在产品和技术布局上快速抢占超大吨位至高点，我国企业再次展现后发优势，一个个"世界之最"正在或即将诞生，同时，一轮以提升用户使用价值为主题的新一代技术革命正在兴起。

7.2.2 上游产业影响分析

起重机械行业是一个巨大的产业链，主要上游产业的发展对起重机械行业的影响不容小觑。

1) 钢铁行业。钢铁作为大型起重机械设备的主要材料，钢铁的供给、钢铁行业的发展都会直接影响起重机械设备的生产。因此，钢厂占据了产业链的龙头地位，要充分认识到产业链生态圈对企业发展的长远作用，起重机械生产企业带头与上中下游企业一起共建生态圈。钢铁行情近年来市场总体平稳。2018 年我国钢材产量约达 110,551.6 万 t，同比增长 8.5%；2019 年 1~5 月份全国钢材产量达 48,036.4 万 t，同比增长 11.2%。钢铁行业的发展也在刺激着起重机械行业稳步发展。

2) 电机行业。电机是起重机械必不可少的重要部件。电机是工业领域的动力之源。通过电和磁的相互作用，实现电能和动能之间的相互转换。电机在全球工业自动化市场中占据着举足轻重的地位，广泛应用于冶金、电力、石化、煤炭、矿山、建材、造纸、市政、水利、造船和港口装卸等领域。

我国电机行业历经数十年发展取得了巨大进步，但行业仍然存在不少问题。我国中小型电机基本系列产品产量占的比例偏大，高技术含量、高附加值产品品种少、产量小。因此，电机技术的发展直接影响起重机械行业的发展。小型电机无法满足大型的起重机械设备，因此电机行业具有巨大的市场需求。这也将使产业链上下游都围绕"电机高效化、节能化"进行一定调整，上游供给结构将发生调整，高效电机专用原材料和零部件生产方面具有优势的企业将收获更多的市场份额和更高的收益率。随着高效电机的规模化量产，其供给量将放大、成本和价格相对降低，下游厂商也要做好采用高效电机对原有产品进行升级的准备。

3）液压件。液压件也被称为液压元件，主要有液压缸、液压泵与液压阀三种类型，到目前为止，大概有1,000多个品种与10,000多种规格，全球液压元件的市场规模超过2,000亿元，我国是第二大消费国。按产品分类，液压缸和液压泵占比最高。液压件广泛应用于各类大型装备，下游行业包括工程机械、汽车、冶金机械、机床、矿山机械、农业机械、船舶和石油机械等。在这中间，起重机械液压元件的比例在整个液压行业举足轻重，不论是数量、产值还是营业额。因此，液压元件的发展对于起重机械行业的发展至关重要。

我国液压产业起步较晚，国内外企业在液压元件技术积累与制造经验方面存在一定差距，客观上造成了国内中高端液压元件长期以来依赖从川崎重工、博世力士乐、派克汉尼汾等国际液压巨头进口的局面。

目前我国工程机械液压件存在的问题主要有两个。一是一般的普通液压件产能大量过剩，各种低价位低水平的产品竞争十分激烈；二是高档的变量液压元件与高技术水平的液压阀十分短缺，只能依赖进口。因此，需要进一步发展液压阀和液压元件技术，才能促进起重机械行业的发展。

7.2.3 下游用户影响分析

1）煤炭行业。起重机械制造业将提供所需的竖井提升设备、各种类型的起重设备以及相关运输机械等。因此，煤炭行业的发展与起重机械行业息息相关。在新常态经济下，煤炭行业的发展挑战与机遇并存。从整体来看，与以前相比，当前煤炭行业的发展速度放缓，整体进入新常态经济的平稳阶段。受到新能源、金融危机的影响，煤炭消费呈现出整体下降的趋势。因此，随着煤炭行业的下滑，起重机械行业在煤炭行业的应用也应进行转型，要从数量到质量进行转变，着重于起重机械设备的性能提升，提高煤炭的开采处理效率，才能保证产业链的稳定。

2）电力行业。近年来，我国电力行业加快清洁能源发电发展，加大电力结构优化调整力度，持续推进电力市场优化改革，大力推动电力科技创新，狠抓资源节约与环境保护，积极应对气候变化，为国家经济社会发展、能源转型升级做出了重要贡献。各种电站专用桥式/门式起重机、各种物料输送设备、水电站用闸门启闭机械、升船机、核电站废料处理专用起重机等将有较大需求。

3）石化工业。起重机械制造业将为石化工业提供所需的自动灌装和包装码垛设备、仓储专用设备、厂内和车间内物料搬运装卸设备等。因此，在石化工业中，起重机械设备具有巨大的需求市场。

4）冶金工业及原材料工业。各种冶金起重机、厂内和车间内物料搬运装卸设备、料场堆取料与混匀料设备、金属露天矿连续/半连续开采输送设备等将有较大需求。

5）造船工业。大跨度、高起升的造船门式起重机、大吨位门座起重机和大跨度桥式起重机等，将有较大需求。

以上行业的快速发展，均离不开起重机械，也确保了起重机械行业的快速发展。

7.3 出口市场

起重机械行业的发展离不开技术、产品的交流与探索。随着我国起重机械产业的发展，我国的起重机械设备也在逐步走向世界。国内企业以国际化经营作为中长期发展战略，坚持注重市场国际化、标准国际化、网络国际化，多层次、多渠道提升国际化经营能力。

大连华锐重工集团股份有限公司不断创新出口模式，出口订货持续保持增长；加快向发达国家市场、高附加值领域进军，成功签订瑞士地中海航运集团岸桥、澳大利亚FMG堆取料机等高端项目，圆满交付澳大利亚首个赤铁尾矿综合利用成套设备。截至报告期末（2019年年末），公司产品和服务累计远销93个国家和地区，逐步实现了从零部件出口到单机出口、成套设备出口，再到工程总承包出口和产品全生命周期服务管理的转变。

法兰泰克重工股份有限公司继续沿"一带一路"发力，起重机产品除原有东南亚业务长足进展外，进一步延伸到包括俄罗斯在内的欧洲地区，防爆产品和自动化产品均获突破，销售额持续四年增长；公司多类电动葫芦产品已出口到包括欧美国家在内的50多个国家，为公司电动葫芦下一步在海外的发展打下扎实基础。

华伍股份通过振华重工打开了工业制动器国际化交流的窗口，开始了对国外制动技术的学习研究、消化吸收再创新之路。公司建立了自己的制动技术与产品研发平台，快速丰富了产品线。公司产品通过配套振华重工等主机厂商，出口到全球92个国家和地区，通过了全球用户的装机运维考验，港机制动产品成为国内同行业的技术和质量标杆。

三一重工在2019年实现国际业务销售收入141.67亿元，同比增长3.96%。尽管主要产品市场行业出口增速下滑，但公司海外销售依然保持了稳定增长，出口产品市场地位有明显提升；公司各主要海外销售区域均实现销售增长，其中，印尼区域、三一美国、三一欧洲、俄罗斯区域、拉美区域销售额均实现快速增长。

山河智能公司职业化的营销服务团队、遍布全球的营销服务网络使集团产品畅销国内外，出口到100多个国家和地区，"SUNWARD"商标在近百个国家注册，是向欧洲出口小型液压挖掘机数量最多的中国企业。

太原重工股份有限公司新建了滨海重型装备研制出口基地，拥有 1,000m 的码头岸线，是具备完全自制、自主经营码头的企业之一。公司一贯重视国际化发展，先后成立印度公司和中国香港公司，收购德国 CEC 起重机工程与咨询有限公司，产品已出口到世界 50 多个国家和地区。2019 年，公司充分利用"一带一路"发展机遇，在哈萨克斯坦、印度尼西亚和土耳其设立三个海外公司，为下一步国际化开拓奠定了坚实基础。

据国家海关出口数据，2019 年，徐工品牌出口和自营出口总额分别领先国内同行 3.46 亿美元和 1.08 亿美元，双双稳居行业第一位。汽车起重机、履带起重机、装载机、压路机、平地机、摊铺机、随车起重机、矿山挖掘机保持行业出口第一，塔机、混凝土搅拌车、挖掘机出口额同比分别增长 40%、80% 和 98%。非洲区、亚太区和中亚区出口占有率分别提升 2.2%、3.3%、3.6%。交付海外近 2 亿元成套矿业机械，550 马力大型矿用平地机批量交付国际矿山高端市场用户；XCA60E 全地面起重机批量出口，百吨级全地面起重机 XCA100E 在德国市场得到认可，XCA300U 成功打入北美市场。其中巴西制造公司实现收入同比增长 22.7%，赢得巴西政府的高度认可，获中巴交流最高荣誉勋章。徐工巴西银行获巴西央行批准筹建，徐工巴西工业园获批。徐工巴西公司成为中巴经济合作典范。

7.4 进口市场

目前，欧盟是全球最大的起重机械生产地区。欧盟生产的起重机械在世界市场约占 50%，其出口额比日本和美国出口额的总和还多。

世界起重机械强国依次是德国、美国、日本、英国、法国、意大利和瑞士。德国是世界最大的起重机械生产国，各类产品都居欧盟之冠，是世界最主要的出口国。

美国是起重机械的生产大国，同时也是消费大国。2011 年开始，美国本土开始振兴制造业，起重机械制造和消费都有较大的增长。特别值得关注的是人工智能在美国起重机械领域的应用。

日本是起重机械的重要出口国，主要出口高端起重机械。

我国虽然不是起重机械强国。从总量上看，我国的起重机械工业总产值保持了持续快速增长，已经接近或超过主要地区和国家。但是，我国在高技术领域的起重机械仍然依赖进口，是世界主要进口国。

第8章

起重机械产业技术分析

8.1 概述

本章对起重机械所运用到的产业技术进行分析，包括起重机械产业的核心技术、新技术应用案例以及技术发展趋势。

核心技术主要包括先进设计技术、数字化技术、智能控制技术、智能维护技术以及自动化吊具技术。

在产业新技术应用案例中，主要介绍了多种起重机产业应用项目，包括智能管控平台、结合5G与AR技术的远程协同装配、起重机械远程智能维护以及智能型无人化全自动起重机系统。

在技术发展趋势中，主要介绍了起重机械产业的智能化、通用化、绿色化三大趋势。

8.2 起重机械产业发展核心技术

8.2.1 起重机械先进设计技术

1. 计算机仿真建模

随着计算机技术的发展和各种仿真建模软件的成熟完善，计算机仿真建模在各种机械设备的设计中都逐渐发挥更重要的作用，可以初步检验各种设计方案的可行性，发现问题，对设计进行修改优化。起重机械设备设计环节都涉及计算机仿真建模，如虚拟装配、系统动力学、机构液压系统、能量管理控制策略、载荷分析和误差分析等。

2. 模块化设计

模块化设计通过对各个产品的功能分析，划分设计功能模块，再通过对模块的组合设计，构成产品系列，以满足不同的产品需求。各个功能模块具有相对独立性、互换性和通用性，能够更好地实现快速设计和个性化产品定制，提高设计效率，有效降低生产管理成本。

模块化设计在起重机等机电产品的快速设计中占有重要位置，在起重机结构设计中可以通过将设计过程模块化并为关键模块的特征数据建立数据块，结合参数化设计，建立零部件模型库，通过草图装配、参数驱动等方法自动完成设计并完成对整机结构的结构性能分析。图 8-1 所示为一种起重机模块划分方法。

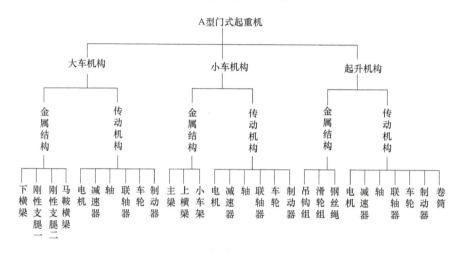

图 8-1 一种起重机模块划分方法

对于起重机的电气设计也可以通过选型、图样设计和信号接口的划分来实现设计模块化，设计过程中通过功能等划分电气子模块，进一步通过组合完成设计，提高设计的灵活性。图 8-2 为电气设计模块化示意图。

3. 全生命周期设计

全生命周期设计，就是面向产品全生命周期全过程的设计，要考虑从产品的社会需求分析、产品概念的形成、知识及技术资源的调研、成本价格分析、机械设计、制造、装配、使用寿命、安全保障与维护，直至产品报废与回收、再生利用的全过程，全面优化产品的功能性能、生产效率、品质质量、经济性、环保性和能源资源利用率等指标，求得其最佳平衡点。全生命周

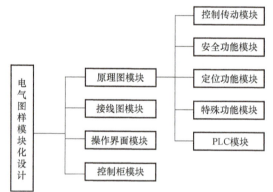

图 8-2 电气设计模块化示意图

期设计是现代设计理论发展的产物，也将是机械产品设计发展的必然方向。全生命周期设计是一个综合的、多学科交叉集合的设计方法，在设计之时就考虑到产品功能、经济性、安全性、可持续发展性等多方面问题。

全生命周期设计包含多个环节。材料选择需考虑材料产品性能、环保性能、性价比等，也要与结构设计相结合来综合考虑。设计阶段利用计算机辅助方法进行设计和仿真建模分析来提高设计效率，避免设计缺陷，并采用模块化设计方法，努力促使产品模块化、标准化，以缩短设计生产周期，增加产品多样性和可维护性。同时，在设计时对于产品的安全使用寿命进行分析预测，如针对结构的疲劳寿命、电子元件的电接触疲劳以及材料的耐腐蚀性分析等。除了寿命分析和预测方法外，材料的选择和材料客观性能指标的试验测定、对制造和加工工艺质量的评估、载荷谱和环境谱的编制等也至关重要。此外，全生命周期设计还包括经济寿命设计、安全可检测性设计、绿色化设计、事故安

第8章 起重机械产业技术分析

全设计等。图 8-3 所示为面向产品全生命周期的机械产品设计系统。

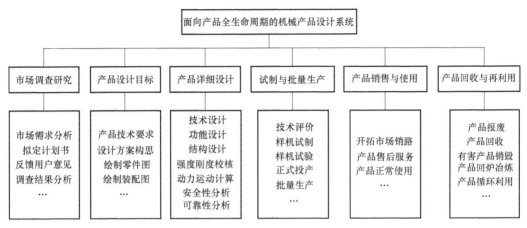

图 8-3　面向产品全生命周期的机械产品设计系统

全生命周期设计逐渐成为起重机技术发展的一大方向，有利于提升起重机产品核心竞争力。其采用优化设计、可靠性设计及动态仿真设计等现代设计方法，使得设计更加科学高效，分析更加可靠精确，通过建立基于大数据的监测系统可以进行起重机的主梁挠度监测、导轨状态监测和操作规范监测等。

伴随着云计算等技术的发展，结合制造强国战略，传统制造业逐渐向"云制造"模式发展转变。云设计平台借助互联网技术，整合资源，可以实现在线快速定制设计，降低设计成本，提高企业竞争力。针对起重机的云设计平台也在不断发展中，通过零部件库、设计分析软件库、技术资料库以及供应商产品库的资源整合，可为用户提供多种类型的应用服务，并通过模块化、参数化、智能化方法建立的起重机快速设计平台帮助设计人员实现个性化设计、快速设计和优化设计。图 8-4 所示为一种桥式起重机云设计平台。

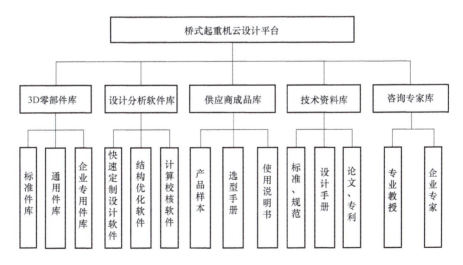

图 8-4　一种桥式起重机云设计平台

8.2.2 起重机械数字化技术

1. 数据传输

起重装备运行过程中，需要进行起重量、起升高度、吊具偏角等涉及起重机械运行状态和环境的数据传输，一方面为安全监控系统提供实时监测信息，另一方面也为智能化控制系统提供反馈数据。起重设备的数据传输主要为现场数据通信和远程数据通信两类，其中现场数据通信是现场设备与设备或者设备与主控设备之间的通信，远程通信是现场设备或主控器与远程管理系统之间的通信。

起重装备的数据传输重点在于标准化。标准化既有利于起重机械运行中数据传输的安全，为整个设备运行提高更加有效的安全保障，也有利于起重相关设备的通用化。2019 年国家市场监管总局修订了《塔式起重机安全监控系统及数据传输规范》，提出安全监控系统的构成要求和检验标准，并给出各种通信方式的通信规范。

2. 定位技术

起重机械的自动化、智能化控制依赖于精确的定位。对于简单的工作环境，使用传统传感器如激光测距传感器、编码器等就可以实现运行机构的定位，而对于复杂变化的环境，则需要起重机械能够自主进行定位建模，结合路径规划技术，实现无碰撞高效协同运行。

目前在定位建模中应用较多的是激光雷达传感。激光雷达传感指基于激光雷达获取周边环境二维或三维距离信息，通过距离分析识别技术对行驶环境进行感知，在机器人和自动驾驶领域应用广泛。激光雷达是一种主动式测量系统，按扫描方式分类，有机械式旋转雷达、微机电系统激光雷达和光学相控阵雷达，其抗有源干扰能力强、体积小、质量轻、便于安装，但也有一定缺点，受被测物表面、天气影响，同时具有较高的成本。

3. 识别技术

在起重过程中，对于货物的识别至关重要。目前物流系统中主要运用了条形码识别和射频识别技术。识别技术和定位技术相结合，能够有效降低运输风险，方便系统调度以及智能化管理。

起重机械搬运的物品类型主要包括卷制品（钢卷、纸卷、薄膜卷等）、箱装产品（集装箱、料箱、转运箱等）、金属材料构件（钢坯、盾构构件等）、散状物料等。对于这些物品常用的识别方法有条形码识别、射频识别、图像识别等。

（1）条形码识别　条形码识别采用识别装置读取条码信息，它使用一个光学装置将条码的条空信息转换成电频信息，再由专用译码器翻译成相应的数据信息。

（2）射频识别　射频识别技术的基本原理是电磁理论。射频系统的优点是不局限于视线，识别距离比光学系统远。射频识别卡具有读写能力，可携带大量数据，难以伪造。射频识别技术适用的领域：物料跟踪、运载工具和货架识别等要求非接触数据采集与交换的场合；由于射频识别技术标签具有可读写能力，对于需要频繁改变数据内容的场合尤为适用。图 8-5 所示为射频卡和识别设备。

(3) 图像识别　图像识别是指利用计算机对图像进行处理、分析和理解，以识别各种不同模式的目标和对象的技术。图像识别通过机器视觉产品（即图像摄取装置，分 CMOS 和 CCD 两种）将被摄取目标转换成图像信号，传送给专用的图像处理系统，得到被摄目标的形态信息，根据像素分布和亮度、颜色等信

图 8-5　射频卡和识别设备

息，转变成数字化信号；图像系统对这些信号进行各种运算来抽取目标的特征，进而根据判别的结果来控制现场的设备动作。设备运行时，应用图像识别技术不仅可以完成对各种货物的识别，增加对运载货物状态的监控手段，也可以在此基础上实现异常状态报警、危险物检测和实时跟踪等功能。

4. 物联网技术

随着现代信息技术的飞速发展，物联网技术已经十分广泛地应用于各个行业。利用物联网技术建立起重机械检验系统，可以有效促进检验作业效率的提升。

起重设备的智能化也属于智能化物流的一个环节。智能物流是基于物联网的广泛应用基础上，利用先进的信息采集、处理、流通和管理技术，完成物流的整个过程，为供方提供最大化利润，为需方提供最佳服务，同时消耗最少的自然资源和社会资源，最大限度地保护好生态环境的整体智能社会物流管理体系。图 8-6 为智能物流示意图。

图 8-6　智能物流示意图

(1) 物联网与起重机　物流领域是物联网相关技术最有现实意义的应用领域之一。物联网的建设，会进一步提升物流智能化、信息化和自动化水平。推动物流功能整合，对物流服务各环节运作将产生积极影响。

(2) 挑战　物联网促进起重机械产业的升级，但物联网本身也仍处于发展当中，存在很多问题。

在技术方面，物联网促进物流智能化。物联网属于通用技术，而物流业是个性需求

最多、最复杂的行业之一。因此，要充分考虑物联网通用技术如何满足物流产业个性需求。此外，还应充分考虑数据如何及时、准确地采集，如何使数据实现互联互通，如何及时处理海量感知数据并把原始传感数据提升到信息，进而把信息提升到知识。

在标准方面，物联网的实现需要一个标准体系的支撑，这样才能够做到物品检索的互通性。但是，目前所制定的标准并没有形成一个统一的标准体系，由于在标准制定过程中各领域独立进行，使所制定的标准之间缺乏沟通和协调，没有采用统一制式的编码，这给物联网各种技术的融合造成了难度，阻碍了物联网在物流业的发展应用。

在安全方面，对于工业物联网来说，安全至关重要，信息出现错误传输或者泄漏，会造成生产信息的丢失，对工业生产安全造成巨大威胁，也为他人窃取企业机密信息提供了可乘之机。

8.2.3 起重机械智能控制技术

通过起重机械的数字化，可以更好地实现起重机械的智能化，从而提升起重装备运行的效率和安全性。相比于传统的起重机械，引用了智能化控制技术的智能起重机械可以提高作业效率，减轻劳动强度，改善操作环境并且提高安全性能，有着广泛的研究和应用价值。当前智能起重机械主要具有自动控制、精确定位、远程监控和操作、智能识别目标等功能，在集装箱堆场、核废料存储车间以及自动化生产车间均有所应用。

1. 智能检测

智能检测是指在起重机械运行过程中对运行机构和吊取货物的运行状态进行检测，为智能控制系统和管理系统提供反馈数据。

对于位置检测，限位开关和接近开关主要用于极限位置检测，防止起重机运行机构发生碰撞，旋转编码器、条码检测、光栅孔检测等可以对运行的大小车进行较为精确的位置检测。图 8-7 所示为德国劳易测条形码检测，图 8-8 所示为德国贝加福光栅孔检测。

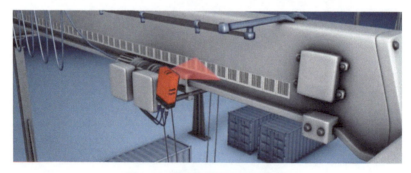

图 8-7　德国劳易测条形码检测

随着计算机视觉和深度学习的发展，图像识别也逐渐运用到起重机械中，可根据图像信息分析吊具下吊装货物的位置、距离等信息。

2. 吊具防摇技术

起重机械的智能化、自动化控制对吊具位置的控制精确度具有较高要求，因此，吊具防摇技术的研究和应用对于实现起重机械运行的智能化、自动化控制具有重要意义。

图 8-8　德国贝加福光栅孔检测

吊具防摇可以通过机械装置、机电配合、电气控制等多种方式实现，电子式防摇符合智能化和自动化的特点，其采用一系列控制算法如 PID 控制、模糊控制、粒子群算法等，结合加装在起重机上的传感器返回的吊具摆角、大小车运行速度等反馈数据，控制吊具在起重机运行过程中在较小范围摆动，最终达到精确控制的效果，这也是目前吊具防摇技术的主要发展方向。

3. 任务调度技术

起重装备的任务调度既包括单个装备的生产任务调度，也包括多装备协同工作调度，其属于起重装备全自动管理系统的重要环节，需要与其余子系统如控制系统、识别系统、定位系统等配合运行。

在单个装备的生产任务调度中，全自动控制系统根据优先级执行分配的生产任务。在起重机未执行生产任务时，控制软件按各任务的优先级高低顺序查询该任务是否需要执行，同优先级任务按时间先入先出。

多设备调度既包括起重机与起重机之间的协同调度，如在集装箱码头的场桥协同调度，也包括起重机与其他搬运设备、泊车设备的配合调度，对于大规模设备协同工作可采用智能集群控制，利用现代先进的计算机网络与通信技术、传感器技术、电子技术，针对多台同类型起重机实施联合联网远程协同监控。起重机集群监控系统主要由调度指挥中心、远程计算机网络监控系统及作业现场计算机网络监控系统组成，实现起重机作业效率和资源利用率最大化。

4. 路径规划技术

路径规划技术是结合传感数据，完成机器从起始点到终点的合理路线规划，其对于实现移动机器设备的智能化至关重要，不仅提升移动效率，更有利于实现机器无碰撞运行。近年来，在移动机器人领域得到广泛研究和应用的路径规划技术也逐步开始应用到起重机械行业当中。图 8-9 所示为一种无人化车间桥式起重机智能运行控制基础系统。

路径规划技术主要包含两方面：一是以激光传感器、编码器、超声波传感

图 8-9　一种无人化车间桥式起重机
智能运行控制基础系统

器为主的传感检测技术；二是路径规划算法，如遗传算法、蚁群算法等。

8.2.4 起重机械智能维护技术

起重装备智能维护技术包括对起重装备的运行状态监测、寿命预测、故障诊断和远程维护等。

1. 状态监测

状态监测是指对规定的监测对象进行间断或连续的（周期）监测，掌握设备的运行状态，判定设备是处于正常状态还是异常状态的一种方法。可监测的设备动态参数有压力、流量、温度、振动、油液与噪声等。状态检测的目的在于掌握设备发生故障之前的异常征兆与劣化信息，对设备运行状态进行评估，判定其处于正常或非正常状态，以便事前采取针对性措施，控制和防止故障的发生。

2. 寿命预测

在设备维修决策过程中，如果能够比较准确地对设备故障停机时间做出预测，在后续制订维修计划过程中，可以充分整合已有的企业资源，保证生产的正常进行，减少因故障停机时间过长造成的损失。采用寿命预测方法对设备机械故障停机时间进行数学建模，对设备机械故障停机时间做预测，可为生产准备、设备维修提供必要的信息支持。常用的建模方法有二次曲线拟合、时间序列分析建模、GM灰色预测模型等。

3. 故障诊断

故障诊断是根据状态检测所获得的信息，对设备可能要发生的故障进行预报、分析和判断，确定故障的性质、类别、程度、原因和部位，并预测设备状态今后的变化趋势，提出控制故障继续发展和消除故障的调整、维修的对策措施，为设备维修提供正确的技术支持。由某一故障引起的设备状态的变化称为故障的征兆。故障诊断的过程就是从已知征兆判定设备上存在故障的类型及其所在部位的过程。因此，故障诊断的方法实质上是一种状态识别方法。常用的故障诊断方法有振动诊断法、噪声诊断法、油液诊断法、无损检测法、温度检测法和应力应变法等，按照诊断策略可以分为以下三种：

1）基于规则的交互式诊断。结合设备关键部件故障机理的研究，引入故障树分析法，建立相应的故障分析树，直观反映故障与其成因之间的逻辑关系。

2）基于数据挖掘与人工智能的故障诊断与预测。采用数据挖掘技术对其进行分类和聚类分析，并建立设备状态监测数据和设备故障之间的映射关系，以应对设备常规故障诊断问题，快速判断出设备故障部件。

3）基于运行状态的智能诊断及预测技术。采用神经网络、支持向量机、隐马尔可夫、模糊逻辑等先进故障诊断方法建立从设备监测数据到设备故障之间的映射函数，并将其应用于设备在线监测系统，以实现基于设备实时运行状态的故障诊断，提高设备故障诊断的及时性和快速性。

4. 设备维护

设备维护是设备维修与保养的结合，是为防止设备性能劣化或降低设备失效的概率，按事先规定的计划或相应技术条件的规定进行的技术管理措施。

8.2.5 自动化吊具技术

传统吊具多需要人工辅助吊抓。实现智能化、无人化起重机，可以建立集装箱这种标准化包装体系，但实际起重机运行工况各不相同，所吊抓货物类型也纷繁复杂，这就需要通用性较强的自动化吊具技术。吊钩钩腔小，活动自由度大，无动力源，难以实现全自动摘挂钩，多物一抓要解决被吊物不规则摆放的吊具自动调整和自适应技术，传统吊具大多数功能单一，对被抓取物有特殊要求，通用性差。柔性生产流水线上被吊物的形状、重量、重心位置都是不规则变化的，要自动感知被吊物的外形、重量、特性、重心位置和最佳抓取点。要在加速度大、空间小、冲击振动大的工况下实现安全可靠吊运。自动抓取要在合适的位置、采取恰当的夹紧力，又不损伤被吊物。自动抓取过程中，要进行精确定位、多参数检测、安全保护、过程监控，同时适应各种复杂环境。自动化吊具技术包含以下几点：

1) 自摘挂技术，包括自动适应、自动调整、自动摘挂和多物一抓。
2) 自感应技术，包括工况识别、参数检测、推理决策和柔性装夹。
3) 智能化技术，包括物体感知、智能决策、安全监控和协同作业。

其中自动摘挂钩技术涉及微机械技术、无电驱技术、自锁定技术、多吊点技术、自调整技术等。自动感知与识别包括动态物体位置检测、三维物体形状检测、物体表面物性检测、复杂物体重心检测、最佳夹紧位置选择和最佳夹持力选择。

8.3 起重机械产业新技术应用案例

8.3.1 起重机械协同装配方案

运用5G+AR（增强现实）技术可进行跨国远程装配，如图8-10所示。通过这套5G+AR的远程协作装配解决方案，位于中国的工程师可以将现场环境视频和第一视角画面通过5G网络实时推送给位于国外的工程师，国外工程师依托AR的实时标注、冻屏标注、音视频通信、桌面共享等技术，远程配合现场工程师进行装配工作。5G+AR技术让不同国家的工程师如亲临现场一样紧密协作，可实现高效高质装配。

8.3.2 起重机械远程智能维护技术研制

同济大学、上海地铁盾构设备工程有限公司、华电重工股份有限公司合作完成了起重机械远程智能维护技术研究应用项目，该项目获得2019年中国机械工业协会科学技术奖。

起重与工程机械的智能远程维护

图8-10 起重机械远程控制系统

技术，其内涵是了解和掌握设备在使用过程中的状态，判断其整体或局部是否正常，及早发现故障及其原因，并能预测故障发展趋势以及实施健康管理等相关技术的集成。同济大学在有关领域开展研究历时 15 年左右，在诊断方法和理论方面，不断吸收人工智能、信息技术和大数据等方面的成果，用于提升它的精度和可靠性；在监测手段方面注重自主研发，实现在线监测、数字化、智能型等目标；在应用方面，突出集成化维护平台、分布式和网络型系统等特点。该项目主要技术创新内容如下：

1. 构建了起重机械与工程机械远程智能维护系统通用技术框架

项目针对起重机械与工程机械特点，结合 CBM（Condition-Based Maintenance，基于状态的维护）开放系统体系结构标准 OSA-CBM，同时参考智能变送器接口 IEEE1451 系列标准和所有测试环境的人工智能交换与服务 IEEE1232 等系列标准，创新性地提出远程智能维护系统通用技术框架。系统采用分层模块化设计，在保证相邻层接口不变的前提下，各层功能和逻辑相互独立，有效地避免了各子系统的相互干扰。

2. 研发了多源异构数据采集与远程通信智能组件（黑匣子）

针对起重机械与工程机械数据采集与远程传输需求，自主开发软硬件一体化智能采集与通信组件（黑匣子）。在数据采集方面，实现了多源、多协议和稳定可靠等多项功能；在异地通信方面，满足多场景、安全和高速的远程通信要求。

3. 建立了智能维护系统，实现诊断、预测和健康管理同平台

针对起重机械与工程机械智能维护的特点，提出了四个转变，即学术思维的转变、研究对象的转变、分析手段的转变和诊断目标的转变。根据应用对象和采集数据情况的不同，项目研究并完成了基于机器学习、深度学习和统计分析的系列故障诊断和剩余寿命预测算法和应用模型，在此基础上，开发了维保决策模型，实现设备维护智能优化。

8.3.3　智能型无人化全自动桥式起重机系统

上海起重机械厂有限公司与同济大学合作完成了智能型无人化全自动桥式起重机系统研究及样机开发。该项目开发了一种集成现代智能化技术，能够自动实现运行机构的自动运动以完成起重作业，具有路径规划、自动定位、智能防摇、自诊断和可编程功能的"起重机器人"。它将不再需要专业的操作人员，只需一名操作人员在监控室有效监控数台设备甚至整个车间的所有设备的正常作业，大幅改善工作环境，降低人力需求并提高工作效率。图 8-11 为智能型无人化全自动桥式起重机系统整体架构示意图。

8.3.4　起重机械智能化生产车间

如图 8-12 所示，徐工塔式起重机智能生产车间项目通过信息系统实现关键数控设备及大型加工中心全部联网，对车间现场网络化监控和可视化管理，自动化生产设备使焊接生产效率提高 3 倍以上，大型数控加工中心使加工效率提高 1 倍，积放式输送设备、自动搬运输送系统等使物流输送效率提升 3 倍以上，工厂整体产能提升 4 倍以上。生产制造系统实现了生产过程智能化、制造装备智能化和生产管理的智能化，各个生产单元之间的协同更加及时，生产订单进度、生产瓶颈工序、工人绩效等生产模型，均有透明

第8章 起重机械产业技术分析

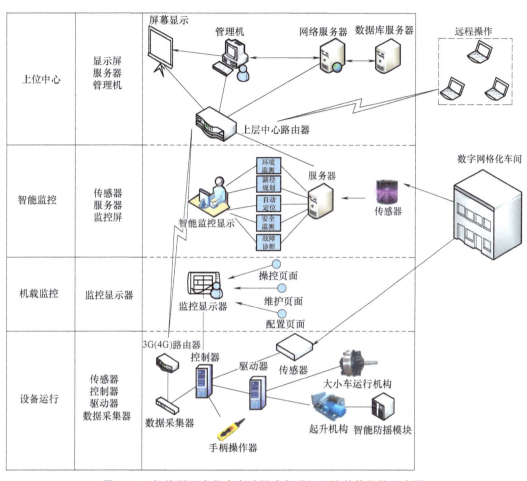

图 8-11 智能型无人化全自动桥式起重机系统整体架构示意图

图 8-12 徐工塔式起重机智能生产车间

图片来源：工程机械在线

量化数据体现。信息系统实时记录制造过程中的在制品、工时、人员、质量等资源信息，整个生产过程实现数字化、可追溯，颠覆了传统制造业的生产模式，使大规模个性化定制成为可能。

8.4 起重机械产业技术发展趋势

8.4.1 智能化

起重机械的智能化发展是将已具有一定自动化的机电设备同工业物联网、新一代通信技术、虚拟现实技术、智能控制技术等相结合，以提高设备的运行效率和自动化水平，在机械设备管理、多机协作、人机交互、控制等各个方面达到更加智能的效果。

1. 智能远程控制

智能远程控制技术包括远程监控和远程操作，当前主要通过工业网络技术，采集起重机的部分系统的信号或信息，实现计算机图形化监控、故障监控和跟踪，对起重机的运行状态、工作内容和工作量进行监控，有效提高生产管理水平。

2. 虚拟现实技术

虚拟现实技术是利用计算机模拟产生一个三维空间的虚拟世界，提供用户关于视觉等感官的模拟，让人们感觉仿佛身临其境，可以即时、没有限制地观察三维空间内的事物。用户进行位置移动时，计算机可以立即进行复杂的运算，将精确的三维世界影像传回产生临场感。虚拟现实技术以及相关的增强现实、混合现实等技术不仅可以在起重机械的设计阶段提供数字孪生的一种实现方式，有利于全面高效进行产品评估，也可以应用在产品运行的远程监控和操作之中，使得远程监控维护更加直观立体，远程操作更加真实便捷。

3. 5G 技术

5G 指第五代移动通信技术，是当前最新一代蜂窝移动通信技术，目前已进入商用阶段。5G 具有低时延、低功耗、高容量、高速度等特点，能够很好地支持物联网的发展，也为传统制造业的升级注入了新的动力。当前，许多制造企业如三一重工等都在开展 5G 相关的合作项目，部分甚至已经实现。未来，随着基站的普及、覆盖范围的扩大和稳定性的提高，5G 技术将促使人们的生产生活方式发生更大的改变，促进传统制造方式的变革。如图 8-13 所示，5G 推动物流互联的发展，改变了我们的生活。

8.4.2 通用化

起重机械的通用化指通过建立统一标准使得在部分相同或相似工况和应用场合下可以实现设备的通用。通用化分为整体性和局部性。整体性通用指整个起重机械产品作为整体具有较好的通用性，能够适应多个场合的应用，这需要与包装标准化体系如集装箱标准相结合来实现。局部性通用指在相似的完整产品中的不同组成设备具有较好的通用性，这需要与产品的模块化设计以及通用接口标准的建立相结合来实现，如对于吊具防摇技术的通用化。国内通用性良好的防摇装置还亟待开发研究。

第8章　起重机械产业技术分析

图 8-13　5G 推动物流互联（摘自《5G 助力物流数字化转型升级白皮书》）

8.4.3　绿色化

　　生态文明建设在国家战略中占据非常重要的地位，同时也关乎人们的生产生活质量的提升。绿色化是符合可持续发展理念的必然趋势，起重机械的绿色化主要体现在两个过程中：一是生产制造过程中，要优化生产工艺，考虑制造材料对环境的影响；二是使用过程中，积极发展清洁能源动力，充分利用能源，并且减少设备运行中的污染排放。起重机械的绿色化发展也符合全生命周期的设计管理理念，对于提高资源利用率、改善生产制造环境、协调企业利益与社会效益具有重要作用。

　　起重机械绿色化发展需结合全生命周期设计，从绿色材料选择、增强可回收性、增加绿色成本分析等多方面进行，在设计阶段采用仿真分析、模块化设计等现代设计手段，增强设备的安全性和可靠性，减少维护成本，优化加工流程，减少环境污染。

第9章
我国起重机械企业竞争力分析

9.1 企业市场竞争概况

目前，我国起重机械企业数量大，行业从业人数多，起重机配件市场在行业中占比也较大。其中大企业涉及的起重机类型较多，并且在个别类型中占有的市场份额很大，接近垄断。而中小企业则呈现同质化竞争，生产的产品在外观设计、理化性能、使用价值、包装与服务、营销手段上相互模仿，以至于产品在技术含量、使用价值上有逐渐趋同的现象。

根据调查数据可以知道，大型起重机械企业的营业范围集中在桥式、门式、塔式、流动式、臂架式起重机等大型起重机械上，其中又以桥式和门式起重机较为突出，而一些中小企业会以起重零部件为主要营业范围，少数也以桥式起重机为营业范围。

9.2 主要企业营业总收入

调查数据显示，起重机械行业排名前十的企业分别为：徐工集团、中联重科股份有限公司（以下简称"中联重科"）、上海振华重工（集团）股份有限公司（以下简称"振华"）、卫华集团（以下简称"卫华"）、三一集团有限公司（以下简称"三一重工"）、河南省矿山起重机有限公司（以下简称"河南矿山"）、豫飞重工集团有限公司（以下简称"河南豫飞"）、株洲天桥起重机股份有限公司（以下简称"株洲天桥"）、大连华锐重工集团股份有限公司（以下简称"大连华锐"）和太原重工股份有限公司（以下简称"太重"）。

图9-1所示为2018—2019年起重机械行业排名前十的企业的营业总收入。可以看出，2019年相对2018年营业总收入总体呈上升趋势，个别企业有小幅下降。

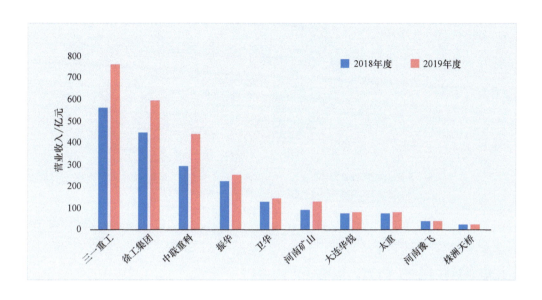

图 9-1　2018—2019 年起重机械行业排名前十的企业营业总收入

9.3　主要企业营业总收入市场分析

2018—2019 年起重机械行业排名前十的企业营业总收入占整个行业的 73%，可以看出起重机械行业具有大企业近似垄断的特性。图 9-2 所示为 2018 年企业营业总收入占比，图 9-3 所示为 2019 年企业营业总收入占比。

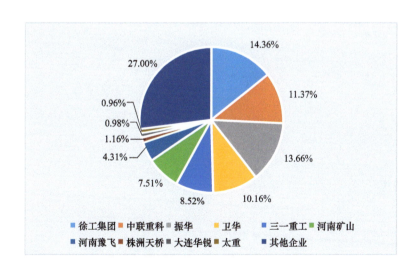

图 9-2　2018 年企业营业总收入占比

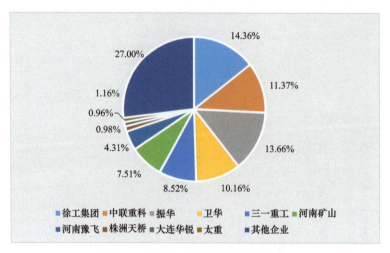

图 9-3　2019 年企业营业总收入占比

9.4　我国市场竞争格局变化趋势

　　根据 2018 年、2019 年两年营业总收入占比可以看出排名前几的企业有所变化，而后面企业的排名相对稳定。2018 年徐工集团营业总收入排名第一，而 2019 年卫华则升至第一，中联重科也从 2018 年的排名第三升至第二，振华从 2018 年第二跌到第四，后面的企业排名基本没变。2018 年到 2019 年排名前十的企业总的营业总收入占市场的比例基本保持在 73%，排名靠前的企业间竞争更为激烈。

第10章

起重机械产业盈利能力分析

10.1 主要细分产品营业总收入

起重机械产业细分产品主要有：桥式、门式、塔式、流动式、臂架式起重机、起重葫芦和起重机零部件。图 10-1 所示为 2018 年、2019 年中国起重机械市场主要细分产品营业总收入。

分析可知桥式和门式、塔式和流动式、臂架式起重机占据了 99% 的市场，其中塔式和流动式起重机是营业收入最多的。2018—2019 年各类细分产品的营业总收入都呈上升趋势，桥式和门式起重机同比增长 21%，塔式、流动式起重机同比增长 52%，臂架式起重机同比增长 10%。塔式、流动式起重机在 2019 年增长较大，说明市场对塔式、流动式起重机的需求增加较为迅速，对桥式和门式起重机的需求也有增长，而对臂架式起重机的需求增长相对较小。

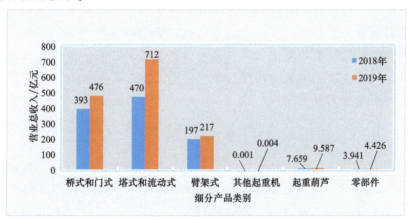

图 10-1 2018 年、2019 年中国起重机械市场主要细分产品营业总收入

10.2 行业盈利能力变化趋势预测

从上述分析可以看出，2018 年起重机械的利润总额为 72.50 亿元，相比 2017 年增长 38.44%，说明起重行业在 2018 年的利润总额增长较快，盈利能力较强。从资产保值增值率来看，也处于较为稳定的状态，说明可以维持企业的正常运转。因此，起重机械行业的营业能力将继续保持稳步上升。

第11章

我国起重机械产业前景展望

11.1 宏观市场

11.1.1 我国起重机械产业市场需求

在经济的发展建设当中,起重机械产业发挥着举足轻重的作用,其生产的起重机械装备在三峡水利工程、海上重工以及大型基础设施建设中得到应用,三一重工、中联重科和徐州重工是我国优秀重型机械制造企业,其产品技术已经达到国际先进水平。

我国起重机械产业所生产的装备主要包括轻小型起重设备(千斤顶、滑车、卷扬机等)、起重机(桥式起重机、浮式起重机、港口门座起重机、固定式起重机、架桥机、履带起重机、塔式起重机以及全地面起重机等)、升降机(启闭机、施工升降机以及举升机)、工作平台以及各类型机械式停车设备。

目前社会生产、建设对于起重机械产业有着很大的依赖。为了满足相关行业对于起重机械装备的需求量,需要进一步推动起重机械产业的标准化发展。目前,我国起重机械行业的年产值、起重机销量及出口额呈现出逐渐增长的态势。除国内市场外,我国起重机械产品开始得到了欧美国家的认可,充分说明我国起重机械行业的发展已经逐渐达到国际标准,具有良好的发展前景。

11.1.2 我国起重机械产业产品需求

起重机械产业产品吨位两极化和智能化是未来我国起重机械产业的发展趋势。起重机的"两极化"发展分别是指"大型化"和"迷你化"。我国起重机械产业在装备"大型化"的发展中取得了很大的突破,而"迷你化"将成为一个全新的发展机遇。增加科研投入,开发更多功能"迷你"型起重机,更为广泛地应用于各个行业的生产制造当中,这无疑为我国起重机械产业拓展了更大的市场空间。

起重机械的智能化发展为其增加了特殊技能,使其能够适合各类型空间环境的工作,拓展了起重机的应用领域。

另外,起重机械产业的标准化发展,其目的在于可持续发展,以谋求更高的经济效益。在传统盈利模式的基础之上,应用电子商务平台,帮助起重机械生产企业降低成本,同时获取更高的经济效益,实现资源优化,挖掘全新的市场潜力。就目前的实践来看,其成效可观,这为我国起重机械产业标准化发展拓展了全新的道路。

起重机械行业优先发展的重点产品应具备性能指标高、性能稳定和运行效率高等特点。为适应时代需求,这些产品还必须达到环保效能好、节能、机电一体化程度高和操作性能好等要求,是用户优先选择的技术水平高的产品或是新型的国内空白产品,这些产品包括:

1)港口散料装卸成套设备。包括:4,000~6,000t/h 连续装船机、1,250~2,400t/h 桥式抓斗卸船机、4,000~6,000t/h 悬臂斗轮取料机、4,000~6,000t/h 大跨度门式取料机、双车三车不摘钩翻车机、散粮码头装卸系统机电总体设计及控制技术、500~1,000t/h 夹带式卸船机及 1,000~1,500t/h 波状挡边带式提升机等。

2)大型露天矿连续、半连续开采工艺运输成套设备。包括:4,000~6,000t/h 大型排土机、3,000mm 带宽胶带输送机及压带式大倾角胶带输送机等。

3)混匀料场成套设备。包括:1,500t/h 刮板式混匀取料机、1,500t/h 滚筒式混匀料机、1,500t/h 摇臂式混匀堆料机等。

4)集装箱装卸运输成套设备。包括:轮胎式集装箱起重机、超大箱大伸距岸边起重机、集装箱叉车及铁路集装箱起重机等。

5)仓储及自动化运输成套设备。包括:标准系列自动化立体仓库、自动化立体停车库、无轨巷道堆垛机系列、自动搬动车系统、大规模生产流水线电控及管理系统、积放式悬挂输送机(单车吊重 50~1,250kg,速度 10~20m/min)、重型板式输送机(单件载荷 500~2,000kg,速度 0.5~5.5m/min)和各种型式的货架储存系统等。

6)重点工程有关设备开发。包括:起重量 1.15 万 t、提升高度 113m 的三峡升船机设备研制及可靠性研究,大型火电站中的输煤、给煤设备、堆取料设备和专用起重机设备,核电站用高精度定位、高可靠性的环形起重机、装卸料机及其他核电级要求的起重设备等。

7)具有发展前景、市场看好的特色产品。包括:垃圾处理专用抓斗起重机、轻小型起重设备、大型冶金起重机、防爆起重机、柔性启制动装置、称量与配制样系统、多用途门座起重机等。

8)重要基础零部件。包括:硬齿面减速器,液力减速器,高速大功率耦合器,液压缓冲器,索道专用新型抱索器、脱挂器,盘式制动器,集装箱吊具,自锁式夹轨器,液粘传动装置等。

11.2　技术创新

在我国市场化经济飞速发展运行的背景下,我国的起重行业得到了快速发展,在这种趋势下国内很多的企业都开始从事起重行业的设备生产和机械运行管理。随着我国现代化科学技术的不断发展,在当前形势下的起重机械行业发展中,应该将现代化科学技术整合到实际的技术应用中,大力提倡技术创新,提高各行各业的生产效率。起重机械技术创新的总体趋势是:

1. 向两极化、高效率化、无保养化和节能化发展

起重机的"两极化"发展分别是指"大型化"和"迷你化"。随着科学技术的进

步、自动化程度的提高和生产规模的扩大，要求部分起重机械向大型化发展，并且对生产效率和能耗提出更高要求。目前世界上最大的浮游起重机起重量达6,500t，最大的履带起重机重量为3,000t，最大的桥式起重机重量为1,200t。而"迷你化"是指在更为广泛的各个行业中、各种生产环境生产制造中均能适用，这无疑为我国起重机械产业的拓展了更大的市场空间。

2. 向自动化、智能化、集成化和信息化发展

将机械技术和电子技术相结合，将先进的微电子技术、电力电子技术、光缆技术、液压技术、模糊控制技术应用到机械的驱动和控制系统，实现自动化和智能化，以适应多批次小批量的柔性生产模式。目前已出现了能自动装卸物料、有精确位置检测和自动过程控制功能的桥式起重机用于自动化生产线。起重机上还装有微机自诊断监控系统，对自身的运行状态进行监测和维护。

3. 向成套化、系统化、综合化和规模化发展

将各种起重机械的单机组合为成套系统，加强生产设备与物料搬运机械的有机结合，提高自动化程度，改善人机系统。通过计算机模拟与仿真，寻求参数与机种的最佳匹配与组合，发挥最佳效用。重点发展的有港口散料和集装箱装卸系统、工厂生产搬运自动化系统、自动化立体仓库系统等。

4. 向模块化、组合化、系列化和通用化发展

许多通用起重机械是成系列、成批量的产品。为了降低制造成本，提高通用化程度，可采用模块组合的方式，用较少规格数的零部件和各种模块组成多品种、多规格和多用途的系列产品，充分满足各类用户的需要。也可使单件小批量生产起重机械的方式改换成具有相当批量和规模的模块生产，实现高效率的专业化生产。

5. 向小型化、轻型化、简易化和多样化发展

有相当批量的起重机械是在一般的车间和仓库等处使用，用于代替人力和提高生产效率，但工作并不十分频繁。为了考虑综合效益，要求这部分起重机械尽量减小外形尺寸，简化结构，降低造价和使用维护费用。如德国德马格公司生产的桥式起重机系列，不但品种多、规格全，而且其自重比我国同类产品轻30%~60%。由于自重轻、轮压小、外形尺寸小，使厂房建筑结构的建造费用和起重机的运行费用也大大减少。

6. 采用新理论、新方法、新技术和新手段提高设计质量

进一步应用计算机技术，不断提高产品的设计水平与精度。开展对起重机械载荷变化规律、动态特性和疲劳特性的研究，开展对可靠性的试验研究，全面采用极限状态设计法、概率设计法、优化设计、可靠性设计等，利用CAD提高设计效率与质量，与计算机辅助制造系统相衔接，实现产品设计与制造一体化。

7. 采用新结构、新部件、新材料和新工艺提高产品性能

结构方面采用薄壁型材和异型钢，减少结构的拼接焊缝，采用各种高强度低合金钢新材料，提高承载能力，改善受力条件，减轻自重和增加外形美观度。在机构方面进一步开发新型传动零部件、简化机构、以焊代铸、采用机电仪一体化技术，提高使用性能和可靠性。在电控方面开发性能好、成本低、可靠性高的调速系统和电控系统。今后还

会更加注重起重机械的安全性，重视司机的工作条件。

11.3　环境影响

11.3.1　我国经济发展战略

根据"十三五"发展规划，我国将按照创新、协调、绿色、开放、共享的发展理念，着力实施创新驱动发展战略，增强经济发展新动力，坚持新型工业化、信息化、城镇化、农业现代化同步发展；加快制造大国向制造强国转变，推动移动互联网、云计算、大数据等技术创新和应用；坚持绿色低碳发展，改善环境质量，建设天蓝、地绿、水清的美丽中国；坚持深度融入全球经济，落实"一带一路"倡议，以服务业为重点放宽外资准入领域，探索推行准入前国民待遇加负面清单的外资管理模式，营造高标准国际营商环境，打造利益共同体；坚持全面保障和改善民生，构建公平公正、共建共享的包容性发展新机制，使发展成果更多更公平地惠及全体人民。

1. **新型城镇化战略**

新型城镇化战略，既可最大程度地释放农民工市民化的需求，也能提高城市现代化的水平。彻底改变城镇化以房地产化和土地城镇化为中心的旧发展方式，尽快推进户籍制度改革，化农民工为"完全市民"。新型城镇化不仅要积极"化人"，而且必须按现代化的规律建设城市，提高城市现代化水平，只有这样才能提高城市效率，提高城市对人口的容量。关键是着力检讨我国城市规划和建设中的问题，从治理"规划病"入手治理"城市病"，防止"城市病"全面蔓延，为此，应以"棚户区改造工程"为基础，实施大规模的城市更新升级规划，重新规划和整治城市基础设施，优化城市空间布局，加强城市地下管网建设，提高城市的综合承载力。

2. **扩大消费战略**

经济政策更加重视扩大消费的作用，不仅能优化需求结构，扭转投资率过高、消费率偏低的趋势，而且能显著提高民生福祉。投资是手段，消费是目的，市场经济是消费驱动的经济，是消费者主导的经济，扩大消费和消费结构升级，不仅能消化一些过剩产能，而且能促进技术创新和商业模式创新。人均消费水平是人的现代化的一个重要方面。

扩大消费，首先是释放农民的消费潜力，其次是促进消费结构升级，这两方面都可能扩大消费的空间，释放我国消费增长的巨大潜力。特别是要改变"以吃住为中心"的消费观，转为"以玩乐为中心"的消费观。从需求上讲，"玩乐"弹性更大，开放性强，如文化娱乐、休闲旅游、教育等，具有无限性，也更有品位，需求品位高，就会驱动企业创新，从而有利于创新能力提高。因此，必须鼓励汽车消费、休闲旅游消费和文化消费。加强公共事业发展，提高公共教育、公共医疗水平，促进健康、养老事业发展。

3. **促进服务业发展战略**

加快服务业发展，不仅能显著优化我国的产业结构，而且是扩大就业、缩小居民收入差距的重要渠道。服务业历来是就业的蓄水池,过去每逢经济周期性调整时,服务业发展都会比工业更快,对调整期的经济起重要支撑作用,这次也是如此。但这次不仅是周期性的,而且是阶段性和趋势性的,服务业发展是产业升级的重要内容,这就要求服务业必须加快发展。服务业一直是我国经济的短板,目前发展速度仍偏低,主要是受到各种体制机制和政策的限制,必须从改革和开放两方面为服务业发展提供强劲推进力,促进服务业快速发展。各级政府要像过去抓工业一样抓服务业发展,把增加公共产品供给与促进服务业发展作为经济发展的重点。以实施大学生就业促进计划和大学生创业引领计划为重点,鼓励大众创业,万众创新。

4. 提升自主创新能力战略

这是促进制造业由中低端向中高端转换的关键。通过完善和实施"中国制造2025"战略,着力推进科技创新和体制创新,显著提高一些战略性产业(如汽车、节能环保产业、装备制造业)的自主创新能力;支持已形成一定优势的产业(如高铁、光伏产业、造船业和支线飞机)继续做大做强;鼓励企业跨部门、跨行业兼并重组,对民营资本的兼并重组提供更多的产业政策和金融支持;坚决压缩无效、低效过剩产能。

经过30年的高速发展,我国经济发展的优势开始变化,不再是劳动力便宜,资源和要素价格低价政策也不符合国情,需要改变。要壮士断腕,下决心解决房地产泡沫问题,将资本和社会资源转移到提高自主创新能力这一战略发展轨道上来。需要提及的是,房地产泡沫的破灭也会产生巨大的正能量,如促进城镇化、缩小收入差距、扩大消费、增加政府的权威性和公信力、促进产业升级等。催生房地产泡沫的社会资金退出房地产后,我国宏观经济政策主要是将它们导入产业升级部门和公共部门。为此,要着力发展资本市场,推动资本市场繁荣,建设资本市场与产业升级相互促进的发展机制。

5. 新开放战略

开放既包括对外开放,也包括对内开放。对外开放就是让出市场,让出领域,让外资进入,由此形成内资与外资竞争合作的局面,从而扩大投资、增加产出,满足人们的需求。对内开放就是许多产业和领域,通过降低市场准入的门槛,引入民间投资资本,形成国内有效竞争格局。新常态下的对外开放是一种升级版的对外开放,既包括一些行业特别是服务业要扩大对外开放,引进外资参与发展,也包括我们大规模地输出资本,直接参与国际竞争,从资本引入大国转向资本输出大国,这是一次重要的战略转变。新开放战略包括以下重要内容:

一是开放促改革。建设一些可复制的自由贸易区,促进政府职能转变,建立负面清单和权力清单的新管理体制。从领域上讲,由制造业开放转向服务业开放,新开放战略的领域重点是服务业,借此打破制约服务业发展的体制机制障碍,促进我国服务业发展。

二是实施全面的"走出去"战略。"走出去"不能再停留在寻找资源的初级阶段,而要以产业输出和资本输出为先导,占领全球市场,与全球一流企业开展直面竞争。这里关键是学会"打客场",竞争比赛不可能总是选择"打主场",真正的国际竞争是"主客场都有的竞争",最终确立资本输出大国、强国的地位,形成更加深入的全球影响力。加快实施"一带一路",以此加强与周边以及全球经济的互通互联,加快区域一体化进程,降低我国对外投资和贸易的交易成本。

三是在打造我国产业经济新竞争优势的同时,通过对外的双重开放(引进来与走出去)实现金融竞争力的提升。其中最主要的任务是实现人民币的可兑换和国际化,显著提升我国的金融影响力。

四是加强各类国际区域合作,参与和主导全球贸易、投资、安全规则的制定。在贸易和投资领域与全球进行深入融合,形成"你中有我、我中有你"的新格局,谋求我国国际利益的最大化。

6. 新区域发展战略

改革开放 40 多年来我国走的是一条非均衡发展道路,通过沿海开放,让沿海先富起来。随着这一目标的实现,我国的区域发展战略需要做重大的调整,应把发展的重点放在促进中西部地区发展上,形成平衡发展格局。这一转变将产生一举多得的积极效果。既能通过形成新的区域增长点而扩大消费需求,又能通过缩小地区差距来缩小城乡差距和居民收入差距,从而提高中等收入者的比重。目前我国的发达地区人均 GDP 接近或超过 1 万美元,但多数中西部省市区人均 GDP 不过 5,000 多美元,有的地区只有 3,000 多美元,地区发展差距巨大,这种差距也是潜力,缩小差距,就能释放出巨大的内需。

促进长江经济带升级发展,通过长三角的"龙头"作用,带动"龙腰"起舞、"龙尾"起飞,实现东中西协调发展,在沿江中上游形成许多新的区域增长点。加快京津冀一体化发展战略,通过基础设施和产业发展的统一布局规划,优化能源和产业结构,着力治理雾霾和大城市病这两大"顽症"。在广大的中西部地区乃至较发达地区的欠发达地区培育一批区域性增长点、带,这也应作为区域均衡战略的重要部分。

11.3.2 我国起重机械装备产业发展环境

从 2009 年起,我国成为世界第一制造大国。世界 500 种主要工业品中,我国有 220 项产品产量居全球第一。我国已形成了完整的工业体系,拥有联合国产业分类规定的 39 个大类、191 个中类、525 个小类。我国是世界第一农业大国,粮食、油料、蔬菜、水果、肉类、禽蛋和水产品等产量连续多年居世界第一。我国也是世界第三服务业大国。2013 年,我国成为世界第一货物贸易大国。

我国产业发展的使命是:"造福于民、强大我国、繁荣世界"。我国产业中长期发展目标是:到 2030 年,实现"强、绿、智、联、特"。"强":全面掌握关键领域的核心技术,自主生产关键核心零部件;拥有大批世界水平的跨国企业群体、自主知识产权的关键产品和国际知名品牌,产品附加值高;具有国际规则和标准制定话语权,对全球供应链拥有控制力。"绿":产业单位增加值能耗、水耗、资源综合利用率和废气减排达到世界先进水平;产品质量和生产流通安全有保障;产品符合消费者审美情趣。"智":产业发展更多基于科技、知识、信息和创新,数字化、网络化、信息化和高技术化程度高。"联":一、二、三产业联动;东、中、西地区产业联动;工业化与信息化联动;产业与社会、地区良性互动；产业与文化融合发展；产学研用紧密衔接；产业链、产业间、企业间分工协作；基础设施互联互通，物物相联、服务相联。"特"：中小企业专业化、精细化和特色化；区域性和本地化产业特色鲜明。

为有效解决问题，应对挑战，抓住机遇，我国产业中长期发展应将满足需求作为产业发展的出发点和落脚点，以创新作为满足需求、由大变强的关键手段，通过协调来校正产业发展的不平衡，用灵活变化对创新和协调进行战略补充，从全球范围谋划产业战略布局，实施"需求导向、创新驱动、协调发展、灵活变化和植根世界"五位一体的战略。

1. 需求导向战略

需求是产业发展的原动力。产业发展要以需求为导向，从体系、结构、布局、品种、数量、品质、价格、服务等方面满足不同层次、不同维度的需求，使产业体系与我国战略需求相吻合，产业结构与需求结构相匹配，产业发展与国内需求条件相适应，产业能力与需求质量相符合。针对不同的需求提供不同的产品、服务和解决方案，以持续提升的价值来适应、引导和创造需求。

2. 创新驱动战略

创新既是满足需求的重要手段，又是解决问题、应对挑战、提升效率和生产力、提高资源综合利用率、改变核心技术受制于人、实现从"依附跟进"到"跨越发展"、从"中国制造"到"中国创造"的关键举措。应努力构建由技术创新、商业模式创新、管理创新、制度创新、产品创新、服务创新、流程创新、营销创新、组织创新、品牌创新和市场开拓等组合的多维度多层次创新体系。

3. 协调发展战略

从我国发展最佳效率和效果的角度，完善和优化产业体系与结构，协调产业内、产业间、产业体系与外部的关联因素。从产业各自分散发展向多产业联动转变，实现工业、农业和服务业协调发展，产业发展统筹国内和国际、城市和农村、民用与军工、基础和应用、实体与虚拟、重点与非重点、短期与长期；统筹产业与生态、环境、社会、贸易、宏观经济的关系；统筹传统、新兴和未来产业发展；统筹陆地、海洋和空天产业发展；统筹高增长、中增长和低增长产业发展；统筹劳动密集、资本密集、技术密集和知识密集型产业发展；统筹上下游、大中小企业发展。

4. 灵活变化战略

产业发展不能墨守成规、机械教条、一成不变，而应以灵活、混合、变化的方式去适应时代变迁和应对可能的不确定性，不同地区、行业和企业根据实际差别化发展。竞争力强的产业和企业实施"大规模作战"，竞争力弱的产业和企业进行"游击战"，做到"攻守兼备、内外兼顾、形式多样、灵活自如、游刃有余"。

5. 植根世界战略

"根深才能叶茂"。我国产业要深植于世界的资源、生产、研发设计、创新、贸易、流通、金融、运输、物流、营销、信息和知识等体系。加强国际合作交流，以高度开放和对外连接的国内市场，集结全球资源和要素，兼收并蓄，多元融合。构建多元化国际市场，稳定扩大传统市场，积极开拓新兴市场，努力发展潜力市场。根据国际化能力、目标市场和可能的风险，分产业确定国际化战略和策略，既反映国内需要，又顺应世界潮流，"利他共生、共创共享、互利共赢、文化融合"，形成"中国与世界共同成长，中国与世界良性互动"的格局。

11.4 路线图对比

11.4.1 我国起重机械产业发展态势

1. 装备自动化、系统化与智能化发展方向

在起重机械行业发展中，应该将现代化科学技术整合到实际的技术应用中。在行业的发展过程中，应该将计算机技术作为提升其行业技术发展的重要保障去实施。在实际起重机械行业的发展中，逐步实现自动化技术研发设计转变。例如，在实际的起重机械设备应用中，将模块单元化作为设备应用的重要性技术去管理实施，这样通过技术应用管理实施的起重设备应用就会朝着现代化机械设备应用方向转变，并且在其实际转变过程中，能够提升生产效率。

2. 市场需求快速增长势头的驱动

目前我国高端起重机械几乎被国外起重设备厂商垄断。在起重机械行业领域，我国相关企业缺乏起重机械管理和控制系统软件、系统集成经验和核心单机装备生产，缺乏相关理论和应用研究，更缺乏行业建设标准与规范。

未来我国起重机械行业的生产与技术领先企业，将逐步扩大中高端起重机械的市场规模。到2025年，依据我国制造业第一步发展战略，研制适宜不同行业领域的起重机械装备，提高起重机械的自动化水平，迈入起重机械制造强国行列；到2035年，依据我国制造业第二步发展战略，完善起重机械，提高起重机械自动化与智能化水平，迈入世界起重机械制造强国阵营，即我国大部分起重机械将达到国际先进水平，为我国各行业生产和人们生活提供有力支撑。

3. 新技术应用促进产业发展

在实际应用过程中，对起重机械的精度具有严格的要求。传统的起重机械设备采用转角码盘和齿轮以及激光头进行专门的定位精度控制。在起重机械设备的运行过程中，还要借助专门的传感器来保障起重设备的运行。要想全面地提升起重机运输设备的管理能力，就要在实际管理中采取先进的传感器元件作为起重设备的控制元件。

同时，在现代化科学技术发展的影响下，新材料和新工艺应用到起重机械设备的制造中，保障了起重设备的性能提升。

11.4.2 我国起重机械产业发展路线图

1. 主要研究方向

起重是物流活动的重要环节，起重机械产业对于发展现代物流、改善物流状况、促进物流业转型升级、提高制造业生产效率、推动社会生产生活现代化，具有十分重要的

地位和作用，其产业的未来发展方向与研究方向具有以下主要方面：

（1）继续保持快速增长　我国发展仍处于可以大有作为的重要战略机遇期、结构调整的关键期和经济增长速度的转换期。宏观经济的稳定增长也将给起重机械行业稳定增长打下基础，特别是电子商务物流的高速发展，不仅将带动物流信息化与标准化发展，促进起重机械化与自动化发展，同时也将积极促进传统产业物流转型升级，这都为起重机械行业市场带来新的机遇。根据发达国家的经验和行业专家预测，未来二十年我国起重机械行业的发展速度将继续大幅度高于我国 GDP 增速，但增长速度会逐渐变缓。

（2）起重机械装备的绿色化　由于环境和资源的双重压力，起重产业发展的绿色化已迫在眉睫，对起重机械装备绿色化提出更高要求，同时起重机械企业以提高效率、降低成本为技术宗旨也大力推广绿色节能技术。如：许多厂家不遗余力地发掘设备潜力，推动产品轻量化设计，带动产品升级；以堆垛机等为代表的设备则采用能量回收技术，将制动再生的电能回馈至电网，达到减少能量损耗的目的；高效节能电机的使用将越来越广泛，国内已经有厂家将高效节能电机作为标准配置。

起重机械行业不属于重污染行业，可能国家不会出台强制措施或要求。除在某些领域国家或地方政府出台一些绿色环保物流建设项目补贴政策外，主要依靠各企业对绿色的重视和社会责任，以及所带来的经济和社会效益来驱动。起重机械的绿色化包括：绿色产品设计技术、绿色产品清洁生产技术和产品可拆卸、可回收技术。

绿色产品设计技术包括：绿色产品设计理论和方法，即从寿命周期角度对绿色产品的内涵进行全面系统的研究，提出绿色产品设计理论和方法；绿色产品的描述和建模技术，即在绿色产品设计理论和方法的基础上，对绿色产品进行描述，建立绿色产品评价体系，在产品生命周期中，对所有与环境相关的过程输入输出进行量化和评价，并对产品生命周期中经济性和环境影响的关系进行综合评价，建立数学模型；绿色产品设计数据库，即建立与绿色产品有关的材料、能源及空气、水、土、噪声排放的基础数据库，为绿色产品设计提供依据；典型产品绿色设计系统集成，即针对具体产品，收集、整理面向环境设计的资料，形成指导设计的设计指南，建立绿色产品系统设计工具平台，形成集成的设计环境。

绿色产品清洁生产技术包括：省资源的生产技术，从减少生产过程中消耗的能量、减少原材料的消耗和减少生产过程中的其他消耗三方面着手研究；面向环保的生产技术，减少生产过程中的污染，包括减少生产过程的废料、减少有毒有害物质（废水、废气、固体废弃物等）、降低噪声和振动等；产品包装技术，包装是产品生产过程中的最后一个环节，产品包装形式、包装材料，以及产品贮存、运输等方面都要考虑环境影响的因素。

产品可拆卸、可回收技术包括：产品可卸性技术，即提出产品可卸性评价方法，提出产品可卸性评价指标体系，进行可拆卸结构模块划分和接口技术研究；产品可回收技术，即提出可回收零件及材料识别与分类系统，并开展零件再使用技术研究，包括可回收零部件的修复、检测，使其符合产品设计要求，进行再使用（再使用包括同化再使用和异化再使用）技术、材料再利用技术的研究（包括同化再利用和异化再利用）；机电产品噪声控制技术,包括声源识别、噪声与声场测量以及动态测试、分析与显示技术,机器结构声辐射计算方法与程序,机器结构振动和振动控制技术,低噪声优化设计技术,低噪声结构和材料,新型减振降噪技术。

(3) 起重机械系统的专业化　不同专业领域需要不同的起重机械系统做支撑。从今后一个时期看,电商、冷链、烟草、汽车、家电、服装、危险化学品等专业起重继续稳定增长,并且对起重机械系统表现出个性化需求。如:电商因包裹配送的多品种、小批量、高频次特征,要求用机械化和自动化的快速分拣技术取代大量的人工分拣,以提高分拣的准确率,降低劳动成本;危险化学品对起重的安全、环保防腐蚀都有特殊要求。传统的起重机械企业必须将市场细分到每个行业才能将共性和个性更好地结合,量身定制,为客户提供满意的服务。

这种起重机械的专业化趋势,可能使得某些领域的起重机械系统随着那个领域的快速发展而形成局部的技术与成本领先,如:电商物流起重装备和中医药起重机械装备,将随着我国电商和中医药在全球的快速发展,而快速走向世界各地。

2. 关键技术簇

(1) 集成控制技术与系统集成　复杂起重系统的集成:多系统、多形态、多接口、异构系统的集成;大型起重机械的整体性能保障(有别于单机性能);智能化、自动化的需求。多维监控:设备当前形态的监控(图像、数字信号);设备运行预警(关键指标监控,如噪声、裂纹、缺陷等)。大数据:大数据主要用于决策和研究,用于系统性能诊断。自主控制:路线优化、设备选择、均衡设备利用率(如电池等)。

(2) 快速运输处理新技术　人机交互智能设备:大时延的遥操作技术的开发;虚拟现实和遥感应系统的无缝衔接技术,实现虚拟控制;基于图像识别的自主控制和远程控制结合的高精确遥操作系统。

(3) 信息安全技术　移动互联网对于安全的影响:加强对于云终端的控制,加强网络接入和传输的安全性;移动互联网云应用的统一认证技术研究,实现统一身份管理(IDM)及 IP 地址的溯源机制的部署,降低各种安全威胁,提高网络的整体安全强度。

信息系统的保存、加密、恢复:矩阵式的文档保密授权机制及完备的外发和离线授权机制,在各种状况下保证文档安全。尤其是针对分布式系统和云服务模式下的设备作业信息数据安全。覆盖数据恢复技术快速发展,能达到恢复覆盖 10 次以上的数据。多介质、多系统、多平台、分布式系统的综合数据恢复系统。解决各种智能终端设备的数据加密和保障。

病毒攻击、黑客攻击的应对:基于虚拟机技术的启发式扫描和基于行为的病毒防范技术等新技术研发,避免过分依赖特征码的杀毒技术。针对病毒的多样性,采用主动式云端截毒技术。

B/S 架构和总线技术下的安全策略:基于移动终端的需求信息与 PROFINET 总线下的设备调度信息的数据融合;基于 B/S 架构的业务数据与移动终端、物流设备之间的各种海量数据交换和存储的云服务平台。

3. 技术发展路线图

图 11-1 为起重机械技术发展路线图,通过路线图可以了解起重机械技术、产品的发展。

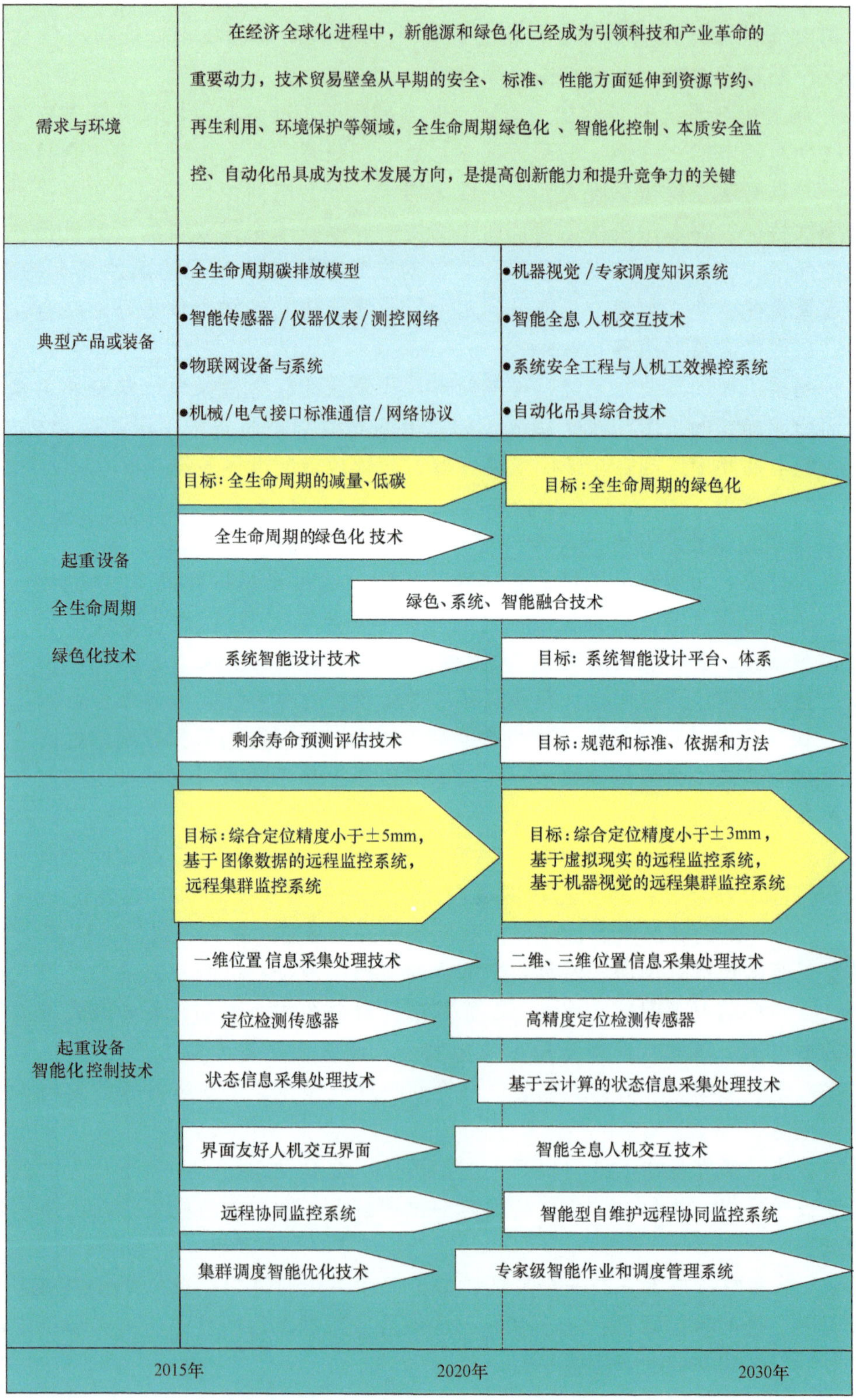

需求与环境	在经济全球化进程中，新能源和绿色化已经成为引领科技和产业革命的重要动力，技术贸易壁垒从早期的安全、标准、性能方面延伸到资源节约、再生利用、环境保护等领域，全生命周期绿色化、智能化控制、本质安全监控、自动化吊具成为技术发展方向，是提高创新能力和提升竞争力的关键	
典型产品或装备	●全生命周期碳排放模型 ●智能传感器/仪器仪表/测控网络 ●物联网设备与系统 ●机械/电气接口标准通信/网络协议	●机器视觉/专家调度知识系统 ●智能全息人机交互技术 ●系统安全工程与人机工效操控系统 ●自动化吊具综合技术
起重设备全生命周期绿色化技术	目标：全生命周期的减量、低碳 全生命周期的绿色化技术 系统智能设计技术 剩余寿命预测评估技术	目标：全生命周期的绿色化 绿色、系统、智能融合技术 目标：系统智能设计平台、体系 目标：规范和标准、依据和方法
起重设备智能化控制技术	目标：综合定位精度小于±5mm，基于图像数据的远程监控系统，远程集群监控系统 一维位置信息采集处理技术 定位检测传感器 状态信息采集处理技术 界面友好人机交互界面 远程协同监控系统 集群调度智能优化技术	目标：综合定位精度小于±3mm，基于虚拟现实的远程监控系统，基于机器视觉的远程集群监控系统 二维、三维位置信息采集处理技术 高精度定位检测传感器 基于云计算的状态信息采集处理技术 智能全息人机交互技术 智能型自维护远程协同监控系统 专家级智能作业和调度管理系统
	2015年　　　　　　　　　　2020年　　　　　　　　　　2030年	

图11-1　起重机械技术发展路线图

第11章 我国起重机械产业前景展望

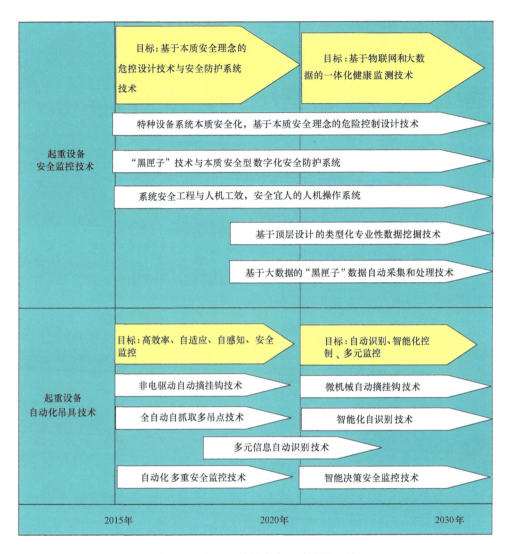

图 11-1 起重机械技术发展路线图（续）

4. 结语

作为国民经济的重要产业之一，我国起重机械产业面临着巨大的机遇和挑战，这就需要认清当前的发展形势，了解自身的优势和不足，及时予以改进和提升。在科学、完善的起重机械标准体系下，促进起重机械产业的标准化发展，提高我国起重机械生产的先进化程度，为其拓展更宽阔的发展空间，这对于起重机械产业乃至国民经济的发展具有积极的意义。

第12章 起重机械产业重点企业介绍

12.1 国内主要相关企业概况

表12-1为2018—2019年起重机械的毛利率。根据表中数据可以看出,从2018年到2019年,生产专用起重机主营业务收入数据,无论是绝对量还是增长量,都要高于轻小型起重设备制造,说明起重机制造的盈利更多。

表12-1 2018—2019年起重机械的毛利率

行业分类	轻小型起重设备制造		生产专用起重机制造	
年份	2018年	2019年	2018年	2019年
企业数/户	219	204	618	532
主营业务收入/亿元	249.51	252.36	1,292.27	1,548.32
主营业务成本/亿元	213.11	210.09	1,095.67	1,305.82
毛利率(%)	14.6	16.7	15.2	15.7

表12-2为2018—2019年起重机械综合效益。可以看出轻小型起重设备制造企业的资产负债率、流动资产周转率和成本费用利润率均有所下降,企业综合效益有所下滑;而生产专用起重机制造企业这些指标都上升了,企业综合效益在上升。

表12-2 2018—2019年起重机械综合效益

行业分类	轻小型起重设备制造		生产专用起重机制造	
年份	2018年	2019年	2018年	2019年
资产负债率(%)	56.33	50.94	61.71	62.54
流动资产周转率	1.96	1.92	1.09	1.22
成本费用利润率(%)	5.54	4.76	4.15	4.74

12.2 卫华集团有限公司

12.2.1 企业简介

卫华集团有限公司创建于1988年,是目前我国最大的起重机制造企业和世界第二大起重机制造企业,是全国制造业单项冠军示范企业,总资产 70.76 亿元,品牌价值 71.9 亿元,员工 6,800 余人,占地面积 365 万 m²。集团主导产品广泛应用于机械、冶金、矿山、电力、铁路、航天、港口、石油、化工等行业。服务于西气东输、南水北调、卫星发射、中国核电、中国中煤、中国神华、中国石油、中国石化、北京奥运、上海宝钢、北京首钢、杭州湾跨海大桥等数千家大型企业和国家重点工程,助力神舟系列飞船、长征系列火箭、天宫系列探测器成功飞天,并远销美国、英国、法国、俄罗斯、以色列等 130 多个国家和地区。

卫华集团是中国重型机械工业协会、中国物料搬运协会和桥式起重机分会副理事长单位,国家技术创新示范企业,先后荣获"全国质量标杆""中国机械工业百强"等 500 多项荣誉称号。卫华技术团队先后承担国家 863 计划 1 项、国家科技支撑计划 4 项、国家重点新产品 1 项、国家火炬计划 2 项,创起重机世界最大纪录 1 项。卫华集团建立了国内第一个起重机专利数据库,已获得授权专利证书 848 项,其中发明专利 89 项,位于同行业之首;先后获得省、市级科技进步奖项 74 项;荣获省部、市级科技成果鉴定 93 项,其中国际领先 1 项、国际先进 5 项、创世界纪录 1 项。企业整体技术水平达到国内领先,部分技术达到国际先进或国际领先水平,促进了我国起重装备行业技术进步。

12.2.2 企业 2018—2019 年市场情况

1. 2018 年度

细分市场发展较快,形成了订单增长的主力军。2018 年,卫华建筑建材行业订单同比增长 91%,交通运输行业订单同比增长 62%,环保绿化行业订单同比增长 60%,冶金行业订单同比增长 45%,机械机电行业订单同比增长 40%。

国际市场持续拓展,加快了卫华国际化的步伐。2018 年,国际贸易销售收入同比增加了 78%,成功签订了马来西亚联合钢铁(大马)集团亿元订单、乌克兰米塔尔钢厂项目、埃及 ELSEWEDY PSP 项目等国外项目。卫华集团产品在全球尤其在"一带一路"沿线国家工程建设中大显身手。卫华产品出口到 52 个"一带一路"沿线国家,占卫华出口国家总数的 41.6%,占"一带一路"沿线国家总数的 80%。

新兴产业发展迅速,逐步形成卫华新的经济增长点。矿机行业订单同比增长 36%。成功签订陕西陕煤曹家滩矿业有限公司、陕西小保当矿业有限公司等项目。立体车库行业成为公司产业新秀。2018 年,卫华生产制造了 256 个智能车位,成功签订了长垣人民医院智能车库项目、北京市通州区永顺镇小潞邑村村民委员会等项目。

2. 2019 年度

细分行业稳步发展,领跑订单增量。2019 年,卫华航天军工订单同比增长 197%;煤炭行业同比增长 126%;信息产业同比增长 95%,成功签订了中国人民解放军、中航天建设工程有限公司、中国原子能科学研究院、内蒙古杉杉新材料有限公司等重大项目。

国际贸易持续发力,推动国际化进程。2019 年卫华新开发海外代理商 30 家。在东欧起重机领域取得里程碑式成果，出口乌克兰安赛乐米塔尔集团 14 台"高配版"起重机和出口乌克兰某矿业集团的桥式起重机相继交付使用。深入亚洲市场，为马来西亚关丹产业园钢铁项目提供 580 余台套起重产品，获"最佳设备成套供应商"荣誉。

新兴产业稳步发展，为卫华创造新的增长点。2019 年，卫华多元板块订单同比增长 11%，收入同比增长 42%，净利润同比增长 16%。卫华立体车库市场逐渐打开，订单同比增长 6.7 倍。智能车库产品已全面进入市场，为长垣市人民医院建设的智能停车库投入使用，并相继在北京市通州区、辽宁省开原市政府等建设卫华智能车库。散料输送装备订单同比增长 1.5 倍，发展态势较好。新成立河南卫特机器人有限公司，已开发出消防机器人、巡检机器人及排爆机器人等 6 款新产品共计 9 台样机，随着智能化技术的不断成熟，机器人市场前景无限，将为卫华增添发展新动能。

12.2.3　企业起重机械 2018—2019 年市场销售情况

2018 年，在我国经济下行、市场竞争加剧的情况下，卫华实现订单 138.7 亿元，同比增长 43%；销售收入 122.0 亿元，同比增长 34%；利润 5.55 亿元，同比增长 92%；纳税总额 2.75 亿元，同比增长 33%。2019 年，卫华集团实现订单 158 亿元，同比增长 14%；收入 137.4 亿元，同比增长 12%；利润 5.87 亿元，同比增长 5.72%；纳税总额 5.07 亿元，同比增长 110%。图 12-1 所示为卫华集团 2010—2019 年销售收入状况。

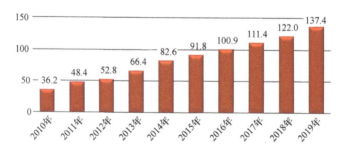

图 12-1　卫华集团 2010—2019 年销售收入状况（单位：亿元）

12.3　河南省矿山起重机有限公司

12.3.1　企业简介

河南省矿山起重机有限公司始建于 2002 年，主要从事"矿源"牌桥式、门式等三大系列 100 多个品种的起重机研发、设计、生产与销售，是中国重型机械工业协会副理事长单位、中国质量检验协会会员单位、中国人民解放军总装备部的装备承制单位。

公司现有员工 3,700 余人，拥有 420 余家销售机构辐射国内外，占地面积 68 万余 m^2，拥有资产 15 亿元，各类高精尖加工及检测设备 2,000 余台（套），能独立完成起重机制造过程中 20 余道工艺流程。拥有完善的质量保证体系、全面严格的管理制度、强大的生产能力和先进的检测手段，在保证产品高质量、高产出的同时也具备了较高的市场占有率和较强的市场竞争力。

公司已荣获全国"守合同重信用企业""高新技术企业"等部、省级各项荣誉 300 余项。

主导产品是桥、门式起重机、轻小型起重设备三大系列 100 多个品种，产品畅销全国近 30 多个省、市、自治区，并出口到肯尼亚、澳大利亚、越南、印度、泰国、巴基斯坦及东南亚等 80 多个国家和地区，进入"一带一路"国际市场。产品广泛应用于机械、冶金、矿山、电力、铁路、航天、港口、石油、化工等领域。年产销单双梁起重机 70,000 余台。

河南矿山是一家民营企业，面对错综复杂的经营环境和艰巨的生产任务，公司适时调整经营发展战略，在全体员工的努力下，公司继续保持了稳健快速的发展态势。

12.3.2 企业 2018—2019 年市场情况

在国际市场上，公司紧跟国家"一带一路"倡议步伐，不断拓展国外市场，强化中国品牌形象。产品销往世界五大洲的 80 多个国家和地区，产品出口额稳中有增，2019 年出口额占销售收入的 12%，实现了民营企业走出国门，践行了我国技术、装备、标准、人才、文化全方位"走出去"的战略规划。

河南矿山为兰州国际港务区设计制造的 CMJ40.5T-35M A8 轨道式集装箱门式起重机正式投入使用。兰州国际港务区是"一带一路"经济带上国际贸易的枢纽港，连接中亚、西亚和欧洲市场的综合物流中心，助推"丝绸之路经济带"建设的重要支点。2018—2019 年河南矿山销售指标见表 12-3。

表 12-3　2018—2019 年河南矿山销售经营指标

指标	销售收入 /万元	同比增长 (%)	利润总额 /万元	同比增长 (%)	销售净利率 (%)
2018 年	823,416	25.00	86,511	270	8.93
2019 年	1,219,768	48.14	128,153	48.14	4.35

12.3.3 企业起重机械 2018—2019 年市场销售情况

由表 12-4 和表 12-5 可见，与 2018 年相比，2019 年公司起重机产量基本持平，但产品附加值不断提高，因而保证了销售收入的大幅增长。

表 12-4　2018—2019 年河南矿山主要产品销售量统计

（单位：台/套）

时间	桥式起重机	门式起重机	轻小型起重设备	合计
2018 年	80,820	1,942	58,530	141,292
2019 年	81,544	1,182	54,200	136,926

表 12-5 2018—2019 年河南矿山主要经济指标　（单位：万元）

指标	销售总额	国内销售额	出口额	桥式起重机	门式起重机	轻小型起重设备
2018 年	823,416	740,963	82,454	777,622	21,024	24,770
2019 年	1,219,768	1,071,045	148,724	1,151,931	31,144	36,693

12.4 太原重工股份有限公司

12.4.1 企业简介

太原重工股份有限公司设立于 1998 年，是中国重型机械行业第一家上市公司，前身为太原重型机器厂，始建于 1950 年，是新中国自行设计建造的第一家重型机械制造企业，曾荣获"山西省五一劳动奖状""全国质量标杆企业""全国机械工业质量奖"和"山西资本市场优秀上市公司"等荣誉称号。

公司主营轨道交通设备、起重设备、风力发电设备、挖掘设备、海洋工程装备、焦炉设备、齿轮传动机械、轧钢设备、锻压设备、煤化工设备、工程机械、港口机械、油膜轴承、铸锻件等产品及工程项目的总承包，产品广泛应用于冶金、矿山、能源、交通、海工、航天、化工、铁路、造船、环保等行业，已累计为国家重点建设项目提供了两千余种、近三万台（套）装备，属国家特大型重点骨干企业。

公司先后荣获国家级发明奖 4 项、国家级成果奖 26 项、国家科技进步奖 22 项、国家授权发明专利 126 项、实用新型专利 202 项、省部级科技进步奖 114 项，是中国"创新型企业 20 强"之一，获得"中国工业大奖"表彰。

12.4.2 企业 2018—2019 年市场情况

太原重工拥有较强的自主研发能力，累计创造了 400 余项中国和世界首台套产品。公司拥有国家认证的企业技术中心和重点实验室。20~75m^3 矿用挖掘机、100~520t 铸造起重机、三峡 1200t 桥式起重机、20~235MN 铝挤压机、ϕ（114~460）mm 三辊连轧管机组成套设备、ϕ720mm 大口径无缝机组生产线成套设备、4.3~7.63m 顶装焦炉、4.3~6.25m 捣固焦炉、BGL 熔渣气化炉、1.5~5MW 风力发电设备、"神舟"系列载人飞船发射塔架、奥运会开闭幕式舞台设备等为公司标志性产品。轧机用油膜轴承、桥、门式起重机、减速机产品被评为"中国名牌"，"TZ"牌商标被评为中国驰名商标。

面对新的挑战和机遇，太原重工将深化体制机制改革，提升精细化管理水平，加快转型升级，提高运行质量，努力建设成为具有国际竞争力的现代化一流企业。

12.4.3 企业起重机械 2018—2019 年总销售情况

1. 2018 年度经营情况

全年公司完成商品产值 72 亿元，订货 101 亿元，回款 87 亿元，营业收入 64 亿元。

营业收入 64 亿元包括：轧锻设备 14 亿元，起重设备 10 亿元，挖掘设备 7 亿元，火车轮轴及轮对 14 亿元，油膜轴承 1 亿元，铸锻件 2 亿元，齿轮传动机械 3 亿元，煤化工设备 3 亿元，风电设备 5 亿元，成套项目 2 亿元，其他 3 亿元。

国内营业收入 56 亿元，国外营业收入 8 亿元。

2. 2019 年度经营情况

全年公司完成商品产值 71 亿元，订货 86 亿元，回款 90 亿元，营业收入 70 亿元。

营业收入 70 亿元包括：轧锻设备 11 亿元，起重设备 11 亿元，挖掘设备 10 亿元，火车轮轴及轮对 17 亿元，油膜轴承 2 亿元，铸锻件 3 亿元，齿轮传动机械 3 亿元，煤化工设备 4 亿元，风电设备 2 亿元，成套项目 2 亿元，其他 5 亿元。

国内营业收入 54 亿元，国外营业收入 16 亿元。

12.5 大连华锐重工集团股份有限公司

12.5.1 企业简介

大连华锐重工集团股份有限公司（以下简称大连重工）是国家重机行业的大型重点骨干企业。现有从业人员 10,000 余人，总资产近 200 亿元，占地面积 200 多万 m^2。先后被评为国家技术创新示范企业、国家创新型企业和国家知识产权示范单位。

大连重工建有"一个总部、五大研制基地"，建有国家认定企业技术中心、国家工程技术研究中心、国家认可检测/校准实验室、博士后工作站，构筑了完善的科研开发体系，拥有 500 多项专利，创造了 240 多个"中国第一"，多项产品技术达到世界先进水平，产品远销 92 个国家和地区。

大连重工主要为港口、矿山、冶金、能源、工程、交通、航空航天、造船、环保等国民经济基础产业提供成套技术装备、高新技术产品和服务，现已形成散料装卸机械、港口机械、起重机械、冶金机械、能源机械、传动与控制系统、船用零部件、工程机械、海工机械等九大产品结构。

12.5.2 企业 2018—2019 年市场情况

1. 2018 年度

2018 年，公司营业总收入 65.71 亿元。构成见表 12-6。

表 12-6 大连重工 2018 年度总收入构成

序号	产品类别	营业收入/万元
1	起重机械	67,385.70
2	冶金机械	200,875.39
3	港口机械	40,159.88
4	综合类机械	81,336.28
5	装卸机械	76,537.58

(续)

序号	产品类别	营业收入/万元
6	船用设备	19,990.66
7	数控切割设备	1,563.42
8	配件	157,174.99
9	其他	12,124.76

公司2018年成功签订多米尼加岸桥项目，出口国家和地区扩大到90个；向供应链前端和上游领域延伸，签订哈电国际皮带机、罗伊山尾矿处理设备等成套、区域总包订单。存量服务市场拓展成效明显。安装公司继续向后服务市场发力，订货同比实现增长；核电事业部加大技术改造和备件市场拓展力度，订货同比实现增长；装卸事业部抢抓"公转铁"市场机遇，区域总包订货同比成倍增长；电控厂积极开拓外部市场，成功进入光伏发电和石化领域。

2. 2019年度

2019年，公司营业总收入72.10亿元。构成见表12-7。

表12-7 大连重工2019年总收入构成

序号	产品类别	营业总收入/万元
1	起重机械	60,228.98
2	冶金机械	182,469.32
3	装卸机械	89,122.08
4	港口机械	55,379.81
5	综合类机械	144,631.24
6	船用设备	19,881.80
7	数控切割设备	1,372.73
8	配件	132,786.45
9	其他	35,167.11

全年实现出口订货3.05亿美元，持续保持增长。加快向发达国家市场进军，成功签订瑞士地中海航运集团岸桥、澳大利亚FMG堆取料机等高端项目；加快向高附加值领域进军，圆满交付澳大利亚首个赤铁尾矿综合利用成套设备。"三新"市场拓展稳步推进，实现订货同比增长31.1%，其中智能化产品订货同比增长57%，环保产品订货同比增长20%。新拓展国内风电行业排名前十高端顾客4家；控制系统成功进入服务领域市场，开辟新增长点。存量市场拓展效果明显，实现订货同比增长21.7%，其中技术改造订货同比增长132.6%，后服务订货同比增长8.7%。安装业务存量市场订货占自身订货总额92%；港机产品存量市场订货同比增长130.5%。

12.5.3　企业起重机械 2018—2019 年销售情况

2018 年企业起重机械产值 85,485 万元，产量 40,744t；2019 年企业起重机械产值 74,505 万元，产量 30,386t。

12.6　科尼集团

12.6.1　企业简介

成立于 1910 年的科尼集团是技术先进的起重机制造商和起重机维修服务提供商，业务涉及一般制造业及加工业、船舶、港口和码头等多个领域。科尼集团提供的起重解决方案不仅能提高生产效率，同时为不同品牌的起重机提供服务。企业的目标是：提高客户运营的安全性和生产效率。

1997 年，科尼集团在上海成立代表处；2002 年，科尼起重机设备（上海）有限公司正式成立。截至 2019 年，科尼已经在中国拥有雇员近 1,300 名、8 个主要办事处、50 个服务网点和 3 个生产基地（上海临港工厂：占地面积约 17,500m^2；江苏靖江工厂：占地面积约 100,000m^2；辽宁大连工厂：占地面积约 3,948m^2）。

科尼集团在工业起重机、智能起重机、轻型起重设备、核电起重机、港口起重机、重型叉车、起重机服务等领域均有产品，业务涉及一般制造业、汽车制造、废料再生能源、纸浆和造纸、核能、钢铁、矿业、石油化工、能源、船舶、港口和码头等多个领域。

12.6.2　企业起重机械 2018—2019 年市场情况

公司在工业起重机、智能起重机、轻型起重设备、核电起重机、港口起重机、重型叉车、起重机服务等领域稳步发展，业务涉及一般制造业、汽车制造、废料再生能源、纸浆和造纸、核能、钢铁、矿业、石油化工、能源、船舶、港口和码头等多个领域。

12.6.3　企业起重机械 2018—2019 年销售情况

1. 2018 年度经营情况

2018 年，科尼集团总销售额为 31.56 亿欧元。

2. 2019 年度经营情况

2019 年，科尼集团总销售额为 33.26 亿欧元。

12.7　凯澄起重机械有限公司

12.7.1　企业简介

凯澄起重机械有限公司创业于 1958 年，1995 年 6 月与日本 KITO 株式会社合资成立江阴凯澄起重机械有限公司，2015 年 6 月更名为凯澄起重机械有限公司。公司占地面积

255亩，建筑面积近10万 m²，总投资4,500万美元，拥有员工400多名，年产值5亿元左右。最近十年，公司向国内外客户提供钢丝绳电动葫芦近40万台，是目前世界上生产钢丝绳电动葫芦最多的厂家之一。

"凯澄"牌钢丝绳电动葫芦多年来连续获得江苏省名牌产品称号，2015年获中国机械工业优质品牌称号，公司被选举为中国重型机械工业协会常务理事单位、中国起重葫芦行业协会第一副理事长单位。公司合资后，通过吸收引进国外先进管理经验和技术，已发展成为集生产CDK/MDK型、变频、船用、冶金用、防爆、HJ型、RY型等各类常规及各专业领域使用的电动葫芦和单双梁、门式、变频等起重机为一体的国内知名起重机械专业生产企业。

公司主营产品为电动葫芦和起重机，产品被广泛应用于机械、冶金、化工、造船、电力（核电）、食品、军工、电子等行业。作为国内电动葫芦行业的领军企业，主持修订了电动葫芦的行业标准，参与制定、修订了行业内的各项专业技术标准。

核电行业使用的轻小型核电电动葫芦、起重机的开发、设计处于国内领先水平，特别是核辐射环境下工作的全自动高精度自动定位起重机、起重机接轨装置等为本公司自主研发设计，具有自主知识产权，替代了进口的同类设备，被运用于宁德、防城港、阳江、红沿河等国内多个核电站。

近几年来随着公司技术改造和新装备的投入不断加大，产品新工艺应用项目逐年增加，数控加工、半自动及自动化的生产占比已达80%。

12.7.2 企业2018—2019年市场情况

公司产量、销量、效益等主要经济指标在全国电动葫芦、单双梁起重机同行中已连续10年名列前茅，通过ISO9001/14001等体系认证。公司先后获得省质量管理奖、省机械行业文明单位、中国优秀诚信企业、中国工业经济先锋全国示范单位等荣誉称号。公司产品质量稳定，性能可靠，赢得了广大用户的信赖，在国内市场有很大的占有率，并出口到美国、阿根廷等二十多个国家。公司产品已形成规模化、市场国际化的格局。

12.7.3 企业起重机械2018—2019年销售情况

1. 2018年经营情况

产能：电动葫芦50,000台/年，起重机5,000t/年。

2018年销售总额3.64亿元，利润总额4,650万元，净利润3,477万元，出口总额3,418万元。桥门式起重机销售总额1,347.6万元，起重葫芦销售总额30,765万元，起重机零部件销售总额4,235万元，其他起重机9.7万元。

2. 2019年经营情况

产能：电动葫芦50,000台/年，起重机5,000t/年。

2019年销售总额4.03亿元，利润总额5,210万元，净利润3,822万元，出口总额4,207万元。桥门式起重机销售总额1,728.9万元，同比增长28%；起重葫芦销售总额33,094万元，同比增长8%；起重机零部件销售总额5,480万元，同比增长29%；其他起重机 38.9 万元，同比增长 300%。

12.8 华德起重机（天津）股份有限公司

12.8.1 企业简介

华德起重机总部坐落于天津市武清区京滨工业开发区，致力于研发、生产和销售国内外先进、高能效、轻量化的欧式起升机构。

华德起重机产品涵盖起升机构、电控箱、端梁、大小车驱动以及起重机技术解决方案等。生产车间完全按欧式起重机模块化流水线布局，生产工艺及产品完全符合欧洲物料搬运协会 FEM 标准及中国国家标准。具备 5,000 台 K 系欧式电动葫芦和 30,000 台三合一驱动的年生产能力；同时拥有大型欧式卷扬机、自动控制系统的设计制造能力。产品在冶金行业、装备制造业、电力行业、航空航天领域、造纸行业、自动仓储领域等获得了广泛的应用。

12.8.2 企业 2018—2019 年市场情况

公司拥有 30 多项专利和著作权，凭借高度最小的低净空欧式葫芦、自重最轻的三点静定欧式卷扬、能耗最小的柔性驱动机构，以及起重机物联网和远程控制技术、自动定位技术、自动对中和纠偏技术、电子防摇技术、防斜拉和防冲击智能起升技术、端梁柔性直驱技术、智能监控系统以及手机端应用等智能技术，华德起重机已成为引领起重机行业智能解决方案提供商和核心部件制造商。

12.8.3 企业起重机械 2018—2019 年销售情况

华德起重机 2018—2019 年销售情况见表 12-8。

表 12-8 华德起重机 2018—2019 年销售情况

2018 年	总资产/万元	7,122
	销售总额/万元	11,404
	利润总额/万元	825
	营业总收入/万元	11,404
	净利润/万元	701
	出口总额/万元	756
	生产总量/台(套)	2,895
2019 年	总资产/万元	8,691
	销售总额/万元	13,900
	利润总额/万元	1,013
	营业总收入/万元	13,900

(续)

2019年	净利润/万元	862
	出口总额/万元	930
	生产总量/台（套）	3,548

12.9 江西工埠机械有限责任公司

12.9.1 企业简介

江西工埠机械有限责任公司位于江西省樟树市，是一家专业从事起重机械及其核心机构研发、制造和销售的国家高新技术企业，国家起重机械技术创新战略联盟副理事长单位，中国重型机械工业协会常务理事，国家科技支撑计划项目承担单位，江西省第一批军民融合企业；先后荣获中国工业先进集体示范单位、国家知识产权优势企业、江西省专精特新企业、江西省智能制造试点示范企业、江西省科技型中小企业、江西省瞪羚企业、制造强国战略典范等荣誉称号。

公司注册资本10,222.22万元，占地面积11万 m^2，综合办公大楼16,000余 m^2，厂房面积62,000余 m^2，具备年产8,000台套GBM产品的生产能力。

公司现有员工387人，具有大专以上学历102人，其中硕士研究生以上人员16人，高级技术职称工程技术人员19人。为搭建高端技术研发平台，公司组建了江西省首家起重装备行业院士工作站，建有江西省集成化节能起重机工程技术研究中心、江西省永磁直驱技术工程研究中心、江西省级工业设计中心等。承担的国家科技支撑计划项目"桥式起重机无齿轮传动装置"2018年顺利通过国家科技部的验收；新提出的"起重机械高效新型驱动装置的开发与应用"项目列入江西省"5511"重大科技研发专项；取得了国内国际发明及实用新型专利80余项，其中发明专利20项、国际专利2项。

公司主要从事GBM无齿轮起重机、GBM永磁直驱起升小车、GBM永磁直驱起升机构、低速大扭矩永磁直驱电机、起重机智能化控制系统、智能盘式制动器等产品的研发、生产和销售。其中，GBM无齿轮起重机江西省新产品、新技术鉴定为"国内首创、国际领先"，先后荣获江西省优秀新产品一等奖、中国重大技术装备首台套示范项目奖；产品系列"GBM无齿轮起重机""GBM永磁直驱起重机"先后三批次列入国家重大技术装备首台（套）推广应用指导目录。

12.9.2 企业2018—2019年市场情况

江西工埠机械有限责任公司2018—2019年市场情况见表12-9。

表12-9 江西工埠机械有限责任公司2018—2019年市场情况

时间	销售总额/万元	内销总额/万元	出口总额/万元	内销占比（%）	出口占比（%）
2018年	12,168	11,841	327	97.3	2.7
2019年	22,761	22,761	0	100	0

12.9.3 企业起重机械 2018—2019 年销售情况

江西工埠机械有限责任公司 2018—2019 年销售情况见表 12-10。

表 12-10　江西工埠机械有限责任公司 2018—2019 年销售情况

年份	产能/台	产量/台	销售收入/万元	销售净利率(%)
2018 年	8,000	1,050	12,168	10.36
2019 年	8,000	1,500	22,761	10.57

第3篇　连续搬运机械

第13章

概述

13.1 连续搬运机械产业概况

连续搬运机械是将物料或物品在一个预先设定的线路上,沿规定方向连续或者间歇以匀速或变速从一点到另一点进行搬运的机械设备。主要包括以下主要类型:

1) 输送机械。主要有带式输送机、刮板输送机、板式输送机、斗式输送机、螺旋输送机、振动输送机、辊子输送机、滚轮输送机、步进式输送机、气力输送机、液力输送机、悬挂输送机等。

2) 装卸机械。主要有装载机、装船机、装车机、卸载机、翻车机、堆取料机、取料机、堆料机等。

3) 给料机械。主要有带式给料机、板式给料机、鳞板式给料机、螺旋给料机等。

其分类结构如图13-1所示。

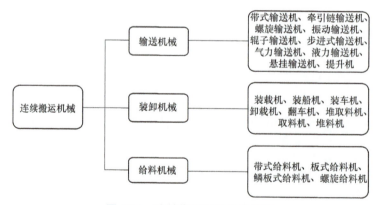

图 13-1 连续搬运机械分类结构

我国是连续搬运机械的大国,它们不仅广泛应用于电力、能源、矿山、冶金、农业、港口、建材、轻工、材料、电子、航空航天(取样)、化工、日常生活、城市建设、废弃物处理、医药、食品、海洋开发(疏浚、取沙)等行业和部门,还在国际、国内贸易中起着重要作用,尤其涉及环境友好、节能、减排、降耗等许多方面。近几年,连续搬运机械产业主要呈现以下形势:

1) 稳步发展。近年来,随着国民经济的高速发展,在需求的推动下,连续搬运机械技术得到了发展,开发出一批重大技术专项,增加了产品品种和规格。同时,连续搬运机械也广泛用于工矿企业物料搬运、仓储,也参与生产作业过程,国民经济发展为物料搬运机械提供了广阔的空间。虽然目前国家节能减排、结构调整、技术设施建设等政策实施,但是连续搬运机械市场下行压力不大。

2)新需求应运而生。在我国转型升级、结构调整中,市场也对连续搬运机械提出了更多需求。高铁、新兴材料、节能型汽车等战略性新兴产业中高端装备制造,对连续搬运机械可靠性、搬运精度有更高要求。快递业、集装箱运输、智能化物流等新的物流业态快速发展对连续搬运提出了信息化和工业化深度结合的新需求,原材料、机械加工等技术升级也要求提供高效、节能的连续搬运设备。连续搬运机械技术水平不断提高,推动着应用领域的扩展。此外,新的生产工艺对连续搬运机械提出了新的要求。

3)龙头企业成绩显著。连续搬运机械已经成为一些龙头企业赖以生存的重要拳头产品。企业贯彻实施自主创新的新战略和国际化发展战略,加速推进产品结构调整和市场结构调整,重点开发了一批大型化、特殊化、智能化、节能化、环保化的连续搬运高端设备,产品技术水平和质量逐步达到了国际一流。

13.2 连续搬运机械产业地位及现状

13.2.1 连续搬运机械产业的地位

连续搬运机械广泛应用于能源、造船、港口、海洋工程、冶金、仓储物流、航空等行业,应用范围较广,这些行业的发展状况直接影响连续搬运机械制造行业的发展。钢材、铸件、锻件及有色金属材料是连续搬运机械制造生产中重要的原材料,电动机、液压件、制动系统等是连续搬运机械制造行业的重要零部件,上游原材料及零部件的任何变动都会影响到连续搬运机械的成本、品质等。煤、沙石、粮食、木屑、矿石等颗粒物质广泛存在于自然界,带式输送机、刮板输送机、给料机、破碎机、堆取料机、仓储设备及其系统等连续搬运机械,几乎用于国民经济的绝大部分重要行业。近年来,工业4.0和制造强国战略等规划的相继出台,推动相关行业的投资,形成对连续搬运机械持续、稳定的市场需求。

连续搬运机械的应用在生产中有着重要的意义,这主要因为物料搬运的量十分巨大,有些钢铁联合企业,每生产1t钢材需要搬运的原材料、燃料、半成品、成品和废料等的总量常达50t以上;另外物料搬运所需的费用高,工业国家用于物料搬运的费用常占产品成本的25%左右;物料搬运占用劳动力多,在机械化程度不高的企业里,搬运工人常占工人总数的15%以上;在搬运人力不能承担的重物和在高温或有放射性物质的区域作业时,必须利用机械进行搬运。因此,在生产中应对连续搬运系统给予足够的重视,并尽量采用先进适用的连续搬运机械,以减轻劳动强度、减少产品损伤、保护工人健康、提高劳动生产率和产品质量、降低生产成本。

13.2.2 连续搬运机械产业的现状

随着经济发展,我国的连续搬运机械也取得了快速的发展。特别是改革开放以来,能源、电力、石化、社会的基础建设对连续搬运机械的快速需求促进了其快速增长。当今，对节能环保的连续搬运机械及其自动化、数字化、智能化技术的需求尤为迫切。

连续搬运机械产业，随着国际市场竞争的加剧，其科技含量明显提高，近年来主要工业国家的发展趋势如下：

1）采用新理论、新技术和新手段。进一步开展连续搬运机械的载荷变化规律、动态特性、疲劳特性和可靠性的试验研究；推广采用优化设计、可靠性概率设计、极限状态设计、虚拟样机设计、CAD/CAE等现代设计方法。

2）向自动、智能和信息化，向成套、系统和规模化发展。将各种连续搬运机械单机组合为成套系统，使生产设备与连续搬运机械有机结合，即通过计算机对连续搬运系统进行动态模拟仿真，寻求最佳匹配组合，并将这类自动、智能的设备纳入系统的多级计算机信息控制与管理网络，并配有自监测、自诊断维护装置。

3）向大型、高效和节能化发展。最大的带式输送机带宽达3.2m，输送能力达37,500t/h，单机最大输送距离超过30km等。

4）向模块、通用化，向简易、多样化发展。对系列生产的通用类物料搬运机械，采用模块组合方式，以较少零部件组成多品种、多规格、多用途的系列产品。

5）重视产品的合理人机关系、外观造型与表面涂装，有利于提高作业效率和操作安全、舒适。

随着我国经济快速发展，连续搬运机械制造业也取得了长足的进步。如大运量、超长距离可伸缩带式输送机及关键技术达到国际先进水平，长距离带式输送系统的设计和建设，显示了我国本土企业在长距离带式输送系统设计和建设中的国际竞争力；磁流变制动器有很大的研究价值和良好的市场应用前景，已成为智能材料应用研究的一个热点；物料颗粒体系若干关键问题研究方面，属于工程问题提炼的科学问题，蕴含丰富的物理内涵，尚有诸多问题有待解决等。从国家"十三五"规划建设成效来看，国内连续搬运机械行业表现出良好的增长态势，平均年增长11%，但也存在亟须解决的发展需求，如：行业出口受到发达国家技术等壁垒的限制；高质量高水平的连续搬运机械技术竞争能力有待提高。

13.3 连续搬运机械产业特点

13.3.1 市场规模不断变化

"十三五"是中国制造产业迈向中高端水平的政策机遇期，也是各应用领域高端技术装备和重大成套装备加强自主创新、抢占市场的历史变革期。进入2016年以来，伴随着产业产能和增长方式的优化调整，矿山、港口码头、电力、水泥、钢铁、煤炭等重要应用领域对于新型、高效的散料、装卸、输送技术与设备的需求持续增加，连续搬运技术与设备凭借其巨大的市场需求空间已成为装备制造业智能转型升级的重要组成部分。

我国连续搬运机械的发展起步较晚，但随着连续搬运机械几乎渗透到国民经济的各个部门，如矿山开采、建筑、电力、水泥、制造、钢铁、医疗等，我国连续搬运机械的需求与发展较大。2014 年我国带式输送机产品需求量为 152.53 万台，2018 年增至 205.96 万台。连续搬运机械不仅可用于散料的输送，同时可用于成件物品的输送。

目前，连续搬运机械在大运量、高速、大倾角、增加单机长度和水平转弯能力、降低物料输送能耗等方面的需求较为旺盛。随着严苛的环保政策和企业需求的增加，要求越来越多的行业在进行散料输送时，采用封闭式散料搬运机械，避免灰尘飞扬，保护环境。近年来，随着大数据、人工智能、物联网等技术的飞速发展，尤其是全自动无人散料装卸码头的出现，对于散料搬运机械的智能化、精确化、信息化的要求与日俱增。随着自动化生产线大量采用连续搬运机械，特别是计算机、通信和其他电子设备制造业、食品等行业，拉动了轻型、便携、可拼接、模块化的连续搬运机械及其部件的需求。

13.3.2　行业竞争加剧

在连续搬运机械产品领域内，技术和应用都较为成熟，有着众多具有实力的厂家参与国内市场的竞争。

国外企业核心优势在于技术，通过采用新理论、新技术和新手段，加之以采用新材料、新结构和新工艺，使得产品具有较高的设计和性能水平。例如通过大力开展连续搬运机械的荷载变化规律、动态特性、疲劳特性和可靠性的试验研究；推广采用优化目标设计、可靠性概率设计、极限状态设计、虚拟样机设计、CAD/CAE 等现代设计方法使得国外产品具有较高的设计和性能水平；采用各种异形型材、薄壁型材以减少结构拼接；采用各种高强度低合金钢等新材料以提高承载能力、减小设备重量；采用各种机电一体化的新型机械与电气传动系统，简化机构；采用各种数控切割、数控加工、数控焊接等精准工艺手段，并与 CAPP/CAM 相衔接，可实现产品的设计与制造一体化。除了产品本身的性能质量外，发达国家的技术优势还表现在另一个方面，即较宽的产品线范围内的产品组合营销优势。特别是在于国内企业实力差距悬殊而业主方的要求又较高之际，国外企业常常可以赢得总包项目合同。

国外企业的劣势在于成本。产品性能是设计、制造、安装和维护使用的综合反映。由于发达国家人力资源成本高昂，设计成本高是不言而喻的，如果另外还要在华长期保持安装、维护队伍以及建立配套件仓储则更会削弱其竞争优势。因此，现今外资企业在华的目标客户大都定位于钢铁、港口、电力系统高端客户，以系统解决方案提供商的身份和实力来赢得合同，通过与国内企业合资或者合作的方式来分包实施合同，自身只赚取高端高技术含量的附加价值（国内不能设计或生产的部分），而将低端的制造和安装维护利润让与国内厂商。

国内竞争企业依据自身综合实力和传统实力范围可划分为若干层次。第一层的企业整体综合实力强，产值均在十亿以上，业务范围广，连续搬运机械装备仅是宽泛的产品线中的某一环节，销售额占总产值的比例不大。其在市场上品牌知名度较高，采用优质高价（相对于国内竞争对手）和品牌组合营销的市场策略，其连续搬运机械目标客户定位于国内钢铁、港口等行业的中高端市场，并在此领域拥有较高的市场占有率。第二层的企业整体综合实力中等,产值从数千万到几亿之间,业务范围相对集中,连续搬运机械装备销售额占总产值的比例较第一层的企业高。这些企业进入连续搬运机械领域都有较长时间,在各个应用行业享有一定知名度。第三层就是近几年发展起来的一些企业,主要业务就是连续搬运机械。

连续搬运机械所实现的基本功能是相同的,用户的转化成本只在于产品性能的稳定性和厂家的服务质量。差异化的渠道很大程度来源于技术实力和设计理念。在连续搬运机械项目中,钢结构成本占有举足轻重的地位,皮带、托辊、减速机等大都是采用外购,因此设计水平的高下反映在结构的合理性上,将直接导致成本的差异;而采购成本的差异是易于控制的,取决于企业的采购规模和内控制度。

行业竞争的激烈程度将由行业需求的增长速度和行业产能的增长速度共同决定。在连续搬运机械行业的产业链中,如果拥有配套生产能力(如自制托辊等),则固定成本所占比例较大,扩展销售以分摊固定成本的动机也就越强烈;如果配套外购的比重越大,则固定成本相对较小,进入或退出壁垒都相对较小,企业以利润率的高低作为接单的标准,则行业内竞争的激烈程度稍低。

13.3.3 企业多方位寻求转型升级

经过几十年的发展,我国的连续搬运机械已经形成了品类多样、产业完整和设计领先的完整格局。为了发展,企业主要从生产制造和产品设计两个方面进行了多角度和多方位的创新和升级。

生产制造工艺创新升级方面,连续搬运机械企业主要进行了生产工艺环保化改造升级和生产设备的自动化、智能化升级。如把喷漆工艺变为喷粉工艺,加装了污染物净化设备新工艺的应用,有效降低了车间的排放水平和工人的劳动环境;创新了自动化托辊生产线、自动焊接机器人、等离子成切割设备、线切割设备和激光切割设备等自动化生产设备,焊接、下料切割更加精准,节约了大量工时,提高了企业效率。随着生产设备的更新和提高,加工工艺也发生了巨大的变化,如下料和钻孔可以同步进行。传统的放样工艺可以通过电子图纸直接输入设备,切割出各种想要的形状。装备的变化使得工艺得到简化,生产效率更高、生产成本更低。

随着科技的进步,某些企业已经开始向信息化迈进,无纸化生产、工业互联网的普及,将会进一步提升企业的活力。

产品设计创新升级方面,企业主要围绕连续搬运技术的长距离、大运量、智能化、绿色环保、低能耗和专业化方向进行了创新升级。长距离、大运量方面,圆管带式输送机的国内最长距离达到了15km,最大的圆管带式输送机输送量大约5,500t/h,输送速度可达5m/s,上海科大重工淡水河谷项目设计最大运量为23,500t/h,最高带速为5.6m/s,最大带宽为2,400mm,最大功率为3×1,250kW,这些设计指标都达到了国际一流水平。智能化方面,企业将物联网、大数据、云计算等新一代信息技术与物料输送的设计、生产、管理、服务各环节有机融合,直接采集项目数据,快速有效地处理项目现场问题,同时利用仿真软件实现项目数据分析,将项目存在的潜在问题反馈给用户,形成数据驱动下的新型制造和服务体系。例如，华电重工进行了四大领域的技术研究，分别为火力发电企业智能燃煤系统、智能化散货码头、互联网＋物料输送工程远程服务、环保型高效率输送关键技术。图 13-2、图 13-3 分别是华电重工打造的智能化燃煤系统和散货码头。绿色环保低能耗方面，越来越多的企业更加注重环保和能耗，如更多地使用圆管带式输送机代替普通带式输送机、使用低滚动阻力的输送带降低能耗、采用先进的驱动系统减少驱动的中间环节、采用局部能量回收等。系统化方面，企业开始由单一设备向成套系统方向发展，企业更加注重生产工艺链条上整个系统的设计和研发，促成了企业的多元化发展和成套系统的研发能力。

图 13-2　火力发电企业智能燃煤系统

图 13-3　智能化散货码头

13.3.4　产业特色发展潜在空间大

随着制造业的转型升级，连续搬运机械在面临挑战的同时也存在着机遇。

1. 服务行业的转型升级

煤炭在能源结构中仍将占有基础性地位，预测在 15 年之内我国煤炭消费量约在 30 亿 t 左右。煤炭在我国一次能源结构中占比约 50%，需求体量大，国家全面建设小康社会需要绿水青山的美好生态环境，生态环境倒逼煤炭产业必须由高碳能源向低碳能源的发展方向转型升级，由燃料向燃料与原料并重的发展方向转型升级，要把推动煤炭清洁高效开发利用作为转型升级的主体战略方向，进而组织规划实施。特备是山西等煤炭主产区将迎来大的调整，随着环保要求的提高煤炭输送都将采用更加环保的输送系统，同时已有设备将进行升级改造，这都为今后几年连续搬用行业提供了好的发展机遇。

2. "一带一路"推动企业快速发展

统计数据显示，2019 年全国建筑业总产值为 193,567 亿元，比 2018 年增长 7.1%。目前，建设行业在"一带一路"的具体实践中也表现抢眼。近十多年，在"一带一路"沿线的瓜达尔到吉布提，中国参与了 10 多个海外港口合作项目。仅 2015 年上半年，中国企业对"一带一路"沿线 48 个国家直接投资总额达 70.5 亿美元，在沿线 60 多个国家承揽对外承包工程项目达 1,401 个。在投资行业的调查中，投资到建筑业与采矿业的企业最多，均占 12%；投向交通运输和基础设施建设类产业占比 9%；电力、热力、燃气及给排水占比 7%。电力、建材、矿山的投资达总投资的 30% 左右。"一带一路"带动下企业抱团出海成为新模式，连续搬运机械作为电力、建材、矿山等行业的基础性设备也将随之走出国门，加速进入"一带一路"沿线市场，助推企业快速发展，在国际舞台上打造中国连续输送行业的新品牌。

3. 信息化、智能化助推行业转型升级

工业4.0、信息化、智能化和物联网技术的不断成熟，助推企业实现自我升级转型，实现连续搬运机械的智能化、设计的智能化、生产的智能化和管理的智能化，进一步提升企业的核心竞争力。实现连续搬用设备的智能化，要求产品本身具备自动存储数据、感知指令以及与控制中心通信的能力。具体而言就是，在各种待加工产品中加入智能传感器、处理器、信息存储器、无线通信器等微型智能设备。智能制造的主体是智能化的工业设备，例如，从单个的智能机械手、智能传感器、智能机床到智能生产线、智能工厂，工业生产设备都采用高水平的人工智能。工业设备的智能化可以说是狭义的"智能制造"。其他领域的智能化，都离不开制造设备的智能化。唯有这样，制造业才能发展出智能工厂，重组工业产业链。

13.4 重要应用领域

13.4.1 机械加工业

很多机械加工业都体现出资金密集型与技术密集型特点，拥有较大的规模，采取大批量生产的方式。这对技术和管理提出了很高要求，需要高度结合人和机械，才可以更好地实现整个产品的制造生产。

1. 连续搬运机械在汽车焊接生产线中的应用

由于汽车生产过程是一个大批量焊接生产的过程，其中机械化输送设备是极为关键的组成部分。机械化输送设备主要用于焊装车间与生产线间生产过程的成品、半成品等的搬运、升降操作。衡量生产线工艺质量与水平的重要标志就是输送方式的有效性。连续搬运机械也是汽车焊接组装流水线的关键步骤。汽车焊接生产线上主要有以下几种连续搬运机械：

1）平板式输送机。平板式输送机构造包括了驱动系统、传动系统、张紧装置、轨道、支架等，具备传动平稳、承载力较大以及操作通用性能好的优点。平板式输送机通常配置支撑工件或者相应的随行支架，因此能够适应多种车型。

2）地面链输送机。主要应用于中小型批量的汽车焊装生产线生产过程中的车身总成、地板线、调整序间的输送。地面链输送机主要构成包括驱动装置、传动与张紧系统、牵引链条、轨道、工艺车以及电控装置等，具备传动平稳、承载力大、操作接近且投资成本不大的优点。

3）自行小车输送机。主要应用在汽车焊装线线间与焊装线序间的储存与输送方面，有时也可以应用于焊装车间对于白车身的储存输送操作。其主要构成包括了主牵引小车、载物小车、平衡梁、轨道岔道及滑触线、升降机、电动葫芦以及电控装置等结构。利用自行小车的输送方式，可以实现无门盖的车身总成从主焊装线至调整线的输送操作。

4）悬挂链式输送机。主要用于汽车焊装车间的输送，主要构成包括了驱动系统、张紧装置、链条、轨道、小车组、回转系统、上下坡捕捉器、分流合流道岔、升降机以及电控装置等部件，它具备自动化水平较高、输送距离及输送力度大的优势，同时具备水平运输与垂直起降能力和可上下坡运行的优点。

5）往复杆式输送机。这是一种在汽车焊接组装生产线上较为常用的输送设备，主要应用于车身各分总成序间的输送。往复杆式输送机通常包括升降系统、同步装置、运行机构、往复杆机构、平衡系统、定位及安全系统、电控设备等结构，具备较高的机械化水平，输送定位的精度也较高。

6）滑橇输送机。这是目前汽车焊装生产线上使用程度最大的输送设备之一，主要应用于大总成线、车身总成线、调整线等序间的输送以及焊装车间成品、半成品的储存与输送，自动化水平高，对于各种大小批量生产线输送都有着较好的适用性，能够在生产线作业中进行间歇性或者连续性的输送等，进而把车身总成焊装、储存输送线、调整线等联系成为一个整体，实现同一车间多种组装线集合，建立共同的补焊线、调整线，便于统一操作。滑橇输送机的构造，主要包括了水平与升降输送滚床、变速滚床、90°、180°旋转滚床，车式与链式移行机，垂直升降机以及电控装置等。

2. 连续搬运机械在涂装生产线中的应用

输送设备是涂装线中的关键设备之一，它直接影响车间物流运输、涂装设备选型、工艺投资、生产效率等多个方面。不同涂装对象以及不同的涂装工艺、生产规模等对涂装输送的具体要求各不相同。涂装线上主要有以下几种连续搬运机械：

1）悬挂输送系统。在汽车零部件涂装生产中，因工件尺寸较小、多品种、大批量生产，通常采用悬挂输送系统进行生产。它与其他输送机相比，具有能够形成复杂且很长的空间线路、不占用地面生产面积、运行速度范围大等优点。

2）摆杆输送系统。摆杆输送系统的工作原理是经过锁紧和检测后的电泳滑橇进入摆杆入口交接滚床，通过滚床上的推车机自动将工件输送到前后摆杆上，它主要由电泳滑橇、链条轨道、牵引链条、摆杆、张紧装置、驱动装置、自动油脂润滑等组成。摆杆输送系统作为一种新型、实用的输送设备，它结构独特、新颖，常常和滑橇输送系统一起形成自动化程度高的输送系统，用于高节拍、高质量的汽车涂装生产线上。该输送形式具有承载能力强、运行平稳、节能降噪、节约空间、生产效率高、维修方便等优点。

3. 连续搬运机械在汽车总装线中的应用

对于汽车制造总装来讲，装配的位置体现出极大的差异，表现出多样性。汽车制造总装形成了较大的规模，因此装配的工作量与复杂程度十分高。总装线上主要有以下几种连续搬运机械：

1）积放链。积放链具体包括运输链条、驱动设备、承载小车、轨道系统、吊具等，通常应用在PBS线和底盘线中，可以处理完成承载车组的堆放、运输以及储存操作。

2）摩擦线。摩擦线借助动力设施和承载媒介形成的摩擦力来完成运输工件操作，形式多样。通常，它应用的是地面形成的摩擦、空中产生的摩擦以及滑板线。摩擦线具体包括终止器、驱动设施、吊具、防滑链等，主要应用在底盘线和内饰线中。它的主要优势是可以稳定地保持运行，有利于维护，不会产生较大的噪声污染，具有良好的柔性，同时外观优美不存在油污。

3）板链线。在轿车制造总装车间的内饰线、淋雨线、调整线中，通常应用板链输送机。按照链板排数，可以将板链输送机划分为两类：双板链和单板链。双板链应用在淋雨线中，单板链则应用在其他线中。

4）滑板线。在轿车制造总装车间中的内饰线、最终线中，通常利用滑板线。根据滑板线类型，可划分为普通滑板线和可以升降的滑板线。通常，可以升降的滑板主要应用在内饰线上，便于对车体高度科学调整，从而有利于工人开展操作设置线边设备；一般普通型的非升降滑板应用在最终线上。滑板线的主要优点是有效减少了驱动单元、稳定运行、人机同步操作、生产高度安全。

5）AGV 小车。AGV 小车应用于合装底盘工位，可以借助自行引导设施，根据预定的路线行驶，是一种具备安全保护作用的自行运行的移载运输车。它的主要优势是最大限度地降低了劳动强度，保证了较高的工作水平，且外观造型简洁大方，提高了生产车间的自动化水平。

6）辊床。一般由不同的标准模块化单元构成辊床运输系统，可以保持稳定、可靠的运行。辊床通常用在车身运输线和存储线中，而通常欧美车型整合底盘装线中也采取辊床输送系统。

7）辊道。辊道通常用在物料和分装线中，如前段模块、前后悬架以及分装的发动机等，包括辊道输送和托盘托举。其中，上层分装、下层回转被认为是双层输送；而单层输送配合主线、辊床形成了托盘回转。

8）塑料膜组输送带。将塑料膜组输送带设置在底盘装配线，促使操作人员和工件的随行操作，通过塑料膜组输送带方式完成淋雨线的机械化输送，有效降低了设备的用电量，便于维护。

13.4.2 冶金行业

冶金行业中包含金属矿石、石灰石、煤和焦炭、稀有合金、炉渣与废料等散料的储存、装卸和输送系统。散料露天堆放与输送的过程中，不仅会产生大量的灰尘，严重污染空气，渗入污染土壤表面，还存在散料特性和品质的退化等问题，不仅增加了企业散料存储和运营的成本，同时严重污染了周边环境和地下水。在高效、节能、低碳、环保的宏观政策引导下，散料封闭式仓储发展很快，避免了上述环境污染、散料品质退化等问题，使散料的存储不再受到天气与气候的制约。随着相关环保政策的日趋严格和散料仓储量需求的急剧增加，对散料处理设备的运行速度和工作效率提出了更高的要求，散料存储需要改变其原有的高能耗、高污染存储方式，朝着巨型化、大型化、封闭化和个性化的方向发展。

在大量散料改为封闭式存储后，避免了扬尘、挥发，以及外界环境变化对散料品质的影响等问题。散料的密集堆积会导致自身的发热，造成散料品质下降和产生易燃性气体，筒仓密闭容积内压力会升高，一旦有明火进入，则极易发生爆炸。散料仓结构的大型化，不仅其地基承受的压力增大，卸料时仓侧壁动载荷增大，且其卸料效率与卸料口的数量和位置、卸料设备的种类和配套的散料出仓设备有关。据试验结果分析，卸料引起的侧壁动载荷约为侧壁承受静载荷的 2~4 倍，极易使筒仓壁面失稳从而造成料仓结构被破坏，甚至倒塌，有 60%的散料仓事故都与此有关。对此，散料的封闭式存储根据存储需求可集成脱水、存储、排/布料设备、消防、充气保护、多参数自动监测与调节等功能。

随着信息化和数据化的建设，对于散料仓内参数的监控和调整已经进入智能化阶段，料位高度和散料堆积表面的形状、可燃性气体检测、充气保护等散料仓内数据均可实时获取，并根据预先设定的程序进行智能化调节，提高了散料仓储智能化的水平。如图 13-4 所示，3D 物位扫描式料位高度传感器采用的超低频声波脉冲可以穿透灰尘，得到散料堆积表面的形状。其测量过程不受散料种类、仓储环境、散料特性与尺寸、散料存储时间、散料介电常数、料仓的类型和尺寸的影响，适用于高度达 70m 的料仓，具有声波自清洁功能，实现免维护，适用于露天堆积和封闭式散料仓。

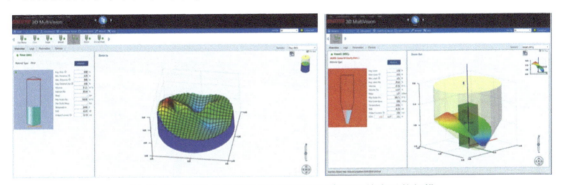

图 13-4　3D 物位扫描仪进行散料堆积表面和筒仓形状扫描

目前，大型封闭式散料仓主要向条形平底仓、球形平底仓和平底筒仓三种仓型发展。平底仓具有储料容量大、占地面积小、制造成本较低、环保性好等优点，其内可配备高效的机械化布/卸料设备，自动化程度高，极大地提高了散料进出仓的效率。图 13-5 所示为条形平底仓及其内部分设备，图 13-6 所示为球形平底仓及其内部分设备。

图 13-5　条形平底仓及其内部分设备

图 13-6　球形平底仓及其内部分设备

13.4.3　矿山行业

矿山行业是进行固体原料、材料和燃料的开采和加工的重要基础行业之一,服务于黑色和有色冶金、煤炭、建材、化工等重要基础工业部门。近年来,由于国家政策的转变以及基础设施建设的大力推进,我国矿山行业取得了长足进步,特别是国家重点支持能源、交通和原材料等基础工业的发展,使得矿山行业在未来具备了较大的发展空间。

在大型露天矿开采或土方工程中,电铲+卡车(100t)+半移动破碎站+带式输送机,是典型的半连续开采工艺。图 13-7 所示为太原重工股份有限公司研制的大型颚式半移动破碎站。这种开采工艺,结合了卡车短输送距离内的灵活性和带式输送机长输送距离的低能耗,具有生产效率高、总能耗低的突出优点,在大采剥量的工程中得到广泛应用。850t/h 颚式半移动破碎站中用到的连续搬运机械主要有:料

图 13-7　大型颚式半移动破碎站

仓、重型板式给料机、棒条振动筛和带式输送机。其工艺如下:矿石由矿车经料仓输送到重板给料机,再给入棒条振动筛。棒条振动筛开口为 150mm,粒度小于 150mm 的物料筛下落到排料带式输送机上,大于 150mm 的物料给入颚式破碎机进行破碎,破碎后的物料粒度不大于 175mm,进入带式输送机。其对各连续搬运机械的技术要求为:料仓要求高强度、耐冲击;重型板式给料机要求高强度、耐冲击、驱动链轮结构优化;棒条振动筛要求筛分效率高、防卡料、抗疲劳设计;带式输送机要求耐冲击节能托辊、耐冲击输送带、绿色环保设计。

13.4.4　建材行业

连续搬运机械在建材行业中主要以钢丝绳支承波状挡边带式输送机的形式存在。它

以波状挡边输送带作为牵引件,由布置在头部或者尾部的滚筒带动输送带运行。输送带上布置有等间距固定的轮轴,轮轴用来支撑输送带,轮轴的两端安装滚轮,滚轮运行在由塔架支撑的钢丝绳上,实现长距离连续架空的输送。波状挡边输送机可以轻松地越过障碍物,例如河流、建筑物、深谷或道路,而且该系统节能高效,节省空间,运行可靠,如今已被成功应用到以下建材行业中:

1. 在危地马拉的水泥生产中的应用

将水泥生产过程所需的石灰石运输到加工厂,破碎机和工厂之间的运输系统必须覆盖大约 2m 的距离,横跨丘陵和林地 1.6km,垂直上升近 200m。通过波状挡边带式输送系统在破碎机和加工之间运输石灰石,尽管地形条件困难,但它仍可以直线穿越该地形,坡度达到了 22°,如图 13-8 所示。

2. 在奥地利采石场的应用

Hans Zöchling 公司在奥地利拉姆绍的采石场需要从陡峭的地面将物料从破碎机运输到调压仓,这种材料最初是用卡车运输的,这在冬季或恶劣天气下非常困难。因此,采石场经营者试图寻找一种替代的运输方式。

波状挡边带式输送机在单绳跨度且没有中间塔架结构的情况下穿过陡峭的斜坡并将物料直接排入调压仓,如图 13-9 所示。借助波状挡边带式输送机,采石场运营商能够将其产能提高一倍,同时降低运营成本。由于陡度偏斜,该系统还从制动能量中产生动力,该动力被反馈到电网中,并用于驱动采石场自己的破碎机。借助波状挡边带式输送机,还可以大大减少二氧化碳、灰尘和噪声的排放。

图 13-8　在危地马拉的水泥生产中的应用

图 13-9　在奥地利采石场的应用

3. 在苏丹水泥厂的应用

奥地利 Doppelmayr 公司在苏丹交付了新的波状挡边带式输送系统装置,用于运输碎石灰石。为了满足柏柏尔水泥公司新水泥厂每天 9,000t 石灰石的需求,在距尼罗河西侧加工厂 8km 处新建了一个石灰石破碎厂,该厂宽 850m。波状挡边带式输送系统将破碎现场连接到水泥作业。

破碎的石灰石通过进料输送机和溜槽装载到波状挡边带式输送系统上,跨越尼罗河,一条大绳索跨在位于河两边的两个塔式结构之间,河流中不必有支撑结构。从装料站到卸料站，柏柏尔水泥绳缆的总长度约为 3,465m，其运输能力为 700t/h。由于河流航行，系统与尼罗河高水位之间的最小距离必须始终为 21m，最高的塔高约 80m，如图 13-10 所示。

图 13-10　在苏丹水泥厂的应用

13.4.5　粮食、化工行业

近年来，根据《粮食行业"十三五"发展规划纲要》、《粮食收储供应安全保障工程建设规划（2015—2020 年）》和党的十八大、十八届三中、四中全会精神以及中央经济工作会议等实施新形势下国家粮食安全战略要求，今后一个时期是我国粮食流通基础建设的重要发展时期。粮食存储和运输的关键设备，过去的几年在环保和设计计算上也有了较大的发展。

粮食存储和运输设备主要向以下几个方向发展：

1. 绿色环保型

节能减排在今天显得尤为重要，在此形势之下，气垫带式输送机企业也争相进行了各式各样的技术创新。在这个过程中实现低能耗、低污染输送物料也成了输送机行业在前进的道路上不得不考虑的问题，以需求为导向对粮油行业设备进行了环保化改造，如开发了全封闭式单排孔气垫带式输送机和环保型圆形储粮系统，如图 13-11 和图 13-12 所示。

图 13-11　全封闭式单排孔气垫带式输送机

图 13-12　环保型圆形储粮系统

2. 大型化

科隆公司研制的气垫带式输送机的带宽已经扩展到了 1,800mm，形成了带宽 650～1,800mm 的系列化产品，输送量达到了 4,500t/h，填补了国内空白，综合性能达到了国际先进水平，并首次在气垫机上采用了多项智能化控制系统，属目前投入应用的最长设备，如图 13-13 所示。

湖北宜都运机机电股份有限公司研制的 GTZD 系列筒仓专用提升机（见图 13-14）最大带宽 1,200mm，最大输送量 800t/h，最大提升高度 65m。

图 13-13 大运量气垫带式输送机

图 13-14 GTZD 系列筒仓专用提升机

SMS 系列散粮专用型埋刮板输送机（见图 13-15）最大宽度 1,000mm，最大输送量 1,250t/h，最大输送距离 100m，带速可达 1.1m/s。

如图 13-16 所示，双轴螺旋输送机由两根平行的螺旋实体构成，在同一壳体中转动。它利用旋转的螺旋将被输送的物料沿固定的机壳为表面推移而进行输送工作，其情况好像是被持住不能旋转的螺母沿丝杠做平移运动一样，使物料不与螺旋一起旋转。

图 13-15 SMS 系列散粮专用型埋刮板输送机

图 13-16 双轴螺旋输送机

13.4.6 交通行业

随着矿山开采、建筑、电力、水泥、制造、钢铁等行业经营规模的扩大，对煤炭、金属矿石和粮食等散料的需求量逐年上升。2018 年全国各港口完成煤炭及其制品吞吐 24.50 亿 t、金属矿石 21.22 亿 t。2020 年 1 月，国家能源集团黄骅港煤炭港区全月煤炭吞吐量 1,616.5 万 t，达 52.15 万 t/天。由于我国煤炭资源分布的不平衡性、东南沿海地区经济增长对煤炭需求的驱动，散料的铁路运输量也在逐年增长，2010 年大秦线全线完成 4 亿 t 扩能改造，自 2003 年 9 月 1 日大秦线万吨重载列车常态化运行开始至 2018 年 12 月 28 日，大秦线已累积输送煤炭 60 亿 t。散料大规模的输送，散料码头和转载点要进行适应性改造，其中最重要的是对散料装卸和中转设备运行速度和效率提出了更高的要求，散料装卸装备和中转设施正向着大型化、高效化和绿色化方向发展。船舶大型化可以显著降低散料单位运输成本，采用 20 万 t 级散货船运输时巴西淡水河谷开往中国的矿船平均船运成本高达23美元/t，如换作40万t的大船运输，运费成本预估仅有9美元/t，与自澳大利亚进口矿石的运输费用相当，扩大了我国的矿石进口来源。通过多种方式的远距离大规模运输，可以降低散料的单位运输成本，但对散料装卸的输送量、效率、绿色环保、信息化、智能化等提出了新的要求。

迄今为止，全球港口发展大体经历了四代，正向第五代港口转型。第五代港口是指绿色港口或低碳港口，初步预计到2030年左右形成规模。新一代港口还着眼于港城、港镇的结合，其主要特征就是效率、绿色、低碳，侧重于港口的生态功能和港口的可持续发展。海铁联运和内河-海运联运运输的规模进一步提升，连续搬运机械在其中所占的比例进一步增大。

无人机械、智能机器等自主设备将为港口、物流和船舶领域带来人机协同变革，实现全自动化散料装卸码头。2019年，黄骅港实现全流程远程操控，完成了全国首例煤炭港口的无人化作业，成为我国首个实现"卸料、转运、堆料、取料、装料"全流程远程作业的煤炭港口。中国的"智能港口"建设再次向前迈出了一步。散料自动化装卸码头技术难度高，现场的操作环境"变量"较多：码头的主要货物是散料，而不是标准化的集装箱，其堆积形状、位置、流动性都需视觉、激光、超声波等多种检测方式的配合与协调工作；来往停靠的船型多样，装船时要考虑匹配问题；装卸船机大臂的移动和工作路径规划要更准确精准，操作不当时极易发生设备碰撞。

无人智能散料港口、海铁联运、大型散货船数量增加、3万t散料物料搬运重载列车的试验完成，都对散料装卸设备和中转设施的工作效率、装卸时长、装卸成本、抑尘、绿色环保和加快运输设备周转率等提出了更高的要求。

散料装卸设备的大型化不是简单地将其所有部件成比例放大，而是要将其零部件与系统均重新设计，能适用于多种散料，提高设备运行效率，降低散料破损率与能耗。大型抓斗卸船机将散料从船舱内取出移至卸料斗上卸出，卸料能力达5,100t/h。大型抓斗卸船机虽然技术成熟，性能稳定可靠，适用于多种散料，但缺点明显：一是由于存在抓斗空载行程导致卸船效率低下，二是在卸料时会产生大量粉尘外溢与污染。垂直螺旋卸船机、埋刮板卸船机和压带式卸船机等均为封闭式散料连续装卸设备，环保节能，卸船效率高。随着散料装卸向大型化、高效化和绿色化的发展，封闭式连续卸船机是用户今后必然的选择。

1. 螺旋卸船机

螺旋卸船机主要由取料头、垂直螺旋、水平螺旋、驱动及控制系统等部分组成，通过取料头垂直臂架前后摆动、水平臂架的回转和俯仰、大车水平运动实现煤、矿石、水泥、化肥、粮食等散料的卸船作业，填充率一般为70%～90%。螺旋卸船机配备的取料头具有破碎和取料功能，使螺旋卸船机不仅适用于粉末状、颗粒状及块状散料，同时也适用于难流动、压实或吸水板结甚至形成硬壳的散料。取料头插入散料中，先行取走其下部的散料，避免了粉尘污染。卸料能力相同的情况下，螺旋卸船机的横截面最小，质量较轻，降低了对码头地基承载力的要求，综合性价比高。

我国对环保型连续卸船机的需求日趋紧迫。与同样输送能力和效率的其他各种卸船机相比，螺旋卸船机自重较轻，无泄漏扬尘，噪声小。高效螺旋卸船机卸船能力高，有利于提高码头泊位的利用率，创造出较高的经济效益。太原科技大学承担国家自然基金项目"基于极高密度气固两相 TCP 流稳定螺旋涡的高效螺旋输送机理研究"，对螺旋卸船机的关键理论和技术——垂直螺旋输送机理进行了详细的理论分析和试验研究，提出了气固两相螺旋流输送机理，填补了垂直螺旋高效输送理论的空白，建立了基于 Re-E/L 的气固两相螺旋流的判定方法，得到了基于气固两相螺旋流的垂直螺旋输送机的设计方法，拓展了国内螺旋卸船机研发的理论及其应用基础，指导和实用意义显著。

Bruks Siwertell 的螺旋卸船机卸船能力达 3,000t/h，其产品垄断全球多年。2019 年，由上海振华重工（集团）股份有限公司设计制造的国内最大的螺旋卸船机，卸船能力也达到了 1,800t/h，该设备虽然与国外产品的差距仍然明显，但其不仅填补了国内空白，打破了国际垄断，而且有助于国内散料装卸装备走向绿色高质量发展道路。

2. 埋刮板卸船机

埋刮板卸船机主要采用扣环型埋刮板输送机直接插入船舱中取料，进行垂直提升卸料，输送环境密闭，无污染。可自动化操作，采用合金钢链条和耐磨材料，提高设备寿命，减少维护量。在输送量相同的情况下，与其他种类的输送相比，埋刮板输送机横断面积小，空间利用率高，更适宜于从舱口插入船舱取料卸料。

国外生产的埋刮板卸船机输送量为 300~1,300t/h，适用于最大 12 万 t 级散货船。

3. 翻车机

翻车机可以把火车车厢上下翻转 180°，将车内的散料卸下。国投曹妃甸港的翻车机是目前世界上最大的翻车机，每天能卸下 30 万 t 的煤炭，如图 13-17 所示。

图 13-17 翻车机

13.4.7 电力行业

电力行业输灰系统主要采用气力输送系统，输煤系统主要采用通用带式输送机、圆管带式输送机和埋刮板输送机等连续搬运机械。目前，吊挂管状带式输送机由于其本身易于弯曲、密闭输送的特点，正不断拓展在电力行业的应用。

1. 气力输送系统

近年来，我国煤矿坑口矸石电厂发展很快，电厂产生的烟尘通过烟道经电除尘器收集而排出的粉煤灰数量很大。以往，火电厂粉煤灰均采用湿法处理，不仅耗水量大，而且废弃的灰浆淤泥堆存要占用大片土地，污水的排放又会引起矿区环境的污染。随着矿区环保、节水意识的增强和对粉煤灰综合利用等因素的考虑，借鉴国外的成功经验，改用气力输送干灰代替湿法除灰具有明显的社会效益和经济效益。

气力输送系统利用气体将干燥的散装物料或粉末从源头运输到目的地。气力输送的工作原理是散装物料或颗粒在压力和所用气体（通常为空气）的共同作用下通过封闭的输送管道传输,用于输送物料的压力和气流是由诸如正排量鼓风机或真空吸尘器之类的鼓风机产生的。因此,通过控制压力差和气流,该系统可以有效地在一定距离上输送物料。

气力输送机可进行水平、倾斜和垂直输送,也可组成空间输送线路,输送线路一般是固定的。输送机输送能力大,运距长,还可在输送过程中同时完成若干工艺操作,所以应用十分广泛;可以单台输送,也可多台组成或与其他输送设备组成水平或倾斜的输送系统,以满足不同布置形式的作业线需要;适用于搬运和运输各种物料,包括困难的磨料产品,从细小的黏性粉末到湿的块状煤,密相气力输送以相对较低的压力沿管道推动物料移动。这意味着管道和弯头的磨损极小,从而减少了维护并延长了使用寿命。气力输送系统比其他机械系统更加合理和具有成本效益,它们是完全封闭的,易于修改且可以合理控制,因此它们比其他机械系统对环境更有利,可保持输送的物料清洁并免受有害异物的侵害。

气力输送系统的缺点是能耗大、噪声大、磨损大、物料破损率高、运行稳定性难以控制、输送距离不长。福建龙净环保股份有限公司的智能化稳定输送节能技术从系统的设计、部件选型、运行关键点确定等方面入手,采用智能化清堵手段,有效地减少了堵管,减低了能耗,系统运行更加平稳。

2. 吊挂管状带式输送机及其应用

吊挂管状带式输送机主要有以下性能特点:

1) 在输送过程中物料密闭在管状的输送带中,与外界隔离,不会使物料撒落和污染环境,物料也不受风、雨、冷、热等环境影响而变质。

2) 由于输送带呈管状,便于在垂直和水平两个平面内弯曲,因此输送机可以在一定范围内沿空间曲线布置。可空间自由弯曲输送,绕过各种障碍物和设施,不需多台转载,设计方便,布置简单,可设计出非常经济的总体布置方案,以较小的曲率半径实现空间弯曲布置线路。

3) 当输送带被悬吊起来以后,物料的重量要把管子拉扁,此时管子两侧的输送带对物料产生压紧力,因此可以实现大倾角输送。物料被包在输送带里,这样可增加物料与输送带内表面之间的相互摩擦,因而可提高带式输送机的倾角,一般倾角≥30°,加隔板可达60°~90°,可缩短整机长度、降低成本和基建费用。

4) 输送带被悬吊在空中,可节省占地面积,可跨越道路、河流、村庄,因而节约投资。

5) 不存在输送带跑偏问题,运行可靠性提高;沿线没有固定的旋转零件(如托辊),维修方便。

6) 如有需要,可方便地实现两个分支同时运料(双向输送)。可密闭输送,物料不飞扬、不洒落、不泄漏。因回程分支输送带呈管状,所以不必担心粘附在输送带上的物料洒落,同时也防止了管外物料的混入,实现无害化输送,净化环境。

由于吊挂管状带式输送机具有上述优点,它可广泛应用于电力行业中的原煤输送中,能克服通用带式输送机长距离输送原煤过程中污染环境、输送倾角小和线路转弯半径大等缺点。

第14章 连续搬运机械产业市场分析

14.1 连续搬运机械市场分析

14.1.1 国际形势

2019年,世界经济复杂多变。从国家权威机构得到的信息,国际组织下调了包括中国和发达国家在内的全球经济增长率预期。2019年经济发展的外部环境异常复杂严峻,国际环境具有不稳定性、不确定性,贸易保护主义盛行,中美贸易摩擦加剧,预计今后的工业出口仍将面临较大的下行压力。

14.1.2 国内形势及主要下游市场情况

从国内来看,我国仍处于并将长期处于发展的重要战略机遇期,经济长期向好的基本面不会改变,我国仍具有较强的后发优势和发展空间。2019年,我国经济面临较大的下行压力,工业经济呈现稳中趋缓的态势。

从下游主要需求方面,煤炭和钢铁2018年均提前超额完成了去产能目标任务,钢铁压减产能3000万t以上,煤炭退出产能1.5亿t以上,这为2019年的市场需求缓解了一定的压力。据中国煤炭工业协会分析,2018年煤炭市场供需平稳,价格处在合理区间,煤炭行业效益持续好转;2019年煤炭消费仍保持平稳,煤炭行业总体形势改变不大。受建筑、能源、汽车等行业用钢需求下降影响,2019年我国钢材需求总量小幅下滑,是钢铁行业在经历2016年、2017年、2018年连续3年上涨后,首次进入收紧通道。

14.1.3 国家重视和支持力度

1. 一再出台为企业减税降费政策

国家提出实施更大规模的减税。重点降低制造业和小微企业税收负担。将制造业现行16%的税率降至13%。明显降低企业社保缴费负担。下调城镇职工基本养老保险单位缴费比例,各地可降至16%。继续执行阶段性降低失业和工伤保险费率政策。2019年务必使企业特别是小微企业社保缴费负担有实质性下降。深化电力市场化改革,清理电价附加收费,降低制造业用电成本,一般工商业平均电价再降低10%。这一系列为企业减税降费的政策不断出台,切实减轻了企业负担。

2. 加大了金融对民营企业的支持力度

国家提出将运用好全面降准、定向降准工具,优化融资结构,提高直接融资比重,改善货币政策传导机制，加大金融对民营企业特别是中小微企业的支持，有效缓解企业融资难、融资贵问题。

3. 环保不再搞"一刀切"

2018年9月18日，《京津冀及周边地区 2018—2019 年秋冬季大气污染综合治理攻坚行动方案》正式发布，京津冀及周边地区取消了统一的限停产比例，使得企业得以正常生产。

14.2 输送带市场分析

14.2.1 2018年输送带行业基本情况

2018年，在国际国内形势错综复杂的情况下，输送带企业凝心聚力，攻坚克难，在加快产品结构调整，注重发展差异化产品，不断提高管理水平及注重节能、环保工作等方面积极作为，行业整体延续了稳中有进的发展态势，确保了行业可持续稳健发展。

1. 主要经济指标完成情况

据中国橡胶工业协会胶管胶带分会对 100 家会员企业的统计，2018 年现价工业总产值、现价工业销售产值、工业增加值比去年同期分别增长 9.55%、6.15% 和 4.18%，行业运行整体呈现稳中有进的良好态势。输送带和胶管主营业务收入同比增长 14.03%，利税总额增长 11.62%，利润总额微增 1.87%。

2. 产品产量完成情况

2018 年输送带产量为 5.26 亿 m^2，比上年同期增长 5.78%；轻型输送带同比降幅 35.37%。

3. 胶管胶带行业运行特点

（1）行业优秀企业的竞争实力明显增强　行业优秀企业的竞争实力明显增强，强者恒强的局面逐步显现，行业集中度得到进一步提升。

2018 年以来，按产品核算，输送带前 5 家企业产量占总产量的 35%。

（2）行业呈现增收微利　2018 年，企业各项支出除财务费用略有下降外，其他如主营业务成本、销售费用、主营业务税金及附加、管理费用均上涨明显，企业各种生产经营成本在增加，而销售价格却得不到合理有效的体现，是造成目前增收微利的主要原因。

（3）应收账款同比上升　应收账款同比上升 12.22%，引起企业的广泛重视。在当前激烈的市场竞争中，应收账款是衡量一个企业健康良性发展的重要指标，各企业应高度重视，加强对应收账款的管理，确保控制在合理的区间。

（4）产品结构进一步优化　通过统计数据分析，输送带产量整体增幅 5.78%，其中，钢丝绳芯输送带增幅为 35.19%，尼龙织物芯难燃输送带增幅为 18.27%，普通棉织物芯输送带微增 1.42%，PVC、PVG 整芯输送带下降 10.35%。

4. 产品主要下游市场情况

2018 年，钢铁和煤炭市场作为输送带的主要下游市场，去产能任务提前完成，市场需求平稳，输送带产量呈小幅增长态势。

5. 行业进出口情况

（1）2018年进出口情况分析　从海关得到的2018年统计数据可以看出，输送带进口量同比增幅43.3%，进口额增幅14.79%；输送带出口量同比增幅16.08%，出口额同比增幅22.28%；产品出口量、出口额均呈增长态势。并且，出口单价均比2017年有所上升，呈现出口额增幅高于出口量增幅的良好局面，说明我国输送带出口产品的附加值在提高，但与进口产品的单价相比，仍有一定的差距。2018年输送带进口单价是出口单价的1.67倍，说明高端产品仍需依赖进口。

（2）对美国进出口情况　进入2018年以来，美国对中国发起的贸易战不断升级。2018年输送带对美国进出口情况如下：

与2017年相比，2018年对美国出口输送带数量增幅10.35%，出口额增幅19.51%，出口单价为2.08美元/kg；从美国进口输送带增幅达132.85%，进口额却下降53.91%。然而，输送带进出口量之间存在较大悬殊，2017年出口量是进口量的285倍，2018年进口量有所增长，但出口量仍是进口量的135倍，2018年输送带进口单价为6.26美元/kg。

2018年，输送带产品对美国的出口量和出口额均呈两位数增长，这里有"抢出口"效应的影响。提高产品品质，增加产品附加值，做到优质有价，才能最大限度地降低或避免贸易冲突。增强中国制造在国际市场的影响力，我们任重而道远。

14.2.2　2019年输送带行业基本情况

2019年，国内外市场发生了显著变化。从国内看，我国完成了全年经济社会发展主要目标任务，供给侧改革不断深化，实体经济活力不断释放。国内外形势使输送带行业处于一个转型升级的关键时期，全行业积极推进业务转型升级，优化产品结构，推出降本增效措施，降低生产经营管理成本，积极有效应对各种压力和挑战，不断探索新出路，挖掘利润增长点。面对各种困难和挑战，2019年输送带行业实现了以结构调整、转变发展方式为主线，以质量、效益为中心，化解不利因素，锐意进取，经受住了经济与市场环境深度调整带来的冲击和考验，规模稳定增长，结构优化升级，技术创新成效突出，品牌效应明显上升，智能制造得以突破，转型发展迈出新步伐，节能减排、绿色发展进展突出。2019年上半年，输送带产品的产量及所占比例如图14-1所示。

2019年，输送带行业新旧动能转换成效显著，生产相对稳定，产业结构优化升级，企业效益有所改善。在中央一系列政策举措的约束和督促下，输送带行业加大了在资源节约、环境保护、技术改造等方面的投入，资源能源集约化利用水平稳步提高。同时，各地也强化

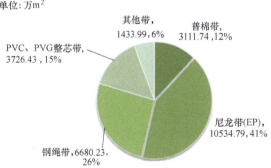

图14-1　2019年上半年输送带产品的产量及所占比例

了"小散乱污"企业整治力度，清理整顿了达不到环保排放标准的输送带企业，促使一大批高耗能、高污染、高排放、技术落后的企业退出市场。这些举措也为技术含量高、单位能耗低、污染排放少的企业腾出了市场发展空间。从相关调研情况看，一大批"小散乱污"企业关闭以后，部分输送带产品产销运行态势明显好转，许多大企业开足马力生产，保证了全行业的稳定发展。

国家供给侧去产能的结构性改革，加剧了行业整合，市场竞争更加激烈，传统行业去产能成为常态化。2019年，在国家出台一系列稳增长政策影响下，钢铁、水泥等行业经济运行态势有所好转，煤炭行业去产能成效明显，输送带产品价格合理回归，使输送带生产企业订单有所增加。

部分企业开发了适用新兴产业需求的输送带产品或技术，并专注细分市场，或从事差异化市场开拓，经济效益较好。2019年上半年，输送带产品的出口量及所占比例如图14-2所示。

输送带行业多项宏观经济指标趋于改善，经济运行的微观基础进一步增强，产业结构持续优化。但是，还存在一些不容忽视的风险点，尤其是应收款和库存继续增加，经济运行指标下滑的可能性仍然存在。

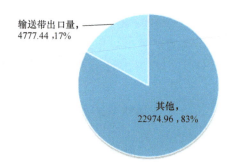

图14-2 2019年上半年输送带产品的出口量及所占比例

总之，输送带行业当前依旧面临五大问题，即传统产品需求增速下降、产能过剩和同质化矛盾突出、创新能力不强、资源环境约束进一步增强、环保压力空前严峻，导致库存上升，应收款增多。在这些问题的综合作用下，行业经济运行指标不容乐观。

14.3 连续搬运机械行业发展方向

1. 要坚持走高质量发展的道路

坚持以质量第一为价值导向，加大研发投入，尤其是高端产品的研发，推动连续搬运机械产品技术创新，缩小与发达国家的差距，以高品质和高稳定性产品参与国际市场竞争，凭借优秀的民族品牌为我国连续搬运机械产品在国际市场赢得一席之地。牢固树立质量第一的意识，坚持优质发展、以质取胜，树立可持续发展观念，通过行业有效管理，营造公平而有序的竞争秩序，维护和平衡行业利益，行业的所有企业和市场的所有参与者坚守质量底线，遵守行业道德，加强行业自律。我们最需要的是更多企业家转变思想观念。只有每一个企业尽快停止非理性竞争，与行业主管部门、运营商、供应商一起共同建立行业良性发展的环境，才能尽快创造多赢的局面。

2. 坚持优质优价，确保行业稳健发展

加强行业自律，反对低价竞争，在产品价格上，控制在合理的利润区间，优势企业要发挥市场主体作用，做好示范和引领。优质优价是一个行业健康发展的需要，也是企

业持续创新强劲动力的源泉。这项工作需要全行业自觉参与，协会做好引导，同时要加强行业诚信体系建设，在全行业形成使守信者受益、失信者受限的氛围，共同努力，确保行业稳健发展。

3. 坚持走绿色发展之路

高质量发展和绿色发展是我国经济社会不断走向成熟，缩小与发达国家距离的重要举措。尽管现在各地政府环保政策不再搞"一刀切"，统一限产停产，但绝不是给污染排放松绑。环保治理各项指标只能越来越严，加大环保治理投入，使企业规范达标排放，才是企业良性发展的正道。

4. 推动智能制造，实现高效发展

连续搬运机械企业的智能制造之路起步晚，可借鉴的成熟经验少，可谓任重而道远。在当前信息化、大数据时代，智能制造、高效发展，是企业转型升级的主攻方向。智能制造在提升和保证产品的稳定性和均一性方面显示出独有的优势。目前一些有实力的企业集团与智能装备制造企业强强合作，加快智能化改造进程，积极探索连续搬运机械智能工厂建设，为自身的高品质发展抢得先机。

5. 推动品牌建设，实现优质发展

行业长期坚持品牌培育工作，品牌建设已深入人心。得到市场认可的品牌是企业成功的标识，而高质量的产品和良好的市场信誉度是叫响品牌的关键。发扬工匠精神确保产品品质，做好服务，提升企业的市场美誉度。把品牌规划、品牌发展、品牌定位、品牌号召力等一系列工作引入企业经营发展的重要日程。

6. 推动企业走出去，实现国际化发展

走出去战略，成为优势企业时机成熟的必然选择。在目前贸易保护主义之风席卷全球的当下，受贸易战打击的风险极大。推动有条件、有品牌影响力的企业走出去，利用两个市场、两种资源，按照培育具有全球竞争力的世界一流企业的目标，积极参与"一带一路"建设，结合自身特点，抓住新机遇，在国际贸易、技术合作、人才交流、资本投入、品牌建设、设施建设、文化交流等方面寻求与沿线国家和企业的合作，提升企业在当地的形象和国际市场的综合竞争力。

7. 积极推进团体标准化工作

新《标准化法》于2018年1月1日正式实施，团体标准被纳入法律范畴。连续搬运机械作为传统制造业，团体标准的实施在"补短板、上水平、填空白"方面将体现更大的优势，在节能降耗、产品升级方面优势突出，填补了产品标准的缺失，在一定程度上将推动连续搬运机械产品的技术进步和升级换代。

为了贯彻"创新、协调、绿色、开放、共享"五大发展理念，以《生态文明体制改革总体方案》提出的"绿色发展、循环发展、低碳发展"为方向，全面推行绿色发展战略任务，实施绿色发展标准化提升工程，以引导性、协调性、系统性、创新性、国际性为原则，构建绿色发展标准体系，加快绿色产品、绿色工厂、绿色企业、绿色园区、绿色供应链等重点领域标准制修订，提升绿色发展标准国际影响力，促进连续搬运机械行业制造业绿色转型升级。

连续搬运机械行业绿色发展标准体系的构建坚持"引导性、协调性、系统性、创新性、国际性"五项基本原则。一是引导性原则，依据《绿色制造工程实施指南（2016—2020年）》战略需求，完善绿色发展标准顶层设计，成套成体系地推进标准化工作，引导制造业绿色发展；二是协调性原则，绿色发展标准体系建设与国家、行业和地方已有的标准化工作基础相协调，与已有的标准体系配套衔接；三是系统性原则，绿色发展标准体系全面覆盖绿色发展相关的各个领域，系统考虑生命周期、制造流程、产业链条，系统考虑产品、工厂、企业、供应链、园区，系统考虑投入、产出等各个维度的资源能源消耗和环境排放；四是创新性原则，结合绿色发展业综合性发展趋势，为落实全面推行绿色发展战略任务，完成绿色发展标准体系建设目标，推动绿色发展领域技术和管理创新路径选择及创新成果转化；五是国际性原则，绿色发展标准体系建设充分结合国际国外在绿色产品、绿色工厂、绿色企业、绿色园区、绿色供应链等方面的标准化工作基础和发展趋势，提高我国绿色发展标准国际化水平，分享我国绿色发展经验。

8. 与上下游企业共同抵制最低价招标的违法违规行为

行业的所有企业和市场的所有参与者坚守质量底线，遵守行业道德，加强行业自律。在自觉遵守《反不正当竞争法》《反垄断法》《价格法》《招标投标法》《国务院关于促进市场公平竞争维护市场正常秩序的若干意见》的基础上进行有序竞争。对于严重扰乱市场经济秩序的恶性竞争，行业管理部门、运营商、生产企业都将有责任和义务捍卫市场公平，积极运用法律手段来及时遏止，维护一个成熟、健康的竞争生态圈。

最低价招标的违法违规行为，国家有关部门已经三令五申予以反对，我们应该依法依规共同抵制最低价的招标行为，共同抵制招标方的不合理的单方面"霸王条款"。正常的供需交易和产品价格，是对创新和劳动的一种尊重，也是保障产品质量的前提。畸形的交易和价格折射出畸形的供求关系、法治环境和信用缺失，是漠视产品和服务的结果。所谓最低价招标和单方面的"霸王条款"，不仅侵害了连续搬运机械行业的利益，同时也腐蚀了与连续搬运机械行业相关的各个产业链条追求品质、勇于创新的土壤。

9. 企业本身要自觉不采取激进的营销手段开展市场竞争

竞争是市场经济的灵魂，企业是市场的主体，法律与规则是市场的基石。在社会发展经营方式转型的新常态下，连续搬运机械企业应发挥优势，做市场秩序的坚定维护者。应当着力规范市场秩序，营造良好的市场氛围，发挥输送带行业的合作力量，加强业内信息沟通。

连续搬运机械企业要珍惜自己的声誉和行业道德操守，遵守行业自律公约，冷静分析市场，保持理性的经营理念，自觉维护输送带行业正常、公平的市场竞争秩序，采取符合市场规律的营销模式，依托高品质的产品、及时有效的售后服务和不断创新的技术开展竞争，赢得市场。

但是，连续搬运机械行业内的一些企业为了市场占有率，采取激进的营销手段开展市场竞争，如低首付、零首付等高风险竞争手段，不仅极大地破坏了连续搬运机械市场正常竞争秩序，也加大了企业自己的经营风险，降低了企业和代理商合理的利润，透支了市场，激发了企业和代理商、用户之间的纠纷。据了解，截至目前，仍有不少连续搬运机械企业深陷应收账款以及呆账和坏账损失造成的经营困难中，形成的风险未能消化处理，以至拖欠职工工资和供应商货款等，引起企业波动和法律纠纷。总之，连续搬运机械行业非理性竞争教训甚为惨痛。

因此，连续搬运机械行业和企业特别是行业龙头企业带头树立品牌意识，从转型升级和供给侧改革入手，用品牌、质量、服务赢得市场。通过提升产品质量和效能，获得市场和用户认可。自觉抵制非理性营销行为，做好经营风险防控，不重蹈价格战覆辙，保持自身的合理利润空间，珍惜、善待市场，共同维护好公平有序的营商环境，促进行业健康可持续发展。

通过产品的升级换代、依靠质量赢得客户，开拓市场，而绝不会以低价竞争，给行业抹黑。这是要恪守的底线，也是企业应该承担的社会责任。与行业同仁一道共同维护好行业秩序，以高质量产品助力客户成功，把精力和资源投放在能给客户创造更多效益的产品和服务质量上。秉承这个原则，透明公开参与市场竞争，也尊重市场竞争伙伴和其他价值链上的伙伴。

借鉴国外的先进营销模式，理性开拓市场，不过度开发市场需求，在保持企业合理利润空间的前提下做好客户服务，为客户创造更多价值。

企业是市场主体也是竞争主体，企业既是竞争环境的创造者，同时也承受竞争环境所带来的一切。如果大家不自觉维护健康有序的竞争环境，破坏、糟蹋正常的市场秩序，最终企业也将深受其害。在竞争中，每家企业都想进步，进而带动整个行业的进步是正常需求。但是，需要考虑的问题是应该怎样进步、怎样竞争。对于企业，更多的是要站在客户的角度去思考他们真正的需求是什么、靠什么满足客户需求。我们认为可以通过技术升级、质量升级、改善服务等措施来满足客户的需求，做整个产业链的利益主导者、产业健康发展的主导者。我们上游有供应商，下游有经销商和客户，所以连续搬运机械行业在维护产业链的利益过程中责任更加重大。

第15章

连续搬运机械产业技术分析

15.1 概述

连续搬运机械不仅广泛应用于电力、矿山、冶金、港口、建材、轻工、材料、电子、航空航天（取样）、化工、日常生活、城市建设、废弃物处理、医药、食品、海洋开发（疏浚、取沙、采矿）等行业和部门，还在国际贸易中起着重要作用，尤其涉及环境友好、节能、减排、降耗等许多方面。

连续搬运机械的发展趋势主要包括但不仅限于以下几方面：连续化、大型化、系统化、成套化；自动化、洁净化；长距离；数字化、信息化、智能化；可靠化；资源节约、环境友好；可持续化。

除了以上趋势以外，我国连续搬运机械还要在以下几方面提高或完善：提高自主知识产权比重幅度、原创性技术和产品、特大型和关键零部件技术、满足国民经济重要产业的需求，在能源消耗、材料利用率、人均劳动生产率、产品精度、生产自动化、环保节能排放等方面达到发达国家水平，等等。以下分别从四个方面进行描述。

15.2 连续搬运机械产业核心技术分析

15.2.1 现代设计技术

连续搬运机械的绿色和节能化，就是以降低对环境的污染、减少资源消耗为目标，利用先进设计技术，对各种连续搬运机械进行综合的、系统的开发，以促进连续搬运系统的高效运行，并朝着节能环保的方向不断发展。近些年，随着连续搬运技术整体水平的提升，我国连续搬运机械制造业也有了较快的发展，但仍不能满足新世纪对全新连续搬运任务的要求，这不仅影响了连续搬运机械制造企业的利益，而且制约了整个连续搬运装备行业的健康顺利发展。连续搬运装备的设计，是决定连续搬运装备制造业能否升级的关键因素，是连续搬运装备能否快速发展的基础，先进设计技术尤为关键。其中，全生命周期设计技术、模块化组合化设计技术、云设计技术等一系列先进设计技术的提出，为连续搬运装备的发展带来了强劲的动力与难得的契机。

目前，机械装备设计不仅专注于面向材料及其加工、制造与装配，而且更多考虑了面向安全、使用寿命和环保属性等方面，以及拆卸、维修、回收、报废等全生命周期内的各环节。全生命周期设计思想对于连续搬运装备提高质量、降低成本、缩短开发周期等具有重大的指导意义。但是，至今在本领域的研究和实践仍未深入，未形成较为系统的理论规范。现代连续搬运装备对设计提出了更高的要求，模块化组合化设计技术得到了广泛的关注。模块化组合化设计技术涉及模块创建和模块组合两个基本过程，目前，多以启发式或聚类分析等方法来进行产品模块的规划和创建，按照实际需求对模块化产品的组合方案进行选择。连续搬运装备的云设计技术，是通过互联网实现资源共享和信息交流，以提高物流装备设计效率的前沿技术，是物流工程现代化、信息化、管理科学化的标志，能够极大地促进数据传递、资源共享和知识重用，缩短连续搬运装备设计和制造周期。大部分连续搬运装备的设计和制造现在还停留在传统阶段，全生命周期管理和参数化设计普及程度不高，不同企业间、不同构架下的云设计更是无法实现。随着经济全球化的深入，连续搬运装备企业间的协同与合作将更加密切。设计过程中往往需要和上下游供应商、用户进行大量高效的沟通，以更好地完成设计任务。但是，连续搬运装备企业间的信息孤岛阻碍了设计信息的高效传递，造成设计资源的极大浪费。所以，云设计技术在连续搬运装备上的设计应用仍需要完善。连续搬运装备的现代设计的核心技术主要包括以下三种：

1. 连续搬运机械全生命周期设计理论与方法

重点研究在连续搬运装备全生命周期设计中客户、主设计部门以及供应商等多成员共同参与的广义协同设计技术，讨论实现广义协同设计的实时信息交互手段、设计过程中基于单元化的自组织配置机制以及设计后处理技术，从而给出一个连续搬运装备集成协同设计系统；然后针对连续搬运装备设计进行专业化的开发，并形成实用的独立设计软件。

2. 连续搬运机械模块化组合化设计理论与方法

研究基于功能—原理—结构的连续搬运装备模块化组合化设计技术，重点对方案设计、产品模块划分与创建、产品族规划设计、产品配置设计、模块适应性/变型设计、模块重构设计等问题进行研究，形成以客户需求为中心的模块化创新开发技术和面向产品性能指标的组合化技术。

3. 连续搬运机械云设计理论与方法

开展云设计技术相关软硬件关键技术的攻关，逐步实现对连续搬运装备设计的全程在线管理；研究连续搬运装备云设计平台的技术标准和行业内的连续搬运装备云设计平台，使各个连续搬运装备设计企业接入该平台；并在此平台下协同设计，研究在线的评估、检测、优化连续搬运装备分析系统，分别吸收各个领域内的专家学者，实现群智化设计；研究行业内或者国家级的连续搬运装备云计算系统，将地理位置隔离的计算资源通过计算机技术进行整合，实现连续搬运装备设计计算中按需动态分配计算资源，提高资源利用率和设计效率；研究高度共享、全面的连续搬运装备云设计数据库，设计人员根据自己的访问权限获取所需设计数据或上传最终设计，最终形成完善的连续搬运装备云设计平台，各个连续搬运装备设计主体、制造企业、上下游配套厂商、用户都包括在此平台内，实现高效的协同设计。

15.2.2 数字化技术

我国连续搬运机械制造业要实现产业转型升级，需要在制造强国战略的指导下，在很长一段时间内仍然要坚持"数字化、智能化"的主线，大力发展数字化加工工艺、数字化生产线、个性化定制柔性制造系统等技术。数字化制造是基础，智能化制造是方向，可以先在局部（产品、单元、生产线）实施数字化。企业要彻底实现数字化，目前最紧迫的是杜绝数据的浪费，要将产品设计、制造、使用、维护过程的数据保存下来，通过数据分析和挖掘，转换成信息和知识，实现数据增值，创造价值。因此，研究基于大数据的智慧云物流是十分必要的。

智慧物流将射频识别技术（RFID）、传感器、GPS、云计算等信息技术广泛应用于物流业的运输、仓储、包装、装卸搬运、流通加工、配送、信息服务等各个环节，实现物流系统的智能化、网络化、自动化、可视化、系统化。智慧云物流是在现代物流管理模式中引入大数据云计算技术的理念，基于标准化的作业流程、大数据的处理能力、精确的环节控制、智能的决策支持、灵活的业务覆盖能力以及深入的信息共享，建立基于大数据的服务平台，完成物流行业的各个环节活动。

智慧物流必将带来数据的爆发式增长，而大数据就像人的血液一样遍布智慧物流的各个环节。对大数据进行分类、重组分析、再利用等一系列的处理后，其结果将为智慧物流的决策者提供参考。

15.2.3 智能化技术

1. 基于人工智能方法的调度技术

开展仓储与搬运装备多 AGV（自动导引车）等系统智能调度技术的研究。重点利用人工智能方法对调度系统的结构问题、调度问题的知识表示及有效的求解策略、调度知识获取问题、调度优化算法进行研究，发掘合理且有效的知识表示方法，从而得到有效的求解策略来完善人工智能方法，解决调度问题中的重要环节和知识获取的问题，完成对调度知识的高效获取，再结合合理的调度优化算法解决实际的调度问题。

2. 动态环境下的自由路径选择

重点研究复杂动态环境下 AGV 的自由路径选择问题。在分析和总结现有 AGV 路径规划方法的基础上，将模糊控制和神经网络等方法相结合，研究基于模糊神经网络控制器动态环境下的路径规划方法，建立动态环境下 AGV 的环境模型、运动学模型和动力学模型，使 AGV 智能化地进行自由路径选择。

3. 基于智能控制方法的精确定位技术

重点对仓储与搬运装备系统中的智能精确定位方法进行深入研究。针对仓储与搬运装备的特点和目前控制方案中存在的不足，融合滑模变结构控制、模糊控制、神经网络等先进控制方法以及遗传算法、微粒群算法等智能计算方法，提出应用于仓储与搬运装备的精确定位控制新方法，保障系统安全、快速、运行平稳，改善系统的动静态性能，实现智能精确定位，提高系统运行效率。

15.2.4 智能维护技术

伴随着连续搬运装备的使用情况、故障情况等相关监控与保障变得越来越复杂，涉及的数据量越来越大，传统的以人为主、只靠人为的记录和流程传递，过程繁杂且不易管理，历史记录以及相关数据也无法持久化保存和查询。在装备维护上，依靠人的经验来确定装备维护标准，设立装备维护计划，进行装备维护的方式，已远远不能满足实际需求。随着近年来人工智能与机器学习技术的不断发展演化，利用装备维护历史记录、使用记录、装备使用说明等，建立智能的装备维护体系，并且考虑不同情况、不同地区等综合因素的不同影响系数，智能生成装备维护建议以及方法，可以大大节省人力，并且实现整个装备维护的规范化管理，提高了装备维护的效率，装备本身的寿命与使用效率也大幅提高。

智能维护技术是指促使设备制造商在产品中加入远程监测、诊断、维护功能，并通过网络提供设备使用、维护技术支持，带动设备制造商从制造型向制造、服务型转变。对设备制造企业来说，智能维护技术利用因特网实现维修技术人员的"虚拟到场"，可大幅度降低技术服务费用；对设备使用企业来说，智能维护技术能利用电子邮件、手机短消息等方式对潜在的设备故障进行预警，缩短了设备维修服务的响应时间，同时能及时得到设备制造企业的网上技术支持，降低了设备非计划停机带来的损失。

数字化智能维护技术是设备状态监测与诊断维护技术、计算机网络技术、信息处理技术、嵌入式计算机技术、数据库技术和人工智能技术的有机结合，其主要包括远程维护网络系统技术（远程维护的系统架构和网络技术研究、网络诊断维护的标准、规范的研究与制定）、网络化的设备状态监测硬件（多通道同步高速信号采集技术与高可靠性监测技术研究、嵌入式网络接入技术研究）、设备远程监测与诊断维护软件平台（基于图形化编程语言的远程监测软件研究、智能分析诊断技术研究、基于Web的网络诊断知识库、数据库和案例库的研究建立、多参数综合诊断技术研究、专家会诊环境研究）。

15.2.5 集装化单元技术

集装单元作为整合供应链、提高机械化作业和物流效率的重要器具，对现代物流的发展具有重要意义。集装单元可以大幅度提高物流作业效率，提高作业流畅性，最终降低物流成本。随着物联网技术的快速发展，集装单元最终可以作为感知终端来搭建物联网系统，集装单元化技术的应用不仅仅能解决建设物联网的成本问题，还可利用RFID技术进行物品管理、信息化建设及单品信息的统计与自动数据识别，能给物流企业的发展带来很大的方便。在连续搬运机械中应用集装单元技术，是散料输送向绿色化、智能化、个性化方向发展的一个分支，是应对新时期市场个性化发展的有效手段，也是对现代物流运输方式的有效拓展，具有广阔的市场前景。

15.2.6 现代物流管控技术

采用先进的物联网技术为技术依托，将物流活动的所有环节集中控制、集中管理、集中分类、集中输送，以一台或多台计算机作为智能物流体系的"大脑"和"神经中枢"，对整体的物流活动进行全面监测与控制。多台机电一体化连续搬运机械组成的流水线和仓库可以构成智能工厂的"骨架"，配以具备可伸缩、可弯曲、可移动、可变倾角、可调速、可多点装卸等多功能或功能之一的多台个性化定制连续搬运机械装备，作为智能物流工厂内部分拣、输送等过程中的"转运者"，就形成了可适应不同需求的、基于现代物流管控技术的新型智能工厂。

15.3 连续搬运机械产业新技术应用分析

15.3.1 产业代表性装备

1. 散料高效存储和装卸系统

作为能源物质和生产原料，散料被广泛使用在工农业生产中。在这些散料的存储、装卸和输送过程中，需要配备储存设备——散料仓。散料仓具有保护环境、占地面积小、仓储容量大、物料浪费少、便于机械化作业等诸多优点，在现代农业、矿业、建材、化工、电力、物流、港口等诸多领域中得到了越来越广泛的应用。

散料仓有多种分类标准。按横截面形状不同，可以分为圆形、方形、多边形和矩形散料仓，其中圆形筒仓具有受力均匀、材料能充分合理利用等优点，在应用中最为常见；按材料不同，可以分为木筒仓、砖筒仓、钢筋混凝土仓和钢筒仓，其中钢筋混凝土筒仓和钢筒仓被广泛应用；按主要承重构件不同，可以分为柱承式和壁承式；按出料位置不同，可以分为底卸仓和侧卸仓；按高度及作用于仓壁的侧压力计算方法不同，可以分为深仓和浅仓，$H/D \geq 1.5$ 时（H 为散料仓高度，D 为圆仓内径或矩形仓短边长或正多边形仓的内接圆直径）称为深仓，$H/D<1.5$ 时称为浅仓；按仓底形状不同，可以分为矩形平底仓、锥形筒仓和圆形平底筒仓；按安装位置不同，可以分为独立仓、单列仓和群仓；按卸料方式不同，可以分为机械方式、机械/流化方式、流化方式、振动方式。

大型筒仓是一类用途范围广、适应性强的散料储存设备，通常分为锥形筒仓和平底筒仓两种类型。

2. 智能化离散制造工厂

离散制造的产品，其多个零件经过一系列并不连续（即离散）的工序进行加工后装配而成。离散制造的产品相对较为复杂，包含多个零部件，一般具有相对固定的产品结构和零部件配套关系。加工和销售此类产品的企业称为离散制造型企业。离散制造中产品的生产过程通常被分解成很多不同的加工任务来完成。为确保产品的加工质量，提高生产效率，生产设备很大程度上实现了智能化。山西顾德宝丰重工机械有限公司的托辊自动化生产线（见图15-1），实现了从原材料到数控加工、喷涂烘干、数控压装、在线检测、产成品装箱的全过程自动化，是目前业内自动化程度最高的生产线之一。太原向明智能装备股份有限公司的滚筒自动焊接设备（见图15-2）由焊接机器人和工件定位机构组成，机器人焊接工作站主要用于批量托辊架、H架的自动焊接，采用头尾架式单轴变位机+六轴联动座式机器人结构形式进行焊接，稳定和提高了焊接质量，提高了工作效率,改善了工人的劳动强度,降低了对工人操作技术的要求。河南省矿山起重机有限公司的智能化离散制造工厂,从原材料进厂到最后整机出厂均配备相应的现代化生产装备,配备了设施齐全的理化分析器具、原材料预处理机、数控切割机、数控加工设备、功能齐全的热处理设备以及埋弧焊、CO_2气体保护焊、各种专用设备,以及一些起重运输机械等,为生产高质量产品提供了可靠的保证,并且实现了生产加工过程中的自适应控制、工艺参数自动生成、前馈控制、智能化自动编程、智能诊断、智能监控、开放式数控系统、网络化数控装备以及 STEP-NC 等。先进的数字化技术制造装备、数字化技术,不仅极大地增强了产品的可靠性和安全系数,提高了产品的科技含量,并且在降低资源消耗、环境污染方面的能力也显著提高。

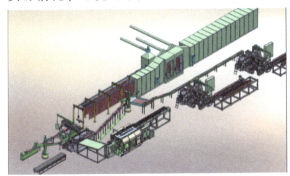

图 15-1　托辊自动化生产线

图 15-2　滚筒自动焊接机器人

3. 环保物流——垃圾气力输送系统

环保物流,是指连接绿色供给主体和绿色需求主体,克服了空间和时间阻碍,有效、快捷地满足用户需求的绿色产品供给和绿色服务的活动过程。环保物流从环境的角度对物流体系进行改进,形成了环境共生型的物流治理系统。这种物流治理系统建立在维护地球环境和可持续发展的基础上,改变了原来经济发展与物流、消费生活与物流的单向作用关系,在抑制传统直线型物流对环境造成危害的同时,采取与环境和谐相处的态度和全新理念,设计和建立起一个闭环的循环物流系统,使达到传统物流末段的废旧物质回流到正常的物流过程中来。

(1) 垃圾气力输送系统　垃圾气力输送系统是一种高效、卫生的垃圾收集方式,即利用环保型风机产生具有一定能量和流量的气流,通过埋设在地下的真空管道网络,将各个垃圾投放口投入的垃圾输送至垃圾收集站,实施气、固分离,再经过压缩、过滤、净化、除臭等一系列处理,最后被"打包"运至垃圾处理厂。

(2) 垃圾气力输送系统工作原理　垃圾气力输送系统的输送管道,类似于排水管道、燃气管道、自来水管道等其他市政管道的铺设。居民通过室内或室外的投放口投放垃圾后,垃圾会暂存在投放口内的垃圾储存节中。储存节的上部安装有物位传感器,当传感器检测到储存节中的垃圾已满或系统达到预先设定的抽吸时间时,控制系统将启动中央收集站内的风机,同时开启管道上的各封闭阀门。风机运行产生的负压气流将投放口中的垃圾输送到中央收集站,在垃圾分离器内经气固分离后,分离出的垃圾通过压实机导入封闭的垃圾集装箱中再进行转运处理,管道内的气体则经过滤、除尘、除臭处理达标后排往大气。

系统的工作原理简图如图 15-3 所示。图中的室内投放口和室外投放口用来供居民投放生活垃圾。投放口内设置有垃圾储存节，储存节的底部设置有排放阀。排放阀在收到控制系统发出的排放命令前，一直处于关闭状态，即居民投放的生活垃圾并不是直接掉入输送管道中，而是在储存节内进行暂时储存。系统在工作运行的过程中，每次只有一个投放口内的排放阀打开，排放阀开启 10s 左右后关闭，再打开另一排放阀。

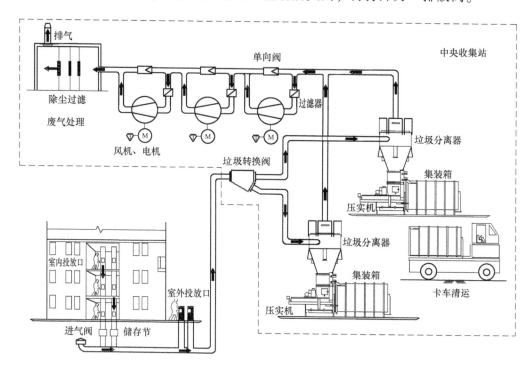

图 15-3　垃圾气力输送系统的工作原理简图

输送管道作为垃圾的气力输送通道，一端连接投放系统，另一端连接中央收集站。

输送管道主要由直管、弯头、三通及管道上的分段阀和检修口组成。输送管道结构组成示意图如图 15-4 所示。

一套垃圾气力管道输送系统设置一个中央收集站，一个中央收集站根据其服务的区域，对应着数百个垃圾投放口。为了使每一个垃圾投放口与中央收集站相连，同时提高管道的使用效率，输送管道分为干管道和支管道。干管道通常只有一条，用于与中央收集站连接，是垃圾的高速输送通道，而支管道则有若干条，覆盖于系统服务区域的地下，通过管道三通与干管道连接。输送管道的材质为合金钢，管径为 508mm 左右，并且越靠近中央收集站由于垃圾与管道的磨损越强，管壁越厚。

输送管道上分布有检修口和分段阀。检修口一般位于输送管道中各种弯头的前后和长距离直管道中，用于垃圾在管道中堵塞时的检修和疏通。分段阀位于各支管路与干管道的连接处，它将一个大型的垃圾输送管网划分成若干独立的输送支路。系统在工作运行时，通过控制管道中各分段阀的启闭，保证输送管网中每次只有一条管路导通进行垃圾的抽吸工作，这样能提高系统在工作运行时输送管道的密封性，保证管道中输送垃圾的风速要求。

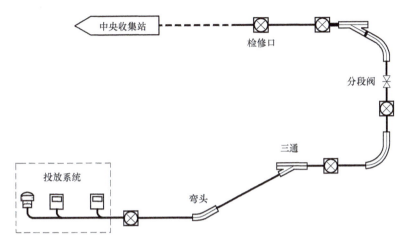

图 15-4　输送管道结构组成示意图

（3）垃圾气力输送系统的独特优势　垃圾气力管道输送系统是国外一些发达国家近年来广泛使用的一种新型的城市生活垃圾收运方式，这种收运方式与传统的城市生活垃圾收运方式相比，具有以下独特的优势：

1) 封闭式输送，无二次污染。生活垃圾自投放口进入系统后，就完全处于密闭的状态中，垃圾的整个输运过程在地下封闭的输送管道内进行，不再和居民发生任何接触，从根本上杜绝了垃圾收集程中的二次污染。

2) 自动化控制，降低劳动强度。系统通过全自动控制程序将分散在各处的生活垃圾统一输运到中央收集站，再进行气固分离和压实装箱，整个垃圾收运过程完全实现自动化控制，可连续24h工作，显著降低了垃圾收集的劳动强度，优化了环卫工人的工作环境。

3) 支持垃圾源头分类。系统支持从源头上对垃圾进行分类收集，可设立不同的垃圾投放口分类收集各种垃圾，从而提高垃圾的循环利用价值。

4) 提高垃圾输送效率。系统在工作运行时，垃圾在管道中的输运速度为18m/s左右，垃圾在1min内就可以从最远端输送到中央收集站，输运速度远高于传统的垃圾收集方式，有效提高了垃圾输运的效率。

（4）垃圾气力输送系统的应用现状与前景　垃圾气力管道输送系统在国外应用十分广泛且技术相对成熟，已逐步应用于世界各地的商业综合开发区、住宅区、机场、世博园、奥运村、医院、商业厨房等。目前全球共有上千套气力管道垃圾输送系统在投入使用，范围遍布欧洲、美国、日本、新加坡等国家和中国香港地区。在亚洲的应用主要集中在日本、新加坡和中国香港地区，已安装了近70套系统，日本主要采用三菱的系统，将焚烧厂周边地区的垃圾直接输送到焚烧厂，例如东京湾和横滨；新加坡和中国香港地区都采用瑞典 Envac 系统，新加坡应用了7套，中国香港地区应用了9套。已建成的气力管道输送系统的主要工程有亚特兰大国际机场、芬兰赫尔辛基 Kamppi 综合区、瑞典哥德堡、荷兰 Almere 新城中心、挪威 Gardenrmoen 机场、葡萄牙里士本世博园、西班牙巴塞罗纳奥运村、德国慕尼黑奥运村、佛罗里达州迪士尼乐园、中国台北金融中心、马来西亚吉隆坡国际机场、新加坡、韩国首尔等多处。目前在中国已开始建设垃圾气力管道输送系统，如上海浦东国际机场和广州市白云新国际机场厨房也都采用该系统，北京国际中心、上海泰晤士小镇住宅区、广州金沙洲居住区和花园酒店的垃圾气力管道输送系统也正在建设中。其中北京国际中心是中国第一个应用垃圾气力管道输送系统的区域，广州金沙洲垃圾气力管道输送系统目前是国内覆盖面最大的项目。

面对垃圾气力管道输送系统在国外的应用现状与优势，在国内开发研究势在必行，该系统的应用将给国内垃圾收集领域带来突破和飞越。同时由于该系统一次性投资大，根据我国国情不适宜大范围使用，但它在开发区、奥运村、高层住宅小区、别墅群、飞机场、大型游乐场等地区还是有较明显的应用优势。

15.3.2 产业新型装备

1. 基于气固两相流的螺旋输送机

我国对高速垂直螺旋输送机机理的研究很少，而对一直沿用的传统螺旋输送机理也只阐明螺旋叶片对散料颗粒的某些力（重力、离心力等形成的摩擦力）的作用，并没有提到高速旋转螺旋作用下的散料颗粒在封闭圆环柱空间内可形成气固两相流的问题，以及其流场性质对散料颗粒输送的促进作用。因此，提出高效螺旋输送机理即气固两相螺旋流输送机理并将其应用到具体实践中，将大大提升我国螺旋输送机乃至螺旋卸船机向世界先进水平迈进的速度。图 15-5 为螺旋卸船机示意图。

图 15-5 螺旋卸船机

气固两相螺旋流输送机理是指，通过对同时处于气固两相螺旋流场、离心力场和重力场三种场的颗粒进行分析，得出当螺旋流场的影响大于离心力场时，流场为气固两相螺旋流状态,有利于颗粒的输送;当离心力场的影响大于螺旋流场时,流场为湍流状态,不利于颗粒的输送。图15-6为气固两相螺旋流描述。

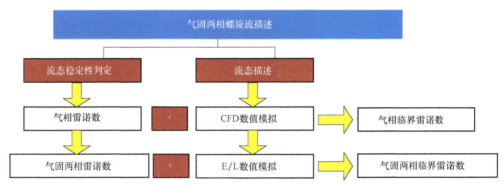

图15-6 气固两相螺旋流描述

把该气固两相螺旋输送机理在垂直螺旋输送机中进行实现、分析和验证,推导出螺旋流向湍流转变的临界螺旋转速公式。通过 E/L 方法和 DEM+CFD 耦合分析了垂直螺旋输送机中气固两相螺旋流的流动特性,获得了流场内的圆周速度分布、轴向速度分布和压力分布,利用多变量拟合方法对数值数据进行分析,推导了颗粒的平均轴向速度公式和平均圆周速度公式,并推导出了输送量函数和功率函数。对螺旋输送机中的喂料头进行分析,推荐了在不同摩擦系数下使用的喂料曲面的曲线方程,并推导出了喂料头的输送量公式,得到喂料头的转速公式。综合以上分析,如图15-7所示,得出一种高效的基于气固两相螺旋流的垂直螺旋输送机的设计方法,结果证明该设计方法能降低能耗、减少耗材。

2. 高效螺旋封闭式平底筒仓

以螺旋输送机为核心的机械强制排料方式已被广泛应用在自由流动和非自由流动大面积散料的储存中,如土豆淀粉、煤、粉煤灰、石膏等物料。这种卸料方式对一些特殊物料的排料问题特别有效,如难流动固态散料(石膏等)、难处理物料(如粉煤灰、生物质等)。

大型封闭平底筒仓的发展,满足了煤炭、电力、化工和粮食储存等领域的实际需求。社会对能源需要日益增长,对环境保护要求也日益提高,因此必须关注和考虑储存煤炭等产品的高效安全和环保问

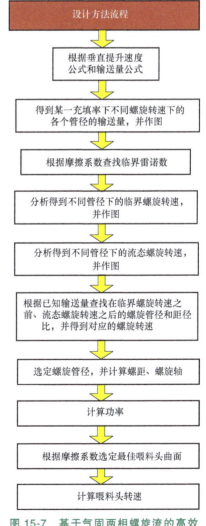

图15-7 基于气固两相螺旋流的高效垂直螺旋输送设计方法

题，大型平底筒仓基于其显著的优点可很好地解决这些问题。

3. 低转速大扭矩驱动装置

目前，连续搬运机械主要采用传统的"异步电动机+减速器"的驱动方式，即"异步电动机+液力耦合器+减速器+滚筒"或"变频器+异步电动机+减速器+滚筒"。

异步电动机在各种机械装备中的应用是最广泛的，大约占各类电动机总量的70%。其原因是它具有结构简单、容易制造、价格低廉、运行可靠、适用性强及较好的工作特性等诸多优点。但是将"异步电动机+减速器"这种驱动方式应用于连续输送机械时，会存在很多的技术问题：1）存在"大马拉小车"的现象；2）多级设备串联，传动效率低。

连续搬运机械对于驱动系统的要求为：1）可以平稳起动，并能实现满载起动；2）当满载起动时，起动电流应很小，起动转矩大，并具有较强的过载能力；3）效率高，能耗低；4）具有一定的容错性；5）体积小，占地面积小。很明显，考虑到连续搬运机械对于驱动系统的要求，上述提到的驱动方式存在很多的技术问题，低速大转矩直驱电动机是简化连续搬运机械传动系统的有效方法。直驱系统在设计上消除了机械传动环节的各种部件，从而将驱动电动机直接和负载耦合，大大减小了系统的体积及重量；能改善系统的响应性和控制精度；减少了系统的维护工作，提高了系统的可靠性。永磁电动机是由永磁体产生磁场，定子电流不用提供无功励磁电流，功率因数、效率及起动性能方面明显优于异步电动机，使其成为低速大转矩直驱电动机的理想选择。

国外ABB公司结合永磁同步电动机的优点自主研发了中小功率的无齿轮带式输送机，该系统可减少30%的能量损耗，故障率也降低了50%。国内的阳泉煤业（集团）华鑫电气有限公司自主研发了用于带式输送机的三相无齿轮永磁直驱系统，主要由永磁直驱电动机、永磁同步变频器组成，与常用的带式输送机驱动系统相比，具有高效、节能、低噪声、免维护、起动转矩大及运行平稳等优点。

4. 高精度测量系统

（1）高精度带式输送机运量、带速雷达测量系统　高速大运量长距离圆管带式输送机大多时间都不在其设计输送量的峰值上运行。根据节能减排等绿色设计、绿色运行的社会发展要求，输送机应适应载荷变化，在最经济的工况下运行。因此，结合"系统流量管理"（System Flow Management，SFM）的理念，变频驱动是最适合这种柔性系统的。流量管理就是实时判断物料在输送带上各段的堆积情况，并对物料与输送带的接触状态以及输送带与支承托辊的接触状态进行研究，分析物料堆积量与实际要求的差异，以及这些差异对输送带运行阻力的影响。

（2）高精度纠正跑偏系统　圆管带式输送机检测装置在发生扭转、胀管时能够及时报警停车。其工作原理是通过视频监测输送带实时状态，当管状输送带发生扭管、胀管时，系统通过采集到的图像与原始正常状态图像进行对比，及时触发扭转调节装置，具体采用了两种智能方式：其一采用接触与非接触相结合的方法，在实际运行过程中，进行反向施加抗扭转力的方法，使得发生扭转的输送带及时恢复到正常运行趋势；其二采用扭转限位和视频识别结合方法，设置有绿、黄、红三种颜色报警指示灯，形成分级监测，当报警指示灯为绿色或黄色时，检测装置能够及时自我控制、自我调节扭管位置状态，当加料口托辊架上传感器检测到严重高于预先设置的载荷，则报警指示灯显示为红色，系统自动提高带速或者减少供料进行调节，并上传胀管报告，实现及时报警、及时调整、及时自动反向调节功能。检测装置还可通过筛分传感器检测物料粒度、物料填充度及物料分布状态，校核随即发生的预警，形成闭环控制，采用这种监测复合、冗余性强的集成型检测装置，精度明显提高。

（3）高保真分布式声传感系统　分布式光纤传感（DFOS）是一项颠覆性技术，旨在改变基础设施的管理方式。DFOS可以将光纤变成成千上万个传感器，并通过一个解调器即可监视数10km的资产，这使其成为一种非常经济高效且非侵入式的解决方案，并且被越来越多的行业采用。在DFOS中，分布式声传感（DAS）可检测沿着光纤的振动，是一种具有广泛潜在应用的领域，包括工业（安全性、完整性、运行监控）和科学（地震、机械等）领域的技术。

其可用于带式输送机状态监测，如球轴承中破裂的滚珠和套圈、惰轮轴承的磨损、潜在的轴承咬死等。

15.4　连续搬运机械产业技术发展趋势

国际上连续搬运机械的发展趋势主要有：长距离、连续化、大型化、系统化和成套化；机械化、自动化、数字化、信息化和智能化；资源节约、洁净化和环境友好等方面。我国连续搬运机械的发展目标还有：多尺度产品及关键零部件技术；在能源消耗、材料利用率、人均劳动生产率、产品性能、生产自动化和环保节能排放等方面达到发达国家水平等。

随着经济发展，我国的连续搬运机械也取得了快速的发展，特别是改革开放以来，能源、电力、石化、社会的基础建设对连续搬运机械的快速需求促进了其快速增长。当今，对节能环保的连续搬运机械及其智能化、高效化、多样化与专业化、标准化与模块化、绿色化与节能化等技术的需求尤为迫切。

15.4.1　智能化

连续搬运输送过程中包含着大量的数据、信息、经验和知识，它们可能是定性和定量的、精确和模糊的、确定和随机的、连续和离散的、时域和空间域的、显性和隐含的、具体和抽象的。如何充分利用这些数据、信息、经验和知识，不断提高输送活动的智能水平，是连续搬运输送技术追求的目标之一。

智能输送是研究连续搬运机械工作过程中的信息感知与分析、知识表达与学习、智能决策与执行的综合交叉技术，主要包含感知与测控网络、机器学习与输送知识发现、面向输送过程的综合推理、图像化建模与仿真、智能全息人-机交互等体系，涉及连续搬运输送机械、物料的运行状态和环境的感知、识别和在线监测技术，机械故障自诊断、自愈合和智能维护技术，输送物料的智能精确定位、跟踪与反溯技术和面向供应链过程的智能物料跟踪技术等。

传感与控制技术的发展与普及，为大量获取和有效应用输送过程中的数据和信息提供了方便快捷的技术手段。新型光机电传感技术、MEMS技术、可编程阵列和嵌入式控制系统技术、智能仪表/调节器技术、集散控制技术等，显著提高了对输送过程数据与信息的获取、处理及应用能力，强化了信息在离散/连续分析技术中的核心作用。人工智能技术是推动智能输送技术形成与发展的重要因素。人工智能技术中的知识表现、机器学习、自动推理、智能计算等与输送技术相结合，为输送过程中数据和信息的分析和处理提供了新的有效方法。数学作为科学的共性基础，直接推动了连续搬运输送活动从经验到技术、再向科学的发展。近几十年来，数理逻辑与数学机械化理论、离散数学、随机过程与统计分析、运筹学与决策分析、计算几何、微分几何、非线性系统动力学等数学分支学科正成为推动智能输送技术发展的动力，并为过程监测与控制、故障诊断与质量管理、输送过程中的几何表示与推理等问题的研究提供了基础理论与有效方法。

所以，智能输送可以提高连续搬运的输送效率，降低污染排放水平，提高输送装备的性能，增强企业的市场适应能力，提高生产质量、效率和安全性，是市场的必然选择。

15.4.2　高效化

近年来，高效连续搬运相关技术研究一直在进行着，但是不管是在理论基础方面，还是在实际应用方面，许多问题远未得到很好的解决。通过研究连续搬运方面的机理，开发连续搬运过程中的数值仿真技术，实现物料特性和搬运装备的高效匹配等关键技术，在理论、技术、方法等方面开拓创新，满足连续搬运的高效化发展的需求。

目前连续搬运机械输送机理研究尚有很多不足，物料在连续搬运机械中输送时的流动状态、不同物料或不同特性的同一物料的区别等问题，另外，由于散体力学基于多种假设和受许多因素影响的实验分析的结果，都制约了连续搬运机械的高效性、稳定性和可靠性。而且，由于物料受力分析的复杂性，在进行理论分析时必须做一些假设将问题简化，而假设的合理与否直接关系到结果的正确性。因此，不同的分析方法会有不同的结果。结合散体力学、结构力学、流体力学、空气动力学等多学科交叉的理论，采用新的思路和方法研究和分析物料输送方面的机理，从根本上求得快速、准确、更具实践指导意义的方法和结果，可为连续搬运输送机械的设计和制造提供有益的参考。

物料的特性很大程度地影响着连续搬运机械结构的设计及其参数的确定。在物料特性与连续搬运机械没有匹配或匹配较差的情况下，连续搬运机械不可能达到高效、稳定和可靠。因此，应根据物料的具体特性进行设计选型和技术配置以实现连续搬运机械与所搬运物料的高效匹配，可确保连续稳定的物料流，实现正确的计量喂料。另外，物料在不同环境下会具有不同的特性，这对于那些在一定环境下难以输送的、具有特殊性质的物料，可通过改变其所处的环境，改善和提高物料的输送性能。例如，对于含水量高或具有一定黏性的物料，可通过改变环境温度，使其变为无黏性或黏性很小的物料，减少与机械及其部件等的黏结而利于处理，从而提高连续搬运机械及其系统的搬运效率。

因此，应全面系统地研究物料特性，形成并完善其特性参数在不同条件下的数据库、变化库，为高效、稳定、可靠的连续搬运机械的设计、使用提供必要条件。

15.4.3　多样化与专业化

随着物流的多样化，连续搬运机械的品种越来越多且不断更新。物流活动的系统性、一致性、经济性、机动性，要求一些机械向专业化方向发展，一些连续搬运机械向多样化方向发展。

随着新理论、新技术、新工艺、新结构、新材料的不断发展和应用，输送机械也在传统技术的基础上逐渐扩大了应用，斗式输送机、吊挂圆管带式输送机、伸缩与折叠可移动带式输送机、立面环形埋刮板输送机等输送机械随着技术的进步，焕发出新的生机。

例如，斗式输送机采用模块化（见图 15-8）设计，所有模块预置成形，输送路线布置灵活，可沿竖直、水平和倾斜三个方向单独或组合输送，根据现场物料输送的长度与方向自由布置输送线路，组成形式灵活，水平输送距离最长可达 100m，垂直输送距离

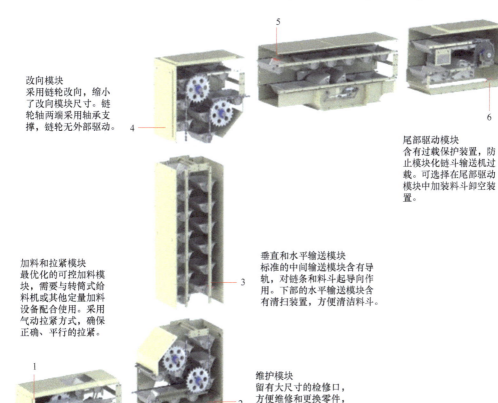

图 15-8　模块化斗式输送机

最高可达60m。输送过程中料斗开口始终朝上，可在水平段实现多点自重加料和多点自重卸料，物料装在料斗内，在输送过程中保持相对静止，几乎没有破损。全封闭式的机壳用于防止散料输送过程中的灰尘溢出。根据用户的需求，可以加装防爆设备、壳体内强制通风或惰性气体、自动料斗清洗系统和自动润滑系统。

15.4.4 标准化与模块化

近年来，连续搬运机械标准化技术委员会组织制修订了一系列标准，内容充分考虑了连续搬运机械的生产、使用、管理、测试等环节的性能，标准水平与国际标准相当。但是随着新一代信息技术和连续搬运机械装备制造业深度融合，标准体系存在系统性和协同性不强、服务产业跨界融合的适应性较差等问题，智能制造、绿色制造等高端装备制造业相关标准缺失，标准国际化水平不高，连续搬运机械装备制造业质量发展的基础相对薄弱，造成连续搬运机械装备在质量稳定性、可靠性、安全性和耐久性等方面差距较大，质量品牌竞争力不强，连续搬运机械装备制造业标准和质量的整体水平亟待提升，迫切需要组织实施连续搬运机械装备制造业标准化和质量提升规划。

因此，需研究连续搬运机械整机、机构、结构、基础件等关键技术标准，研究智能制造、绿色制造等方面标准。智能制造包括物联网、大数据、云计算、3D打印等新兴技术创新性标准。绿色制造标准充分体现综合、系统、集成的特点，推动绿色产品、绿色工厂、绿色企业、绿色园区、绿色供应链从设计规划到评价服务等重点领域标准制修订。研究连续搬运机械能耗计量、绿色指标、综合评价、健康监测等方面标准。加强关键基础零部件标准研究，制定基础制造工艺、工装、装备及检测标准，从全产业链条综合推进数控机床及其应用标准化工作，重点开展起重机械、运输机械、工业车辆等领域的标准体系优化，提高机械加工精度、使用寿命、稳定性和可靠性。

15.4.5 绿色化与节能化

目前，连续搬运机械存在技术含量低、能源利用率低、资源耗量大、环境污染等问题亟待解决，比如螺旋输送机技术落后、传动效率偏低、阻力过大等问题带来的能源损耗。此外，连续搬运机械运行中的噪声、振动、散料的粉尘污染也对环境造成了严重污染。因此，将绿色和节能设计应用于连续搬运机械领域，在设计过程中强调性能和经济性的同时，综合考虑其资源环境属性和节能属性，具有十分重要的意义。

连续搬运机械的绿色节能设计既不失一般性，又具有其特殊性。作为重要的机电产品，传统的绿色设计技术及方法皆适用于连续搬运机械的设计，但从其自身的特点考虑，连续搬运机械绿色节能设计技术拥有独特的研究领域。国外对于连续搬运机械的绿色节能设计方法的研究主要集中于节能技术、转载点粉尘控制、虚拟设计、噪声控制等方面。国内对于连续搬运机械的研究与国外同行的侧重点略有不同，主要包括新型高效抑尘技术、新型直驱电动机技术、速度自适应控制技术、散料集装化技术等。

新型高效抑尘技术打破传统的除尘原理，通过控制散料及其通道的形状和断面大小、散料流速，利用粉尘自身运动的动力，无须外加动力，对输送转运系统进行高效除尘，不占地、投资少、除尘效果好、运行费用低。新型直驱电动机技术取消从电动机到工作负载部件之间的机械传动环节，实现精确的运动变换和负载功率匹配，具有机械、传感、控制和驱动一体化集成的特征。速度自适应控制技术是指针对连续搬运机械中输送的散料特性、散料分布状况等，设计合理的连续搬运机械状态视觉检测装置，提高物料状态识别算法准确性，从而用于连续搬运机械速度节能控制，根据物料瞬时输送状态（物料瞬时流量、分布及均匀性等）准确、均匀地调节连续搬运机械的工作速率，降低系统能耗。散料集装化技术是指针对各种散料，研制出各类散料专用的集装箱及新型的搬运工艺和方法，解决散料输送、配送中个性化需求不断发展的物流难题，减少人力和物力，降低物流成本。

第16章

连续搬运机械企业竞争力分析

16.1 连续搬运机械竞争力不强的原因

16.1.1 国产设备品牌树立和影响力有待提高

我国是物流大国，但还不是物流强国。物流成本高、效率低；条块分割严重，阻碍物流业发展的体制机制障碍仍未打破；基础设施滞后，不能满足现代物流发展要求；发展环境有待优化，市场秩序不够规范。这些都是制约物流业发展的关键问题。这些问题的存在阻碍了国产品牌的树立和在行业内影响力的提升。目前，连续搬运机械产业市场很多产品主要由国外厂商主导，呈现高度垄断的行业竞争格局。国外的连续搬运机械产业，由于起步较早，凭借资金、技术、用户资源、品牌等方面的优势，占据了全球连续搬运机械产业的大部分市场份额。

连续搬运机械产业经过长期的发展，积累了大量宝贵的信息数据，对制造行业的发展具有重要的作用。日本等工业发达国家物流搬运机械产业的兴衰进程是伴随社会经济发展而起伏的。我国的连续搬运机械市场远没有这些发达国家市场成熟，潜力仍很大，但最大的问题是无差别、无层次的恶性竞争。在新兴市场的崛起与全球化进程中，各企业必须找到适应自身发展的空间，调整产业结构，重组体制，制定新战略，重新定位。

国产设备品牌的树立和影响力提高受到以下条件的制约：

1）国产产品品质得不到充分保证。产品品质的提高是以成本的提高为代价的，我国的连续搬运机械产业应走从量到质的结构调整之路，应该给厂家创造提高品质的机会。应加强知识产权保护，创造一种提高技术及开发能力的良性循环，这方面我国企业还有进一步提升的空间，以高技术内涵以及产品的差别化来提高竞争层次。应注重品牌建设与维护，在提升品牌知名度、美誉度和忠诚度的基础上，有效管理品牌资产，全面完善品牌价值，进而提升国产设备品牌的整体影响力，以确保国产产品在残酷的市场竞争中立于不败之地。

2）国产产品创新度不高。与国外知名品牌对比，国产连续搬运机械产业资金实力较薄弱。目前，许多公司正处于快速成长阶段，需要大量资金的支持，但是，公司目前主要的资金来源有限，未来迫切需要拓宽融资渠道，寻求更多的资金支持，保证产品能持续创新。实践行动一般需要理论和意识为先导，只有理论走在前，实践才能有效果。反过来，实践的成效也能有效地保证理论的贯彻实施，从而能更进一步地完善理论，以增加可行性，只有在实践中才能发现理论的不足之处。在鼓励连续搬运机械产业创新发展的过程中，创新意识是非常必要的。只有每一家连续搬运机械厂商都具备了足够的创新意识，才能有实践创新的前提。当前，我国不少厂商安于中低端的既得利益，或者是过分惧于跨国进口连续搬运机械产业厂商的实力，从而不愿从事创新研发，这首先就在气势上输了一截。因此，行业媒体和监管部门一定要努力激发连续搬运机械产业的创新积极性，行业媒体应不断地报道连续搬运机械产业的远大未来，监管部门应出台最为实际的优惠政策，两者结合起来，肯定有利于提高连续搬运机械产业的创新潜力。

3）用户对国产产品认知度低。认知度从侧面反映出了影响力。近年来，国产连续搬运机械产业的设备凭借质量稳定可靠、性价比高等优势，已逐步进入多家国内外先进企业的生产线。随着国产连续搬运机械产业持续的研发创新投入及市场开拓，用户的认知度将逐步提升。但与具有先发优势的国外知名企业相比，国内企业还应在产品和用户之间开拓一种稳定和长久的利益渠道。随着国内企业业务规模的不断扩大，连续搬运机械产业设备的全球市场份额将会加大。

4）国产设备的融合性较低。在进军国际连续搬运机械市场时，国内产品将面对不同国家的各种标准、规范、技术和绿色环保等方面的碰撞。因此，在充分体现中国制造、中国标准、中国创造和中国智慧的同时，国产连续搬运机械产业更应注重在技术、标准等方面与国际社会高度融合。

国产产品在发挥自身品质和功能优势之外，更应注重品牌资产和价值的构建和维护，通过差异化的品牌定位，明确定位各自消费群体，提升品牌知名度，在避免产品性能、价格等方面同质化比拼的同时，以品牌形象和品牌主张来引导市场，进而吸引用户、扩大市场占有率。在产品的维护与完善中，要不断完善产品品质，践行高度的社会责任感，是企业赢得长期品牌声誉的根本保证，它不但能够提高品牌的知名度，而且能赢得社会赞誉，培育企业的潜在市场。

近年来，在供给侧改革不断深化的背景下，国民经济各行业对连续搬运机械的市场需求正在不断升级，传统连续搬运机械要不断向综合的智慧连续搬运机械转型，成为社会发展的中坚力量。

16.1.2　企业研发投入不足

随着科技体制改革的不断深化和市场经济的深入发展，尤其是实施创新型国家建设战略以来，自主创新的理念和发展模式得到社会广泛认同，越来越多的连续搬运机械企业开始从事研发活动。但是，大多数企业的研发强度在较低水平上徘徊不前。虽然我国企业研发经费规模已居世界前列，但与发达国家相比还有很大差距，且增长乏力。我国企业与创新型国家企业研发投入的重要区别在于，支出中基础研究和应用研究（合称科学研究）的比重严重偏低，研发活动几乎全部为试验研究，科学研究和原始创新活动弱化。基础研究和应用研究是对事物原理和客观规律的研究，是原始创新的基础、自主创新的源泉。科学研究比重偏低意味着企业把主要精力用于模仿创新、集成创新、引进消化吸收再创新，意味着企业原始创新不足。这是制约我国企业创新能力提高的重要因素。

16.1.3　企业服务水平与效率低

在现代化的工业企业中，连续搬运机械是生产过程中流水作业生产线不可缺少的组成部分。连续搬运机械生产企业大多采用传统的服务意识，即仅仅满足用户的基本使用要求和售后维护。通常情况下，在出售或租赁设备后，只有在产品出现问题时，生产厂家才会安排专业人士到用户处进行产品修理或维护，在这期间用户只能停工待修，极大地影响了生产效率。

对产品进行全生命周期分析，可将产品的全生命周期分为以下4个阶段：设计阶段、生产阶段、使用阶段和报废阶段。随着理论研究和实践探索的深入，产品全生命周期成本管理在电力、工程等行业取得了显著的效果，所以，用户在关注购买设备价格高低的同时，更关注设备后续使用过程中的状况，如电力消耗、维护保养费用、可靠性等，社会公众更关注设备对环境和公共安全的影响。

基于企业角度，产品生命周期是指一个产品经过市场调研、开发立项、方案评估、概念设计、详细设计、生产准备、加工制造、质量检验、验收入库、运输，直至产品销售给用户的过程，即产品从创意产生、概念形成，到交付用户的全部过程。企业是以生产经营者的利益为出发点，没有或者较少考虑用户的使用成本、维护成本和社会责任，没有从最大限度地节约社会资源出发统筹策划成本管理，是不全面的，缺乏前瞻性。

用户购买产品是为了满足某种需要，在用户视角下，从产品购入、投入使用直至报废，都要花费一定的成本。这种成本的高低，决定了用户需求的满足程度，决定了用户是否购买该产品，是用户选择产品的重要因素。

企业以产品为载体服务于整个社会公众，为社会提供合格产品，促进人类文明进步，创造就业机会，保护环境等，是社会责任。社会责任成本不是一种单一成本，它是贯穿于产品制造、生产、使用、处理和回收等过程中的成本，包括社会公益、环境卫生、污染处理等所发生的成本支出，以及保护生存环境所发生的成本，如噪声、安全等。

作为连续搬运机械，其全生命周期中的使用阶段和报废阶段最主要的就是设备的操作和维护，除了设计阶段决定的产品性能参数外，用户的使用习惯、使用环境、使用方法、使用频率等也影响很大，如工厂环境、使用频率、搬运物料特性等情况。所以，要对用户进行操作技能培训，指导他们正确科学使用，才是降低使用成本的有效措施。但是，设备使用和管理人员并不一定经过严格的培训，甚至可能会违规操作，因此，大大降低了设备的使用寿命。与汽车、电子类产品不同，企业往往会忽略对用户进行回访和长期跟踪，使用过程中发生的细微问题并不能被企业及时知悉，长此以往，也会降低设备的使用寿命。

连续搬运机械市场很大但竞争激烈，企业应该从价格竞争转移到技术性能升级、产品质量改进、售后服务提升、可靠性加强等方面，不断推动产品更新换代、技术升级，带动和实现整个社会的资源最大限度节约。

16.1.4　产业协同有待强化

随着现代科技及制造技术的发展和进步，为了寻求经济、合理的输送手段并对其系统进行最优配置和管理，连续搬运机械的功能，已由以往纯粹的搬运、装卸作业，逐步发展成包括物料的选择、识别、分类、包装、存储及信息传输等在内的、具有复合机能的连续搬运系统。传统的连续搬运机械只承担物料搬运的某一环节，信息不能共享，无法协同配合，难以形成完整的产业链。

21世纪，随着我国经济发展中增长方式的转变，"互联网+"的发展速度和规模增长显著。互联网的发展，要求深度融合大数据与云计算等现代信息技术，在技术创新、设备研发等方面，需要企业间进行资源共享和技术合作，并与其他行业实现跨界的协同创新。传统的连续搬运机械已经不能满足大规模、快节拍、柔性化生产制造的要求。高效、安全、兼容的搬运方式才是当下社会最需要的。仅进行设计和制造，面临的挑战会很大，必须向多产业协同转型和转化。

新时代连续搬运技术和设备应当具有高效性、精准性和智能化等特点，也需要多产业协同发展，才能顺应制造强国战略的核心思想和"一带一路"倡议的重大协同。

连续搬运技术与装备追求的是高效能、高效率和高效益。随着国民经济快速发展，各行各业对连续搬运技术与装备提出大量高端和极端的需求，需要在以系统技术为核心，以信息技术、运输、配送、装卸搬运、自动化仓储、库存控制和包装技术等为支撑的现代化物流装备技术格局下，由技术跟随向自主创新再向技术超越战略转变，应具备高度的机械化、自动化、信息化、集成化、标准化和智能化，以满足节能环保前提下的高效运行。

连续搬运装备及系统的运行过程，必须具备高度的时空性精准、控制性精准和管理性精准。现代生产领域和流通领域所要求的连续搬运系统，是集光、机、电、液和信息等技术为一体的多学科的高技术系统工程。通过应用系统集成的方法，借助于现代连续搬运系统和信息处理系统等技术和设备，使各种物料最合理、经济、有效地流动，并使物流、信息流、商流在计算机的集成控制管理下，实现物流的信息化、自动化、网络化、快捷化、柔性化、集成化和智能化。

智能化连续搬运技术及装备的应用，极大地提高了物流功能系统运转的高效性、方便性、快捷性、精准性和安全性。同时还在设计制造、回收和搬运等方面兼具了绿色环保的特点。

16.2　连续搬运企业市场竞争概况

国内竞争企业依据自身综合实力和传统势力范围，大约可分为三个层次。第一层的企业整体综合实力强，产值均在10亿元以上，业务范围广，连续搬运机械装备仅是宽泛的产品线中的某一环节，销售额占总产值的比例不大。第二层的企业整体综合实力中等，产值从数千万到几亿元之间，业务范围相对集中，连续搬运机械装备销售额占总产值的比例较第一层的企业高。这些企业进入连续搬运机械领域都有较长时间，在各个应用行业享有一定的知名度。第三层是这几年刚发展起来的一些私企，规模偏小，正在逐步发展中。连续搬运机械已经成为一些骨干企业赖以生存的重要拳头产品，企业贯彻实施自主创新的新战略和国际化发展战略，加速推进产品结构调整和市场结构调整，重点开发了一批大型化、特殊化、智能化、节能化、环保化的连续搬运高端设备，产品技术水平和质量逐步达到了国际一流。

16.3　连续搬运企业市场占有率

全国规模以上连续搬运机械制造企业共有 328 家，占物料搬运机械企业的 12.8%，占重型机械行业的 6.8%。

近年来，连续搬运机械相关理论研究及实践取得了很大进展，主要部件的技术性能也明显提高，为物料连续输送设备向长距离、大型化方向发展奠定了基础，能依山势布置，穿越村庄、河流、公路、铁路等障碍物，实现长距离曲线无转载输送，并能根据需要采用可控启动、停车等自动化控制。尤其是在物料搬运中转站或码头，可实现无转载运输。随着国家节能减排、环境保护等政策要求的不断深入，连续搬运机械在长距离运输领域将形成较强的市场需求。

冶金、煤炭等领域是连续搬运机械传统的下游行业，受国家经济转型和产业结构调整导致的暂时性产能过剩的影响，部分企业放缓或停止了固定资产投资和设备技术改造升级项目，对连续搬运机械设备的需求产生了一定的消极影响。随着落后产能逐步被淘汰，国家产业机构调整逐步完成，冶金、煤炭领域对新设备投资和环保改造市场，将恢复对连续搬运机械持续的需求。

16.4　我国市场竞争格局变化趋势

连续搬运机械行业的增速高于 GDP 增速，更兼有国民经济发展过程中投资和建设的不平衡性和周期性，造成业内竞争的激烈程度也会波动。例如，在 2002—2003 年度电力、钢铁等行业的投资高潮中，许多大企业订单都接不过来，业内竞争的激烈程度就相对较低；宏观调控实施后，特别是市场总需求小于整个行业的产能时，业内竞争的激烈程度就会提升，现阶段业内竞争的激烈程度就呈加剧之势。

连续搬运设备行业属于重型装备制造业，厂房、设备等固定投入较大，造成进入或退出壁垒都比较高，因此企业都将尽量扩大产量和销售以分摊固定成本。从这个角度说，竞争的激烈程度中等偏强。

16.5　行业主要参与企业的销售情况

上海振华 2018—2019 年连续搬运机械产品总计供货 21 台，其中连续式卸船机 4 台、装船机 3 台、堆取料机 14 台，总销售额约 6.6 亿元，占上海振华散货业务板块总销售额约 22%。

华电重工 2018 年物料输送系统工程业务实现营业收入 13.53 亿元，同比增长 45.35%。2019 年物料输送系统工程业务实现营业收入 26.12 亿元，同比增长 93.05%。

大连华锐重工 2018 年实现营业收入 46 亿元，2019 年实现营业收入 73 亿元。

太原向明智装 2018 年连续搬运机械产品（带式输送机）总销售额 1.8 亿元，2019 年总销售额 3.6 亿元。

安徽马钢输送 2018 年总销售额 1.2 亿元，2019 年总销售额 1.5 亿元。

焦作科瑞森 2018 年总销售额 17.8 亿元，2019 年总销售额 11.6 亿元。

第17章

连续搬运机械产业盈利能力分析

17.1　行业主要经济效益分析

表 17-1 是连续搬运机械行业的主要经济效益指标。可以看出，2019 年连续搬运机械行业规模以上企业数、营业收入、利润总额、流动资产总额、应收票据及应收账款、存货、营业成本、销售费用、管理费用和财务费用，与 2018 年相比均有增长。

表 17-1　连续搬运机械行业的主要经济效益指标

指标类别	2019 年	2018 年	同比增长(%)
规模以上企业数/家	328	300	9.33
营业收入/亿元	415.45	385.7	7.71
利润总额/亿元	27.15	21.4	26.87
流动资产总额/亿元	349.96	295.61	18.39
应收票据及应收账款/亿元	136.25	111.64	22.04
存货/亿元	87.71	80.89	4.73
营业成本/亿元	338.54	319.42	5.99
销售费用/亿元	14.77	15.1	-2.19
管理费用/亿元	24.23	26.79	9.56
财务费用/亿元	3.81	3.16	20.57

17.2　行业综合经济效益分析

表 17-2 是连续搬运机械行业的综合经济效益指标。可以看出，2019 年连续搬运机械行业资产负债率和成本费用利润率均比上年有所增长，但流动资产周转率有所下降。

表 17-2　连续搬运机械行业的综合经济效益指标

指标类别	2019 年	2018 年
资产负债率(%)	52.8	52.57

(续)

指标类别	2019 年	2018 年
流动资产周转率	1.32	1.35
成本费用利润率(%)	7.12	6.35

17.3　行业主要产品进出口额分析

图 17-1 为 2015—2019 年连续搬运机械进出口总额对比图。可以看出，2019 年连续搬运机械行业的进出口总额 30.01 亿美元，同比增长 3.38%，其中出口金额 18.40 亿美元，同比增长 9.59%；进口金额 11.61 亿美元，同比下降 5.13%；进出口顺差 6.79 亿美元，同比增长 49.31%。出口分类中，输送机械 16.78 亿美元，同比增长 8.59%；装卸设备 1.62 亿美元，同比增长 21.22%。进口分类中，输送机械 10.62 亿美元，同比下降 6.12%；装卸设备 0.99 亿美元，同比增长 6.99%。

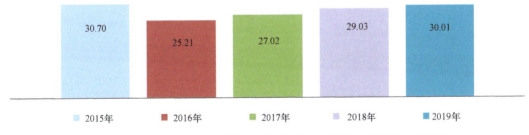

图 17-1　2015—2019 年连续搬运机械进出口总额（亿美元）对比图

17.4　行业盈利能力变化分析

图 17-2 为连续搬运机械与物料搬运机械 2015—2019 年营业收入增速走势图。可以看出，2018 年连续搬运机械的营业收入增速在 15% 左右，2019 年连续搬运机械的营业收入增速在 10% 左右。

图 17-2　连续搬运机械与物料搬运机械 2015—2019 年营业收入增速走势图

近两年，连续搬运机械上下游产业链波动的影响开始显现，但由于本行业运行周期性的特点，全年走势基本平稳，多数产品的产量和合同量仍保持了一定增长，如为钢铁、煤炭等行业服务的连续搬运机械产量增长了5%左右；与环境保护和污染治理相关的产品（如连续搬运机械中涉及环境友好的圆管带式输送机、气力输送机械等）延续了销量上升的走势。

从资产状况来看，连续搬运机械行业的资产总体质量很好，完全能够维持企业的正常周转，这样的资产结构，不仅可以满足企业内部生产经营产品的发展战略要求，而且可满足对外谋求发展的资本结构。因此，连续搬运机械行业的盈利能力将继续保持稳步上升。

第18章 连续搬运机械产业发展前景展望

18.1 连续搬运机械产业宏观市场

受国际金融危机的深层次影响,国际市场持续低迷,国内需求增速趋缓,我国部分产业供过于求的矛盾日益凸显,传统制造业产能普遍过剩,特别是钢铁、水泥、煤炭、电解铝等高消耗、高排放行业尤为突出。当前,我国出现产能严重过剩主要受发展阶段、发展理念和体制机制等多种因素的影响。产能严重过剩越来越成为我国经济运行中的突出矛盾和诸多问题的根源。

随着国家产业结构的调整,水泥、钢材、煤炭去产能速度的加快,行业结构进一步优化、提升。随着社会环保节能意识的不断提高,智能环保型物料输送设备越来越受到重视。随着国内人力成本的增加和自动化水平的提升,越来越多的国际建材大户将制造基地建设在"一带一路"沿线国家,未来国外对输送设备的需求将持续增长;上游材料和材料改性技术的发展,使得材料的各项性能不断取得突破并可以满足物料输送下游行业的特殊要求,也使得物料输送设备的应用领域越来越广泛,推动了整个行业的持续发展。但是,受整体投资增速放缓,国内经济环境面临严峻形势,加上受环保大气污染影响,建材特别是水泥行业经常停产、限产,因此整个物料输送行业需求明显减少,对各厂家销售造成较大影响。但我们必须看到,对物料输送设备制造整体而言,随着国际和国内产业结构的调整,未来下游行业将对物料输送系统的整体需求仍将呈现增长的态势。

1. 有利因素

(1) 国家政策的支持 国家政策的支持给智能化、自动化等相关行业带来长期的鼓励和支持,国家先后出台的《当前优先发展的高技术产业重点领域指南》、制造强国战略等产业振兴政策,有助于各行各业优化产业结构、提高制造业自动化水平、推广无人化工厂,为物料搬运设备行业带来巨大的市场需求。

(2) 市场需求日趋旺盛 由于人力成本增加和土地资源缺乏,以及企业自动化生产、信息化管理需要的增加,加大了对更为快捷、高效、准确的智能化连续搬运解决方案的需求。一般民营企业已经逐渐开始应用现代化工业和无人化工厂,对于连续搬运设备产业来说,必将呈现巨大的市场需求。

(3) 工业自动化和节能环保化的趋势将创造巨大的新增市场 随着经济持续发展,

经济结构的调整、制造业等转型升级已经成为国家经济发展的重要方向，不断增长的对环境友好、无污染、自动化生产水平高的智能化工厂或无人化工厂的需求，将为连续搬运设备行业带来巨大的新增市场。

(4) 国外竞争品牌行业垄断地位逐渐消失　随着国内行业上下游产业技术水平的不断提高，一些核心部件、技术和相应软件等实现国产化，与国外相比成本大幅降低，不仅打破了国外同行在国内的垄断地位，也为部分国内领先企业提供了更多的市场资源。

2. 不利因素

(1) 资金来源渠道有限，快速发展潜力受限　目前，行业内企业资金来源主要为企业自由经营资金或银行融资等，渠道相对单一，制约了企业同步跟进快速增长的市场需求和持续扩张，无法更好地开展和实施相对较大的项目，发展潜力受到制约。同样，也制约了企业对行业高端技术领域的投入和开发，影响了行业整体技术水平的提高。

(2) 专业人才储备不足　相对工业发达国家，国内产业自动化智能化起步较晚。随着产业链和市场需求的不断增强，对相关专业人才的需求日益增加，而国内在智能化、机器人、人工智能等领域的人才培养严重滞后，行业对该类专业人才的需求远大于供给。

3. 行业风险特征

(1) 政策风险　连续搬运设备制造业是国民经济运行的基础性产业。国家先后出台了一系列鼓励装备制造业的相关政策，这些政策在很大程度上促进了连续搬运设备制造业的发展。但是经济形势如果发生变化，各种扶持政策亦存在发生变化的风险。

(2) 行业风险　连续搬运设备制造业属于装备制造业，连续搬运机械设备主要应用于建材、化工、煤炭、电力、玻璃、冶金、有色金属和造纸等行业。行业的市场供需状况与下游行业的景气程度和固定资产的投资态势密切相关，受国家宏观经济发展形势和国民经济增长幅度调整的影响。宏观经济运行的波动，对连续搬运设备产品的市场需求、售价、成本等方面会造成较大影响。宏观经济的增长放缓，增速回落，就会对本行业发展产生不利影响。

(3) 市场竞争风险　我国经济增长和下游需求前景的巨大发展空间，将吸引更多的参与者进入该市场，从而改变现有企业间竞争的格局，这将对现有企业的盈利能力造成不利影响。同时，如果现有企业不能紧跟行业技术水平的提升和业务模式的演变，不排除其在未来市场竞争中失利的可能。

18.1.1　物流需求多样性

1. 现代物流的柔性化

随着物流消费者需求的多样化和个性化，物流需求呈现出小批量、多品种、高频率的特点，订货周期变短、时间性增强，物流需求不确定性提高。物流服务柔性化就是要以客户需求的为中心，根据客户的需求，及时调整物流作业的时间、规模和内容，同时有效地控制物流成本。

2. 计算机控制软件的研究开发成了物流技术发展的新标志

随着全球经济一体化、顾客需求的个性化和多样化发展，产品更新替换速度在不断加快、产品生命周期也不断缩短、物流运输配送变得越来越复杂，运输和配送成本居高不下。造成物流运输配送成本居高不下的主要原因是出现了一些不合理的运输和方式，如对流运输、迂回运输、非最短路径运输和配送、非满载运输等，这些都会致使运输和配送服务水平难以提高，因此对运输和配送问题进行优化就显得非常有意义。

18.1.2 绿色连续搬运机械及其系统需求迫切

随着日益增大的资源与环境压力，我国政府部门提出了实现可持续发展、建设资源节约型和环境友好型社会的目标，以实现能耗降低、主要污染物排放总量减少。

"绿色连续搬运"是社会可持续发展战略在制造业中的一个体现，"绿色连续搬运"模式对连续搬运机械企业信息化的运作水平提出了相当高的要求。应从我国连续搬运机械行业的生产能力、技术水平、产品质量等级、能耗和原材料、技术人才、质量管理水平和粉尘、机械振动、噪声等情况入手，借鉴国外理论研究与实践的成果，根据我国连续搬运机械行业环保现状、技术水平的基本特征、存在问题和环保设计的基本要求，建立连续搬运机械使用过程中不同的生产环节环保设计的基本标准，作为我国连续搬运机械企业的新建、改建、扩建和技术改造项目的目标，规范连续搬运机械生产、使用的企业行为，大力抓好环境保护与实现"绿色连续搬运"，提升我国连续搬运机械行业的技术水平，满足国民经济快速发展的需要。

18.1.3 物流方式模式发生变化

随着"一带一路"倡议的提出，我国物料搬运行业迎来一个黄金发展期，同时，随着"互联网+"的不断深入，连续搬运机械企业及其用户面临着前所未有的挑战。传统的单一输送模式已经满足不了物料搬运市场的发展需求。多模式输送能够根据实际需求情况，充分利用现有各种基础设施网络和输送方式的优势，整合资源，在满足搬运需求的同时，实现输送总成本最小、输送时间最短。

1. 钢铁、煤炭、水泥等行业散状物料输送

20世纪80年代初期，长距离带式输送机开始应用于国内钢铁、煤炭、水泥等行业的散状物料输送，取得了较好的经济效益和社会效益。大型水电工程的大坝等水工建筑物混凝土工程量巨大，其中约80%为混凝土骨料。2002年以前，从石料料场到坝区的混凝土骨料输送（包括毛料、半成品料或成品骨料），运输距离大于2km，一般采用自卸汽车公路输送方式（早期水电工程也有采取窄轨铁路输送方式）。近年来，随着世界燃油价格不断上涨，自卸汽车输送骨料的经济性在不断降低，料场到坝区距离相对较远的大型水电工程，采用长距离带式输送机输送骨料就成了一种合理的选择。

当地质条件复杂、土建施工困难、输送线沿线穿越高山深谷，形成输送隧洞和跨沟构筑物，地质条件十分复杂，土建施工战线长，且沿线大部分隧洞洞口不通公路，土建施工十分困难。结合输送线沿线地形、地质条件，设计先进、节能方案，采用长距离、窄带宽、高带速、多驱动的带式输送机设计方案，应用国际先进的动态分析技术开展输送线设计工作。充分利用输送线头尾高差产生的重力势能，选用优质低摩阻托辊，使得

输送线的驱动总功率相对较小，在保证带式输送机长期可靠运行的前提下，有效地降低了驱动设备能耗。

自从龙滩水电站在国内水电行业首次成功采用长距离带式输送机输送混凝土骨料以来，已有多个大型水电工程正在或准备采用长距离带式输送机输送混凝土骨料，已经运行的几个工程实例技术上各具特色：向家坝水电站长距离带式输送机输送线总长31.1km，属国内最长；锦屏一级水电站首次在国内水电行业采用水平转弯圆管带式输送机；龙开口水电站首次在国内水电行业采用水平转弯带式输送机；锦屏 n 级水电站的双向输送长距离带式输送机（上带面输送隧洞开挖渣料，下带面反向输送混凝土骨料，长约6km）目前也在施工中。由于长距离带式输送机具有输送能力高、运行连续可靠、节能环保、技术成熟等特点，在输送能力高（大于2,000t/h）、输送总量大（大于500万t）、运距适中（2~30km）的大型水电工程项目上采用，具有明显的经济效益和社会效益，值得大力推广应用。

2. 货物运输

目前我国货物运输涉及铁路、公路、水运、航空和管道五种运输方式，其中，管道主要用于石油和天然气的运输。

（1）管道运输业 管道运输的特点是运量大、能耗少、无污染、不受气候影响、损耗少。管道在中国是既古老又年轻的运输方式。早在公元前3世纪，中国就创造了利用竹子连接成管道输送卤水的运输方式，可以说是世界管道运输的开端。管道主要用于液体、气体、粉末及颗粒状货物的运送，优点是货损、货差小。

管道运输的缺点：灵活性差，也不容易随便扩展管线；管道运输常常与铁路、公路或水路配合才能完成输送；运输量不足时，成本会增加。

管道运输是我国目前石油和天然气最主要的运输方式，其中，原油输送干线已形成贯通东北、华东、华中和中南地区的东部输油管网和西北局部管网，承担着油田向炼厂、石油化工厂、港口输送原油的主要任务。天然气干线管道，主要分布在川渝、华北、西北和海上，在川渝地区和京津冀鲁晋地区形成了区域性供气管网。

我国油气管道已向长距离、大口径、高压力和高度自动化的方向发展。我国拥有管道里程居世界第六位，但运输量仅占货物运输总量的1.39%，占货物周转总量的1.35%，与发达国家差距较大。

（2）交通运输业 交通运输业是现代物流业的主体行业。运输在整个物流过程中具有举足轻重的地位，在实现实物从生产地到消费地的转移中起着决定性的作用。任何有形产品的生产与消费都存在着空间位置的差异，为完成生产的目的，满足消费者的需要，都要借助运输工具和运输手段来完成，这是现代物流业的主体行业，包括以下几个方面的内容：

1）铁路货运业。铁路货运业是指与铁路运输有关的装卸、储运和搬运等，包括整车运输业务、集装箱运输业务、混载运输业务和行李托运业务。铁路运输的优势在于能承担低成本的中长距离大宗货运。

铁路运输的缺点：投资太高；建设周期长；噪声较大。

2）公路货运业。公路运输包括汽车货运和特殊汽车货运。特殊汽车货运是指专运长、大、重或危险品、特殊物品的货运业。运输是物流的重要环节，公路运输更是以其机动灵活、可以实现门到门运输的优点而在现代物流中起着重要作用，公路运输与其他运输方式相比，能承担小批量、多频次的配送业务。

但公路运输也有一定的局限性，例如：载重量小，不适宜装载重件、大件货物，不适宜长途运输；车辆运行中振动较大，易造成货损、货差事故；公路运输成本费用比水运和铁路运输成本费用高等。

另外，公路运输不适宜大批量运输。公路运输的经济半径一般在200km以内，长距离运输运费相对昂贵，易污染环境、发生事故，消耗能量多。

近年来，受我国煤炭开发布局的西移和铁路运力不足的双重因素影响，公路开始逐渐承担煤炭的中长距离运输。现实中的公路煤炭物流常常出现拥堵、迂回、重复等运输现象，出现这种现象的主要原因是物流网络节点布局分散、通道的选择不合理、信息的偏差和缺乏科学有效的组织。

3）水路货运业。水路运输业分别有远洋、沿海、内河三大类别的船舶运输。它与铁路运输业一道成为综合交通系统的主干运力。近年来，我国水路运输在国民经济和对外贸易中的作用日益显现。

我国作为航运大国，外贸运输九成左右通过海运完成，海上运输已成为我国战略性资源进出口的重要通道。目前，水路货运在煤炭、石油能源物资、矿石等大型散货以及集装箱、长大重件等方面的运输需求持续扩大，业务前景看好。其最大优势是运量大、成本低。

水运的缺点：受自然条件影响较大；运送速度慢；安全性较低。

4）航空货运业。航空运输业是指货物的航空运输。航空货运业的主要业务有国际航空货运、国内航空货运、快运等。航空运输的优势是速度快。

航空运输的缺点：运输成本高；受天气限制大；遇紧急事故不易处理；飞机占地面积大。

我国公路网建设密度不足、能力不足；技术结构不合理、地域分布不平衡；公路运输发展组织结构不合理，经营方式不先进，运输装备不配套，运营质量不集约，市场管理不规范；科技与生产结合尚不够紧密。

我国国际海运实力不强，离海运强国尚有较大的差距。大型化、专业化的深水泊位不足，深水航道不能适应船舶大型化的要求。内河航运十分落后，在综合运输体系中发展最慢、最困难，几乎未体现内河航运对国民经济和社会可持续发展的促进作用，与内河航运资源相类似的国家相比，相差30年。国际贸易港口枢纽及联运系统瓶颈制约现象仍比较严重，表现在硬、软环境上均不能满足我国对外经济和贸易发展的要求。水上安全环保问题仍比较突出，重大安全和海上污染事故时有发生，水上救助与打捞技术装备水平与国外发达国家相比具有较大差距，事故应急处置能力不足，深潜水（大于水下60m）救援打捞技术尚属空白。

（3）煤炭运输　至2020年，我国能源结构仍将以煤炭为主；届时铁路的煤炭运量将达到 20 亿 t，占全部货运量一半左右。欲完成如此艰巨的煤炭运输任务，必须以未来的煤炭生产基地为中心，通过建设客运专线和既有线扩能改造等措施，形成大能力煤运通道，并以重载运输的方式组织输送。

（4）高附加值货物运输　经济的发展，人民生活水平的提高，必然带来高科技产品、工艺品、日用百货、食品、家电、生活用品等的大量运输。因此，高附加值货物是我国铁路未来货物运输新的增长点，应充分重视高附加值货物运输。

（5）保鲜货物运输　由于地域的差异，蔬菜、水果、鲜花、水产品、肉食品、奶产品等的运输是不可少的，且运量还在不断增长。保鲜货物运输涉及人民的日常生活，搞好保鲜货物运输是交通运输部门的责任。

（6）快件货物运输　随着市场经济的发展，快件货物的品种越来越多，数量不断增长。我国铁路的快件货物运输大有可为。

高附加值货物、保鲜货物和快件货物运输应纳入快捷货物运输系统，采用轻快列车进行输送。

现代物流业在我国正步入快速发展时期，这既给国民经济带来新的效益增长点，又给我们带来新的挑战，现代物流在我国的这种发展态势给连续输送机技术提出了更高的要求，同时会促进连续输送机技术各方面取得更大的进步。

18.2　连续搬运机械产业技术创新

18.2.1　创新发展趋势与发展重点

1. 创新发展趋势

制造技术呈现出新的发展趋势：高技术化、信息化、绿色制造、极端制造、重视基础技术、集成创新。

1）面对资源短缺、水资源危机、生态环境严重透支的严峻局面，必须发展节约资源和环境友好型制造业。

2）改变产品档次低、技术含量和附加价值低、主要靠数量增加的粗放式发展模式，走以质取胜的集约式发展之路。

3）培育新型产业群，发展制造业延伸而形成的现代制造服务业，解决日益严重的就业问题。

4）提高自主开发和自主创新能力，加速由世界加工基地向世界制造基地的转变。

5）提高装备设计制造能力，特别是重大成套装备、高技术装备和高技术产业发展所需装备的设计制造能力。

① 面上跟踪与部分领先并举战略。走国际化之路，紧跟国际先进水平，将总体技术水平与工业发达国家的差距缩短。

② 高技术与制造技术融合和嫁接战略。

③ 可持续发展战略。制定相应的产业政策和产业技术政策，限制发展资源依赖型产业以及对生态环境有严重影响的产业；同时，应该积极发展节约资源型和环境保护型产

业、产品及技术。

2. 发展重点

1）高技术装备及其关键设计制造技术主要有：百万千瓦级核电设备；大型低污染发电设备；高精度和智能化工作母机及制造系统；电子专用设备。

2）微型机械。重点是：微型机械学研究、微结构加工技术、微装配微健合微封装技术、微观测试技术、典型微器件设计与制造技术。

3）制造业信息化工程技术。包括两方面内容：将信息技术嵌入产品，发展信息化、数字化产品；实施数字化、智能化设计、制造、管理及其集成的工程技术。

4）绿色制造技术。主要有：清洁生产技术；智能自修复与再制造技术。

将以上这些重点工作融入连续搬运技术及其装备，必将提升其工作性能和市场竞争力。我国工程技术的整体水平在工程实践、工程理论和工程计算方面，与国际先进水平相比都有一定的差距。总体而言，我们与国外的差距最小的是工程理论，即使如此，也很难找到目前国际上出自我国的较优秀的工程理论。尽管我国经济条件和技术人员有限，在一个局部、一个部门、一个单位很难一时建立起可以与发达国家竞争的条件，但是从整个国家来讲，我国整体组织起来的实力并不差。只有加强统一领导，做好科学规划，才能变弱势为优势。

工程技术发展的总体战略目标是：在国家的统一领导下和科学规划的基础上，均衡发展，总体提高，重点突破，使我国 2020 年的工程建设技术基本上达到国际水平，有重点地达到国际先进水平，在一些有条件的方面达到国际领先水平，发挥工程技术领域在整个国民经济发展中主要支柱的作用，以确保我国全面建设小康社会的历史进程顺利进行及其宏伟目标的如期实现。

在这场新的国力较量中，科技竞争力成为决定国家前途和命运的核心因素，也是推动经济发展、促进社会进步和维护国家安全的关键所在。但科学技术的竞争说到底是人才的竞争，在传统工业经济逐步过渡到知识经济的过程中，人才作为一种资源空前活跃地进行重新配置。特别是在高新技术领域，人才的竞争战略列为整体竞争战略之首。

21 世纪是我国经济社会发展的重要战略机遇期，科技对国民经济和社会发展将起到前所未有的重要支撑作用，同时我国的科技事业将实现跨越式发展。世界科技发展趋势越来越强烈地表明信息科学、生命科学、材料和物质科学以及脑和认知科学、环境与地球科学，乃至这些学科与社会科学之间的交叉将是未来最活跃的科学前沿领域，这些领域的科技进展将极大地促进连续搬运技术及其装备的快速发展，极大程度上改变目前人们的生产和生活方式，并使全球范围内资源和利益分配格局发生根本性变革。

3. 机械制造业创新

（1）CAD 和智能化制造技术

1）设计数字化、管理信息化、制造数字化、装备数字化、企业信息化、产品信息化与智能化技术。

2）企业系统建模与仿真技术。重点围绕从宏观到微观的连续建模、与可更新知识库集成的科学化模型、智能的设计与分析顾问系统、智能的自学习模型、开放共享的存储系统和验证中心、模型的全面无缝互操作性和实时交互的基于性能的模型。

3）流程工业智能制造技术。智能制造工程信息技术和计算平台、虚拟工厂模型和仿真平台、智能制造中的装备集成、知识集成和增值计算平台。

（2）网络化、协同化、开放式复杂机电产品创新设计及开发技术　现代设计是基于知识的智能化设计及资源共享的分布式协同设计，目标是做到产品开发的一次性成功。

（3）特大型及关键零部件制造技术　主要是重大工程中的大型铸锻件及焊接结构件的设计和制造技术。

（4）精密超精密制造技术　工作母机的加工精度可达到纳米级，生产效率进一步提高。

（5）基于知识及模拟仿真的信息化、数字化设计与制造技术　成形制造过程的建模、仿真及零部件使用寿命预测，可以实现成形制造零部件的成分设计及成形制造的优化控制。

（6）亚微米到纳米级的微细制造技术　包括电子主要母体材料，制备分解合成工艺，制造和计量的装备，理论、模型、仿真和控制技术。

（7）生物制造及绿色制造技术　包括有活性的组织构件制造，生物芯片及生物微机电系统，仿生制造。

（8）机械装备自修复与再制造技术

1）具有高度自适应自修复性的功能材料和装备的技术设计体系。

2）机械装备再制造的关键技术：微纳米表面工程技术、废旧机械再制造信息化升级技术、再制造质量自动控制技术、先进材料成形与制备一体化技术、虚拟再制造技术、先进无损检测与评价技术、再制造快速成形技术、废旧产品先进高效拆解技术、环保高效的清洗技术。

（9）智能仿生自适应、自修复材料和技术　对环境具有自适应性，可在使用过程中自组装、自强化、自愈合、自补偿、自修复。

（10）废旧装备再制造智能化、自动化拆解系统及技术

18.2.2　智能化技术

人类社会的发展和进步体现在人脑的智能上。机电一体化的发展和进步也体现在其产品的智能上，智能化是一个重要发展方向。

综合集成先进的传感技术、信息传输与处理技术、先进结构分析与诊断技术，以及各种控制技术和手段，并利用各种先进智能工程材料，使工程结构在其施工和服役阶段具有自我感知、自我识别、自我适应、自我控制，乃至自我修复的能力，充分保证它们的安全性和适用性，并具有对可能出现的各种潜在危险状况及时给出预警的功能，以便采取相应措施消除隐患，避免意外灾难性工程事故的发生，同时可延长工程的使用寿命，提高工程的耐久性，减小工程的全生命周期费用，使它们的效益得到极大发挥。

1）设计、制造过程的数字化、信息化与智能化。设计制造过程的数字化、信息化与智能化的最终目标不仅是要快速开发出产品或装备，而且要努力实现产品或零部件一

次开发成功。因此,美国提出了基于建模与仿真的可靠制造。

2)制造装备高精度、高效与智能化。信息技术的应用将大大提高制造装备的精度与效率,并实现自动化与智能化。

智能控制是由人工智能与自动控制两部分组成,目标就是用计算机去做那些只有人才能完成的具有智能性的工作。人工智能按照两条不同途径探索计算机对人脑智能的模拟,仿学脑模型就是从结构和功能模拟人脑,不考虑脑结构,直接通过启发式程序模拟人脑。智能控制系统有多级递阶智能控制系统、专家控制系统、仿人智能控制系统等几种类型。

18.2.3 集装单元化

由于装卸搬运活动本身并不增加货物的价值和使用价值,相反却增加了货物损害的可能性和成本。因此,应首先从研究装卸搬运的功能出发,分析各项装卸搬运作业环节的必要性,千方百计地取消或合并装卸搬运作业的环节和次数,消灭重复无效、可有可无的装卸搬运作业。

集中作业是指在流通过程中,按经济合理原则,适当集中货物,使其作业量达到一定的规模,为实现装卸搬运作业机械化、自动化创造条件。只要条件允许,流通过程中的装载点和卸载点应当尽量集中;在货场内部,同一货物的作业尽可能集中,建立相应的专用协作区、专业码头或专业装卸线;一条作业线能满足车船装卸作业,就不采取低效的多条作业线方案。

在铁路运输中,关闭业务量很小的中间小站的货运装卸作业,建立厂矿、仓库共用专用线,并采取集中作业的措施。

节约劳动力,降低能源消耗,是装卸搬运作业的最基本要求。因此,要求作业场地尽量坚实平坦,这对节省劳动和减少能耗都起作用。在满足作业要求的前提下,货物净重与货物单元毛重之比应尽量接近,以减少无效劳动。尽量采取水平装卸搬运和滚动装卸搬运,以达到省力化。

提高货物装卸搬运的灵活性,也是对装卸搬运提出的基本要求。装卸搬运作业的灵活性是指为了对活性有所区别,并能有计划地提出活性要求,使每一步装卸搬运都能按一定活性要求进行操作,对于不同放置状态的货物做不同的活性规定。活性指数就是定义活性的一种方法。活性指数分为0~4共5个等级,它表明货物装卸搬运作业的方便程度。

集装箱运输是货物运输的发展方向,适箱货物都应尽可能纳入集装箱运输。当前,我国铁路集装箱运量不到全路货物发送量的3%,远低于国外铁路水平。发展集装箱运输必须建设一批大型化、专业化、现代化的集装箱办理站,广泛采用国际标准箱和集装箱专用车,并组织集装箱专列。至2020年,大部分适箱货物应纳入集装箱运输。各种专用集装箱将满足不同货物的运输需要。

18.2.4 高效化与绿色化

绿色产品在其设计、制造、使用和销毁的生命过程中,符合特定的环境保护和人类健康的要求，对生态环境无害或危害极少，资源利用率最高。机电一体化产品的绿色化主要是指，使用时不污染生态环境，寿寝时不生成机电垃圾，能回收利用。

传统的制造业是资源的最大使用者、能源的最大消耗者和二氧化碳气体的最大排放者。面对日趋严峻的资源和环境约束，世界各国都在制定或酝酿制定可持续发展的战略和规划。例如，德国制定了《产品回收法规》，日本等国提出了减少、重用及再生的3R（Reduce，Reuse，Recycle）战略，美国提出了再制造（Remanufacturing）及无废弃物制造的新理念。所谓"再制造"是指以产品全生命周期理论为指导，以废旧产品实现翻新为目标，以优质、高效、节能、节材、环保为准则，以先进技术和产业化生产为手段，来修复、改造废旧产品的一系列技术措施或工程活动。简而言之，再制造是废旧机电产品用高技术维修的产业化。"无废弃物制造"是指加工制造过程中不产生废弃物，或产生的废弃物能被其他制造过程作为原料而利用，并在下一个流程中不再产生废弃物。

可持续发展战略与规划将对企业在合理开采和利用自然资源、从源头杜绝污染和破坏生态环境、开创更多就业机会三个方面提出更高的要求。制造业是消耗资源的大户、污染环境的源头和提供就业岗位的主要行业之一，因此，制造业必将成为可持续发展政策和规划的关注焦点。我国已颁布《清洁生产促进法》，促进制造业符合可持续发展的要求。对于要"从源头杜绝污染和破坏生态环境"的要求，制造业要努力采用、开发绿色制造技术和产品。国家的可持续发展规划将实施"产品生命周期环保策略"，即要求生产企业对其制造的产品从"摇篮"（cradle）到"坟墓"（grave）的生命全程的环保负责。德国制定的《产品回收法规》就是这个策略的体现。《产品回收法规》要求制造商不仅保证其产品在用户使用过程中不产生严重的环境污染问题，而且要在用户将之报废后负责回收，进行妥善的废品利用处理。

18.3 连续搬运机械产业环境影响

18.3.1 运输安全的需求、运输效率的需求、可持续发展的需求

在人类社会越来越重视环境保护和生态环境建设的今天，连续搬运机械及其体系正面临着如何妥善地解决在其建设、运营和发展过程中遇到的环境保护和可持续发展问题的挑战。因此，封闭型输送机发展异常迅猛，环保抑尘技术与手段不断创新，节能高效的输送技术也不断推陈出新，在很大程度上推动了连续搬运技术与装备的快速发展，这仍然是今后重点发展的方向之一。

18.3.2 国家安全的需求、决策科学化的需求

同时环境污染的问题仍无明显改善，燃煤排放的二氧化硫直接造成的酸雨面积也在增加，需加大力度解决。颗粒物仍是我国城市空气中的主要污染物；部分城市的二氧化硫污染程度有所加重。散料的封闭储存是目前市场急需的，前景十分远大。如何提高储存空间利用率、提高装卸效率、降低装卸能耗、高效卸出散料，是连续搬运技术与装备

面临的技术难题。

18.3.3 可持续发展

正如在环境、社会经济等方面一样，可持续发展正受到越来越多的工程管理专家与学者的研究和重视。对于工程管理而言，可持续发展既是一个充满吸引力的研究方向，同时又是一个巨大的挑战。其原因部分归结为各国政府制定的日趋严格的环境保护政策，以及人类与日俱增的对未来社会的责任感。因此必须从宏观的工程管理的角度，对其施工场所、建设过程和建筑产品进行全生命周期的分析和研究。另外，废物处理、资源管理、交通运输和环境的污染与改善都与建筑业的可持续发展有着密切的关系。

生态环境治理有效机制的完善与加强，确立了生态环境是生产力、是经济建设重要基地的思想，改变了生态环境吃大锅饭的旧体制，建立了谁污染谁治理、谁建设谁受益的原则，以预防为主，使生态环境治理更加符合市场经济规律。同时，生态环境治理投资渠道的拓宽，使得生态环境治理多元化，弥补了国家生态环境治理专项投资的不足。

国土利用、能源矿产、生态环境在经济大发展中已成为制约因素，如何处理好既要发展、又要可持续的互动关系，不仅具有重大的现实意义，而且具有深远的战略意义。因此，在公路基础设施建设中，应综合考虑国土资源的综合利用、能源资源的高效使用、生态环境的有效保护；在公路交通发展中，应注重土地的规划、燃料的节约和替代、各种污染物排放的控制与治理，使公路交通事业不仅能为社会提供发展的支持和良好的服务，而且尽量减少在发展中存在的负面影响。长距离带式输送机输送散料代替公路运输已经成为市场不可逆转的趋势。

18.4 路线图对比

1. 主要研究方向

我国是连续搬运技术与装备的大国，它们不仅广泛应用于电力、能源、矿山、冶金、农业、港口、建材、轻工、材料、电子、航空航天（取样）、化工、日常生活、城市建设、废弃物处理、医药、食品、海洋开发（疏浚、取沙）等行业和部门，还在国际、国内贸易中起着重要作用，尤其涉及环境友好、节能、减排、降耗等许多方面。

国际上连续搬运技术与装备的发展趋势主要有：长距离、连续化、大型化、系统化和成套化；机械化、自动化、数字化、信息化和智能化；资源节约、洁净化和环境友好等方面。我国散料输送装备的发展目标还有：提高自主知识产权比重；加强研发和推广采用原创性技术和产品；多尺度产品及其关键零部件技术；在能源消耗、材料利用率、人均劳动生产率、产品性能、生产自动化和环保节能排放等方面达到发达国家水平等。随着经济发展，我国的连续搬运机械也取得了快速的发展，特别是改革开放以来，能源、电力、石化、社会的基础建设对散料输送装备的快速需求促进了其快速增长。当今，对节能环保的连续搬运机械及其自动化、数字化、智能化技术的需求尤为迫切。一些涉及上述技术的散料输送的基础研究受到重视，对连续搬运机械的多尺度理论等研究也提上了日程。

2. 关键技术簇

（1）智能输送技术　智能输送技术是研究连续搬运机械工作过程中的信息感知与分析、知识表达与学习、智能决策与执行的综合交叉技术，主要包含感知与测控网络、机器学习与输送知识发现、面向输送过程的综合推理、图形化建模与仿真、智能全息人机交互等体系，涉及搬运机械、物料的运行状态和环境的感知、识别和在线监测技术，装备故障自诊断、自愈合与智能维护技术，输送物料的智能精确定位、跟踪与反溯技术和面向供应链过程的智能物料跟踪技术。

（2）低碳环保技术　低碳环保技术是指将绿色设计应用于连续搬运机械领域，在设计过程中强调性能与经济性的同时，综合考虑其资源及环境属性，解决连续搬运机械存在的技术含量低、能源利用率低、资源消耗量大、环境污染等问题，以及机械运行过程中的噪声、振动、粉尘污染等问题，具有十分重要的意义。主要包括新型高效抑尘技术、新型直驱电动机技术、速度自适应控制技术、散料集装化技术等。

（3）散料存储、装卸和输送技术的基础研究　通过研究散料存储、装卸和输送等方面的机理，开发散料存储、装卸和输送过程中的数值仿真技术，实现散料特性与装备的高效匹配等关键技术，在理论、技术、方法等方面开拓创新，满足社会不断发展的需求。

（4）复杂系多尺度理论及其应用技术　连续搬运机械的多尺度性主要表现为散料的多尺度作用和装备的多尺度特征。搬运机械中的流动颗粒流中存在的非均匀性结构，使得连续搬运机械输送颗粒时，在不同尺度上表现出不同的动力学行为和传递特性。研究分析各尺度的质量和动量守恒以及尺度间的相互作用，才能对输送散料颗粒的多尺度作用进行描述，达到高效、稳定和可靠。主要包括多尺度集成设计技术、基于大数据的多尺度状态监测技术等。

第19章

连续搬运机械产业重点相关企业访谈

19.1 北京起重运输机械设计研究院有限公司

19.1.1 企业简介

北京起重运输机械设计研究院有限公司（以下简称北起院），成立于1958年，经过半个多世纪的发展，由原机械工业部直属的国家起重运输机械行业技术归口研究所发展成为集科研开发、工程承包、设备成套、设计制造、检验检测、监理服务为一体的国有科技型企业，隶属于世界500强企业中国机械工业集团有限公司所属中工国际工程股份有限公司。北起院具有客运索道、自动化物流仓储、起重机械、散料输送等四大工程业务板块，承包建设的各类工程近2,000项，获得300余项国家及省部级科技成果奖，并提供液力液压产品与系统和设备监理监造服务，是我国起重运输机械行业综合技术实力最强的企业之一。

北起院承担国际标准化组织起重机技术委员会（ISO/TC96）主席工作，拥有机械工业物料搬运工程技术研究中心、北京市自动化物流装备工程技术研究中心、机械工业起重机械轻量化重点实验室。设有国家起重运输机械质量监督检验中心、国家客运架空索道安全监督检验中心、国家安全生产北京矿用起重运输设备检测检验中心等三个国家级检验中心，主办《起重运输机械》行业核心学术期刊。

全国起重机械、连续搬运机械、物流仓储设备、工业车辆四个标准化技术委员会秘书处，中国索道协会、中国机械工程学会物流工程分会、中国工程机械工业协会工业车辆分会、中国重型机械工业协会物流与仓储机械分会、中国重型机械工业协会桥式起重机专业委员会五个国家行业协会、学会秘书处设在北起院，为我国物料搬运机械行业的技术进步发挥着重要作用。

19.1.2 企业连续搬运机械产品近三年的市场情况简述

近年主要研究项目包括：

（1）长距离水平转弯带式输送机关键技术研究 开展长距离水平转弯带式输送机功率及张力计算研究、带式输送机水平转弯设计及理论分析、多点驱动装置设计及布置型式的研究、水平转弯带式输送机托辊布置及设计研究、拖动及控制技术研究、集中控制系统关键技术研究等，技术水平达到国内领先水平。

（2）圆管带式输送机的开发推广　以圆管带式输送机为对象，开展整机布置、理论计算、部件选型的研究，在没有更好的输送机械高精尖项目之际，开发圆管带式输送机并尽快推向市场，进一步加强了在散料输送行业的影响力。

（3）袋状轨道式装火车设备研制　现有装火车设备比较欠缺，有一定市场需求，因此以袋状装火车装车机设备为研究对象，开发袋状装火车装车机设备。项目主要研究内容有：装车整机设备研制、来料带式输送机的挡包卸料装置、整机轨道运行机构、横向移动小车输送机、伸缩及回转输送机的研制、装车整机设备电气系统。

（4）精糖熟化与储运技术研究　本项目以精糖熟化筒仓和储运技术为研究对象，开展对熟化筒仓、空气调节系统、糖粉收集系统以及输送系统的研究。在国内尚无成熟的熟化筒仓系统技术的情况下，通过对国外熟化筒仓技术进行转化，开展相关技术研究和开发，掌握20,000t容量及以下熟化筒仓系统的设计能力。项目主要研究内容为：熟化筒仓的容量，仓壁、仓底及仓顶结构设计研究；空气调节系统的开发与研究；糖粉收集系统的开发与研究；食品级输送系统的设计与研究；自动化控制系统开发与研究。

19.2　上海振华重工港机通用装备有限公司

19.2.1　企业简介

上海振华重工（集团）股份有限公司是重型装备制造行业的知名企业，为国有控股A、B股上市公司，控股方为世界500强之一的中国交通建设股份有限公司。公司总部设在上海，于上海本地及南通等地设有9个生产基地，占地总面积1万亩，总岸线10km，特别是长江口的长兴基地有深水岸线5km，承重码头3.7km，是全国也是世界上最大的重型装备制造企业。公司拥有26艘6万~10万吨级整机运输船，可将大型产品跨海越洋运往全世界。

上海振华重工港机通用装备有限公司（以下简称上海振华）隶属于上海振华重工（集团）股份有限公司，是独立运作的全资子公司，主要经营产品有门座式起重机、装船机、卸船机、斗轮堆取料机、连续螺旋卸船机、连续链斗卸船机、其他类型港机设备及散货装卸系统总承包工程。下辖振华张家港基地以及振华小长兴基地两块生产基地，年钢结构产能18万t。

19.2.2　企业连续搬运机械产品近三年的市场情况简述

上海振华进入散货机械领域，自主研发、生产大型高效节能环保型散货装卸设备，生产出一批具有国际先进水平的产品。到目前为止，公司生产的装船机72台，生产能力的跨度从1,000t/h到12,000t/h。上海振华凭借品牌及平台优势，已向国内外提供堆场设备包含堆料机、取料机、堆取料机共126台，其中生产能力在3,500t/h以上的堆取料机占86%以上，堆料能力已涵盖了600~10,800t/h的范围，取料能力已涵盖了300~12,000t/h的范围。

近三年来，上海振华连续搬运产品，装船机产品为6台，斗轮机24台，链斗式卸船机、螺旋式卸船机以及斗式提升机共计 6 台。上海振华于 2007 年开始致力于散货装卸系统总承包工程，至今已完成并实施了国内外 8 个散货系统总承包工程项目。带式输送机系统是此类总承包工程主要供货设备，已经完成带式输送机系统总公里数约 56km，能力范围覆盖 1,000~9,600t/h。上海振华作为以设备制造为基础的总承包商，可为业主提供设计、采购、制造、运输、安装、调试以及售后服务的一体化闭环服务，这一得天独厚的优势，已经在近年来的市场及用户反馈中凸显出来，对于现代化港口码头的高效、环保、节能、智慧、绿色发展起到了非常积极的推动作用。

19.2.3 企业 2018—2019 年连续搬运机械产品的总销售额

上海振华连续搬运机械产品涵盖链斗式卸船机、螺旋式卸船机、装船机、堆取料机等设备。2018—2019 年连续搬运机械产品总计供货 21 台，其中连续式卸船机 4 台、装船机 3 台、堆取料机 14 台，总销售额约 6.6 亿元人民币，占上海振华散货业务板块总销售额约 22%。

19.2.4 对我国连续搬运机械产业发展的期望

根据连续输送行业的发展现状，连续输送装备的最大输送能力达 16,000t/h，不管是长距离输送作业还是大能力装船作业都能满足目前的最大生产需求，相比之下，卸船能力就显得不足。但如何提高卸船能力满足后方的输送需求，是当前需要攻关克服的技术难点。

散料的输送是现代物流中的重要一环，煤炭、矿石、散装水泥、木屑等大宗散料等世界经济发展的基础能源和基建材料，这些散料南来北往，连接世界各港口码头，对世界经济繁荣起到了积极作用。但与此同时，世界正越来越承受到空气环境污染的挑战，大量的煤炭、水泥露天装卸引起的污染和浪费也是各港口码头不可承受之重，严重制约着这些企业的可持续发展。以燃煤电厂为代表的煤炭使用大户对全封闭高效连续卸船机提出了较大需求，一方面是新建码头从国家层面上要采用封闭连续卸船机，另一方面对环境要求较高的老码头也有较强的设备升级需求。从需求端和政策面看，全封闭高效连续卸船设备成为世界性的新需求。

19.3 上海科大重工集团有限公司

19.3.1 企业简介

上海科大重工集团有限公司成立于 1993 年，是一家集设计研发、生产制造于一体的科技型实体民营企业。企业一直致力于散料输送系统高端设备研发和重大装备制造。上海科大重工集团有限公司是中国重型机械工业协会副理事长单位和带式输送机行业分会副理事长单位，是目前全球规模最大、装备最先进的带式输送机专业制造企业之一。

先进的设计技术、强大的生产制造装备、先进的生产加工工艺和高水平技术工人的完美结合（公司有 215 名取得了欧标、美标、澳标等生产资质的技术工人），是上海科大重工集团有限公司在带式输送机行业中领先的基础和保证。上海科大重工集团具备年产4,850组各种规格的滚筒、453,000件各种规格托辊以及约57,000t钢结构件的生产能力。

公司产品主要服务于煤炭、港口、冶金、矿山、化工、建材、隧道、水利电力等领域，具有很高的市场知名度和产品美誉度。企业凭借二十余载的历练与发展，已同国内外几十家知名矿业公司和企业达成战略合作伙伴关系。先后承接国内外多个国家、地区重、特大项目的生产配套，产品远销全球三十多个国家和地区。

19.3.2　企业连续搬运机械产品近三年的市场情况简述

随着上海科大重工集团有限公司带式输送机设计技术与制造装备技术的飞跃式提升，企业市场核心竞争力与产品市场占有率逐年大幅提高，特别是在港口行业、冶金行业、环保行业、隧道行业以及露天矿等行业成绩更为突出。三年来，上海科大重工集团有限公司销售产值每年以30%以上的速度高速递增，三年总产值30.6亿元。特别是在2020年全球经济增长缓慢，疫情肆虐导致出口急剧下降的双重打击下，公司上半年新增订货指标仍然实现逆势上扬，新增订货总额与去年同期水平相比增长了38%（达到10.5亿元）。

公司在带式输送机设计技术上和产品制造装备上与同行业企业相比具有较强的领先优势。特别是在长距离、大运量带式输送机，TBM连续带式输送机，圆管带式输送机以及大型露天矿固定式、移置式、半移置式带式输送机设计技术上以及产品制造装备上优势更为明显。在产品设计关键技术上，紧紧围绕一个中心四个基本点为突破口，即以延长输送带使用寿命为中心，重点开发带式输送机部件节能技术、带式输送机环保转载技术、带式输送机智能起制动技术，以及带式输送机智能动态拉紧技术。以点带线，以线带面，全面提升产品技术水平。

公司拥有500余台带式输送机生产制造装备和全套的检验设备（其中滚筒专有制造设备175台套，托辊制造设备87台，各类钢结构下料设备、曲型设备、焊接设备、钢材预（后）处理设备、涂装设备以及各类检测设备等268台）。其中，带式输送机制造专有自动化生产装备43台，主要包括：全自动激光切割设备、数控等离子下料设备、自动刨铣机、外环焊缝自动焊接机器人、内环焊缝自动焊接机器人、滚筒纵向焊缝自动焊接机器人、滚筒加强环自动焊接机器人、双端埋弧自动焊接机器人、托辊自动化生产线、托辊自动化喷漆线、智能中间架自动化生产线、支腿自动焊接机器人、托辊支架自动焊接机器人，以及专用热处理设备、动平衡检测和各种轴类、盘类、筒体类自动化加工设备等（其中，有四种焊接机器人申请了国家发明专利）。除此以外，公司还有多台电火花、线切割、数控加工中心等数控切削设备。强大的生产制造能力，使上海科大重工集团有限公司拥有了带式输达机标准部件的智能化制造能力。

19.3.3　对我国连续搬运机械产业发展的期望

随着我国连续搬运机械生产企业的洗牌加剧，以及制造强国战略的逐步实现，我国必将由连续搬运机械制造业大国逐渐转为机械制造强国。上海科大重工集团有限公司也将在产品设计与技术研发上紧跟时代步伐,加速产品核心技术研发,将节能、环保、智能、绿色的设计理念与产品设计有机融合,通过技术创新和市场开发,提高公司散料输送装备高端市场占有率,实现产品技术发展与行业市场优势双引领!

19.4　大连华锐重工集团股份有限公司

19.4.1　企业简介

大连华锐重工集团股份有限公司(以下简称大连重工)是国家重机行业的大型重点骨干企业,现有从业人员 10,000 余人,总资产近 200 亿元,占地面积 200 多万 m^2,先后被评为国家技术创新示范企业、国家创新型企业和国家知识产权示范单位。

大连重工主要为冶金、港口、能源、矿山、工程、交通、航空航天、造船、环保等国民经济基础产业提供成套技术装备、高新技术产品和服务,现已形成冶金机械、起重机械、散料装卸机械、港口机械、能源机械、传动与控制系统、船用零部件、工程机械、海工机械等九大产品结构。

大连重工是我国散料装卸机械和港口机械的领军企业,20世纪五六十年代成功研制了新中国第一台堆取料机、翻车机、装卸船机,近几年通过自主创新实施产品大型化、智能化高端升级,先后成功研制世界最大的 14,400t/h 取料机、14,500t/h 堆料机、12,700t/h 装船机和世界首台 3,600t/h 无人化连续卸船机、世界首套翻卸敞顶集装箱及敞车两用翻车机和全球首个数字化料场。主持起草了《散状物料连续装船机型式和基本参数》(GB/T 33079—2016)等多项国家、行业标准,2001 年至今相关科技成果和产品先后荣获 50 余项省部级科技奖励,产品技术达到国际先进水平,受到国内外广大用户的青睐和好评。

19.4.2　企业连续搬运机械产品近三年的市场情况简述

随着我国"一带一路"、智能制造、蓝天保卫战、供给侧结构性改革等产业政策的实施,连续搬运机械市场需求同步呈现了新的特点。

一是市场需求逐步回暖。经过前期去产能的优胜劣汰,同时受华北地区公转铁、南北能源通道浩吉铁路沿线散料中转站、南方散料上水码头建设带动,钢铁、煤炭、港口等服务的主要行业和领域逐步回暖,行业存量市场改造和增量市场需求增加。

二是智能化需求增大。以宝钢为代表的国内各大钢厂正在积极实现智能化生产,公司先后为国内重点钢厂码头提供了无人化堆取料机、无人化连续卸船机和 120t 重载无人化运输车,同时为迪拜提供了全球首个数字化料场。

三是环保型产品需求激增。目前国内对连续装船机、刮板取料机等环保性能优异的物料搬运装备需求量激增,为行业提质增效提供了积极的环境,公司先后为宝钢提供了国内最大的 2,500t/h 半门式刮板取料机和国内最大的 3,000t/h 全门架刮板取料机。

四是国际高端市场逐步向中国开放。借助"一带一路"倡议的东风,公司积极提高产品质量和国际竞争力,先后成功中标澳大利亚、克罗地亚等发达国家项目,以及其他执行国际先进标准的海外项目,国际市场份额逐步增大。

19.4.3　企业2018—2019年连续搬运机械产品的总销售额

大连华锐重工集团股份有限公司2018—2019年销售量见表19-1。

表19-1　大连华锐重工集团股份有限公司2018—2019年销售量

序号	产品名称	2018销售情况		2019销售情况	
		数量/台	金额/万元	数量/台	金额/万元
1	堆取料机	26	50,000	56	70,000
2	翻车机	14	30,000	9	30,000
3	装船机	0	0	2	7,000
4	连续卸船机	6	40,000	6	40,000
	合计	46	120,000	73	147,000

19.4.4　对我国连续搬运机械产业发展的期望

随着物联网应用的不断推进,以云计算、大数据为代表的新技术手段朝着规模化、协同化和智能化方向发展,港口连续搬运机械作为物流网中的载体,期望我国连续搬运机械产业紧密联系当前先进科学技术发展,朝着智能化、自动化、高效化、环保化发展,加大智能化、自动化、高效化、环保化产品的研发。

我国连续搬运机械应该形成中国自己的行业统一标准,标准完善健全,涵盖设计、生产制造、运维管理等领域,上下游产业行业标准统一,零部件通用化标准化保证产品生产系列化,形成自己的产品特色,提高国际竞争力,注重基础研发,拥有核心零部件自主知识产权,提高专利质量水平。

19.5　北方重工集团有限公司

19.5.1　企业简介

北方重工集团有限公司(以下简称北方重工)是辽宁方大集团实业有限公司旗下一家大型跨国重型机械制造公司。北方重工历史悠久,人才众多,在国际、国内重型机械制造行业有着重要地位,是国家高新技术企业、中国制造业500强、中国机械工业百强企业,素有"中国重机工业摇篮"的美誉,产品辐射全球市场,并通过并购美国Robbins公司实现了企业跨国经营。

公司主导产品包括隧道工程装备、电力装备、建材装备、冶金装备、矿山装备、煤炭机械、石油压裂装备、散料输送与装卸装备、环保装备、现代建筑装备、锻造装备、传动机械、汽车电器及工程总包项目装备。

公司拥有完整的设计、试验、检测和计量手段，拥有 200 余项专利和专有技术，200 余台（套）新产品填补了国内空白，100 余项产品和技术获国家各级科技奖励。公司是国家技术创新示范企业，拥有国家级技术中心、全断面掘进机国家重点实验室、院士工作站、博士后工作站。

19.5.2　企业连续搬运机械产品近三年的市场情况简述

北方重工带式输送机产品，以往在国内外市场中持有的订单，主要是为矿山、冶金及建材等行业提供单机设备的设计与制造。近三年来公司的订单有了很大的变化：

（1）从单机设备的设计制造到大型项目 EPC 总包的转变　以往的订单大部分提供单机设备的设计与制造，EPC 总包经验薄弱，对于行业内的老牌龙头企业来说，核心竞争力远远不够。经过执行印度长距离带式输送机、巴基斯坦 PIBT、越南 BV 沿海电厂等一些国外大型 EPC 总包行项目后，公司对大型 EPC 项目的执行有了宝贵的经验，对于承接国内外大型 EPC 总包项目的订单奠定了基础。

（2）从单一几个行业到全行业的覆盖转变　北方重工带式输送机设备，在国内订单占有量较大的行业有矿山设备、冶金及建材行业，电力、煤炭及港口等行业核心竞争力薄弱。在近三年有针对性的布局中，公司先后签订了哈电土耳其火电、连云港新苏港码头、江苏国信靖江发电有限公司重件码头改造工程、四川大渡河双江口水电站等一系列码头及电厂项目，在码头电力行业力积累了宝贵经验，大大提高了核心竞争力。

19.5.3　企业 2018—2019 年连续搬运机械产品的总销售额

北方重工目前带式输送机产品在手订单金额约 3.4 亿元，2018—2019 年带式输送机产品的总销售额为 7 亿元。

19.5.4　对我国连续搬运机械产业发展的期望

随着矿山开采、港口码头、电力、水泥、钢铁等行业经营规模的扩大，散料输送量有所上升，对于散料输送设备的工作效率提出了较高的要求。散料输送设备运行速度的提高，必然要以高性能作支撑。国家政策的支持和下游行业转型升级的需求使得散料输送设备行业将更加注重核心装置的技术研发，通过对机电液等相关专业先进技术的综合运用，提高核心装置的技术水平，从而提高设备的运行效率。同时，随着各个下游行业对散料输送过程中能耗及环境的关注，提高运行效率、有效地节约能耗、保护环境绿色减排必将成为我国连续搬运机械产业的发展方向。

19.6　华电重工股份有限公司

19.6.1　企业简介

华电重工股份有限公司是中国华电集团有限公司科工产业的重要组成部分，成立于

2008年12月，2014年12月11日在上海证券交易所成功上市，注册资本金11.55亿元。

华电重工以工程系统设计与总承包为龙头，EPC总承包、装备制造和投资运营协同发展相结合，致力于为用户在物料输送工程、热能工程、高端钢结构工程、工业噪声治理工程和海上风电工程等方面提供工程系统整体解决方案。公司业务涵盖国内外电力、煤炭、石化、矿山、冶金、港口、水利、建材、城建等领域。

19.6.2　企业连续搬运机械产品近三年的市场情况简述

公司的物料输送系统工程业务以系统研发设计和工程总承包为龙头，以核心高端物料输送和装卸装备研发制造为支撑，为电力、港口、冶金、石油、化工、煤炭、建材及采矿等行业提供物料输送系统工程的整体解决方案。随着智能化的快速发展，公司正在推进物料输送和装卸装备无人化和系统智能化的研发和实施，借助多年物料输送系统设计和总包经验，提供后续智能化、无人化改造和运维保障服务。由于环保要求不断提高，公司逐步展开输煤系统综合治理及改造业务。此外，公司也在积极布局"一带一路"沿线项目，开拓直接面对海外业主的物料输送系统EPC项目。

公司自行设计制造的核心物料输送和装卸装备包括环保圆形料场堆取料机、长距离曲线带式输送机、圆管带式输送机、装卸船机、堆取料机、排土机、翻车机等，上述产品主要用于环保圆形料场系统、电厂输煤系统、港口码头装卸运输系统等物料输送系统。公司已取得机械行业（物料搬运及仓储）专业甲级、特种设备制造许可证（起重机械）、特种设备安装改造维修许可证（起重机械）、全国工业产品生产许可证（港口装卸机械）、全国工业产品生产许可证（轻小型起重运输设备）等物料输送系统工程资质。

近年来，公司成功实施了港口、电力、冶金、采矿、化工、煤炭以及建材等行业的多项物料输送系统EPC项目，积累了丰富的工程项目经验。该业务在国际市场也取得较大发展，业务遍及印度、印尼、菲律宾、越南、柬埔寨、澳大利亚等国家和地区。

19.6.3　企业2018—2019年连续搬运机械产品的总销售额

据《华电重工：2018年年度报告》显示，物料输送系统工程业务实现营业收入13.53亿元，同比增长45.35%。

据《华电重工：2019年年度报告》显示，物料输送系统工程业务实现营业收入26.12亿元，同比增长93.05%。

19.6.4　对我国连续搬运机械产业发展的期望

随着国产化技术水平的提高和引进先进的机械制造设备和加工工艺，输送设备工业近20年来得到了飞速的发展。在经济全球化、企业生产专业化和信息网络技术的传播背景下，必将促进我国连续搬运机械工业的革命性发展，也给连续搬运机械零部件制造商带来了良好机遇。

连续搬运机械工艺是随新技术发展变化的，连续搬运机械生产也必须"应运而变"。目前，连续输送搬运机械就要以用户为中心确定发展方向，为下游产业链服务。因此大容量、连续化、高速度、自动化机械产品设计的组合式模块化业已成为连续搬运机械的发展新趋势。

我国带式输送机行业的发展环境继续向好。未来带式连续搬运机械会通过不断调整输送结构、输送能力和带速,在国内港口业务、矿山开采工程、电厂发电、粮食等农产品深加工领域不断发展的前提下,根据输送工艺的不同,为各领域发展提供设备基础。归结我国带式连续搬运机械未来的发展趋势为:

1) 开发长距离、大运量的具有连续输送能力的连续搬运机械结构。

2) 针对工作环境的复杂性,带式连续搬运机械将试验在具有腐蚀性、放射性等极端条件下输送易燃易爆、高温、有黏性等物料的能力,力图使产品向更高性能发展。

3) 使连续搬运机械满足自动化控制的要求。

4) 使连续搬运机械满足节能降耗的环保要求,并规定其计算标准,使行业的发展顺应环保趋势。

5) 降低污染,保护输送设备在运行时的生态性。

19.7　四川自贡运输机械有限公司

19.7.1　企业简介

四川省自贡运输机械集团股份有限公司(以下简称自贡运机)创立于2003年9月,是中国技术领先的散料输送成套设备制造商,现任中国重型机械工业协会常务理事、带式输送机分会和给料输送机分会副理事长单位,是全国连续搬运机械标准化员会(SAC/TC331)委员和全国带轮与带标准技术委员会输送带分技术委员会(SAC/TC428/SC1)委员,四川省输送装备产业联盟理事长单位。"自贡运机"品牌为中国带式输送机知名品牌、四川省名牌。公司是一家研发生产圆管带式输送机、曲线带式输送机、通用带式输送机、斗式提升机、螺旋输送机和驱动装置等产品并提供成套散料输送解决方案的国家级高新技术企业。公司设环保智能输送装备技术中心,拥有一流的散料输送技术研发团队,是四川省企业技术中心、四川省环保智能输送装备工程技术中心、自贡市顶尖创新团队,设有自贡市院士专家工作站,具有130余项授权发明专利和实用新型专利,并拥有约30项自主专有技术。

公司拥有完备的设计、试验、检测和计量手段,有机械加工、锻造、热处理、焊接及装配等现代化加工装备和完整的生产制造体系,拥有各类生产设备600余台(套)、关键生产设备450余台(套)、数控设备123台(套);拥有全自动托辊自动生产线、滚筒环焊缝内外焊接机械手、滚筒直焊缝和接盘环焊缝机械手、钢板型材预处理线、钢材表面预处理线、托辊悬挂喷漆烘干线、托辊支架悬挂喷漆烘干线、机架喷涂生产线等大型、关键设备,拥有托辊、滚筒质量检测中心。

公司是中国极具实力的物料输送机械设计、制造商,主要从事通用带式输送机、圆管带式输送机、曲线带式输送机、斗式提升机、螺旋输送机、驱动装置、逆止装置的设计和制造,年生产各种带输送机能力25万m以上。

19.7.2 企业连续搬运机械产品近三年的市场情况简述

2017—2019 年，公司的订货构成为：圆管带式输送机约 40%，曲线带式输送机及长距离带式输送机系统约 35%，其余为通用带式输送机、螺旋输送机、斗式提升机、驱动装置和备品备件，其中通过央企出口或直接出口的量约占 30%。

19.7.3 企业 2018—2019 年连续搬运机械产品的总销售额

2018 年、2019 年自贡运机公司主要经营指标为：
订货额：2018 年为 82,033 万元，2019 年为 102,210 万元。
销售收入：2018 年为 88,371 万元，2019 年为 87,538 万元。

19.7.4 对我国连续搬运机械产业发展的期望

1）未来环保型、节能型和智能型输送装备将是一个大的发展方向，开发与智能控制相配套的各种执行机构（电动、液压部件），如带液压推杆、电动推杆的托辊组，能接受指令主动实现纠偏，各类检测机构等是实现散料输送系统智能化、无人值守化的关键。

2）行业应组织开发各类基础部件，目前国内的减速器、质量优异的轴承、大型盘式制动器等各类基础部件还在依靠进口，根据目前的形势，建议组织系列设计，替代进口。

3）针对目前的环保需求，解决转运站的物料泄漏、粉尘和噪声污染，应大力开发环保型转载站，开发优良的低噪声托辊组等产品。

19.8 太原向明智能装备股份有限公司

19.8.1 企业简介

太原向明智能装备股份有限公司（以下简称向明智装）位于太原经济技术开发区唐槐路 89 号，公司注册资本 10,198 万元，公司占地 50,000m²，是山西省带式输送机行业龙头企业，是国家煤机装备制造基地——太原经济技术开发区的五大煤机制造企业之一，是山西省智能立体停车系统设计、制造、运营服务的重要企业，是国家高新技术企业，企业技术中心是山西省省级企业技术中心。公司产品与生产车间如图 19-1 所示。

图 19-1　公司产品与生产车间

公司开发研制的主导产品有：煤矿用主井、大巷固定带式输送机，回采、掘进可伸缩带式输送机，DTⅡ（A）型带式输送机，圆管带式输送机，越野特种带式输送机，立体车库等。公司以煤矿顺槽可伸缩带式输送机和煤矿主井、大巷固定带式输送机为主导产品，以圆管带式输送机、大倾角下运带式输送机、越野弯曲带式输送机为发展方向，向煤矿、冶金、港口、电力四个散状物料运输领域进军。

19.8.2 企业连续搬运机械产品近三年的市场情况简述

公司2017—2019年带式输送机销量约百余台（套），市场主要以陕西、山西的煤矿及选洗煤厂为主，其中大梁湾、神树畔、有色榆林煤业、锦盛煤矿、泰安、麦地掌、柳林凌志、正利煤业、王家岭以顺槽可伸缩带式输送机和主井、大巷固定带式输送机为主，五彩湾、恒源煤电、晋保煤电、金宝利格矿业、中煤张煤机以DTⅡ（A）带式输送机为主，圆管带式输送机用于方山凯川、西山东曲矿。

公司2018年开发智能化圆管带式输送机，结合国家节能减排和低碳经济发展战略，紧密对接"六新"和"四为四高两同步"，在智能化圆管带式输送机的关键技术方面取得大幅进展。方案选用实践检验的成熟产品，考虑总体成本，提供出最合理方案，达到国家标准，满足各项技术指标要求，实现了"智能运行、无人值守"目标，取得重大创新突破。产品拥有自主知识产权核心技术，填补了国内空白。研制符合安全生产要求圆管带式输送机配套件（输送带，软启动、控制系统等）及输送机整体运维管理系统，包括从传感层、传输层、控制层、应用层和展示层等方面，可完成数据采集、数据传输、设备集控、综合应用和业务管理等功能；研发圆管带式输送机线路动态仿真技术等关键技术，对输送速度采用基于系统流量管理的速度自适应复合控制方法，根据载荷大小及物料分布增加或者减小带速及供料量，检测输送带的速度、跑偏和堆积量；检测装置通过视频监测输送带实时状态，当管状输送带发生扭管、胀管时，就报警停车并反向施加抗扭转力，使输送带及时恢复正常运行；产品还具有监控图像识别联动功能，对输送带跑偏、叠带、扭管等状态视觉识别，实现联动控制，保证设备和人员安全。

19.8.3 企业2018—2019年连续搬运机械产品的总销售额

太原向明智能装备股份有限公司2018年总销售额16,285.8万元，2019年总销售额18,999.81万元。

19.8.4 对我国连续搬运机械产业发展的期望

①向大型化方向发展，包括大输送能力和大单机长度等几个方面，现在世界上最长的水力输送装置其长度已经超过400km，带式输送机最长的单机长度达15km，并且已经出现了联系两个城市的带式输送道，世界各主要发达国家也正在研发具有长距高、大运量连续输送能力的输送机械。②向性能更高、功能更好的方向发展，能在极端温度环境下，以及有腐蚀性、放射性等环境中工作，并能输送易燃、易爆、高温、黏性等物料。③能使输送机满足自动化控制的要求。④尽最大可能降低能量和能源的消耗，计算指标

将根据 1t 物料输送 1km 所消耗的能量来进行评价，这是未来最重要的一个发展方向。
⑤减少输送机在工作时产生的各种污染，以保护生态环境为目标。

19.9 焦作科瑞森重装股份有限公司

19.9.1 企业简介

焦作科瑞森重装股份有限公司（以下简称焦作科瑞森）成立于 2003 年，是一家集机械装备研发设计、加工制造、海内外营销、工程总包、远程运维服务为一体的国家高新技术企业。

公司拥有一支由海内外知名专家组成的散料输送装备研发团队，现有专业技术人员 217 人，从事研究开发人员 89 人。专家人才队伍中，教授级高工 3 人，市管专家 6 人，高级工程师 12 人，博士 5 人，硕士 32 人，工程师 96 人。公司建立了河南省物料连续输送装备工程技术研究中心、河南省散料输送设备院士工作站、河南省认定企业技术中心等研发平台。已承担实施国家火炬计划、河南省科技计划等多项重点科研项目，拥有国家授权专利 100 余项。通过了 ISO9001（质量）、ISO14001（环境）、ISO50001（能源）、OHSAS18001（安全）等管理体系认证，以及欧盟市场准入的 EN1090 认证和 CE 标志等多项国际认证。2018 年通过了"国家两化融合管理体系贯标认证"。已有国外工程施工、化工石油、机电安装、房屋建筑、物料搬运及仓储等多类大型工程的总承包和设计安装资质，为企业优化资源配置、增强国际竞争力提供了根本保障。

2017 年以来，公司先后成功开发"隧道掘进连续出渣成套装备"等可替代进口的新产品 5 个，有 10 项新产品被认定为"河南省首台（套）重大技术装备"，其中由公司自主研发的"C 型高倾角压带式输送机"被认定为"河南省 2018 年度十大标志性高端装备"。公司对包括缅甸、巴基斯坦、几内亚、马来西亚等国在内的 7 个国家 10 多个国内外项目实施了智能化远程运维服务。

19.9.2 企业连续搬运机械产品近三年的市场情况简述

焦作科瑞森主要致力于散料连续输送系统的总承包服务，拥有行业设计资质及国家工程总承包资质，包括勘察设计、工艺系统设计、装备制造与集成、工程实施与管理、工程安装调试、备品备件服务、生产运营服务等，总承包项目涉及矿山、港口码头、煤炭、电力、冶金、建材、粮食等各个领域，为用户提供创新环保的产品与解决方案。这些行业领域与国家固定资产投资有较强的相关性，但其周期的传导时间不尽相同，由于物料连续输送装备适用范围广泛，需求量大，有效抵消了单个行业周期性带来的影响，增长相对平稳。

除上述行业或领域外，物料连续输送设备还被广泛应用于火电、港口、基建和物流等存在散料输送需求的领域。火力发电目前仍然是电力行业的主力军，且在很长的时期内都难以改变。近年来，火电装机容量占我国发电装机总量的比例虽然略有降低，但长期稳定在 70%左右，总体保持较高水平，装机容量绝对值也维持增长趋势。我国富煤、缺油、少气，丰富的煤炭资源使得火力发电具有明显的成本优势，因此，火力发电仍将是未来一段时间内的主要能源来源，火电行业对散状物料输送设备的需求仍将保持增长。

公司积极开拓国际市场，在国内高速发展的十年中已稳固国际市场，并取得对外经营权、进出口权，取得了产品出口欧盟的 CE 认证、EN1090 认证。目前，公司承建的项目地域遍及亚洲、南美、北美、大洋洲、欧洲、非洲，其中包括俄罗斯、缅甸、越南、老挝、巴基斯坦、印尼、马来西亚、巴西、澳大利亚、加拿大、瑞典、几内亚等国家，在印尼、缅甸和越南设有办事处，并在美国和马来西亚等地建立了子公司，直接雇用当地工程管理和技术人员为子公司服务，进一步提高了焦作科瑞森在国际市场上的竞争能力。

19.9.3　企业 2018—2019 年连续搬运机械产品的总销售额

2018 年，企业总销售额 17.8 亿元；2019 年，企业总销售额 11.6 亿元。

19.9.4　对我国连续搬运机械产业发展的期望

我国连续搬运机械产业将以物料搬运装备智能化制造、节能环保、新一代信息技术应用等行业需求为牵引，围绕国家"一带一路"建设的发展需求，解决物料搬运装备中绿色节能、低碳环保、智能输送、远程运维等重大关键技术，为产品升级换代提供技术支持和人才支撑。根据离散型制造业特点，通过工业互联网信息技术与制造技术的融合应用，围绕研发设计数字化、生产管控智能化、全产业供应链协同一体化，建设从研发、生产到售后服务一体化智能制造示范工程，打造国际先进的以"智能化、网络化、数字化"为核心的物料搬运装备产业。

19.10　衡阳运输机械有限公司

19.10.1　企业简介

衡阳运输机械有限公司是中国机械工业"老字号"，1954 年建厂，有近 70 年专业生产历史，是国内综合实力雄厚的行业龙头企业、国家火炬计划重点高新技术企业、自主创新领军企业、中国重型机械工业协会理事单位、带式输送机分会副理事长单位、全国连续搬运机械标准化技术委员会委员。公司拥有湖南省带式输送机工程技术研究中心、湖南省企业技术中心，专注于散装物料输送工程解决方案设计及产品开发，自主开发的长距离、大带宽、大运量、大倾角，以及圆管、移置式、伸缩式、平面转弯、隧道连续出碴等特种输送设备，拥有国家发明专利 172 项。

公司占地 20 万 m^2，拥有完整的生产工艺系统以及独立面向市场的设计、销售系统，通过了 ISO9001 质量管理、ISO14001 环境管理、OHSAS18001 职业健康安全管理三体系认证。旗下现有 27 个子公司，包括 3 个技术开发公司、10 个销售公司、14 个生产分厂。公司主要产品有：DT 系列带式输送机、DG 系列圆管带式输送机，以及深槽、平面转弯、波状挡边、伸缩式带式输送机等近300种。产品广泛应用于冶金、电力、港口、矿山、煤炭、建材、化工等行业。

公司拥有技术研发中心、108人的高素质技术研发团队、现代化先进的产品设计开发平台，能满足各类散状物料输送工程解决方案以及特种带式输送机的设计需求。

公司拥有各类主要生产设备400余台套，其中精密大型设备84台套，包括大型钢材预处理、大型龙门铣、双柱式数控车床、大型磨齿机、大型卷板机、大型数控等离子火焰切割机、自动埋弧焊机、数控焊接机械手、托辊全自动生产线、移动式环保油漆喷涂生产线等先进工艺装备。

公司实施全过程质量控制体系，从零部件加工到整机试运行，均有严格的质量检验控制程序，检验手段齐全，确保品质安全及售后服务。公司建立了三条共1,700m² 的整机综合试验场：φ500mm 管径圆管带式输送机，$B=2,200$mm 煤矿防爆用带式输送机，$B=1,200$mm 伸缩式带式输送机。

19.10.2　企业连续搬运机械产品近三年的市场情况简述

近三年，公司年平均销售总额国内市场占有率为13.9%；年平均销售总额国内市场占有率为15.2%；省内市场占有率达85%以上。

19.10.3　企业2018—2019年连续搬运机械产品的总销售额

1）2018年总销售额为：93,175万元。
地域分布比例：华北21%、西北29%、华东23%、华南11%、西南9%、海外7%。
行业分布比例：电力20%、钢铁9%、煤炭28%、建材36%、海外7%。
2）2019年总销售额为：107,787万元。
地域分布比例：华北5%、西北18%、华东25%、华南26%、西南16%、海外10%。
行业分布比例：电力8%、钢铁24%、煤炭28%、港口16%、建材19%、海外5%。

19.10.4　对我国连续搬运机械产业发展的期望

积极应对挑战，加快做强做优做大步伐。

19.11　福建龙净环保股份有限公司

19.11.1　企业简介

福建龙净环保股份有限公司（以下简称龙净环保）拥有50年的发展历史，是中国环保产业的领军企业，现有总资产超过140亿元，员工6,000多名，拥有遍布北京、上海、南京、西安、武汉、宿迁、盐城、乌鲁木齐等多个区域的全国性研发、生产基地。

龙净环保专业致力于大气环保以及散料储运领域研发及应用，能同时为用户提供大气污染物治理、散料储运等一揽子解决方案，连续多年入选"中国机械工业百强企业"、技术水平居于国内领先地位，部分技术达到当前国际领先水平。龙净环保拥有雄厚的技术力量、强大的加工制造能力、丰富的安装调试经验以及完善的售后服务体系，建有"国家级企业技术中心"，设立了博士后科研工作站和"国际科技合作基地"，先后多次承担 863 计划、省部级课题，获得 3 项国家科技进步奖。近年来，龙净环保物料输送板块吸引了许多国内外专家加盟，在吸收国外先进技术的基础上自主创新。龙净环保拥有圆管带式输送机、曲线带式输送机、气力输送系统、散料输送抑尘的全套设计施工技术，形成可常态化承接 EPC 项目的能力。

19.11.2 企业连续搬运机械产品近三年的市场情况简述

龙净环保连续搬运机械产品紧扣用户需求，跟随市场发展动态，形成以圆管带式输送机技术为核心的环保物料储运系统产品集群，在电力、冶金、化工、码头、粮食、造纸等多个行业成功应用，获得市场广泛好评。

龙净环保散料输送产品主要从以下四方面进行技术创新：

（1）提升运行效能　充分发掘圆管带式输送机"柔性布置""大倾角输送""双向输送"等性能优势，并采用建模仿真+工程试验的方法完善"大管径、长距离输送"设计技术，成功投运了一批以印尼爪哇 600mm 管径圆管带式输送机为代表的大管径长距离圆管带式输送机项目。完善"长距离曲线带式输送机"设计技术理论，成功执行一批曲线带式输送机项目。针对厂内设备密集的工况，开发了"吊挂式柔性输送系统"，具有转弯半径小、结构轻巧的技术优点，实现工业化应用并逐步推向市场。建立了托辊、滚筒核心部件智能化工厂，从材料源头把控托辊产品性能，高标准把控托辊产品质量关，进一步提升散料输送机运行效能。

（2）提高智能化水平　龙净环保利用物联网、智能机器人、大数据分析等先进技术研究开发智慧管带技术，对圆管带式输送机的各种数据和信息进行感知、传递、整合和分析，实现圆管带式输送机运行高效化、巡检便捷化、监控立体化、管理智能化、服务网络化，采用神经网络技术建立由煤流量、圆管带式输送机运行速度和系统总功率构成的节能模型，研究速度优化控制的"绿色运行"技术，达到节能目的。成功开发气力输送系统智能化稳定及节能控制技术，实现运行参数智能化调整、降低系统运行能耗、零部件自检及保养提醒、稳定低能耗。研发圆管带式输送机智能巡检机器人、管状输送带在线监测装置等设备，实现对管状输送带扭转、反搭、胀管、塌管、撕裂等现象的实时检测，显著提高了圆管带式输送机的综合智能化水平。

（3）完善设计手段　为提高设计效率、降低出错概率，龙净环保积极借助计算机辅助技术（CAX）对常规设计手段进行升级改造，开发了基于 FEM 的圆管带式输送机动态仿真方法，为 90°转弯设计提供参考依据。以三维建模技术和 DEM 技术为支撑，完善落料管分析方法，把曲线落料管的相关技术应用到普通落料管中。研发了圆管带式输送机桁架、立柱的参数化制图软件，大幅度提高了设计精确性和绘图效率。

（4）提升环保性能　完善高能干雾抑尘、DEM 曲线落煤管、无动力除尘系统等产品；研究应用 CFD 技术模拟喷嘴喷雾以及物料倾倒等操作引发的诱导风及粉尘，开发抗风能力强、覆盖范围大的高能干雾抑尘系统，实现散料输送、贮存全过程环保无污染。

19.11.3　企业2018—2019年连续搬运机械产品的总销售额

近年来龙净环保连续输送业务得到长足发展，销售额连年增长，市场份额增长迅猛，2018年连续搬运机械产品总销售额6.5亿元，2019年总销售额为12亿元。

19.11.4　对我国连续搬运机械产业发展的期望

随着国家供给侧改革深入推进，持续开展"去产能、去库存、去杠杆、降成本、补短板"等工作，给连续机械搬运行业带来了冲击。加上连续机械搬运行业门槛低，在招投标竞争中的最低价中标原则盛行，造成低价恶性竞争，导致产品质量差，同时企业利润低下，无力投入产品研发，不利于产品升级换代及行业的良性发展。为了应对这一现状，我们必须挖掘自身技术优势、提高核心竞争力，从以下方面进行发展：

1) 为了适应高产高效集约化生产的需要，散料输送机的单机输送能力应继续加强，在长距离、高带速、大带宽、大运量、大功率五个方面必须有较大的发展，进一步提高散料输送产品的适用性，补充或替代部分铁路和公路运输。

2) 响应国家建设节约型社会的号召，研发节能型输送机系统，开发低旋转阻力托辊、低阻力输送带、基于来料的实时带速控制系统等，这是将来最重要的一个发展方向。

3) 进一步提高输送机环保性能，必须重点解决散料输送机头尾部的无组织粉尘排放问题，提高配套抑尘装置的工作效能，针对低粒径、高磨损性物料开发新抑尘技术产品。降低输送机的噪声污染，优化托辊结构，创新相关理论，使输送机在城市中运行时满足噪声环保要求。

4) 顺应时代潮流，研发智能化、高效输送机械，以及应对劳动力短缺研发智能机器人巡检系统，实现高可靠无人巡检及故障智能检测、处理。

同时希望国家出台政策，摒弃最低价中标原则，引导、支持企业加大技术研发投入，鼓励企业在市场竞争中比拼技术和质量，促进我国连续搬运机械产业技术进步和良性发展。

19.12　安徽马钢输送设备制造有限公司

19.12.1　企业简介

安徽马钢输送设备制造有限公司始建于1964年，前身为中国人民解放军第4310工厂，1992年8月成建制转入马钢，2019年9月随马钢集团整体进入中国宝武集团，现为宝武重工专业化设计制造输送设备的独立法人机构，是中国重型机械工业协会带式输送机分会理事单位、全国连续输送技术专业理事单位、马鞍山市高端输送设备工程技术研究中心、市级企业技术中心、国家级高新技术企业。

公司地处安徽马鞍山经济技术开发区，固定资产2.5亿元，占地面积13.5万 m^2，生产建筑面积3.5万 m^2，员工200余名，中高级技术人员占比20%以上，技术力量雄厚，装备精良。主要生产设备260台（套），拥有从日本引进的世界一流托辊全自动生产线和由系列数控机床集成的滚筒、输送辊柔性生产线，具备整机加工、调试、检测、装配能力，同时具有年产2,000t高品质消失模的铸造生产能力。

公司长期从事系列输送设备的研发生产，产品领域涉及各类输送设备及备件（通用带式输送机、圆管带式输送机、大倾角波状挡边带式输送机、重型门式链斗卸车机、圆盘给料机、斗式提升机、埋刮板输送机、圆盘给料机等）、非标冶金成套设备、消失模精密铸造产品系列等。精品托辊、滚筒等主要产品生产装备实现自动化、数控化。公司现取得专利30余项，自主研发生产的露天矿用多自由度多功能带式输送机通过中国重型机械工业协会重大科技成果鉴定；履带式储带移置输送机通过中国冶金矿山企业协会科技成果鉴定；移动破碎后连续智能带式输送桥列为2019年度安徽省重点研究与开发项目。公司拥有"MA"证书、安全生产标准化二级资质、"QEO"三标体系证书、"MGSS"注册商标等。图19-2所示为露天矿用多自由度多功能带式输送机，图19-3所示为履带式储带移置输送机。

图19-2 露天矿用多自由度多功能带式输送机　　图19-3 履带式储带移置输送机

公司实施"马钢制造，输送精品"的品牌战略，奉行"诚信为本，合作共赢"的经营宗旨，坚持"持续改进，追求卓越"的质量方针。全体员工始终遵循"专业化设计，标准化作业，规范化管理"的要求，将公司建成国内外输送设备精品制造基地。

19.12.2　企业连续搬运机械产品近三年的市场情况简述

近三年来，公司连续搬运机械产品连续三年保持15%以上增长，公司产品主要服务于马钢集团内部冶金、矿山，马钢集团公司内部占总销售额80%左右，外部主要以滚筒、托辊备件为主，占总销售额20%左右，其中海外市场占外部市场50%。

公司根据国内外采矿工艺的发展需要，研发了具有独立知识产权的应用于连续、半连续采矿系统用成套输送设备。该成套输送设备由露天矿用多自由度多功能带式输送机、履带式储带移置带式输送机、移动破碎后连续智能带式输送桥三台单体设备组成。在实际使用中，各单体设备可以采用多种不同的组合方式。露天矿用多自由度多功能带式输送机、履带式储带移置带式输送机分别于2018年、2019年开发成功并通过了行业科技成果鉴定。智能带式输送桥已列为安徽省面上攻关项目，2020年完成。

19.12.3　企业2018—2019年连续搬运机械产品的总销售额

2018年总销售额1.2亿元，2019年总销售额1.5亿元。

19.12.4　对我国连续搬运机械产业发展的期望

1）制造技术达世界先进水平。
2）设计理论研究达世界一流，主要部件设计规范化、标准化。
3）主要部件制造专业化、规模化，提高产品的集中度。
4）制造技术智能化。
5）行业利润率达到机械制造的平均水平。

19.13　山西煤矿机械制造股份有限公司

19.13.1　企业简介

山西煤矿机械制造股份有限公司，地处山西太原，前身为山西煤矿机械厂，是原煤炭部定点煤机重点骨干企业，国家公布的第一批刮板输送机和带式输送机定点生产厂家。1973年建厂，1981年投产，2001年隶属于山西焦煤。2008年通过改制，成为太原重型机械集团公司相对控股的有限责任公司，2015年变更为股份有限公司。

公司拥有员工1,100余人，占地27万 m^2，分布加工总装、焊接、再制造、热处理、高强度圆环链、带式输送机等近十个核心生产单元，拥有现代化高精尖生产试验设备近千台，具备年产6万t输送设备的综合能力，年产值达10亿~15亿元。公司目前是全国第三大煤矿井下成套输送设备生产厂商，山西省最大的煤机输送设备制造企业，国家火炬计划重点高新技术企业，中国制造业500强、中国信息化500强、中国机械工业现代化管理企业。

公司主导产品有刮板输送机、转载输送机、破碎机及顺槽大功率、长距离带式输送机等多个系列、上百种机型，构成了从井下采煤工作面到地面集装站之间完整、可靠、高效、智能的输送系统。可以满足当前包括1m以下极薄煤层、18~20m超厚煤层、最高8.8m一次采全高厚煤层，以及倾角达60°的极倾斜煤层等各种工况条件和所有采煤工艺的装备需求。产品性能可靠、智能化程度高，是山西省名牌产品、中国机械工业满意产品。近十年已累计向全国大中型现代化矿井提供3,000余台套高端输送设备，为我国煤炭实现安全、高效、绿色开采提供强大支撑。

19.13.2　企业连续搬运机械产品近三年的市场情况简述

公司以实现煤炭无人化开采为目标，以高端智能成套输送装备为突破口，以技术创新和工艺创新为基础，坚持可视化远程干预和智能自适应两种技术在产品中应用，科学融合包括现代传感、自动控制、通信、物联网及人工智能等先进技术，开发无人化智能产品与装备，提高薄煤层、大采高及特厚煤层综放工作面智能化开采水平。先后为山西焦煤集团、同煤集团等研发和示范应用具有完全自主知识产权和世界领先水平的千万吨级综采成套输送技术及设备。近年来，通过供给侧改革，公司产品逐步高端化，并向服务制造型企业转型迈出了坚实的一步。去年仅智能超重型刮板输送成套设备销售收入就突破 4.2 亿元。

19.13.3 企业 2018—2019 年连续搬运机械产品的总销售额

山西煤矿机械制造股份有限公司 2018—2019 年销售量见表 19-2。

表 19-2 山西煤矿机械制造股份有限公司 2018—2019 年销售量

项目	2018 年/万元	2019 年/万元
营业收入	83,700	100,687
利润总额	1,686	5,172
净利润	1,497	4,760
上交税费	4,884	5,598

19.13.4 对我国连续搬运机械产业发展的期望

（1）以整合增动能 积极推动煤机龙头企业与煤炭企业集团煤机板块的国有股权整合重组，打造若干全方位布局对国内外市场有影响力的"煤机成套装备综合服务制造集团"，实现国有煤机制造管理资源、技术资源、市场资源以及生产组织资源的优化配置，解决同质化竞争和管理成本大、重复投资的问题。

（2）借科技助转型 充分发挥基本建设、技术改造和科技创新等各类专项资金和引导基金作用，加大向高端智能煤机产业的倾斜支持，制定完整的科技支持煤机产业发展的政策措施，推动煤机企业由单机制造向系统集成和产品成套及智能化转化，积极开拓国内外和国际市场，占领产业高端。

积极创新业态模式，促进煤机企业由产品生产制造向服务制造转型，在传统产品销售和技术服务基础上，发挥综合技术、产品研发和运行维护等方面优势，增加服务要素在投入和产出中的比重，以服务型制造打造市场竞争新优势。

（3）用改革催活力 以市场化改造手段加快推动国有煤机企业改革。紧紧抓住国有煤机企业动能整合和重构契机，结合煤机充分竞争市场特点，以"适应市场化、国际化新形势"为方向，以"机制创新、管理创新"为手段，以"同市场经济相融合"为目标，推动国有煤机企业开展体制改革。

（4）走出去树品牌 大力实施品牌战略，培育和打造叫得响的"中国品牌"，是保障国产煤机装备行业可持续发展的必选题。当今可借助"一带一路"等东风，快速融入国际市场，拓展海外经营，发挥优势走出去，在更高层次上激发内生原动力，打造中国品牌，实现长远发展。

19.14　中国煤科宁夏天地奔牛实业集团有限公司

19.14.1　企业简介

中国煤科宁夏天地奔牛实业集团有限公司（以下简称天地奔牛）是国家高新技术企业、国家创新示范企业和现代化矿用输送装备制造知名企业，始建于20世纪60年代，现隶属于中国煤炭科工集团天地科技股份有限公司。天地奔牛下属5个控股子公司、2个分公司、9个生产分厂，总资产42.2亿元，占地面积90余万m^2。员工2,476人，其中专业技术人员近323名，拥有硕士以上学历人员50名，高级以上技术职称的骨干员工近百名。公司配备国际先进的制造、加工、检测装备1,600余台。

天地奔牛围绕矿用输送装备的关键技术与产品、服务建成了刮板输送机、减速器、传动链条、煤机维修、地面起重设备等业务板块，形成以刮板输送机、转载机、破碎机、洗选设备、减速器、链条、起重机以及煤机维修再制造为基础产业的多元化发展的产业链。在五十余年的发展过程中，形成了集产品研发设计、制造、销售与市场服务的煤机装备全生命周期一体化服务模式。各产品单元聚焦煤矿采掘输送应用技术发展，以科技创新为驱动，为客户提供优质、丰富的产品选择，践行中国驰名商标的品牌公信力。

天地奔牛拥有国家级企业技术中心、博士后科研工作站、国家级高技能人才培训基地、国家技能大师工作室等高起点的创新平台。建立了以前沿技术研究为主的天地奔牛北京研发中心，以新产品、新技术开发为主的天地奔牛银川研发中心，以及以提升现代化制造与服务技术的天地奔牛石嘴山研发中心。

19.14.2　企业连续搬运机械产品近三年的市场情况简述

2018年，国内煤炭市场仍延续了供需平衡、供应略显偏紧的局面，煤炭产业继续推进供给侧结构性改革，持续淘汰落后产能，加快释放煤炭先进产能，煤炭行业对煤机设备的需求也持续上升。面对良好的市场形势，天地奔牛采用灵活的营销手段，积极订货、回款，主动应对市场的变化。

2019年，天地奔牛深入贯彻"创新、协调、绿色、开放、共享"新发展理念。贯彻落实国资委重大决策部署，积极推进中国煤科集团公司党委各项工作部署，紧紧围绕"1245"总体发展思路，坚持以市场为导向，以客户为中心，不断践行"真正为顾客提供价值"的理念。

19.14.3　企业2018—2019年连续搬运机械产品的总销售额

近年来，公司（主营业务）销售额实现连续高速增长，2018年，天地奔牛连续搬运机械产品的总销售额为22.36亿元，较上年同比增长20.5%；2019年，搬运机械产品的总销售额为26.06亿元，同比增长16.6%。

19.15　山西焦煤集团公司西山机电厂

19.15.1　企业简介

山西焦煤集团公司西山机电厂（以下简称机电厂）始建于1956年，经过60多年的艰苦创业，现已发展成为一个环境整洁优美、设备齐全配套、生产工艺科学、检测手段完善可靠、修理制造并举的中型企业。机电厂现有职工1,300多人，其中工程技术人员160人。机电厂下设输送机机制造车间、液压支架制造车间、金工车间、液压件车间等11个车间，以及有关职能科室和测试手段先进的理化实验室。

多年来，机电厂始终坚持以煤为本、为矿服务的指导思想，主要承担矿山综采设备的修理及矿用设备和配件的制造任务。具有服务于集团公司年产3,000万t原煤和1,075万t精煤设备修理和制造的能力。现主要业务有矿用带式输送机、液压支架、刮板输送机等矿用产品的制造，采煤机、掘进机、液压支架、电动机、开关的修理，是一个年产值1.5亿元的中型企业。

19.15.2　企业连续搬运机械产品近三年的市场情况简述

近三年市场状况良好。机电厂为西山煤电二级单位，主要服务本集团各个生产矿井，按照集团统一计划任务来制定生产任务及进度。井下搬运设备主要制造1.4m及以下固定带式输送机及伸缩带式输送机、SGZ900/900及以下刮板输送机及配套的破碎机、转载机、转载带式输送机等；正积极扩大生产，准备生产1.8m带式输送机及圆管带式输送机等。

19.15.3　企业2018—2019年连续搬运机械产品的总销售额

2018—2019年运输机销售总计1.88亿元。

19.15.4　对我国连续搬运机械产业发展的期望

1）在技术方面希望井下早日实现智能化，在推广应用带式输送机配套的永磁电动机时，能尽可能地减小永磁电动机体积；可以推广应用采空区填埋建筑废料技术，推广应用转载皮带；尽早实现井下刮板输送机、破碎机、转载机、自移机尾、伸缩带式输送机一体化，最大程度地减小电动机数量，避免设备间搭接不合适产生的事故。

2）在政策上，希望相关部门能放宽办理新型产品资质的口子，给新产品多一些实践的机会。

3）希望多组织同行之间的交流，互通有无，最大限度地实现机械加工设备共享、行业最新信息共享；组织参观先进企业，学习先进的管理理念。

19.16 阳泉华鑫采矿运输设备有限公司

19.16.1 企业简介

阳泉华鑫采矿运输设备有限公司由山西华鑫电气有限公司投资组建，成立于 2005 年，注册资金 6,000 万元，公司占地面积 40,000m²，拥有员工 260 余人，其中专业技术人员 50 人，高新技术研发人员 11 人。

公司是集科研开发、设计制造及安装于一体的专业化生产企业，具有独立的产品研发、专业的生产加工能力，以及一流的安装队伍，拥有各类加工、测试、检验设备及托辊、滚筒专用生产流水线等大型关键设备，在设计、制造方面均已达到国家和行业标准。公司产品相继取得了 ISO9001：2008 质量体系认证证书、矿用产品安全标志证书、生产许可证书和国家专利证书，被广泛应用于电力、港口、冶金、矿山、水利、建材等国家重点建设领域。

公司通过引进人才、培养人才、技术交流与合作，不断掌握行业尖端技术，从而提高新产品的开发和带式输送机的优化设计水平，使产品运行更安全、性能更优越，能够更好地满足市场多样化的需求。

19.16.2 企业连续搬运机械产品近三年的市场情况简述

为满足市场需求，提高设备的传动效率和安装精度，使设备维修更简便，公司自主研发了带式输送机永磁直驱系统，整套系统具有高效、节能、低噪声、免维护、输出转矩大、起动平稳等优点，是替代传统驱动系统的最佳产品。它的研发成功，为公司研制开发具有自主知识产权的"绿色矿用设备"进行了有益的探索。永磁直驱系统获得两项国家专利，并取得了全系列的煤矿安全防爆证书，目前已在国内外广泛使用。图 19-4 所示为公司主打产品永磁直驱带式输送机系统。

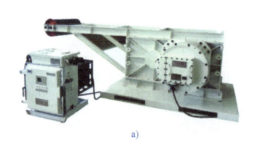 

图 19-4 永磁直驱系统与传统驱动系统的对比
a) 永磁直驱系统　b) 传统驱动系统

19.16.3 企业 2018—2019 年连续搬运机械产品的总销售额

2018 年销售总额 1.35 亿元，利润总额 59.39 万元，净利润 44.41 万元。带式输送机销售总额 9,433.69 万元，无极绳牵引车销售总额 2,695.34 万元，带式输送机零部件销售总额 1,343.37 万元，无极绳牵引车配件 4.3 万元。

2019 年销售总额 1.75 亿元，利润总额 74.73 万元，净利润 54.82 万元。带式输送机销售总额 12,249.23 万元，同比增长 29.85%；无极绳牵引车销售总额 3,299.78 万元，同比增长 22.43%；带式输送机零部件销售总额 1,944.9 万元，同比增长 44.78%；无极绳牵引车配件 7.97 万元，同比增长 85.35%。

第4篇 物流仓储机械

第20章

概述

近年来,我国坚持新的发展理念和高质量发展,坚持供给侧结构性改革,经济总体运行平稳,发展水平迈上新台阶,发展质量稳步提升。国民经济的发展离不开物流业的重要支撑。物流业作为战略性、基础性先导产业,其创新发展不仅关系到我国制造业的高质量发展,也直接影响老百姓的日常生活。物流技术与装备的创新发展越来越受到社会关注。

物流仓储装备是物流装备的重要分支,是指在整个物流存储领域内用于物流各个环节的设备和器材,广泛应用于仓储、搬运、装卸、包装及信息处理等各个物流环节。

物流仓储装备分类如图20-1所示,物流仓储装备包括存储设备、搬运设备、输送设备、拣选设备、分拣设备、信息系统、辅助设备(如包装设备)等,典型产品包括:货架、AS/RS、叉车、输送机、自动拣选机、高速分拣机、AGV(自动导引车)、物流机器人和码垛/拆垛机等,以及仓库门、托盘、拣选台车、调节平台等辅助设备。物流仓储装备通过上位计算机系统和自动控制系统,结合模式识别系统、信息采集与处理系统共同实现对设备的协调与控制,完成货物的接收、入库、储存、拣选、包装、分类、集货和发运等一系列作业。

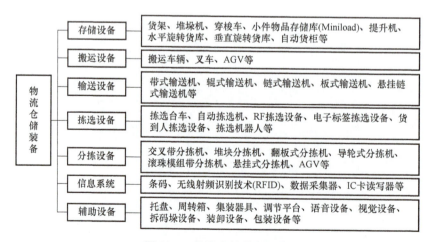

图20-1 物流仓储装备分类

我国物流仓储装备产业的发展主要经历了传统装备、自动化装备/集成自动化装备、智能装备三个阶段。现阶段我国物流仓储装备正处在自动化/集成自动化向智能化发展的阶段,随着新一代信息技术与现代物流技术的深度融合和发展,仓储装备智能化趋势明显。

我国物流业总体需求保持平稳增长,物流仓储装备产业发展迅速,应用范围涉及制造业、零售业、邮政业以及低温仓储、军需等诸多领域,极大地提高了物料存储的效率,有效地降低了物料流动成本,在很大程度上提升了物流活动环节的自动化水平,是各行业高质量发展的有力支撑。随着电子商务、快递业的快速发展,以及制造业智能化的全面推进,物流仓储装备产业的发展前景将更为广阔。

20.1 产业地位

物流业是集仓储、运输、货运代理、流通加工、配送、信息处理等行业为一体的复合型、服务性产业。作为支撑国民经济发展的基础产业和战略新兴产业,物流业在保障资源配置、支持区域经济发展等方面发挥着重要的作用。现代物流技术与装备的广泛应用,在有效提升行业自身技术水平的同时,极大地支撑和保障国民经济各部门发展需要,实现高效、准确的物资仓储、流通等工作,有效维护了国家物资供应稳定,保障了生产物资供应安全和居民生活物资需求。2016年,国家发展和改革委员会发布的《战略性新兴产业重点产品和服务指导目录》,智能物流装备产业被纳入其中,作为现代物流业存取环节的重要生产力要素,物流仓储装备在发展现代物流、改善物流状况、促进物流业转型升级、促进社会生产生活现代化等方面发挥着十分重要的作用。

物流仓储装备是现代物流技术的重要载体。物流仓储装备是现代物流系统的核心技术装备,在现代物流体系中,为物流仓储活动提供必要的装备基础及技术服务。仓储装备作为物流装备的先进技术载体,在物流技术发展过程中起到重要的引领作用,现代物流技术多以仓储装备技术为突破口,在物流装备自动化、集成自动化及智能化过程中,通过新技术在仓储场景中的落地应用,实现物流仓储装备技术迭代,进而带动物流装备产业提质增效、转型升级。

物流仓储装备是现代物流系统的重要组成部分。物流仓储系统的运转依赖于仓储装备的科学配置和合理运用,仓储作为生产与消费之间连接的纽带,仓储装备通过为系统提供仓储过程功能性服务及技术保障,实现对物料的存储、搬运、装卸、包装和信息处理等诸多环节的操作,在提高物流效率的同时,有效降低物流仓储成本。

物流仓储装备是现代物流系统中的核心资产。物流仓储装备既是技术密集型的生产资料,也是资金密集型的社会财富。物流仓储装备技术含量高,附加值也高,市场需求大,从商品流通领域看,作为技术密集型生产资料,其广泛参与现代物流活动,具有较高的商品价值,是典型的高投入高产出系统。在现代物流系统建设中,物流仓储装备在物流中心、物流基地、配送中心等建设过程中先期投资成本占比较高,后期设备维护及运营成本较大,但随着物流仓储装备及其系统的应用直接带来的土地、人员成本降低的优势显而易见,自动化装备集合各种新兴技术,使系统具有高效、精准的特点,大大提高了现代物流仓储系统的综合服务保障能力,从而取得较高的经济价值与社会价值。

物流仓储装备技术水平是现代物流系统先进程度的重要标志。物流仓储装备承载现代物流系统绝大部分的新理念、新技术、新应用，在一定程度上代表了所在系统的先进性。从第一座由计算机控制的自动化高架仓库到当代的集存储、分拣、配送功能于一体的大型物流配送中心，传统的物流装备与工业互联网、物联网、云计算、边缘计算、人工智能、5G等新一代信息技术相结合，在物流仓储领域创新应用，促进了物流仓储装备技术的提升，极大地推动了现代物流技术的迭代升级。

20.2 产业特征

从技术发展特征来看，先进、适用的物流仓储技术和装备仍然是市场的主流。物料搬运装备选型以先进、适用、效率和成本的平衡作为基本原则，物流仓储装备也不例外，随着市场需求的变化，以叉车、托盘、货架为主的仓储系统的标准配置正在发生变化，但先进适用的仓储技术和装备仍是市场需求的主体。立体存储形式发展渐趋成熟而多样化：以托盘为存储单元的自动化立体仓库，朝更高存储密度、更大方向发展，技术日臻成熟；以箱件为存储单元的新型存储方式呈现多样性，小件物品存储库、旋转货架库、多穿密集库等新型的智能密集存储库不断涌现。自动化仓储系统规模化、无人化、智能化、定制化特征明显。分拣方式推陈出新，加速发展。不同应用场景下的自动分拣技术，正朝着模块化、柔性化和智能化方向发展，有传统的交叉带式分拣、推块式分拣，也有新兴的导轮式分拣、滚珠模组带分拣、悬挂式分拣，更有创新的AGV分拣，以及小型端到端分拣设备，分拣方式呈现多样化，分拣效率大幅度提升，新技术装备不断涌现，分拣的模式越来越适应市场的新需求。物流机器人成为物流仓储装备的创新主体。传统的磁条导航、激光导航技术创新向视觉导航、地图构建等方向发展，基于软件定义的控制系统创新与控制策略创新快速发展，促使物流机器人成为工业机器人领域一个新的增长点，搬运机器人、拣选机器人、AGV、堆码垛机器人、拆垛机器人、包装机器人、协作机器人等新型产品不断涌现，"柔性无人仓""货到机器人分拣""货箱到人"等新型机器人物流自动化解决方案应运而生，成为众多投资方追逐的点亮。新一代信息技术与传统技术及装备深度融合发展。自动识别、RFID、红外感知、视觉感知、触觉感知、全方位读码等多种感知技术已经广泛应用于密集储存、智能分拣、机器人导航和数据采集等领域。随着以5G、人工智能、大数据、云计算、区块链、边缘计算等为代表的新一代信息技术在物流仓储场景下部署实施，与物流装备深度融合，将给现有系统、装备带来颠覆性变革。

从市场需求特征来看，"新"技术装备需求旺盛。当前，我国劳动力成本的增加和城市土地资源的供应紧缺，新建物流中心、配送中心对物流仓储装备的需求发生变化，以自动化密集库、自动输送分拣设备、物流机器人、智能穿梭车、自动装卸车设备等为代表的"新"技术装备需求旺盛，呈现出高速增长的态势。专业化、定制化趋势显现。物流仓储装备服务于国民经济各个行业，应用场景十分丰富，以汽车、烟草、医药、服装、家电、新能源、家居建材、电商、食品、军需等为代表的不同行业需求，促进物流仓储装备行业向专业化和定制化方向发展。制造业拉动作用明显。在国家智能制造的强劲推进下，制造业转型升级成为趋势，带动了物流仓储技术装备市场需求快速增长。作为产品，先进物流仓储装备是智能制造的生产对象；作为工具，先进物流仓储装备是智能制造过程中不可或缺的生产要素，这些因素使得物流仓储装备成为推动制造业转型升级的重要引擎。

从行业变革来看，规模化发展向高质量发展转化。国内物流仓储装备企业以产品为基石，加大技术研发力度，加强核心装备设施研发攻关，物流仓储装备高质量发展，性能和效率都大大提高。系统化、定制化、模块化产品，推动了关键技术装备产业化，大大提升了物流仓储装备质量，促进了高端物流仓储装备行业的发展。自动化、无人化、智能化的高端物流仓储装备给物流仓储装备产业注入新鲜血液，开辟物流仓储装备技术发展的新时代。多学科多领域技术融合创新。传统的机电计算机技术与新一代信息技术集成和组合创新，促使物流仓储装备不断更新迭代，新产品、新模式不断涌现，密集储存系统、货到人拣选系统、高速自动分拣系统、KIVA式机器人集群系统等系统集成化解决方案逐渐成熟，在不同行业领域发挥各自优势。无人机、无人搬运车、自主移动机器人等产品初见端倪，成为投融资追逐的对象。与其他产业协调发展。与制造业联动发展，引入自动化智能存储、智能输送、智能搬运等装备，推动数字化工厂、数字化车间建设，为生产企业建立一体化供应链管理体系提供物流仓储装备支持，助力智能制造落地实施。与商贸企业融合发展，推广应用自动分拣设备、物流机器人、协作机器人、数据采集终端等新型智能物流装备，为流通领域打造新型物流管理方式，提高管理效率，满足急速增加的订单需求。应用大数据、云计算等技术，形成"商贸+互联网+物流"融合发展新模式，促进仓储配一体化仓储配送基地建设，增强物流仓储协同服务能力，提升物流仓储服务质量和效率，降低实体商贸企业的物流仓储成本。

20.3 应用领域

物流仓储装备广泛应用于制造业和流通领域。在制造企业中，物流仓储装备合理管理库存进行调度，将物料在供应链上下游间及时送达，精准、灵活，大大缩短了生产周期，降低了库存物流成本。在流通领域，物流仓储装备可加快周转速度、缩短流通过程、提高物流效率、降低成本、提升企业利润空间。

自动化立体仓库、托盘/箱式密集存储系统、数字化车间物流系统等，采用现代化的物流仓储装备来存放原材料、半成品、成品，广泛应用于制造企业，如汽车、化工、纺织、烟草、医药、家用电器、轮胎、电池等领域。随着智能化、无人化技术的不断发展，智能物流仓储装备在冷链、电商、快递、纺织服装、食品饮料等流通领域保持较快增长。

自动输送分拣系统、AGV、物流机器人、"货到人"及"货到机器人"拣选系统及其他辅助设备等技术的创新应用，使得物流中心仓配一体化水平跃上了新台阶，广泛应用于邮政、电商、烟草、医药、食品、饮料、酒水、乳品、农副产品、图书、服装等流通领域。通过自动化物流仓储装备系统完成输送、搬运、分拣、拣选作业，为多品种、小批量配送业务提供强有力的技术支持与装备保障。

物流仓储装备是物流装备的重要分支，是物流业发展的支撑，是促进国民经济发展的众多因素之一，广泛用于各个行业领域，有力地推动着各行业的发展。

20.4 发展方向

20.4.1 高质量

高质量发展是我国物流仓储装备行业的必然选择。现阶段，我国经济发展进入了新时代，其基本特征就是我国经济已由高速增长阶段转向高质量发展阶段。物流业作为经济发展的重要支撑，其高质量发展将推动经济高质量发展，并成为不可或缺的重要力量，物流仓储装备作为物流业高质量发展的重要载体，在经济高质量发展过程中发挥重要作用。2019年3月，国家发展和改革委员会等24个部门和单位联合印发《关于推动物流高质量发展促进形成强大国内市场的意见》（简称《意见》），从6个方面提出25条具体举措，解决制约物流高质量发展的突出问题，以降低社会物流成本，增强实体经济活力，提高社会经济运行效率，促进形成强大国内市场。《意见》指出了物流高质量发展的重要性，提出要积极推动物流装备制造业发展以提升高质量物流服务实体经济能力。具体包括：加大重大智能物流技术研发力度，加强物流核心装备设施研发攻关，推动关键技术装备产业化；开展物流智能装备首台（套）示范应用，推动物流装备向高端化、智能化、自主化、安全化方向发展。

物流仓储装备产业要大力推进物流仓储装备生产模式、服务模式、创新模式向高质量方向发展；不断加强关键技术创新，提升传统产业的技术装备和生产水平，加强核心装备与关键技术的研发，促进我国物流技术装备产业实现高质量发展；以集成自动化、智能化、柔性化的智能物流仓储装备作为高端装备高质量发展目标，加快信息技术、通信技术等在物流仓储装备中的深度融合应用，推进远程运维信息化管控平台的开发，实现对物流仓储装备的高质量运维服务和管理。

20.4.2 智能化

智能化已经成为我国物流仓储装备行业发展的必然趋势。从技术上来看，基于人工智能技术在物流仓储应用场景的不断探索与实践，越来越多的智能化的技术手段和装备不断投入到仓储物流工作实践过程中，以技术创新推动仓储系统工作模式的优化升级，通过大数据、机器学习等不断实现数据积累与学习，使得智能装备可以为系统提供更加匹配的功能性服务。从政策上来看，物流仓储装备智能化符合国家未来科技创新与行业发展需要。智能物流仓储装备作为生产资料，广泛应用于我国智能制造各行业，已经成为智能工厂供应链环节不可或缺的重要组成部分；智能物流仓储装备作为产品，是我国高端装备制造领域重点关注的产品，市场需求逐年提高。2016年，国家发展和改革委员会印发《"互联网+"高效物流实施意见》（简称《意见》）要求：顺应物流领域科技与产业发展的新趋势，推动大数据、云计算、物联网等先进信息技术与物流活动深度融合，鼓励和促进机器人等先进物流设备应用，实现物流业转型升级。《意见》中首次明确提出：鼓励物流机器人技术开发，促进机器人在物流业的应用，重点突破机器人影像识别拣选、高密度存储机械臂拣选、语音拣选等技术，开展仓内机器人多模式应用。物流仓储分拣、拣选、包装、配送等环节的装备智能化升级将加快进度。

5G、AI、物联网、大数据、云计算、区块链、边缘计算、工业互联网等新一代信息技术对实体经济的影响，以及第四次工业革命的战略机遇期，都将使物流仓储装备迎来新一轮的智能化发展。基于工业互联网、工业大数据的人工智能技术将深刻影响仓储物流领域智能技术的发展，也必将成为人工智能技术重要的应用场景。物流系统集成企业将基于数据挖掘和大数据分析，深度应用信息技术的定制化方案作为未来智能化发展趋势；物流软件企业从关注流程向关注相关算法方向转型，开始介入设备调度算法和人工智能。基于5G的低延时、高带宽、广连接等特点，结合物联网、大数据、人工智能等关键技术，进行远程智能化管理、监控与维护，实现智能仓储、智能园区、智能配送、智能安防。

20.4.3 国产化

国产化是实现我国物流仓储装备高质量发展的必由之路。加强物流仓储装备产业国产化步伐，特别是关键基础件，采取原始创新、集成创新和引进消化再创新等自主创新方式，通过自主设计、研发、制造、管理、经营等环节，获得市场需要的具有自主知识产权的系列自主品牌，并通过自主品牌效应实现自主创新导向的物流仓储装备快速发展。

深耕物流仓储装备技术的国产化，保护现有国有品牌领先优势，加强物流核心装备设施自主研发，推动关键技术装备产业化，注重工控系统的协同创新发展，加快融合系统仿真软件、图像采集处理软件、仓库管理软件、设备调度软件和ERP系统软件等产品的物流管理软件的集成创新研发。通过自主核心技术开发，国际专利申请与保护，积极参与相关国际标准制定，增加国际市场竞争话语权，利用高水平国际展览交流平台展示具有完全知识产权的创新型产品，努力缩小与国外优秀企业间的差距。

20.4.4 安全化

安全化是实现我国物流仓储装备高质量发展的重要基石。物流仓储作为物流运行过程中的一个重要环节，所有的货物在此进行保管与中转，随着电子商务、冷链、医药、化工、军事领域应用要求的不断提高，对货物全物流过程期间的安全管理尤为重要。无论是装备还是信息系统都需要建立完善的安全机制。

现代物流仓储系统作为生产流通环节的中枢系统，其安全性、可靠性显得尤为重要。在日常工作中，既要确保货物在入库、在库、出库作业过程中的安全，又要保证作业人员的人身安全、设备安全，随着大量的计算机系统、工业控制系统的使用，系统网络安全风险也逐渐显现。如何降低作业风险，提高作业效益和系统的准确性，保护物流仓储作业过程中人、财、物、网的安全及可靠运行是行业发展急需解决的核心问题。建立设备运行的保障机制、安全运维系统，建立设备全生命周期的健康管理系统，建立网络、数据安全保障系统，重点发展传感、监控、可视化、通信集成的高端信息集成技术，搭建基于大数据检测技术的仓储物流核心装备故障检测与诊断系统，对装备运行情况进行实时监测。建立可信的追溯体系，实现特殊货物的管理，通过现代技术手段实现物流仓储装备安全化。

20.4.5 标准化

标准化是实现我国物流仓储装备高质量发展的重要保障。物流仓储装备标准化以存储单元器具的标准化为起点，系统地推动物流仓储装备标准化工作进程，逐步对托盘、周转箱、集装箱，各种物流存储、搬运、分拣、拣选和装卸设施、物流中心、条码等通用性较强的物流设施进行硬件装备及软件接口的标准化，努力改善物流设施、设备的标准化运作水平。发挥行业协会优势，积极引导相关企业规范行业行为，倡导社会采购标准化的物流器具和装备。一方面有利于社会有限资源的节约利用，符合国家的可持续发展理念；另一方面，有利于技术的快速迭代和协同发展，促进装备企业集中精力打造优质高效产品，提高系统的规划和服务能力，缩短与发达国家的差距，促进行业良性发展。

20.4.6 绿色节能

绿色发展是国家对装备制造业发展提出的要求，也是实现我国物流仓储装备高质量发展的核心目标。国内物流仓储装备企业以《中国绿色物流技术与装备分类目录》作为指导，推进仓储与配送设备技术绿色发展。不断摸索自主创新，在满足设备高性能、高效率的基础上，采用全生命周期、轻量化、模块化设计方法，设计低成本、低能耗的物流装备才是长久发展之计。

在系统规划方面，关注设备布局与物流的一致性以及与周边环境的协调性。不仅仅关注首次的建设成本，更注重使用成本的降低，充分利用太阳能、风力等自然能源，降低能耗。在装备布局方面，合理利用空间。在调度方面，优化路径规划，提高效率，降低设备磨损。在装备设计方面，充分采用蓄能技术、直流伺服技术、超级电容技术、免喷漆等技术，降低能耗，减少污染。在材料选择方面，充分利用可循环材料，对单元器具和包装物，选择标准托盘、新结构托盘、环保材料托盘、环保周转箱、冷链物流箱等绿色托盘产品，循环共用延长使用寿命，降低能源消耗，创造巨大的绿色物流经济效益和社会效益。

20.5 宏观环境

物流业是支撑国民经济发展的基础性、战略性、先导性产业。物流高质量发展是经济高质量发展的重要组成部分，也是推动经济高质量发展不可或缺的重要力量。当前，我国正处于产业升级、经济转型的关键历史时期，以数字经济与传统产业深度融合发展为特点的新一轮产业变革正在兴起，数字经济正在成为拉动我国经济增长的新引擎。物流产业是国民经济的重要组成部分，应充分利用并把握这新一轮科技革命和产业变革的历史机遇期，加快推进现代物流体系建设，大力发展高度自动化、智能化的物流仓储装备，推动物流行业实现高质量发展，实现自身转型升级。近年来国家相继出台相关政策，引导、扶持物流产业发展模式转变，实现结构优化升级、提质增效；积极推进物流行业国际合作交流工作，大力倡导我国企业参与国际标准制定、民间科技交流等活动；建立科技创新服务体系，加强对物流产业核心技术的研究工作，大力倡导数字经济与传统物流行业深度融合发展，针对我国物流业发展急需问题，形成了一批科技成果，重点关注物流仓储装备首台（套）、自主核心技术研发等重大课题攻关工作。这些都为我国物流业，特别是物流仓储装备产业发展提供了良好的发展环境。

20.5.1 产业规划环境

党中央、国务院高度重视物流业高质量发展工作，由于物流行业业务涵盖范围较广，涉及国民生产各个领域，往往政策出台需多部门协调，主要包括发展改革、网信、工业和信息化、公安、财政、自然资源、生态环境、住房城乡建设、交通运输、农业农村、商务、应急管理、中国人民银行、海关总署、市场监管、统计、气象、银保监、证监、能源、铁路、民航、邮政、铁路等多个部门。近年来由国务院牵头，制定出台国家层面规划9项，发展和改革委员会、商务部、交通部、工业和信息化部等各部门各司其职，针对物流行业发展中出现的问题，制定专题发展规划，先后出台规划、意见、通知、行动方案等若干项，有力地支撑了我国物流行业高效、有序、健康发展。2018—2019年，以促进物流降本增效、高质量发展，推动电商、快递物流发展的相关政策为主。

《物流业发展中长期规划（2014—2020年）》提出，到2020年基本建立现代物流服务体系，提升物流业标准化、信息化、智能化、集约化水平，提高经济整体运行效率和效益。我国物流仓储装备产业发展规划重点关注：现代物流装备体系建设、新一代信息技术与传统物流技术融合发展、人工智能技术物流场景落地应用、物流装备绿色节能、物流装备高质量发展五个方面。

一是推进现代物流装备体系建设。物流装备是物流系统运行的基础，加快推进现代物流装备体系建设是我国物流产业高质量发展的物质保证。加快物流装备标准化进程，积极开展相关国家标准、团体标准制定、推广工作，加快对现有物流装备的标准化升级、改造，积极引导、鼓励企业在生产过程中采用标准化的物流设施和装备，提升物流装备的标准化水平。促进建立专业化物流服务体系，提升装备价值，有序推进物流服务的专业化、社会化进程，发挥市场化手段调节优势，整合社会物流资源，提高物流基础设施、装备的利用率。加强特种行业设施装备建设，大力发展石油、化工、煤炭等涉及国计民生重要特种物资仓储物流设施建设。加强大型物流园区规划布局，有针对性地建设货运服务型、生产服务型、商业服务型、国际贸易服务型和综合服务型的物流园区，加强园区现代仓储物流基础设施建设，以新装备、新技术推动物流服务水平进步，进而带动物流装备产业发展。

二是推进新一代信息技术与传统物流技术融合发展。以5G、工业互联网、大数据、云计算、区块链等为代表的新一代信息技术与传统物流技术深度融合及应用，将深刻影响现代物流技术、装备发展进程。鼓励建设物流仓储配送云服务平台，依托大数据、云计算、5G等信息技术采集物流活动相关信息，运用工业互联网平台，加强对商品流通实施全过程管理，特别是供应链环节所涉及的物流仓储、配送过程，力求实现商品流通利润最大化。鼓励物流仓储企业依法积极利用行业大数据开展经营活动，企业间打通数据壁垒，建立物流大数据平台，鼓励物流仓储企业应用大数据、工业互联网等技术提高企业自身信息化管理能力、提高管理效率和经营水平，切实推动物流仓储企业数字化转型。

三是推进人工智能技术物流场景落地应用。随着人工智能技术不断完善，基于新一代信息技术的现代物流仓储系统将通过传感网络对物流仓储各环节进行实时状态监测和分析，基于大数据分析和智能决策系统最终实现仓储过程的自主管理。鼓励物流企业建设智能化物流仓储设施，在存储、搬运、分拣、包装等作业流程中，应用现代智能物流仓储技术实现作业效率和管理水平的提升，降低仓储物流成本。鼓励有条件的地区、企业率先推动搬运、分拣装备智能化升级改造，加大AGV、智能穿梭车、货到机器人分拣等装备的示范应用及普及推广工作，提升仓内智能化水平。加大5G、工业互联网、物联网、大数据、云计算、人工智能技术等先进信息技术在物流场景下的创新性的研究工作，以智能物流仓储装备为抓手，实现我国物流业转型升级。

四是推进物流仓储装备绿色节能发展。物流仓储装备绿色发展是全球共识，在物流仓储装备产业发展过程中，要认真落实强化绿色物流理念、发展绿色物流生态链。鼓励企业向国际低能耗标准看齐，运用先进物流仓储管理理念，使用信息化、标准化和自动化的物流装备。开展绿色节能设备创新研发，在满足高性能、高效率的基础上，开展结构轻量化设计和节能驱动系统应用，促进物流装备绿色节能健康发展。推动仓储车辆的油改电进程，鼓励开展新能源技术在仓储车辆上的创新应用。推广绿色包装技术，应用绿色包装材料，共享标准单元化载具，降低物流仓储、配送包装物的使用量。加大科技创新力度，加强对延缓产品品质劣变和减少腐损的核心技术工艺、绿色防腐技术与产品研发。

五是推动物流仓储装备高质量发展。构建高质量物流基础设施网络体系，推动国家物流枢纽网络建设，在国家物流骨干网络的关键节点，开展国家物流枢纽布局建设；完善城乡消费物流体系，加强公用型城市配送节点和社区配送设施建设。深化实施高效物流专项行动，积极推动物流装备制造业发展，加大重大智能物流技术研发力度，加强物流核心装备设施研发攻关，推动关键技术装备产业化。开展物流智能装备首台（套）示范应用，推动物流装备向高端化、智能化、自主化、安全化方向发展。提升制造业供应链智慧化水平。加强冷链基础设施建设，开展分拣包装等流通加工业务，发展"生鲜电商+冷链宅配""中央厨房+食材冷链配送"等冷链物流新模式。增强物流高质量发展的内生动力，发展物流新服务模式，鼓励和支持云仓等共享物流模式；

实施物流智能化改造行动,大力发展数字物流,加强数字物流基础设施建设;支持物流园区、大型仓储设施、配送中心、分拨中心等应用物联网、工业互联网技术,实现物流信息采集标准化。

20.5.2 人文社会环境

随着物流业在国民经济中的作用日益凸显,国家相关部门针对经济与物流业长期发展需要,制定相关推动物流业健康发展的一系列政策措施,帮助物流企业实现产业的转型升级,特别是物流标准制定方面,国家及各级协会组织设有全国物流标准化技术委员会、全国物流仓储设备标准化委员会和全国物流信息管理标准化技术委员会等专业组织,归口制修订物流行业的相关标准,规范我国的物流仓储装备产业发展,引领行业的健康发展。

国际联盟的成立与国际的合作交流也极大地推动了国际物料搬运领域在市场、技术、标准等方面的合作,对我国物料搬运技术的提高和物料搬运行业参与世界市场竞争能力的增强,起到了非常积极的作用。近年来各国科技会展的举办,提供了物流交流平台,也推动着物流技术的发展,在我国主办的亚洲国际物流技术与运输系统展览会,向世界展示了最前沿物流技术的同时,也积极配合国家制造强国战略的发展方略,立足推动我国物流创新发展,实现深层次、全方位的交流。

在人才培养方面,我国建立了高校、行业协会、企业共同参与培养模式,推动高校、职业技术学校分级开展学历教育,规范社会行业从业职业资格考试。鼓励企业与高校针对物流专业方向前沿发展、重大技术问题,跨学科合作设立联合实验室,共同培养行业复合型专业技术人才;利用我国现行人才管理制度,面向全球引进物流领域高端领军人才。积极支持行业组织制定深化产教融合工作计划,开展人才需求预测、校企合作对接、教育教学指导、职业技能鉴定等,特别是行业所需高素质劳动者和技能人才培养工作。

随着教育方面资源投入的不断加大,我国物流专业的教育水平不断提高,坚持政府推动、行业指导、需求导向、深化产教融合,围绕国家战略和教育部中心工作,国内也组织开展了系列物流行业活动,例如全国大学生物流设计大赛、全国职业院校技能大赛、高职物流比赛、全国高校物流专业教学研讨会和全国职业院校物流专业教学研讨会等。

20.5.3 技术环境

当前,物流仓储装备行业呈现出技术融合发展、服务模式创新、产业资本集聚的发展特点。新能源、新材料、新一代信息技术、人工智能、冷链等不同领域、不同技术融合发展,不断产生新的技术应用,先进适用技术不断完善,新兴技术在需求拉动作用下得到较快发展,为物流仓储装备行业的发展提供了有利的技术环境。

1. 先进适用技术

自动化存储技术、输送分拣技术、装卸搬运技术、包装复合技术及自动控制、识别感知、远程监控、信息化技术等，一同构成支撑现代化物流仓储装备的技术支持。作为先进适用技术，其兼顾先进性与适用性的优势，所涉及的技术具有较高的成熟度与稳定性、部署广泛且成本合理等特点。因此，这些技术广泛应用于物流仓储领域的各个应用场景中，是物流仓储行业技术的基础。

自动化存储技术利用自动化立体仓库、小件物品存储库、旋转货架库、多穿密集库、新型智能存储货柜等集成系统，可实现物料自动存取和管理，提高物流仓储作业效率。拣选技术随着"人到货""货到人"以及"货到机器人"拣选技术的不断发展，借助RF拣选、语音拣选、电子标签拣选、小车拣选、AGV拣选、机器人拣选等手段，满足快速、准确的拣选需求。输送与分拣技术借助输送设备及各类分拣机，交叉带式分拣，推块式分拣，导轮、万向轮、动力轮式分拣，以及新式滚珠模组带分拣、AGV分拣，完成高速、准确、柔性的分拣作业，满足货物配送上的需求。识别感知技术通过RFID、声音图像识别技术、红外探测与激光导航、视觉与触觉感知等，支撑装备与外界的联络和交互。自动控制技术结合伺服驱动、PLC控制技术、无接触式控电技术、编码认址技术等光机电信息一体化技术，提高设备运行能力和定位精度。远程监控、无线通信技术、计算机信息与网络技术支持装备与工业互联网的连接，实现系统规模化应用。机器人技术在存储、搬运、输送、分拣、包装、装卸各个领域都有所应用，利用视觉导航、自主避障、路径规划等技术，实现自动码垛/拆垛、自动分拣、自动包装及自动装车，实现智能化、无人化物流仓储。装卸搬运技术通过采用新能源叉车、AGV、码垛机器人、装卸输送车等设备，对物料进行搬运和装卸，推动电动化产品的全面应用，助力我国物流仓储行业节能减排并实现可持续发展。无人机技术利用无人机机动迅速、探测覆盖范围广、使用方便、维护简单等特点，实现物流仓储无人化巡检和货物库存盘点检查，并助力仓储配一体化无人仓，利用无人机配送实现末端配送技术的新突破。增强现实技术（AR技术）通过AR目光拣货、AR仓库规划布局、AR搬运导航助力精益物流仓储的实现。

2. 新兴技术

新兴技术是指新一代信息技术，如AI、5G、大数据、物联网、工业互联网、云计算和区块链等新兴技术，与传统物流技术深度融合发展，在不同应用场景下形成了新产业、新模式、新业态。新兴技术与传统物流技术相互依存、密不可分，是推动传统物流仓储技术领域创新的重要抓手。

5G通信技术满足海量低功耗嵌入式传感器的网络连接与数据传输，不仅使万物互联成为可能，而且为基于5G的机器视觉分析、工业AR、无源RFID、云化机器人等应用，提供低时延、高可靠、广连接的无线网络。大数据技术通过挖掘出仓储相关大数据的价值，把它与仓内的各种设备和作业策略结合起来，使物流仓储环节各种物资高效地运转，可提高物流供应链的灵活度、优化产能利用率、提高客户体验、降低风险。物联网技术通过各类感知技术和设备的集成应用，构建物流仓储装备互联互通的智能网络系统，实现对物料和设备的自动识别、检测、定位、跟踪、监控和管理。人工智能技术通过听、看、触碰等传感器，利用深度学习技术及AI算法，使机器人集群不断扩大；语言拣选技术环境适应性增强、准确率提升，可使视觉辅助机器人在堆码垛、拣选精度和复杂度方面提高，远程可视化运维成为可能，让复杂和专业化的设备和系统维护降低难度，可以让人从重复性的体力劳动中解脱出来。加速物流机器人、可穿戴设备、数字孪生、AR/VR等新兴技术与装备在物流行业快速落地，并广泛应用，引领物流仓储装备产业新一轮技术变革。

第21章

我国产业发展现状

21.1 我国产业规模

21.1.1 结构分析

1. 产品结构分析

物流仓储装备按照功能可划分为存储设备、搬运设备、输送设备、拣选设备、分拣设备、信息系统以及辅助设备等，产品结构由货架及存储设备、电动类工业叉车、输送及分拣设备、信息系统以及其他五部分组成。货架及存储设备包含货架、堆垛机等仓储装备行业常用的储存货物的设备，电动类工业叉车是指运行在仓库内专门用于搬运货物的叉车，输送及分拣设备包含输送机、分拣机等设备，信息系统是指物流仓储用到的一些软件管理系统，其他包含包装设备、物流机器人和AGV等产品。

货架及存储设备是物流仓储装备市场销量占比较大的细分产品，在现代立库系统中，以钢结构组合式货架、有轨巷道堆垛机、仓储叉车的组合方式仍占据主流，有轨巷道堆垛机向高、轻、快、精准和节能方向发展，托盘式自动化仓库向高度50m方向发展；以穿梭板、子母车、四向穿梭车为核心存取设备的密集存储系统，市场需求不断上升；自动化立体仓库、密集存储系统、平面自动化储存系统等新兴产品，满足市场不断变化的多样化需求，市场份额将逐渐提高。仓储叉车是物流仓储装备市场销量的主力，以电动平衡重乘驾式叉车、电动乘驾式仓储叉车、电动步行式仓储叉车为主，仓储叉车逐渐向电气化、自动化、无人化方向发展；窄巷道的仓储叉车，辅助各项自动化功能，可以存取的高度逐步提升；AGV叉车依然主要应用于烟草、汽车、化纤等行业，虽有增加但尚未达到大规模水平，随着新能源技术的不断完善，锂电池叉车销量增长迅速，铁电池、氢燃料叉车也有所应用。输送及分拣设备在电商、邮政、快递行业高速发展的带动下，市场份额迅速增加；输送设备向轻量化、模块化、组合式方向发展；分拣则是向多样化方向发展，既有高速的交叉带式分拣、推块式分拣、导轮式分拣、滚珠模组带分拣、悬挂式分拣、AGV分拣，也有端到端的小型货物分拣设备，有固定设备分拣，也有移动机器人分拣，满足不同客户的需求。信息系统及辅助设备，在物流系统的快速发展下，信息系统无疑是装备系统发展的灵魂和触角，WMS、WCS、WES等软件以及智能监控、远程运维、视觉识别、语言处理无不依赖于强大的软件业，各种工控系统以及接口软件，无处不在；RFID、条码等信息辅助工具则是物流系统的基础，自动化的根基，量大而面广。物流机器人是物流装备行业的新秀，无论在储存、搬运、输送、分拣、包装等各个环节都有相应的机器人产品，是新型物流解决方案的主角，如以 KIVA 式机器人为核心结合轻型组合式货架的平面库自动化储存系统，已经在电商、邮政等行业广泛应用，是近年来的发展亮点。物流机器人正在成为物流仓储装备行业的发展方向。

2. 企业结构分析

物流仓储装备企业根据生产经营产品的不同，分为 A、B、C、T 四类，如图 21-1 所示。其中，A 类为设备制造商，生产与物流行业直接相关产品的厂家，如生产存储、搬运、分拣、包装设备等；B 类为检测设备及软件供应商，生产与物流产品配套的厂家，包括生产信息检测设备及软件管理系统等；C 类为零部件供应商，生产如滚轮、胶带等相关产品的厂家；T 类为整机/集成系统供应商，为用户提供整套物流系统方案的厂家。近年来，设备制造商也纷纷向产品多元化、为客户提供解决方案的方向发展，T 类集成系统供应商近年来也逐渐增多。

物流装备企业的地区分布情况如图 21-2 所示，江浙沪、京津冀、珠江三角洲地区的物流装备企业仍然支撑着全国的物流产业，位于上海、江苏、北京、浙江、广东的物流装备企业大约占全部企业的 73.3%，其他地区的物流产业数量也在平稳发展中。

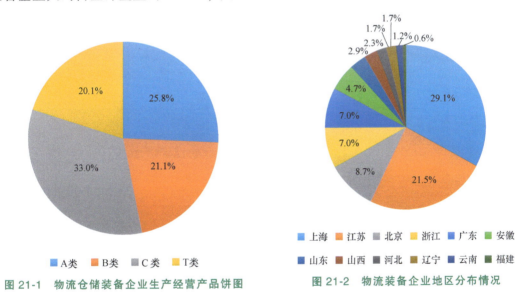

图 21-1　物流仓储装备企业生产经营产品饼图　　　图 21-2　物流装备企业地区分布情况

21.1.2　发展阶段

物流仓储装备发展阶段如图 21-3 所示。我国物流仓储装备产业起步较晚，改革开放以前在计划经济体制下，传统物流仓储时代采取单层仓库形式，储存、装卸、搬运等活动均靠人力辅以机械来完成。20 世纪六七十年代，物流仓储设备设施刚刚起步，1963 年，由机械部北京起重运输机械研究所研制成功我国第一台桥式堆垛起重机，1973 年该所研制成功第一座由计算机控制的自动化高架仓库（高 15m），这成为我国现代物流仓储装备行业发展的起点。20 世纪 90 年代，物流仓储装备产业快速发展，垂直货柜、第一座组合式货架立体库、航空货运立体库相继诞生。进入 21 世纪，第一座物流配送中心诞生，输送分拣开始兴起，随着电子商务的飞速发展、生产自动化的升级，物流仓储装备产业有了飞跃式发展，国产交叉带分拣机、高速推块分拣机、穿梭车等设备诞生，物流仓储自主创新研发，技术全面升级，国内物流仓储企业逐步与国际企业展开竞争。

目前，我国物流仓储装备产业发展环境明显改善，物流仓储基础设施体系不断完善，物流仓储装备处于由自动化和集成自动化向智能化发展阶段。智能制造的全面推进为物流仓储装备提供了广阔的发展空间；集存储、分拣和配送于一体的大型电商仓储配送一体化分拨中心应运而生，密集存储、高速输送分拣系统、"货到人"拣选系统、AGV搬运系统、AGV分拣系统等新型物流技术设备不断涌现；RFID、视觉识别、语言识别、数据采集与处理等现代信息技术提高了物流的现代化水平。

我国已经成为具有全球影响力的物流大国和全球最大的物流市场，物流仓储技术不断发展，伴随着全球化竞争格局的形成，我国的物流仓储技术只能紧跟世界技术发展方向，在智能化道路上积极探索，才能支撑装备产业健康发展，才能与国际物流集成商同台竞技。

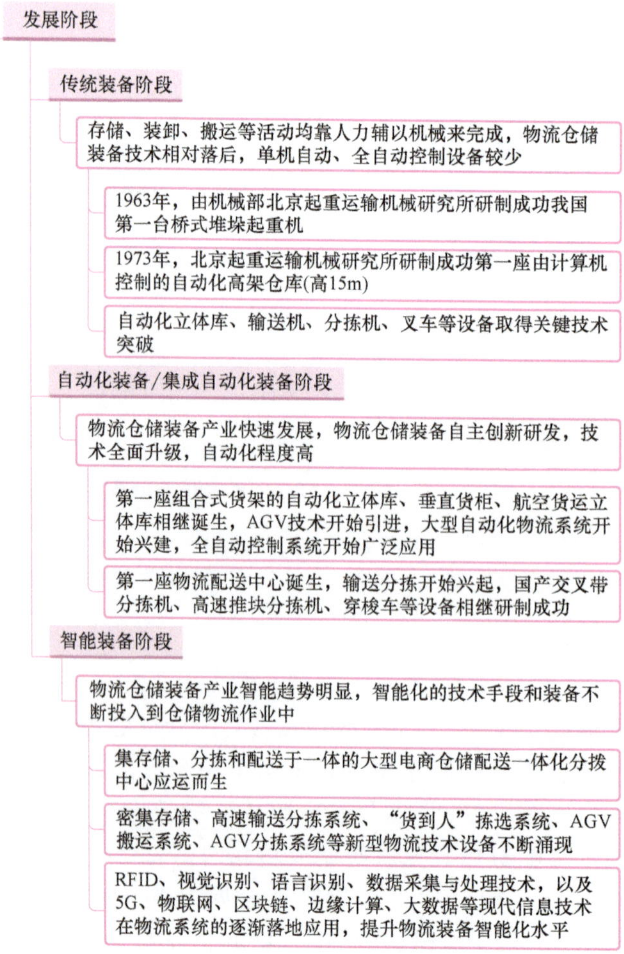

- 发展阶段
  - 传统装备阶段
    - 存储、装卸、搬运等活动均靠人力辅以机械来完成，物流仓储装备技术相对落后，单机自动、全自动控制设备较少
    - 1963年，由机械部北京起重运输机械研究所研制成功我国第一台桥式堆垛起重机
    - 1973年，北京起重运输机械研究所研制成功第一座由计算机控制的自动化高架仓库(高15m)
    - 自动化立体库、输送机、分拣机、叉车等设备取得关键技术突破
  - 自动化装备/集成自动化装备阶段
    - 物流仓储装备产业快速发展，物流仓储装备自主创新研发，技术全面升级，自动化程度高
    - 第一座组合式货架的自动化立体库、垂直货柜、航空货运立体库相继诞生，AGV技术开始引进，大型自动化物流系统开始兴建，全自动控制系统开始广泛应用
    - 第一座物流配送中心诞生，输送分拣开始兴起，国产交叉带分拣机、高速推块分拣机、穿梭车等设备相继研制成功
  - 智能装备阶段
    - 物流仓储装备产业智能趋势明显，智能化的技术手段和装备不断投入到仓储物流作业中
    - 集存储、分拣和配送于一体的大型电商仓储配送一体化分拨中心应运而生
    - 密集存储、高速输送分拣系统、"货到人"拣选系统、AGV搬运系统、AGV分拣系统等新型物流技术设备不断涌现
    - RFID、视觉识别、语言识别、数据采集与处理技术，以及5G、物联网、区块链、边缘计算、大数据等现代信息技术在物流系统的逐渐落地应用，提升物流装备智能化水平

图21-3 物流仓储装备发展阶段

21.2 技术特征

21.2.1 主要核心技术

随着人们对美好生活的向往，对生活品质要求的不断提高，人们的消费习惯发生了改变，个性化、定制化需求的急剧增加加速了消费品的迭代，推动了电商的迅速崛起，分拣与配送需求大幅增加。在工业领域，伴随着传统工业的转型升级、智能制造的快速推进，生产物流的需求也大幅增加。急剧扩大的物流需求，给物流装备企业带来了广阔的发展空间，新技术、新产品、新方法、新模式不断涌现，百家争鸣的繁荣景象呈现在物流领域的各个环节中。

物流仓储技术作为现代物流技术的重要组成部分，是推动现代物流技术发展的重要抓手，是现代物流技术体系的核心资产。以大数据、云计算、人工智能、5G等为代表的新一代信息技术与传统物流技术深度融合发展成为现代物流仓储技术发展的主要特点。主要表现在智能存储技术、智能输送与分拣技术、物流机器人技术、装卸技术、无人机技术、辅助技术、新兴技术等方面的新型设备或新技术。

1. 智能存储技术

（1）自动化立体仓库向密集存储库转变 从原材料到成品，从生产过程到消费者手中，是一个物的流通过程，需要经历诸多环节，其中存储是连接工厂、车间、配送中心、门店的基础纽带，是物流过程中的关键环节。自动化立体仓库与传统平面仓库相比，能有效利用空间，具有更高的自动化程度，在节约土地和劳动力、提高生产效率、降低劳动强度等方面更加具有优势，被广泛应用在各个行业中。

近年来，以托盘为存储单元的自动化立体仓库的规模逐步变大，超过50m高的自动化立体仓库在国外也已经普及，存储货物的品规超过百万。自动化立体仓库核心设备巷道堆垛机由24m向50m高度方向发展，国内已经有多个项目堆垛机达到30~35m。堆垛机金属结构更加轻量化，立柱结构由原来的箱型结构向桁架式演变，重量大幅度减轻，在同样大小的驱动单元的前提下可以获得更高的速度。堆垛机配置防摇算法、辅助同步电动机、利用图形传感器实现二次定位，可以保证在50m的高度内实现精确定位。堆垛机控制上使用能量存储回馈技术，利用超级电容存储下降时的势能，适时补偿运行过程中的能耗，让升降和运行的能量可以合理利用，减少对电网的要求，从而达到降低能耗的目的。

传统的巷道堆垛机式自动化立体仓库，每个巷道都要有巷道堆垛机，仓库中的巷道占据了1/3左右的面积，空间利用率受限。为了提高仓库利用率，达到存放更多货物的目的，高密度自动存储系统发展起来，由此产生了货架+穿梭板+提升机，或货架+穿梭板+布置在端部的提升机的新型仓库模式，通常称为密集存储库。

密集存储库一般由穿梭板负责托盘在平面上的输送，由提升机、叉车或者堆垛机负责货物在高度方向上的输送。背驮式的穿梭板可以移动到托盘底部，将托盘托起后沿轨道方向移动,速度通常为 4m/s 以上。形式上可以是双向运动的穿梭板,也可以是子母穿梭板,子板负责沿巷道方向搬运货物,母板将子板从水平方向更换巷道,完成全巷道的搬运工作。近年来,可进行四向运动的穿梭板得到广泛应用,一台车可以全平面运行,取到同一货架层上任何一点的货物,由计算机系统控制完成全库货品的存储管理,系统柔性大、设备利用率高,对于以大批量出库、存储为主的大宗商品,提供了比传统自动化立体仓库更优的解决方案。

密集存储库由单元化设备组成,可复制性强,系统柔性大,能够随用户业务的需求增减搬运设备,且无须改变货架结构,易于安装与维护,为用户提供了更大柔性和更低成本的解决方案。

(2) 小件仓库的多样化　由于人们消费方式的改变,个性化、定制化的需求增加,B2C 业务的出现,使订单呈现多品种、小批量的特点,传统的托盘单元式存储无法满足存储量大和高速存取的需求,生产和物流的方式随之发生改变。

针对箱类、盒类等小件物品,新的存储模式和装备,如小件物品存储库、旋转货架库、多穿密集库、机器人+货架拣选库、自动货柜等不断涌现。

小件物品存储库将储存单元由托盘改成了料箱,依然由巷道堆垛机完成存取,单元货物变轻、变小,箱式堆垛机为了满足高速存取的需求,可以 2 箱、3 箱或 4 箱同时或分时存取,存取机构可采取货叉式、抱夹式、带式、辊道式、吸盘式等不同形式。目前箱式堆垛机可以达到 24m 高。

旋转货架库针对小而轻的物品存取,在巷道的端头布置不动的提升机,全部货架进行旋转,选定的货格转到提升机处,通过提升机完成入库和出库。此种方式由于存取一件货物,需要全部货架运动,旋转驱动的经济性差,适应性受限。

多穿密集库通常由组合式货架、多层穿梭车、提升机、箱输送线、拣选台、辅助平台(升降平台、控制柜平台和通道检修维护平台)等设备组成,如图 21-4 所示,配有设备调度系统及物料管理系统,同 ERP、SAP 等上位系统连接,实现高密度存储和高效分拣。系统可以按照用户需求的存储量、出入库频率,进行模块化组合和扩展。

多穿密集库的配置基于大量的仿真验算和经验数据,建立在科学的数据分析基础之上,用户投资成本与产出比最佳。组合式高层密集货架是存储系统的存储主体,除了满足存储要求外,货架上安装有小车运行的轨道,精度要求和安装难度远大于普通货架,尤其是四向车转弯处轨道,平面度要求高,是小车高速运行的基础保障。多层穿梭车的结构形式多样,车体轻、车速快、刚性强、定位精,运行速度可达到 4m/s。货叉可采用输送带式、托盘式、抱夹式等多种形式,可变抱夹式货叉可适应不同尺寸货物的

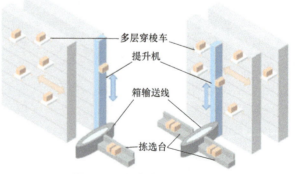

图 21-4　多穿密集库示意图

准确存取。穿梭车采用超级电容的供电方式,能够使穿梭车在作业完成等待命令的间隙完成充电恢复运行,确保穿梭车持续工作。穿梭车可以完美地结合在调度系统中,与物流信息系统(WCS/WMS)进行融合,实现自动识别、存取等功能,发挥最佳性能。监控软件可以实现全程可视化,有利于设备优化、布局、预防性维修和故障的快速处理。多车的调度系统通过高速稳定的通信网络,可以避免网格状金属网络对信号的屏蔽,为穿梭车的正确运行提供可靠的保障。

多穿密集库的多层箱式穿梭车可在多个通道内同时工作,使系统的吞吐能力显著提高,结构设计紧凑,比传统的解决方案占地面积减少30%~50%,可用于高密度仓储,大大增加了系统存储货位。相同空间布局系统中,多层穿梭车系统出入库处理能力比传统仓储系统提升了5~10倍,是近年来发展最快的一种小件仓库模式。

机器人+货架的存储方式是在不高的货架上存储货物,通过机器人在货架底层顶起货架进行移动。货架可以密集排布,适用于轻型货物密集存储,在电商中广泛应用。

无论是标准托盘还是箱件货物,从存储的新模式及新设备组合来看,存储设备趋于标准化、单元化,结构简单,更加依赖于控制和调度系统,而系统则更加柔性化,呈现出模块式组合状态,对周围设施的依赖程度降低,安装更加灵活,易于配置,便于维护,可替代性强。

2. 智能输送与分拣技术

当今的大型物流中心已由原来单纯的存储仓库,发展成为仓储配送一体化的综合性物流中心,分拣达到了和存储几乎同等重要的地位。物流配送中心分拣过程将拣选包装完成的物品按照客户的目的地、配送线路进行集中装车后,将物流中心的货物运往目的地,要求高效而精准。货物的分拣是一项工作量大、效率低、耗费人力的工作,通常由分拣系统来完成。

按照采用分拣设备的不同,自动化输送与分拣技术主要分为两大流派:一个是以输送线、分拣机构成的传统自动化分拣系统,如传统的交叉带分拣机、推块分拣机,新型的导轮式分拣机、滚珠模组带分拣机、悬挂式分拣机等,在产品细节设计、性能等方面不断改进,结合最新的信息技术、物联网技术,向高速化、智能化方向发展。而另一个流派就是自KIVA机器人开始兴起的AGV分拣系统,因其柔性化程度高而越来越受到市场关注。每种设备和技术都有其最适用的领域,根据要处理货物的属性,每种分拣系统都有各自的适用范围,分拣的效率逐步提升,分拣的模式越来越适应市场新的需求。表21-1为各式分拣机的效率与参数对比。

表21-1 各式分拣机的效率与参数对比

类型	分拣速度/(件/h)	质量/kg
交叉带分拣机	10,000~30,000	0.01~75
推块分拣机	12,000~24,000	0.5~30
导轮式分拣机	6,000~7,500	0.1~50
动力轮式分拣机	4,000~6,000	0.1~60

(续)

类型	分拣速度/(件/h)	质量/kg
万向轮式分拣机		0.1~60
滚珠模组带分拣机	4,000~5,000	0.1~35
悬挂式分拣机	5,000	<100
AGV分拣	20,000	<5

(1) 万向轮式分拣　最早的分拣起源于邮政领域，用于分拣信件，后因电商配送中心的兴起，大量的货物需要分拣，发送到目的地，促使分拣技术得以快速更新。分拣机的功能就是将货物从高速运行的主线上，按照不同的目的地快速分离。分拣效率的高低，取决于主线的运行速度和将货物分离出主线的速度，当主线速度一定时，快速分离的时间以及多方向就成为提升效率的关键。众多厂家都在快速分离上想办法，让包裹在高速运动的过程中，改变方向，平稳分离。通常采用交叉带、推块、翻板、导轮式分拣机，在主线45°、90°方向上将物品分离，转向角度固定。新型万向轮分拣设备是导轮式分拣设备的一种，每个设备由若干个输送模块组成，每个输送模块都是由一定数量紧密排列的万向轮组成，每个轮子都可以单独或者成组的运动。在输送模块上的货物，依靠与轮子间的摩擦力，随万向轮向特定方向转动的同时，在其输送运动下将货物移出分拣机。轮组通过直流电动机控制，轮子摆动角度可以为0°~90°任意角度。货物可以直线运动，也可以曲线运动。利用算法设置物料输送路径，就能让包裹按照规划好的路径和时间运行，在极短的时间内将货物从主线分离。由于是依靠底部摩擦，对物品无冲击，可适用于易碎物品的分拣。分拣设备模块化组合，易装配，通用性、互换性强，通过增减轮组的数量，可实现不同长度物品的分拣。此种结构缩短了货物的传输距离，设备布置紧凑，节省了空间资源，并能与输送系统进行无缝对接，完美合流、分流，实现连续大批量全向分拣。

(2) 滚珠模组带分拣　滚珠模组带分拣用塑料的传输带代替皮带，塑料带上有许多自由的小球，正常运行时，小球随着主线方向滚动，球面上的货物沿主线运动，当要改变货物运行方向时，依靠摩擦带底部带动小球朝规定的方向运动，驱动球面上的货物做换向运动。滚珠模组带分拣设备如图21-5所示。滚珠模组带分拣速度高，而且能够适应低温、水洗等特殊环境，具有传统皮带所不具备的优势，应用前景明朗。

(3) 悬挂式分拣　空间利用率一直以来都是仓库或配送中心综合考虑的核心，设备的布局也尽可能由平面向空中发展，形成立体式布局。将地面上的空间让给人或车辆运行。悬挂输送在制造业的汽车装配车间中较为常见，用于车身的搬运、低速运行、便于转配。在物流系统中，也有受控的悬挂小车用于搬运单元化

图21-5　滚珠模组带分拣设备

资料来源：https://www.sohu.com/a/239223457_100199245

的托盘，或是密闭的小车在医院的楼宇中运输药品或检验试样，都是以输送为目的，运行速度不高，少有分拣功能。近年来在服装、电商和快递行业，出现了类似悬链输送式样的悬挂式高速分拣系统，分拣系统布置由地面转向空中。

悬挂分拣系统将货物装在定制的货袋中，每个口袋像衣架一样挂在空中的轨道上，货袋与货袋间按照一定的顺序密集排列，货袋上的吊点都装有条码或 RFID 标签，依照货袋运行的目标，可以通过相关的分岔机构将与目标相吻合的货袋分出，实现分拣。货袋排列密集，运行速度快，可以通过空中轨道实现搬运、分拣和缓存等多种功能。浙江德马科技股份有限公司（简称德马科技）的悬挂分拣系统，每小时输送服装达 9,000 件，分拣大于 5,000 件，可以满足服装工厂的业务需求和电商分拨中心、新零售拣选等订单履行的需求，如图 21-6 所示。

（4）AGV 分拣　传统的分拣系统虽然在技术上不断改进提升，效率不断提高，但是存在占地面积大、大型固定设备多、建设周期长、投资大、对库房要求高、维护成本高、柔性差等弱点。以物流机器人为核心的分拣系统，占地面积小、成本低、互换性强、灵活、低能耗、绿色清洁，在电商、快递等行业广泛应用，成为分拣的一种补充形式。

图 21-6　德马科技悬挂分拣系统

资料来源：https://www.chinaagv.com/news/detail/201811/6831.html

AGV 分拣系统由分拣机器人进行物料的搬运和分拣，分拣机器人的底盘外加翻板或是传送带输送的形式，将物料置于翻板或传送带上，由分拣机器人运送到目标分拣口，物料翻落或移载到分拣口中。可以形象地理解为原有的翻板分拣机，每辆小车都独立运行，也可以理解为交叉带分拣机的小车独立运行，AGV 分拣系统是传统方式和新兴机器人技术结合的产物。整个 AGV 分拣系统的大脑是调度系统，它不仅控制分拣机器人各项动作协调一致，更重要的是与上级系统的数据进行交互，使分拣机器人能够按照规定的路线高速行走，相互避让，准确、有序地将物料运送到目的地。图 21-7 所示为 Geek+分拣机器人。

图 21-7　Geek+分拣机器人

资料来源：https://m.hexun.com/news/2017-12-17/192001804.html 和 https://t.cj.sina.com.cn/articles/view/1881607345/70270cb1001007xpn

AGV 分拣系统效率由分拣机器人的台数决定，用户可以根据业务量的大小来增加分拣机器人的数量。分拣系统对建筑物没有额外的要求，仅需要确保分拣机器人运行的平面即可，安装时间短、投入少、见效快，越来越受到电商、快递企业的青睐。邮政中心的分拣机器人如图 21-8 所示。中国邮政武汉处理中心 4,000m^2 区域内运行了 60 台分拣机器人，分拣效率达到 1.2 万件/h；唯品会华南仓运行了 200 台分拣机器人，分拣效率达到 1.5 万件/h，超过了普通交叉带的分拣能力。

近几年来，输送分拣系统大量应用在电商和邮政、快递行业。主要电商企业仅 2018 年"双 11"期间，全天共产生快递物流订单 13.52 亿件，全天各邮政、快递企业共处理包裹 4.16 亿件。2019 年"双 11"当天，邮政、快递企业共处理快件 5.35 亿件。高效准确的自动分拣设备在电商、快递企业应对高峰订单时起到了至关重要的作用。

图 21-8　邮政中心的分拣机器人
资料来源：http：//www.br-cn.com/home/focus/20171111/97099.html

3. 物流机器人技术

随着劳动力成本的上升，以及人们对生活品质的追求，越来越多的岗位被机器人所替代，物流领域表现尤为突出，在物料装卸、搬运、储存、拣选、分拣、包装、码垛各个环节的作业中，都有机器人承担着重要角色。物流机器人有的发展多年已经成熟，有的则正在起步，还在完善过程中，有搬运叉车 AGV、拣选机器人、分拣机器人、装卸机器臂、拆码垛机器人和协作机器人等。作为近年来物流装备行业中的热点，物流机器人是大数据、AI、工业互联网等众多新技术落地应用和资本集聚的焦点，呈现高速发展态势。

（1）搬运机器人　搬运是物流领域中最基本的功能要求，无论是工厂、车间还是库房，都离不开物料的搬运，搬运通常由各种搬运车辆、叉车来完成，难免会对设备和环境造成损伤，人员长期疲劳作业导致的失误也会造成损失，搬运作业效率和准确率都受到制约，物料搬运的准确性、准时性，以及环境的特殊性、需求的多样性等，促使搬运技术和装备加以提升。

叉车式 AGV 经过了几十年的发展，从单机走向系统集群，技术日趋成熟，如图 21-9 所示。随着近年来传感技术以及信息技术的发展，导航技术与及时通信技术有了大幅度提高。当前通常采用 2D 的距离传感器、毫米波雷达等来检测周围的物体距离和反射信息，配以数字地图分析周围的障碍物，完成具体路径的计算。也有采用光谱相机、立体相机等传感器，通过计算机视觉和图像识别处理来检测周围的安全区域，实现 AGV 在工厂或库房区域内安全运行，避免撞到人与其他车辆，再加以 AI 算法对 AGV 的线路优化，由系统直接调度实现集群控制，通过工业互联网，实现 AGV 与上级企业管理系统和 WMS 的数据共享，完成货物的实施搬运与信息统一。

（2）拣选机器人　伴随着B2C业务的增多，拣选作业量增大，拣选人员的拣选作业是在存储区域按照客户的订单将货物挑选出来，并送到包装区域。每天物流中心的操作人员都在重复着数以千计的工作，耗费大量的人力和时间，因此是物流中心当前人力成本耗费、时间占用最长的作业。拣选速度直接影响订单的执行、物流企业的竞争力，为了缩短订单的执行时间，每一个环节的时长都在想办法压缩，由于这种特殊性，拣选工作的装备和方式发生了一系列变化。

图21-9　叉车式AGV

资料来源：http://shop.99114.com/12040587/pd124494256.html

从人工拣选、RFID人工拣选到语音辅助拣选等拣选设备的不断改进提升，"货到人"拣选、"货到机器人"拣选等新兴拣选方式持续涌现，机器视觉、AI、机器学习等新兴技术也都在分拣环节得以应用。不同的拣选方式适合不同的场景，不断减少拣选作业中不产生价值的操作过程，释放劳动力。

"货到人"拣选台如图21-10所示，"货到人"拣选方式具有提高拣选效率和降低劳动强度等方面的突出优势，受到广大用户的青睐，特别是以拆零拣选为主的电商行业，对拣选效率和准确性要求更高的医药行业，以及对应用环境特殊的冷链行业等领域，都已经大规模应用。

"货到人"拣选的形式多种多样，旋转货架库、多穿密集库、机器人+货架都是典型的"货到人"拣选系统。通常"货到人"拣选在存取货的区域，设有与箱式输送线相匹配的货到人拣选站，符合人体工程学的拣选台和操作屏，辅以灯光指示、电子标签、图像显示等，拣选人员在拣选台处根据指示（灯光、电子标签、图形）取出货物，放入目标箱中，并利用电子标签按钮或者图像按钮，对操作进行

图21-10　"货到人"拣选台

资料来源：https://news.qudong.com/article/515527.shtml

反馈以便于计算机核减库存，完成货物的拣选。拣选台处采取1：2、1：4、2：6的拣选模式，拣选速度可以达到1,000件/h。虽然拣选台符合人体工程学设计，从人的站立、手臂负重、手臂的抬升高度，到弯腰取货的角度等方面都有考虑，人性化设计理念的拣选台和拣选方式，减轻操作员的疲劳强度，比"人到货"要轻松许多，但同样的动作要重复数以千次，仍然是一种高强度的工作，而且准确率也会因为人的疲劳而降低，无法满足7×24h的连续拣选作业。

随着机器人技术的成熟，在拣选员的位置上布置机械臂，利用机器人来拣选，"货

到机器人"拣选由此诞生。拣选机器人利用视觉传感技术识别要拣选的货物,通过网络实现图形数据的分析,以及库存的核减和动作命令的实时传输来驱动机器人拣选,拣选准确率达到 99.99%,并可实现 7×24h×52 周全年无休稳定工作。

机器人拣选如图 21-11 所示。机器人拣选作业可以分解为三步:一是采用条码扫描、视觉识别等技术识别物品;二是依靠不同的夹具来实现物品抓取;三是根据订单要求抓取一定数量的物品。对于不同规格、形状的物品,存放的方式不同,如混放、相互叠放、遮蔽等,增加了机器人识别物品与抓取的难度,通过不同的识别算法和夹具,拣选机器人可以胜任复杂的拣选作业。

目前,"货到机器人"拣选已应用于工厂中,尤其是数字化车间和智能工厂,对小型箱件密集库、自动化立体货柜等自动化线边库,进行零部件物料和标准件的拣选作业,解决了生产工序的零件供应问题。尽管自动化立体货柜处理的 SKU 数量相对较小,拣选量也相对较少,但货物的重量有可能超出操作员的搬运能力,采

图 21-11 机器人拣选

用机械臂与货柜对接,大大降低了操作员的劳动强度,并且机器人到位精准(0 误差),能够精准地抓取并完成货物的拣选。

当前由于机器人、视觉识别的成本较高,"货到机器人"技术应用范围不广,随着技术发展,成本下降,机器人拣选将得到广泛应用,发挥长时间拣选作业优势。

(3)AGV 机器人 自从 2012 年 Amazon 使用了 KIVA 机器人以来,在世界各地掀起了类 KIVA 式机器人的热潮,众多公司纷纷投入研发,开发出多种产品来完成各种各样小件物品的搬运,机器人+货架的典型"货到人"拣选模式迅速发展起来。由小型机器人(通常是背驮式)将存有货物的货架,按照上级系统指令,按照订单顺序,依据地面的二维码信息,进行移动、转向搬运,将货物送到操作人员面前,人工拣选来完成指定订单的拣选任务。AGV 机器人可以在底部穿行,货架能够并排密集存储,比原有的固定货架节省了通道空间。在同样货架高度情况下,实现了更大的存储量。此类机器人的结构简单,二维码导航单机成本低,对软件依赖度大,对现场通信能力要求高。

AGV 机器人集群对于仓库环境要求低,系统规模由企业自行决定,企业可根据需求随时添加机器人,而无须改变系统,AGV 机器人配备不同的移载方式,替代传统物流分拣设备,适合订单多、品种多、作业实时性要求高的电商、快递等行业,成为近年来最广泛应用的"货到人"方式之一。上海苏宁机器人+货架自动库项目,成为该技术在国内应用的一大场景,200 组 AGV 机器人负责小件货物搬运,单件商品的拣选时间为 10s,拣选效率是人工的 5 倍,70 组 AGV 机器人负责托盘货物搬运,机器人载重可达 800kg,机器人貌似无序的运动,实则通过 AGV 自主规划线路来绕开障碍,将货物送到工作人员手中。AGV 系统依赖于强大的算法,系统的优劣取决于路径的优化和订单顺序的排列,是综合能力的体现。图 21-12 所示为苏宁机器人+货架自动货库的 AGV 机器人。

近年来，由 AGV 机器人搬运货架的"货到人"拣选模式衍生出了"货箱到人"的新型解决方案。搬运货箱的 AGV 机器人和阁板货架相结合，通过 AGV 上可垂直升降的载货台，存取阁板货架上的多个料箱，搬运至机器人拣选系统，减少了 AGV 的无效跑动，提高了总体效率，减轻了劳动强度，降低了人力成本，目标精准，负载重量轻，运行平稳，拣选效率高。图 21-13 所示为海康威视"货箱到人"AGV 机器人。

图 21-12　苏宁机器人+货架自动货库的 AGV 机器人

资料来源：http：//www.big-bit.com/news/262307.html

图 21-13　海康威视"货箱到人"AGV 机器人

（4）码垛机器人　无论在货场还是在仓库，货物的堆放都需要按照一定的规则，以方便辨识、搬运、存储和管理。堆码和整理的技术，一直以来消耗着大量的人力，尤其是实现自动化存储与搬运以来，对堆码的要求有很大的提高，再娴熟的工人也难以满足机器设备和日益增加的高效要求。因而，码垛环节在早几年就实现了机器人码垛，尤其在生产线上，码垛机器人几乎成了标配。图 21-14 所示为混合码垛示意图。

码垛机器人可以实现对物料进行自动的堆垛与拆垛。根据物料的性质、形状不同，通常六轴机器人配备不同的夹具来完成码垛作业。机器人结构简单、适应性强、配合生产节拍，一台机器人即可以满足多条生产线码垛的需求。常见的形式有固定式或移动式，移动式更加灵活，满足多产线多工位需求，最大限度地发挥机器人能力。随着企业的集团化，生产能力的规模化，码垛机器人可以节约人力资源，提高生产效率，满足现代工业高节拍的需求，因此得到了高速发展。目前码垛机器人已经进入企业物流中心，帮助人们脱离重复性强、消耗体力的码垛工作。

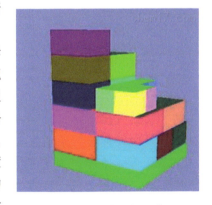

图 21-14　混合码垛示意图

资料来源：http：//supply.hbzhan.com/sale/detail-11995001.html

为满足产品多样性的需求，企业生产的节拍向柔性化、智能化转变，以往一条生产线能够生产一种产品，而产品的切换并不频繁，而如今生产线向生产岛转变，不同的产品可以同时下线，包装码垛的单元不再是单一产品，而是多品种。同样，在物流中心对于门店的配送，不再是单一品种的集中配送，而是呈现出多样化的需求，为了节约运输空间，满足空间和运力的需求，同箱和同托盘上混装情况增加，对码垛机器人提出新的、更高的要求。

对于混合码垛的垛形，码垛机器人首先根据不同物品的外形、重量等物品属性，结合物品的外形尺寸、包装方式、重量等参数，经过复杂的计算，规划需要加载的托盘，合理设计码放垛形，避免易碎、不耐压商品损坏，保证垛形稳定，考虑多方因素后，输入计算机系统，形成目标方案；再按照生产的节拍，设计码垛机器人的动作行程，传输给机器人，实现码垛。这种新形式的出现，扩大了机器人的应用范围，提高了配送中心的吞吐效率，同时可以优化托盘码垛密度，减少托盘数量，节约企业的运输成本，满足现有生产柔性化的需求。

码垛机器人的生产企业主要集中在广东、上海和江苏，主要应用在3C电子、金属制品和化工、汽车领域。2019年我国码垛机器人的销量为7.3万台。未来，码垛机器人的发展不仅仅是自身的自动化程度的提高，简单地代替人工，更要与上下游系统合理匹配，多功能码垛机器人将会更多地出现在物流场景中。

（5）协作机器人　协作机器人（UR）作为一种新产品，近年来正逐渐应用于工业制造行业各领域中，尤以3C电子、汽车及其零部件、科研教育领域应用居多。协作机器人的最强大优势在于充分考虑操作员的安全性，它能与人共处，既能完成高度重复的工作，把人们从枯燥的重复性劳动中解脱出来，又能代替人类从事具有一定危险性的工作，突破不适应环境的限制，增加作业安全性，提高工作效率。协作机器人将精细、智能、安全等人类担心的问题，逐一解决，协助人类提升生产和物流过程中处理问题的能力，越来越多地应用于物流仓储领域的分拣、码垛、搬运、包装等作业中。

协作机器人有固定的机械手、加载在机器人上的机械臂，也有双臂机械人等，其外观简洁直观、精度高，可以视为对人类作业的补充，同时安装有视觉、触觉传感器，更便捷、安全，易操作，可满足人类劳动力不足、高工作强度的需求，辅助人类工作。

图21-15所示为新松机器人自动化股份有限公司（简称新松）的协作机器人。

协作机器人以其高柔性和灵活性，在电商行业物流仓储中发挥着越来越重要的作用。在2018年的"双11"期间，协作机器人就在快速分拣和配送中承担了重要角色，代替人工拣选，配合操作员作业解决物流配送中心拣选环节大量投入人力的问题，提高了物流配送中心的整体效率。对于拣选作业占比70%以上的物流配送中心，协作机器人配合拣选无疑是一种有效的解决方案。湖北某大型物流中心仓库中，4台UR构成的柔性拣选系统，拣选准确率达到99.9%以上，分拣速度高达600件/h，省略了复核环节，并节省了时

图21-15　新松机器人自动化股份有限公司的协作机器人

资料来源：https://robot.ofweek.com/2018-07/ART-8321202-8120-30246257_2.html

间和人力。

综合上述，物流领域是机器人发展最快的垂直领域，搬运机器人、拣选机器人、码垛机器人、协作机器人在货物的搬运、拣选、分拣、码垛等过程中，都带来人力成本的下降和工作效率的提高。近年来，物流机器人热度不减，一直是企业投资的焦点，2018年有17家物流机器人企业获得投资，如Geek+凯乐士、智久机器人投资金额都超过亿元。2000年以来，物流机器人领域全球申请的专利数中，几乎都集中在我国，有3,000件之多。未来，随着技术的发展和快速迭代，机器人单品将向综合系统方面发展，以满足各个环节的需求，创造出新的业态和模式，从物流中心到最后1km，都将向无人化、智能化方向发展，引领行业升级。

4. 装卸技术

仓库中自动化设备越来越多，但货物的集装运输和自动化存储配送间的衔接，避免不了货物的搬运装卸，装卸站由于环境的不一致，货车和拖车形状、尺寸和容量不同，物品的装载方式不同，在这种可变环境下应用基于机器的解决方案非常困难。在物流中心的站台上，常常看见装卸车辆的等待队伍，采用合适的装卸设备，缩短因装卸带来的等待周期是大家一致的目标。

最常见的装卸设备是伸缩带机，能够自由伸缩到集装箱内，工人将箱件货物搬运到输送带上，伸缩带机适应实际工作环境，调整伸缩长度，将货物在集装箱和仓库之间进行输送，避免工人频繁往返搬运物料，缩短装卸车的时间，降低工人的劳动强度，减少货物的损伤和损坏率，保证货物安全出入库。近年来已有机械臂外装在伸缩带机前端，用机械臂吸取货物，辅助人工进行搬运，同时货物放入输送带后，被自动检测到外形及相关信息，传送到计算机系统中，省去了人工录入的过程。未来，随着成本的降低，此类机械臂辅助的伸缩带机将逐渐得到应用和普及。图21-16所示为顺天自动化伸缩带机。

5. 无人机技术

虽然仓库的库存管理已经由计算机代替人工记账，但是经过一段时间仍然需要进行库存盘点，这是一项非常简单、重复性很强的工作，耗时且枯燥，急需操作简单而费用低的设备来代替人工作业。

在传统自动化仓库中，人们利用巷道堆垛机来进行盘点，将货物取出再放回，或是利用装在机器上的摄像头往复运行，读取信息或拍照留存，来获取单元货位内的物品信息。但受限于现场的总线传输速率，图像的传输往往只能依靠存储器传递，而非自动。

图21-16 顺天自动化伸缩带机

资料来源：https://www.stianchina.com/product_view.asp?id=172&class=5

随着无人机技术的成熟，利用无人机对库存进行盘点已经成为现实。无人机能够从固定的地点起飞和降落，依据电池的能量来维持飞行，无须强的GPS信号，利用WiFi就可以实现稳定飞行，通过传感器来感知环境，自主躲避障碍物，从货架上方飞过，完成不同巷道间的转换。无人机按照预先设定好的路径飞行，由摄像头进行拍照或扫描记录货物的图像，传输回地面的控制中心，与WMS相连完成数据的对比和校验、业务的触发，自主地完成库存清点，可以通过云存储进行图像的传输，并可直播给客户。

利用无人机还可以进行仓库消防安全巡检。无人机可以利用自身搭载的相机、红外热成像、气体检测模块等，对仓库内部进行实时监控，检查仓库内的照明设备、电源、烟雾报警器的工作情况，作业及消防工具的摆放情况，门、窗、天窗的开关情况等，提前发现仓库内的消防隐患，火灾发生时可以进行定点灭火弹投掷，火灾发生后可以协助工作人员进行处置。通过这种智能物流巡检方式，对仓库内热源情况进行监控，确保货仓的消防安全。

虽然无人机技术刚刚起步，仍有待进一步提高，但无人机盘点、仓库消防安全巡检不失为无人机技术在物流仓储作业中的良性解决方案，有利于良好的库存管理和安全的仓库运营。未来，随着物流仓储的不断发展，无人机的大规模室内应用将成为必然，带给物流仓储智能化的提升。

6. 辅助技术

人们的工作，除了有机器代替以外，常常借助于一些辅助设备或手段，来减轻劳动强度和提高劳动效率。在物流领域，有许多可穿戴设备辅助人们工作。

（1）智能语音技术　可穿戴语音拣货是近年来新兴的一种拣货方案，核心优势是作业准确率高、速度快，可帮助仓库SKU数量庞大、种类多的企业摆脱仓储作业效率低、出错率高的困境。

可穿戴语音拣选设备是由符合人体工学设计的耳机以及支持文字语音转换技术的高级软件组成。语音系统指引操作员前往作业地点，引导操作员按步骤完成拣选、补货、维护和维修等任务。语音系统可以根据仓库管理系统的任务转换为语音，并转达给仓库操作员，指导操作人员按照系统规划好的路径按部就班地取货，完成后，操作员可通过传声器进行口头确认，库存信息也通过口头信息转换成数据传回主机系统，实时更新生产和库存作业情况。

语音拣选如图21-17所示。可穿戴语音拣选设备的使用，可以解放操作员的双眼和双手，操作步骤得到极大简化，在苛刻的仓储和配送中心环境下，操作者在视觉上更加专注于已分配的任务，而不需要键控输入到扫描单元，因而消除了键控操作的失误，工作效率可以提升30%。某企业实际仓储应用的霍尼韦尔语音拣选方案，操作员可在每小时完成80~100订单行的货品拣选，部分操作者每小时可达到120订单行以上，操作员严格按照系统规划的路线和方式进行操作，杜绝了一些错误的操作方式，从而提高拣选准确率。

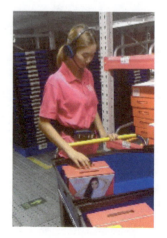

图21-17　语音拣选

资料来源：https://www.sohu.com/a/204232741_343156

随着神经网络技术的应用，可穿戴语音拣选设备的语音识别性能提高，已经能很好地适应仓管嘈杂的环境，并能和各种类型的主机系统集成——与企业资源计划、主要仓库执行系统和仓库管理系统等对接，确保了企业系统的通畅和一致性。

（2）视觉识别技术　在物流系统的拣选活动中，拣选工作者除了有可穿戴语音拣选设备辅助以外，还可以佩戴眼镜，通过眼镜上的显示器和扫描器识别信息。眼镜通常结合了摄像机、增强现实、传声器、条码扫描器、无线发射器等多种设备于一体，完成人与数据的交互。

智能眼镜+语音相结合，在包装场景中，使用智能眼镜的语音指令可以与眼镜的图像捕捉相结合，以获取数字图像，证明正确包装并且无损坏，提升效率。在工程系统中，语言识别+视觉可以简化设备维护和检查工作。对于大型系统，机电设备正常运行至关重要，每一分钟停机都会给运营生产造成损失，因而许多公司制定了严格的监控流程，配备了管理人员和维修人员。物流系统虽有众多的专用设备和诸多的环节，仍然无法应对设备的停机，仍需要掌握专业技术知识的专业人员进行维护。为了提高时效性，通常利用语音+视觉识别技术的远程运维技术，利用视觉将所看到的实际场景回传到控制中心，在专业人员的指导下，普通的检修人员也能达到专业的水平，通过语音指导，逐步完成维护、检修。在确保合规的情况下，最大限度地缩短计划内和计划外的停机时间，给企业带来更多的便利。

（3）AR技术　近期爆发的AR技术，将给制造业、物流业带来根本性的变化。AR可以将全息图像和指令叠加显示，让现实物理世界中的人可以看到更多虚拟世界的东西，让虚拟和现实场景进行结合与互动，给专业设备的操作工人带来非常实用的操作指南。

AR眼镜一般具有摄像头、全息投影屏幕、定位仪、陀螺仪、距离传感器、语音交互、手势交互等功能。佩戴AR眼镜，可以根据佩戴者眼睛所看的方向，来驱动摄像头进行扫描，再通过全息投影技术，将显示与实物场景完全融合嵌入。佩戴者可以身临其境地感受到现实场景，并结合自己的手部动作完成工作。如在仓库中的拣选工作，可以根据标记在货物上的数据多少来拣货，并配有语言提示，实现语音、眼睛和手势识别进行交互反馈来完成指定的作业。基于AR的技术指导系统，减少了生产过程中操作人员查阅资料的时间，给予实时指导，可以提升复杂流程中的作业效率。AR可以缩短一线工作人员的学习曲线，显著提高生产力，也可以用于新员工的培训，可将培训时间大量缩短，快速上岗。

AR技术的应用可将信息化引领的作用极大地释放。在物流的规划及仓库的布局上，AR可以让设计者有参与感，看见未来的布局，实现可交互数字模型。戴上智能眼镜，用户走进虚拟环境体验即将建成的仓库如何布局，按流程亲自操作，身临其境地感受，能够帮助用户甄别未来系统的规模是否合理，是否符合他们的初衷，是否契合现实中的流程，便于对设计方案提出修改意见，降低布局不合理等风险，对用户投资帮助很大。

AR技术是物流领域企业纷纷看好并投入研发的先进适用技术。技术层建立在AI、视觉、网络、通信等相关技术发展基础之上，目前未能在现实场景中大规模应用，但随着 5G 等技术的推进，未来将会在市场层面得到提升。

（4）外骨骼机器人　物流仓储装卸过程中大量的工作还是需要人工完成，劳动强度大、工作条件差，一般仓库工人，每日弯腰至少 300 次，物流高峰时期劳动强度更大，频繁的弯腰拿取商品，造成得腰椎病的人很多。当前在装卸环节无法用机械代替人工，人们需要借助辅助装备以减轻劳动强度。近年来，由辅助病人康复治疗、减轻人体骨骼支撑重量的一种可穿戴设备发展而来的外骨骼机器人出现在物流仓储环节中，助力人工完成搬运作业。

外骨骼机器人是一种能够增强人类能力的可穿戴机电设备，它通过气动、液压或电子元件提高人的力量和耐力，在工业、医疗、军工等领域已有应用。2018 年 "6.18"期间，京东推出了为减少仓库工人劳动强度而研发的二代外骨骼机器人。

外骨骼机器人分为机械助力外骨骼机器人和伺服驱动/电助力外骨骼机器人。外骨骼机器人融合传感、控制、信息和移动计算的综合性技术，以人的运动带动机器运动为主，通过齿轮高转矩电动机等精细部件将重物传到地面，减少对人体力的消耗。通过力传感器、位置传感器收集使用者的运动意图，通过检测到热的身体姿态，从而跟人配合、跟人运动，延时不超过 1s，然后通过算法决定给人的助力的方向和大小。对于高强度的负重搬运工作，外骨骼机器人可以给搬运工人提供很好的助力，在长时间的高效工作中保护他们的身体，节省工作人员的体力。图 21-18 所示为京东外骨骼机器人辅助搬运。

图 21-18　京东外骨骼机器人辅助搬运
资料来源：http://www.shejipi.com/355028.html? utm_source = tuicool&utm_medium = referral

目前，外骨骼机器人的行业应用仍处于初期阶段，随着人口红利的消失，将促进工业用外骨骼机器人在汽车装配、物流行业中的应用。我国研究外骨骼机器人相关企业已经开始跑步前进，随着深度学习、神经网络算法技术的成熟，外骨骼机器人将会得到进一步的发展。

7. 新兴技术

新兴技术随着科技的进步应运而生，以 5G、物联网、区块链、边缘计算、大数据为代表的信息技术，助力智能制造、智慧物流等领域，正逐渐地改善人类的生活，提高社会各环节运作的效率。新兴技术在物流行业，尤其是物流仓储领域应用广泛。

新兴技术在物流仓储环节相互交叉应用。菜鸟的未来智慧物流园区基于物联网、边缘计算等技术，实现未来智慧物流园区的高度数字化；顺丰将带有 RFID 标签的包裹与 AGV 连入物联网，通过大数据处理技术，实现仓储的智能件量预测、网络设计接驳规划、装载率测定、运单识别、装卸检测等应用；利用区块链技术并有效结合 RFID、GPS、传感器、条码等物联网技术，可以增加电商仓储管理流程的透明度，保障仓储信息的安全，实现对出仓、入仓货物的有效实时监控，从而减少查找、识别、追踪货物的人力成本、时间成本；物联网、5G、边缘计算技术的结合，可以实现仓储多 AGV 的协同，在大规模场景下相互避障，高效完成任务。

（1）5G 技术　5G 技术不仅是当前舆论的焦点，更是目前世界争夺的技术焦点。纵观通信技术的发展，移动通信几乎是 10 年一代，每一代的通信速率都是上一代的 1,000 倍。从技术上来看，5G 比 4G 的基站做得更密，发射频率更高，范围更小，每个客户能够接受的带宽更宽；5G 比 4G 使用更大规模的天线，峰值速度较 4G 提高了 30 倍，用户体验数据率提升了 10 倍，频谱效率提升 3 倍。5G 具有高可靠、低时延、广覆盖、大连接的特性，在数据传输、移动性、传输延时以及终端连接数量方面的技术优势将推动着万物互联，给工业应用带来机会的同时，也推动着物流领域的技术发展。

5G 技术凭借高速传输可以解决 AR 在物流行业应用中的大量数据的传输问题，5G 技术具有的带宽能够让 MIMO（Multi Input Multi Output，多输入多输出）技术确保通信技术稳定，其对移动边缘计算的支持，能够支持更多、更真实的视觉显示。5G 技术可以支撑仓储大规模机器人的实时协同工作，突破传统传输的限制，解决 WiFi 传输的漫游问题，实现基于云端的机器人大规模系统调度和生产。5G 技术还可以让物流仓储系统中的无人叉车变得更加智能，低时延的通信速度可以让无人叉车实时感应、安全识别、多重避障，可以让多台无人叉车组建叉车车队系统，使整个仓储智能装备向规模化、高速化方向发展。

5G 同样可以实时监控货物从仓库到装车，以及运输到最终目的地用户接收的全部过程，让每个环节的数据都具有实时性，让用户一目了然。物流行业中装卸、运输、收发货、仓储等各个环节的物流工作将逐步无人化，5G 通信技术将促使物流领域降本增效，推动产业的革新升级。中国宝武钢铁集团有限公司的上海宝山基地借助 5G 网络，为无人重载车提供导航服务，使得单卷作业速率提高了 3.5min，管理人员从原来的 130 人降到 30 人，降低了运营成本，提高了运输效率，充分体现了 5G 在生产物流领域的优越性。

5G 加速物流数据计算平台。5G 高带宽的特性使得基于大数据和云计算的"云物流"架构变得更加实用。在新一代物流中，物流节点的数据计算分为集中式计算和移动边缘计算，这两种计算方案相互结合解决了物流中数据难以准确计算的难题。同样，对应的数据存储方案也具有集中式和分布式两种，它们相辅相成，相互促进。5G 在新一代物流计算方案中能够提供边缘计算的高速通信，同样海量接入的特性也使得边缘计算和集中式计算可以无缝融合。

5G 技术助推智慧物流发展。在物流的运输和配送环节，5G 技术可实现自动化运输、无人驾驶等；在物流的仓储环节，5G 技术可对仓储物进行高效的智能分拣、智能定制仓储环境及库容管理；在物流的包装、搬运等环节，5G 技术可广泛应用于智能机器人；在物流信息环节，5G 技术可实时跟踪物流信息，实现高效化管理。5G 技术应用于物流园区，可实现园区内高智能、自决策、一体化，进行运输车辆路线自动计算及车位优化匹配，实现人、车、库、设备等的物物相连，人机交互的高效调度。

（2）区块链技术　自2019年10月举办的中央政治局第十八次集体学习时强调"要把区块链作为核心技术自主创新的重要突破口"后，在2020年5月末召开的全国两会上，区块链再度成为热点话题。全国两会上区块链的焦点主要在于如何将区块链技术与产业相结合，令其能够落地。

尽管近年来区块链技术研究十分火热，但实际上它并不是一项新的技术。区块链最早起源于2009年的比特币，是比特币的底层技术。目前尚未形成行业公认的区块链定义，狭义地讲，区块链是一种按照时间顺序将数据区块以链条的方式组合成特定的数据结构，并以密码学方式保证的不可篡改和不可伪造的去中心化共享总账，能够安全存储简单的、有先后关系的、能在系统内验证的数据；广义地讲，区块链技术是利用分布式节点共识算法来生产和更新数据，利用自动化脚本代码（智能合约）来编程和操作的一种全新的去中心化基础架构和分布式计算范式。简单来说，所谓区块是一个一个的存储单元，能够记录一定时间内各个区块节点全部的交流信息；所谓链是指各个区块之间通过密码学相关算法（如哈希算法）实现连接，使得后一个区块包含前一个区块的哈希值；随着信息交流的扩大，区块与区块相连接就形成了区块链。

区块链的本质是一个分布式的、去中心化的共享数据库，具有去中心化、时序数据、不可篡改、全程留痕、可以追溯、集体维护、公开透明等特点。目前关于区块链的研究主要集中在技术研究与应用场景研究两个方面。就技术研究方面，学者们主要围绕区块链技术的基础模型、基本原理和关键技术展开研究，其中关键技术包括数据加密与时间戳技术、分布式组网机制、数据传播机制、数据验证机制、网络节点的各类共识算法、智能合约技术等；就应用方面，区块链主要可以应用于数字货币、数据存储、数据鉴证、金融交易、资产管理和投票选举等领域。

各大物流企业都在积极探索如何将区块链应用在物流行业中，目前主要应用于物流各环节、供应链各企业间的信息数据方面。

从物流信息安全角度来看，区块链技术可以使得物流相关企业与客户的信息不被泄露，提高其安全性。目前，物流企业的信息平台建设正在从相互孤立走向整合，例如阿里巴巴正通过建设菜鸟网络平台努力打通市面上各物流企业的信息壁垒，实现物流企业间信息的共享，以整合物流资源、提高社会物流效率，但由于整合了多家物流企业的数据信息，相比过去分散的模式，这种中心化的数据平台不可避免地会提高数据信息泄露风险，采用区块链技术可以有效避免这个问题。区块链技术可以实现数字交易而无须存储或与任何人分享数据。作为一种公开、完全去中心化、分布式的网络，区块链允许第三方在不可变账本上以防篡改方式对加密数据进行存储。物流企业与客户的数据被存储在区块链上，只有特定的人有权限访问加密数据，且在交易的过程中无须共享任何数据。区块链技术可以说是信息安全的革命性解决方案。

从物流信息溯源角度来看，区块链技术由于采用的是带有时间戳的链式区块结构存储数据，为数据增加了时间维度，因此可以使信息具有极强的可追溯性。供应链各节点企业虽然时刻协同合作，但是各企业产生的离散数据节点并未打通，使得供应链存在信息孤岛，信息难以追溯。针对该问题，区块链技术可以利用分布式储存与智能合约来实现供应链从上游原料供应商到下游零售商的所有业务流程信息上链并提供信息追溯服务。针对某些对信息可溯源要求较高的物流领域，如跨境电商物流、跨境医药物流、食品物流等，区块链技术拥有极大的潜力与应用价值。例如天猫国际与阿里巴巴菜鸟物流联合宣布，已经开始使用区块链物流技术进行物品追踪溯源，通过上传和验证跨境进口货物的全部链接信息，整个过程涵盖商品采购、生产、存储、运输、第三方检验和清关等货物进口过程。此外，还可以将区块链技术应用在电子仓单流转平台上，可有效实现仓单的查询以及仓单交易详情的追溯性并确保匿名的透明度，支持仓库、金融机构和交易平台等多个参与方在线上协作完成仓单发行、仓单融资和仓单流转，维护供应链融资业务的安全。

从物流信息保真角度来看，区块链技术带有时间戳、由共识节点共同验证和记录，不可篡改和伪造，这些特点可以保证物流信息不被篡改。例如采用区块链技术可以永久地安全存储由政府机构核发的物流相关从业许可证、安全许可证等；采用区块链技术可以记录物流公司之间、物流公司与客户之间签订的各项合同等。区块链技术可以在任意时间点方便地证明某项数据的存在性与真实性。

从物流信息处理效率角度来看，区块链技术可以实现无纸化办公，提高信息处理效率。目前我国的物流业虽然发展迅速，但是还没有完全实现无纸化办公，有时候手续繁杂、耗时，影响效率。之所以不能完全实现无纸化办公，是因为担心重要数据被篡改，从而产生纠纷。以已经迈向无纸化的仓单市场为例，大部分仓单管理系统都是以第三方平台的信誉做担保，这会产生风险防控问题；倘若某些平台以自己中心化地位，谋取私利，发行假仓单或在仓单数量上做手脚，势必会对整个行业的诚信体系造成严重损坏。而区块链技术是采用密码学的方式构建不可伪造的去中心化总账，借助分布式系统各节点的工作量证明等共识算法形成强大算力来抵御外部攻击，有效地保证了区块链数据的不可篡改性，从而能够完美地解决上述问题。

区块链作为一种安全、高效的数据存储底层技术，拥有无限广阔的应用前景，将来会出现在人们生活的方方面面。

（3）物联网技术　物联网（Internet of Things，IoT）被看作是信息领域的一次重大变革与发展机遇，其基本思想是起源于20世纪90年代末的美国麻省理工学院自动识别中心。最早的概念是以物流系统为背景提出的，以RFID系统取代传统的条码，把物流相关商品通过射频识别等信息传感设备与互联网连接起来，实现对物流系统的智能化管理。2005年，在突尼斯举行的信息社会世界峰会（WSIS）正式确定了"物联网"的概念。目前"物联网"还没有一个广泛的共识的定义，不同学者从各自研究领域出发给出了不同的理解。大体上而言，物联网是通过传感设备，按照通信协议，将不同物品数字化，借助网络在物品之间、物品与人之间、物品与人与环境之间高效交互，实现智能化识别、定位、跟踪、监控、综合管理等职能。

物联网起源于物流，也必然可以为物流业的发展发挥更大的作用。

从物流新业态角度来看，借助物联网技术，相关企业可以获取大量与物流相关的数据，这使得许多公司开始探索通过向第三方出售数据来获利的机会。物联网也是数字产品创新的核心，借助物联网，物流企业也可以推出数字化产品或服务，创造新的数字化产品和体验。2019年5月，菜鸟宣布，将基于数字孪生技术、AI技术与物联网技术和行业共建物流物联网开放平台，该平台可以接入任意设备，实现仓储、运输、配送和驿站代收等物流全链路数字化、智能化升级。

从物流供应链角度来看，以物联网连接为中心，可以将供应链所有利益相关者（如供应商、承运人、仓库）连接起来，使物品信息、物流信息在整条供应链上下贯通，实现企业供销两端的无缝对接。物品信息包括实时位置、温度、湿度、运动状态、重力以及其他重要数据；物流信息包括运输车辆或货轮的驾驶员、油耗、位置、速度、温度以及储存仓库位置、温度、湿度等数据。借助物联网技术，可以实现物品状态信息的互通有无、实时共享，方便从供应链角度对物品状态实时监控、溯源，对突发情况的及时响应等，进而提高物流管理效率。

从物流仓库分拣角度来看，物联网技术可以提高分拣效率。以盒马鲜生为例，为方便拣货员分区拣货，盒马鲜生每个商品必须贴上电子标签，从而实现SKU、库存、价格、促销等线上线下的数据同步。在射频分区拣货过程中，拣货员以移动终端扫码电子标签完成商品分拣。扫码后的商品在悬挂后几十秒快速周转至后台，以实现合单派送。最后派发至配送人员手上进行配送。整个过程大概只需10min就可完成，物联网电子标签技术在其中发挥了提升物流效率的重要作用。

从物流运输角度来看，物联网技术对提高运输效率，尤其是提高冷链运输水平起着至关重要的作用。2016—2018年间，我国生鲜电商整体市场规模稳步增长。在2020年年初疫情影响的助推下，生鲜电商羽翼渐丰。虽然我国冷链产业已经有了长足的进步，但毕竟起步晚、基础薄弱，10%~20%的冷链运输率与发达国家80%~90%的平均水平相差甚远。受制于较低的冷链运输水平，我国每年仅仅是果蔬一项的损失金额就有上千亿元。将物联网技术应用到冷链物流体系建设中，有利于破解冷链物流的难题。通过RFID、视频监控、传感器、GIS等物流网技术的集成应用，可以实现对冷链产品的位置跟踪、来源追溯，尤其是对整个运输过程中的温度、湿度进行监控。同时，借助智能算法对各个数据进行分析，可以实现对商品质量的实时预警并依据商品质量智能调节温度、湿度，防患于未然。即使最后发生运输质量问题，借助物联网技术也可以快速明确责任。

从物流仓储角度来看，与物联网相关的RFID技术、蓝牙技术最早就是应用于仓储行业的，借助RFID可以实现对商品的高效识别。现如今，仓库管理系统可连接物联网系统，在云端上实时更新商品位置、记录库存变化，方便仓储管理者查看。粮食危机伴随着2020疫情的到来走进人们的视野，经过物联网升级改造后的智能仓库将大大提高仓库储存粮食的能力。以中国储备粮管理集团有限公司（简称中储粮）总仓为例，过去对1,500m^2、6m堆高的粮仓进行检查是一项费时、费力的工作，同时随着粮食存储量的增多，仓库的温度也随之升高，导致粮食的自损率也较高。在进行物联网升级改造之后，中储粮的仓储效能大大提高。通过部署高清摄像头并结合边缘计算、计算机视觉相关算法，可以做到24h、无死角地人机协同智能监控仓内外实况，降低人力成本；通过合理地部署温湿度等传感器，能够实现粮食温度、湿度的实时采集，感知温度的细微变化，借助有关算法来分析预测可能存在的质量隐患，并在第一时间智能调节温湿度与通风措施。当中储粮每一个粮仓都进行物联网升级改造之后，全国960个粮仓组合在一起就会形成一张仓储物联网，可以方便决策者从宏观角度在线监测、远程管理，实现万物互联。

总之，物联网技术作为一项基础技术可以用于物流的各个领域，未来5G的普及应用也会使物联网技术产生质的飞跃，使物流相关信息能够更迅捷地触达设备端、作业端、管理端，物流要素，如车辆、人员、商品、仓库将进一步互联互通。升级后的物流网技术将可以大跨越地改变原有碎片化的物流信息，使之形成更有价值的数据链，结合人工智能相关算法，将进一步推动物流行业实现基于"物联网+人工智能"的智慧物流模式转型。

（4）边缘计算技术　随着万物互联时代的到来，网络边缘设备产生的数据量快速增加，这对数据传输带宽有了更高的要求。与此同时，新业态、新应用的不断涌现也对数据处理的实时性有了更高的要求。在上述两个因素的作用下，传统的云计算模型已经无法有效应对，因此边缘计算应运而生。图21-19所示为边缘计算的范式。

边缘计算的基本理念是将计算任务部署在更接近数据源的设备上运行，能够有效减小计算系统的延迟、减少数据传输带宽、缓解云计算中心的压力，除此之外还可以保护数据的安全与隐私。虽然边缘计算在近些年来才逐渐走进人们的视野，但它并非是一项新技术。它最早可以追溯至1998年Akamai公司提出的内容分发网络（Content Delivery Network，CDN）。在万物互联的背景下，边缘计算才得到人们的重视。与边缘计算类似的概念还有雾计算、海云计算等。

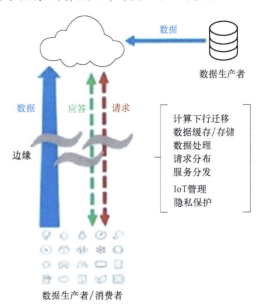

图21-19　边缘计算的范式

物联网、云计算、人工智能算法等技术在物流领域的应用使得物流行业朝着智慧物流方向发展，随之而来的也有大数据传输延迟、分析决策不及时等问题。采用边缘计算技术可以较好地解决上述难题。

就物流设备而言，将边缘计算部署在单元级的智慧物流终端设备，结合物联网传感器与5G等技术，可以使设备具备一定的感知、通信、决策能力，从而更贴近智能化，这是智慧物流落地应用的关键技术之一。例如给予物流的分拣机器人、运货无人机、穿梭车、AGV搬运车、无人装卸设备、无人驾驶货车、物流配送机器人、堆垛机等自动化设备一定的计算与通信能力，这些在物流网络边缘的设备之间便可方便"对话"，相互协同、合作，共同完成某项任务，而不需要交由云计算中心统一指挥调度，能够满足决策的实时性要求。以物流自动化仓库常会用到的 AGV 为例具体说明。有学者经过试验证明，基于边缘计算的控制系统比基于云计算的控制系统减少了 46.4%~58.8% 的计算延迟。现有大部分 AGV 系统采用的是云计算集中调度和管理的方式，由云端集中处理所有 AGV 数据和计算请求，将调度结果反馈给 AGV 执行。由于云端集中处理的方式在运行过程中对无线网络带宽和云服务器计算能力要求较高，调度实时性差，对于高度动态化的、进出库频繁的仓库而言，显然就不能满足需求了。边缘计算是一种分布式的计算架构，借助它可以实现原本由数据中心处理的服务或运算由边缘节点处理，因此更容易得到实时的反馈。对于仓库 AGV 而言，可以将任务管理、充电管理、地图更新、全局路径规划等实时性要求不高的任务放在云端计算，而将障碍物识别、局部路径规划、应急决策等实时性要求较高的计算任务交由边缘端进行，云边有效协同，实现高效的仓库 AGV 调度。图 21-20 所示为基于双向计算流的边缘计算模型，图 21-21 所示为基于边缘计算的 AGV 控制系统架构。

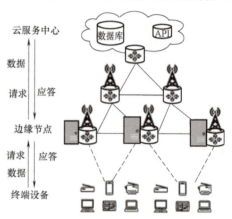

图 21-20　基于双向计算流的边缘计算模型

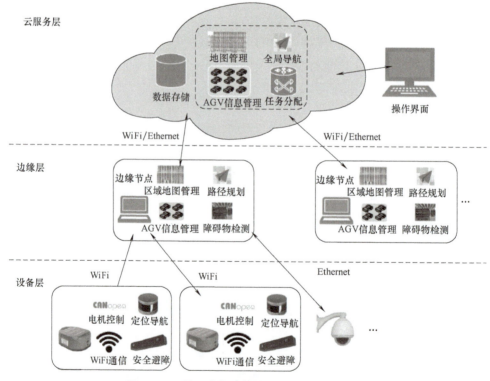

图 21-21　基于边缘计算的 AGV 控制系统架构

就物流管理而言，边缘计算让管理者对物流活动的计划、组织、指挥、协同、控制与监督变得更加高效。让物流运输的车辆、物流配送人员的终端等边缘端承担部分计算任务,可以提高物流调度中心的效率,降低多余计算和数据传输带来的资源损耗。冷链配送车辆、仓库等设施借助边缘计算先对传感器收集的数据预处理,再上传至云端,可以减轻云端的计算量,方便实时决策。与物联网技术相结合,根据不同仓库类型的需求,在感知仓库声音、光线、温湿度等环境信息的情况下,依托边缘计算网关可以实时调节相关参数,确保仓储库区内部环境精确适宜。社区快递柜被认为是解决物流快递业最后1km问题的有效方法,将边缘计算应用于快递柜上可打造智能快递柜。智能快递柜基于嵌入式技术,通过RFID、摄像头等各种传感器进行数据采集,然后将采集到的数据传送至控制器进行边缘计算处理,处理完再通过各类传感器实现整个终端的运行,包括GSM短信提醒、RFID、摄像头监控等,可有效提升快递员与客户的操作效率。

就物流数据处理而言,物联网技术与边缘计算技术相结合,可以从数据产生的源头对仓库传感器搜集的数据进行清理、处理以及简单加工,再上传至云平台,进一步提高效率。采用边缘计算并非要放弃云计算,相反,云计算代表着一种集中式计算模式,而边缘计算代表着移动分布式计算模式,两者有效协同能够发挥巨大效力。借助云边协同算法和5G技术,海量数据的实时处理将不再是难题。2018年,阿里云宣布将战略投入到边缘计算领域,将其优势横跨"云边端",并推出首个IoT边缘计算产品Link Edge,目前已在车载中控、工业流水线控制台、路由器上应用。Link Edge的优势主要体现在提升AI的实践效率上,开发者可将深度学习的分析、训练过程放在云端,将生成的模型部署在边缘网关直接执行,优化良率、提升产能。Link Edge融合了阿里云在云计算、大数据、人工智能方面的优势,可将语音识别、视频识别等AI能力下沉至设备终端,让设备拥有"天然"的智能,即使断网也可运行。这为物流企业提升自身智能化水平提供了一个很好的途径。

边缘计算是一种重要的辅助技术,它的成功应用离不开云计算、5G、物联网、大数据等技术。现有研究与应用表明,边缘计算并非孤立存在的,而是要与云计算相互配合与协同,才能形成合力,更有效地提高物流效率。

(5) 大数据技术 大数据顾名思义,即大量的数据,规模大到在获取、存储、管理、分析方面大大超出了传统数据库软件工作能力范围的数据集合,具有海量的数据规模、快速的数据流传、多样的数据类型和价值密度低四大特征。

利用大数据技术分析运输、仓储、装卸搬运、包装及流通加工等物流环节涉及的海量数据,可以挖掘出新的增值价值,还可以提高物流运输、配送、存储效率,减少物流成本,从而更好地满足客户服务要求。针对物流行业的特性,大数据应用主要体现在车货匹配、运输路线优化、物流设备维修预测、供应链协同管理、客户服务与仓储库存管理等方面。

大数据技术在车货匹配的应用即通过对货主、驾驶员和任务数据的精准画像,可以为驾驶员依据历史大数据智能推荐任务、智能定价,可以为货主根据任务个性化需求,如车型、配送公里数、配送预计时长、附加服务等匹配最合适的驾驶员。

在运输路线优化方面,大数据技术可使物流运输效率大幅度提高。美国联合包裹运送服务公司（UPS）借助大数据系统可实时分析 20 万种可能路线，并在 3s 内找到最佳路线。通过历史大数据分析，UPS 发现左转会使驾驶员行驶路程数增加，因此规定货车不能左转，由此使得货车在行驶路程减少 2.04 亿 km 的前提下，多送出了 350,000 件包裹。

通过收集配送车辆上安装的传感器上的数据并借助人工智能相关算法进行分析，可以精准识别须更换的零件而不必更换车辆所有零件，节约了成本；可以预测有可能损坏的零件，提醒及时更换，避免更大的损失。

收集供应链企业的需求、库存、资源、生产作业、质量、交易等大数据并加以分析，可用于跟踪和分析供应链运行的效率、成本；通过建立数学模型，采用相关优化技术来分析处理大数据，可用于平衡供应链各节点订单、产能、库存和成本之间的关系，实现供应链整体最优化。

大数据技术可以提高物流企业服务水平，如 Amazon 利用大数据驱动客户服务，创建了技术系统来识别和预测客户需求。根据用户的浏览记录、订单信息、来电问题，定制化地向用户推送不同的自助服务工具，大数据可以保证客户能随时随地电话联系到对应的客户服务团队。

大数据技术在仓储领域的研究与应用自 2014 年起呈上升趋势。仓储大数据包括企业 ERP 系统数据库、移动设备数据（如机器人电量、GPS 位置等）、RFID 标签数据、温度湿度等传感器数据、视频图像数据等。充分利用这些数据可有效帮助仓库制定决策，优化库存结构和降低库存存储成本，提高智能化水平。

从仓库的选址、布局与优化的角度来看，借助大数据技术可提升仓库系统的聚集效益，如依据大数据分析仓库或区域需求的历史数据能够预测未来需求以方便仓库选址，能够预测补货时间点以便及时补货等；借助大数据可以提升仓储系统的效率，如分析仓库货物进出货频率和相关度数值等历史大数据可以帮助仓库优化仓储分区，依据产品需求历史大数据预测需求以优化仓库库存量，依据订单大数据结合算法优化拣选路径等；运用大数据建模、分析商品以往的销售数据可以自动确定商品的安全库存，并及时给出预警，此方法可以降低库存，从而提高资金利用率。以 Amazon 为例，Amazon 的 Cubi Scan 仪器会对新入库的中小体积商品进行长、宽、高和体积的测量，并根据这些商品信息优化入库。这给供应商提供了很大方便，客户不需要自己测量新品，这样能够大大提升新品上线速度。Amazon 数据库存储这些数据，在全国范围内共享，这样其他库房就可以直接利用这些后台数据进行后续的优化、设计和区域规划。Amazon 根据后台的大数据，可以知道哪些物品的需求量比较大，然后会把它们放在离发货区比较近的地方，有些放在货架上，有些放在托盘位上，这样可以减少员工的负重行走路程。

从仓储对客户的服务水平角度来看，借助大数据可以优化仓库系统作业流程，如分析仓库外部运输条件历史大数据可以预测商品抵达客户手中的时间，以优化作业任务优先级等。此外，京东通过对历史大数据和用户行为的分析，可以判断某顾客在浏览过某商品后是否会下单，在该顾客还未下单前便进行商品出库调度以提高仓库运作效率。Amazon 基于大数据分析技术来精准分析客户的需求，通过系统记录的客户浏览历史，后台会随之把顾客感兴趣的库存放在离他们最近的运营中心，这样方便客户下单。Amazon 还可以根据大数据的预测，提前发货，赢得绝对的竞争力。Amazon 采用独特的采购入库监控策略，基于自己过去的经验和所有历史数据的收集，来了解什么样的品类容易坏，坏在哪里，然后给其进行预包装，提供增值服务。

从仓储设备的角度来看，大数据技术可以提升设备的效能。以仓储 AGV 为例，仓库 AGV 功能包括环境感知、决策制定与执行，物联网设备可将收集到的大数据传送给AGV，借助机器学习、深度学习相关算法处理这些数据，以辅助机器人做实时决策。

大数据技术与其他新技术结合能够发挥更大的价值。大数据技术与区块链技术相结合。仓库智能无人机除了可以帮助节省人力、提高效率外，还可以用于盘点作业以及保存商品的流通轨迹。以无人机为对象，通过在仓库商品中安装 RFID 标签，让无人机对商品进行盘点并收集相关数据，基于区块链技术构建分布式系统架构可对数据进行存储以提高大数据信息的可信度。大数据技术与边缘计算相结合。数据量越大，处理数据所花的时间越长。将聚类算法与边缘计算算法相结合，可实现边缘计算框架下的高效、快速、强鲁棒性的实时大数据聚类。

大数据技术实质是多种技术的集成，不仅要求借助物联网技术来收集数据，还需要借助云计算、边缘计算来分析处理数据，在分析处理数据的同时，将用到大量的算法。大数据分析常用的算法包括启发性算法、遗传算法、非线性整数规划建模、模糊逻辑、时间序列算法、路径规划相关算法、紧急搜索算法、马尔可夫决策过程、人工神经网络、机器学习相关算法如决策树、支持向量机算法等。物流行业尤其是仓储业将为人们提供海量的数据来源，采用大数据技术分析这些数据有利于从业者做出合理的决策，提高物流效率。

物联网技术是感知，5G 技术是通信，区块链技术是数据的存储，边缘计算与大数据技术是对数据的分析处理决策。如果以人打比方的话，物联网技术相当于人的视觉、听觉、触觉、味觉等感知器官；5G 相当于人的嘴巴和耳朵，用于接收与表达外部信息，同时也相当于人体的血管，沟通内部各器官；区块链技术相当于人的记忆，而且是永不会遗忘或模糊的记忆；边缘计算与大数据处理技术则是人的大脑，依据接收到的信息做各种决策。上述 5 个技术相辅相成、缺一不可，否则就不能实现智能化，充其量只能是"植物人"。只有将上述技术有机协同，共同应用于物流领域，才能真正推动智慧物流的发展。

虽然这些技术还处于起步阶段，但一定会对未来产生更多的影响。新技术的出现可以改善原有的运行模式和操作流程，改进工艺，提高自动化程度，提高效率。如果新技术与行业的现实需求紧密结合，将有力地推动行业的发展。

21.2.2 研发能力

1. 国内实验室情况

实验室是科技创新的源头。近年来，国家高度重视物流专业实验室建设，不断加大投入建设力度，已经形成了国家级、省部级重点实验室相统筹，高校、科研院所与企业共建、自建实验室相互支持的发展格局，有力地支撑和保障了我国物流产业的健康、稳定发展，提升物流行业研发能力。在国家及省部级重点实验室建设方面，2017年物流信息互通共享技术及应用国家工程实验室由国家发展和改革委员会批复筹建，北京、辽宁、江苏、山西、浙江、福建等省市也结合本区域实际情况与科研优势，开展省部级重点实验室建设，目前已拥有20多家省部级重点实验室。在高校重点实验室建设方面，国内相关高校结合自身资源优势，在积极承担各级重点实验室建设的同时，充分发挥高校自建、共建实验室的特点，注重加强对市场需求大、针对性强的专业技术开展科研攻关及人才培养工作，提高高校人才的实践能力。在企业实验室建设方面，相关企业针对企业自身定位与未来发展愿景，自主投入研发资金，积极参与国家级、省部级重点实验室建设，与高校、科研院所联合建立专业实验室，开展重点领域、重点项目的科研公关工作，一些大型企业结合自身发展需求，自主建立企业重点实验室，通过引进高端人才开展新技术、新装备研发，成为近年来物流仓储装备实验室建设发展的一大亮点。

通过开展实验室建设，对自动化物流装备及其关键性、基础性和共性技术的技术开发和工程化研究，为物流仓储装备产业技术研发提供基础设施和技术环境，为行业发展输送大量专业人才，有效提升我国物流仓储装备产业综合研发能力。国内主要物流实验室见表21-2。

表21-2 国内主要物流实验室

类别	实验室名称
国家级实验室	物流信息互通共享技术及应用国家工程实验室
省部级实验室和工程中心	物流系统与技术北京市重点实验室、物流管理与技术北京市重点实验室、现代物流重庆市重点实验室、制造系统与物流优化辽宁省重点实验室、辽宁省物流航运管理系统工程重点实验室、江苏省现代物流重点实验室、浙江省食品物流装备技术研究重点实验室、现代物流与供应链安徽省重点实验室、湖南省物流信息与仿真技术重点实验室、复杂工业物流系统智能控制与优化湖南省重点实验室、智能物流装备山西省重点实验室、浙江省电子商务与物流信息技术研究重点实验室、北京市自动化物流装备工程技术研究中心、江西省交通运输行业工程技术研究中心等
高校实验室	清华大学工业工程系物流系统实验室、北京科技大学物流工程系物流实验室、沈阳工业大学管理学院物流管理实验室、武汉理工大学物流与机器人技术实验室、华南理工大学物流自动化立体仓储实验室、重庆交通大学运输与物流实验室、北京化工大学大数据交通与物流实验室、产品包装与物流广东普通高校重点实验室、吉林财经大学物流产业经济与智能物流重点实验室、福建农林大学交通学院中心实验室、新疆财经大学供应链物流实训室、大连海事大学交通运输工程学院交通运输与物流实验教学实验室、中南林业科技大学物流与供应链管理研究所、南开大学现代物流研究中心、物联网应用技术福建省高校重点实验室、云南省高校智慧物流系统重点实验室、云南省高校全供应链智能物流工程研究中心等
企业实验室	苏宁S实验室、浪潮现代物流大数据应用实验室、京东智慧物流实验室、菜鸟ET物流实验室、顺丰丰包装实验室、华为无线应用场景（Wireless X）实验室等

2. 企业研发和成果情况

国内物流仓储装备企业积极建设研发团队，重视研发技术人才队伍的建设和培养，持续进行研发投入，研发能力不断提高。上海精星仓储设备工程有限公司（简称精星拥有上海仓储物流设备工程技术研究中心，南京音飞储存设备（集团）股份有限公司（简称音飞）拥有江苏省自动化仓储物流装备工程技术研究中心，诺力智能装备股份有限公司（简称诺力股份）拥有浙江省智能物流装备工程技术研究中心，东杰智能科技集团股份有限公司（简称东杰智能）拥有山西省经济贸易委员会认定的升级企业技术中心，这些物流仓储集成企业依托省市级技术研发中心，以市场需求为导向，加快了新技术与新产品的研发速度，提高了产品和解决方案品质，使企业技术优势和研发能力得以巩固和扩大。

国内企业注重研发投入，经过多年发展，已形成众多研发成果，获得多项专有技术、专利技术及国家、省部级奖项，参与仓储物流设备行业国家标准、行业标准、团体标准的制修订工作。2019 年，国内物流仓储装备重点企业中，新松的研发费用占营业收入的 16.67%，研发人员为 3,009 人，占公司总人数的 66%，获得有效授权专利 377 项，其中发明专利 193 项，实用新型专利 103 项，外观设计专利 81 项，软件著作权 109 项。诺力股份获得有效授权专利 373 项，其中发明专利 56 项，主持或参与制定国家标准 26 项，行业标准 3 项，团体标准 2 项。国内物流仓储装备重点企业研发团队和研发成果见表 21-3。

表 21-3　国内物流仓储装备重点企业研发团队和研发成果

企业名称	研发团队	研发成果
北京起重运输机械设计研究院有限公司（简称北起院）	研发中心、物流仓储工程事业部,北京市自动化物流装备工程技术研究中心	拥有专利 37 项,软件著作权 18 项;负责起草国家标准 2 项,行业标准 7 项,参与制修订行业标准 5 项
东杰智能科技集团股份有限公司	山西省经济贸易委员会认定的升级企业技术中心	拥有专利 180 余项,软件著作权 60 多项
浙江德马科技股份有限公司	德马现代物流技术研究院	拥有有效专利 143 项,软件著作权 23 项;牵头起草了 1 项国家标准,1 项行业标准,2 项浙江制造标准
深圳市今天国际物流技术股份有限公司（简称今天国际）	母公司和两个子公司建立了 3 个研发部门	拥有近 200 项专利和计算机软件著作权,并参与行业标准制定
北京康拓红外技术股份有限公司（简称康拓红外）	北京市铁路车辆安全检测工程技术研究中心	拥有有效专利 148 项,其中发明专利 45 项
诺力智能装备股份有限公司	浙江省智能物流装备工程技术研究中心,国家企业技术中心	拥有有效专利 373 项,其中发明专利 56 项,PCT 国外发明专利 4 项;累计主持/参与制修订国家标准共 26 项,行业标准 3 项,团体标准 2 项
上海精星仓储设备工程有限公司	上海仓储物流设备工程技术研究中心,松江企业技术中心	拥有发明专利 14 项,专有专利技术 136 项;主导和参与起草了多项仓储物流设备行业及国家标准的制定工作
新松机器人自动化股份有限公司	沈阳新松机器人自动化股份有限公司智能物流事业部,中国机器人标准化总体组组长单位	拥有有效专利 377 项,其中发明专利 193 项,实用新型专利 103 项,外观设计专利 81 项,软件著作权 109 项
南京音飞储存设备股份有限公司	江苏省自动化仓储物流装备工程技术研究中心,南京市现代仓储设备工程技术研究中心	拥有专利 93 项,其中发明专利 8 项,软件著作权 30 项;参与国家标准制定 5 项,行业标准制定 13 项

21.3 发展难点

21.3.1 创新能力

创新能力是在技术和各种实践活动领域中不断提供具有经济价值、社会价值、生态价值的新思想、新理论、新方法和新发明的能力。创新是引领发展的第一动力，物流仓储装备产业发展也离不开创新。影响物流仓储装备产业发展的创新能力既包含基础科学研究、技术创新、工业设计能力创新，也包含理念创新、理论创新等软创新能力。

在基础科学研究方面，物流仓储装备产业涉及机械、自动化、力学、电子信息、计算机技术、通信技术、人工智能技术等多学科交叉，基础科学研发能力是物流仓储装备产业发展的基础和保证，客观上决定了产业发展的能力。

在技术创新方面，我国具有较好的技术创新环境，但原发性技术创新能力不足，缺乏核心技术，只能通过引进国外技术并进行消化吸收来提高自身技术水平，普遍聚焦在中低端产品和技术市场。

在工业设计能力创新方面，工业设计能力是开发者想象力、设计仿真与生产测试等多方面能力的体现，国内企业更倾向于对已有产品的改造升级，关注效能提升，而在工业设计方面投入不够。

理念创新决定技术创新的发展方向和基础。理念来源于实践中发现的问题，理念的改变往往领先于技术的改进。在物流仓储装备产业发展的过程中，新理念的提出多数源自欧洲、美国、日本等发达国家，当然这与这些国家产业发展背景有直接关系，但这不能成为我们长期追随欧洲、美国、日本理念生存的借口。当前，我国物流装备市场处于高速发展阶段，在规模和需求方面都远超国外，再加上互联网、5G等信息技术的广泛应用，我国物流仓储装备产业发展需要符合中国特色高质量发展道路的新理念。

理论创新和技术创新是不可分割的有机整体。在我国，理论创新的主体是科研院所、高校、研究机构，大多数企业作为技术创新主体而缺乏理论创新能力与环境，如何打通产学研用各环节，充分发挥行业学会、协会在调动科技工作者开展理论创新中的作用，值得思考与探讨。

21.3.2 管理能力

物流仓储装备产业发展离不开综合管理能力的完善与提高，其中包含政策环境、规划能力、行业协会协调能力等，良好的管理能力可以有效地促进物流仓储产业的发展。

在政策环境方面，完善法律、法规建设是物流行业规范发展的基础，积极的财政政策、税收政策、金融政策可以为物流仓储装备产业发展提供保障，可以极大地提高相关领域科技人员、有关单位开展基础学科研究、技术研发、高端装备制造的积极性。

在规划能力方面，行业主管部门制定的科学、合理的中长期规划，是物流仓储装备产业技术发展的依据。我国物流行业发展涉及众多政府主管部门，缺乏有效协调机制使得物流行业的发展在一定时期内缺乏指导性规划、建议，各行业、各地区发展不平衡。政府层面在加强物流基础设施建设、信息基础设施建设的同时，应积极出台相关规划，科学扶持、引导相关单位，开展符合产业发展规划的战略布局、产业布局、技术布局、服务布局，避免行业发展中无序、低质、重复建设，减少因布局不合理而造成的科技、产业资源浪费。

在行业组织协调能力方面，当前国内行业组织协调能力较弱，应借鉴国外行业组织作用，充分发挥国内行业学会、协会、联合会在组织、人才方面的优势，在标准制定、评价体系、人才培养等方面开展相关工作。组织行业有关单位开展团体标准、行业标准、国家标准制定工作；围绕密集存储、无人仓、无人分拣技术等先进适用技术开展技术评价体系建设，针对物流仓储装备产业急需人才，开展培训、职业资格认定等工作。

21.3.3　人才培养

物流仓储装备产业的发展离不开高水平人才的支撑，高水平人才培养体系是高质量人才培养的重要平台和健康成长的重要环境。物流仓储装备产业人才培养主要包括操作人才、专业技术人才、复合型人才、新兴技术人才等方面。

1）操作人才培养。近年来，我国物流仓储装备产业发展迅速，随着自动化存储技术、搬运技术、输送技术、分拣技术、拣选技术、包装技术、信息技术及相应物流仓储设备的广泛应用，具有一定专业水平和作业技能的仓储装备操作人才供应不足。当务之急要加快物流职业教育发展，借鉴国外先进经验，结合行业需求，建立完善的物流职业教育体系机制，确保物流职业院校为企业培养和输送高质量操作人才。

2）专业技术人才培养。物流仓储装备学科设置空缺。目前，我国部分高校结合自身定位设置物流学院（多数为二级学院），开设本科物流专业，设置物流仓储课程，物流专业人才培养侧重于通用型管理型人才。而装备（系统）设计人才培养设置于各个高校的机械学院、冶金学院、电子学院等一级学院二级专业，开设相关课程，同一高校内部各院系间基础课、专业课设置相对独立，这些设置直接导致从事物流仓储装备研发、设计、制造的企业无法直接从高校获取专业技术人才。

3）复合型人才培养。目前，我国仓储装备行业相关从业人员中，物流规划和管理人员全面紧缺，亟须不仅具有较高学历和丰富物流工作经验，掌握现代经济贸易、运输与物流理论和技能、英语、国际贸易运输、物流供应链管理，而且能够深入理解物流过程中各部门整体运作流程，并能够对物流的各个环节进行规划、管理、控制和协调的复合型人才。

4）新兴技术人才培养。随着大数据、IoT、AI、5G等新兴技术在物流仓储装备行业的应用，对物流行业人才提出了更高的知识、能力和素质要求。不仅要懂传统机电等专业知识，还需对人工智能、大数据、云计算、虚拟现实、增强现实、信息物理融合等多项新兴技术有所了解，才能适应新智能物流发展的需求。各级院校、科研机构和企业，都需要探索新的人才培养机制，以满足物流仓储行业的人才发展需求。

人才是行业可持续性发展的根本保证，人才的培养具有现实和长远的战略意义。

第22章

市场需求

22.1 我国市场需求

根据中国物流与采购联合会、中国物流信息中心联合发布的《2019年物流运行情况分析》的统计数据，2019年全国社会物流总额为298.0万亿元，社会物流总费用为14.6万亿元，其中保管费用为5.0万亿元，中国物流业景气指数平均为53.5%，中国仓储指数平均为52.5%，我国社会物流需求呈现平稳增长的发展态势，物流运行总体保持活跃，物流企业新订单、业务量、业务利润等各项指标均保持较好增长。

从物流需求来看，由于我国已经成为工业制造门类齐全的制造大国，工业品物流仍是社会物流需求的主要来源。受内需扩大，特别是网络零售市场规模扩大的影响，电商、医药、冷链等领域精细化的物流需求保持高速增长，冷链物流宅配市场受到资本市场关注，快速消费品、食品、服装、图书、家电、电子、汽车等与居民生活消费相关的制造业领域物流市场保持较高增长。从装备类型来看，随着新一代信息技术与传统物流技术深度融合发展，物流仓储装备创新产品层出不穷，自动化立体仓库、密集存储系统、无人仓、自动输送系统、自动分拣系统、自动识别与感知系统、AGV、物流机器人、新能源叉车等，这些新型物流仓储装备的应用，有效降低物流仓储作业人员的劳动强度，提高物流系统的运作效率和服务质量，降低存储环节的物流成本，促进了所属行业的快速发展。从行业发展来看，物流仓储装备市场呈现出系统化、模块化、定制化的特点，企业需要针对不同客户提供定制化服务，为他们提供适合的解决方案，物流仓储装备企业在不断提高设备性能、丰富产品种类、提高系统效率的同时，更加注重绿色设计制造、节能降耗等可持续发展理念，朝着长远健康的方向发展。

22.1.1 需求特点

1. 行业需求稳步增长

制造业仍是物流仓储装备市场需求的主体，保持稳步增长。科学精准的物流供应链可以有效降低制造企业物流成本，提升区域制造企业竞争力，支撑制造业高质量集群化发展。物流业与制造业的深度融合，是未来一段时期内物流仓储装备的核心增长点。物流仓储装备作为生产要素参与生产过程，是制造业物品流通的载体，帮助制造企业精准、高效地管理零件、半成品和成品的流通和仓储，确保物料准时配送和产品及时发运,以缩短生产周期,提高仓储效率,降低仓储成本,创造卓越的商业价值。与此同时,随着国家加大重大智能物流技术研发力度,加强物流核心装备设施研发攻关,推动关键技术装备产业化相关措施政策的出台,核心物流仓储装备作为高端制造业产品,必将成为我国高端装备制造产业主攻方向。智能制造发展过程中,企业内部原材料物流、成品物流、生产物流亟待全面升级,企业纷纷将提升竞争实力的目光放在物料的精细化、专业化、信息化管理方面,工厂级物流的再造为物流仓储装备的发展提供了巨大的市场。制造业各行业中,汽车、化工、纺织、家电等物流仓储装备重点应用行业,对传统物流仓储装备仍保持稳定的市场需求;医药、服装、快速消费品等行业,对智能物流仓储装备,特别是智能输送分拣系统有较大需求;烟草行业是物流自动化早期规模应用的细分市场之一,随着技术的提升,该行业新一轮大物流系统更新建设提上日程,高水平的自动化物流仓储系统将得到广泛的应用。

电商对物流仓储装备市场需求是近年来的热点。目前,电商物流仓储装备市场占比和增长速度均已超越传统行业需求。电商物流和第三方服务公司物流平台建设发展快速,智能化云仓储模式成为电子商务平台发展的中坚力量,企业可以通过云仓库平台集合全国仓库数据,进而分流和整合货源。电商平台的发展对后端物流仓储配送装备要求更高、需求更大,借助互联网和物联网技术对仓储与配送进行协调管理,电商仓配一体化模式逐渐取代传统物流仓储模式,使货物在仓储阶段转存率提高。

冷链对物流仓储装备市场的需求继续快速增长。近年来,国家相继出台政策,大力扶持农产品产地冷链物流体系建设,鼓励企业采取创新模式进行冷链物流基础设施经营,加快发展第三方冷链物流全程监控平台建设。据统计,2018年全国的冷库需求总量超过280万 m^2,正在建设的食品冷库超过80座,人均冷库拥有量是美国的1/4、日本的1/3。食品制造、零售、批发商目前占据冷链物流需求前三位,生鲜电商、便利店、餐饮企业均具有较大的增长潜力。随着电商国际化以及新零售在生鲜食品行业的快速发展,新零售线下门店生鲜物流仓储输送系统对冷链仓储物流设备需求增长最快;随着农产品产地冷链物流体系建设的开展,生鲜农产品冷链物流仓储装备将会有广阔的市场前景。

2. 装备需求多样化

物流仓储装备各应用领域市场需求差异性较大,需求层次较多,物流仓储技术装备呈现多样化的特点。传统以托盘为存取单元的相关装备、技术日渐成熟,以箱、盒小型单元化货物为存取目标的密集存储系统、智能分拣设备、物流机器人系统等先进适用型物流仓储装备进入快速成长期,成为助推行业发展的重要引擎,智能化高端物流仓储装备的市场需求有所增加,资本市场关注较高,但受技术成熟度及投入成本等因素限制,目前处于实验应用型阶段。

(1) 货架及存储设备 物流仓储装备市场销量占比最大的细分产品货架及存储设备,多种产品均保持较好的市场发展态势。自动化立体货架仍然是市场的主流,随着密集存储技术逐渐被企业所认可,具有空间利用率优势的穿梭板式密集存储货架需求持续增长,四向穿梭车、多层穿梭车等穿梭车式密集存储货架产品市场不断壮大。传统的横梁式货架、隔板式货架仍然是各企业不采用自动化设备的主要货架类型,门槛低而需求量大。库架合一的货架系统，虽然在海外已经成熟应用，但在国内受限于法律法规的空缺，至今未得到规模发展，但随着跨国企业在国内建设物流中心呼声越来越高，市场需求客观存在，突破只是时间问题。

（2）箱式密集存储系统　如今，在物质极大丰富的社会中，人们的消费习惯正在发生改变，人们追求个性，追求与众不同，社会上定制化需求激增，迫使制造商、流通企业为满足人们日益增长的快速而多变的需求而改变生产策略，从传统的批量化生产转向小批量、多品种的定制化生产。小型单元化的物流需求促使供应链物流仓储装备发生改变。以穿梭车为核心的密集存储系统，配以箱输送线、提升机等设备的货到人系统，既有大存储量、高分拣效率的特点，又有满足降低人工成本、提高分拣准确率的优势，在医药、电商、机械、服装、快递等多个行业被广泛应用，是物流仓储装备又一标志性的集成解决方案。

（3）电动仓储叉车　叉车是物料搬运的主力军，仓库环境中多选用低噪声、污染小、灵活性强的电动叉车。近年来，电动步行式仓储车辆逐渐取代手动托盘推车，成为仓储车辆的主力军；电动平衡重乘驾式叉车呈现出轻量化和高位化的市场需求特点。新能源叉车满足电动仓储叉车绿色市场需求，已经越来越多地受到智能制造企业的重视，迎来市场机遇期，新能源锂电池电动叉车经过叉车企业的探索阶段，即将迎来较快发展。AGV叉车在智能制造、智能物流大趋势下，凭借自身智能化优势，逐渐加入到制造企业仓储叉车行列，并将在电商、快递无人仓中抢先实现对传统仓储叉车的替代。

（4）输送分拣设备　自动化输送分拣装备市场在电商、快递行业高速发展的带动下需求大幅增加，自动分拣设备如推块式分拣、导轮、万向轮、动力轮式分拣、交叉带式分拣、滚珠模组带分拣、悬挂式分拣、AGV分拣等设备根据市场需求应运而生，按照分拣效率、运行速度、分拣格口数量、供件席位数量、分拣差错率、运行噪声等因素，满足不同拣选需求。滑块分拣、导轮分拣应用于不易破损的中型件，进行中低速分拣；滚珠模组带、交叉带分拣近两年在电商和快递行业轻薄件、小件的分拣市场应用火热，满足中高速分拣效率需求；新兴的AGV分拣方式，兼具柔性、效率和成本等多方面优势，得到电商、邮政、快递等行业的青睐。

（5）物流机器人　人力资源的短缺，大量重复、枯燥的体力劳动，促使工业机器人在物流行业迅速应用。在物流作业的各个环节，都有机器人代替人工工作，物流机器人已经成为物流仓储装备中的亮点。AGV、搬运机器人、拣选机器人、分拣机器人、码垛机器人、拆垛机器人、包装机器人、协作机器人等工业机器人出现在物料的储存、搬运、输送、分拣、包装等各个环节中，并与各环节物流仓储装备互相配合、柔性衔接，或单机或集群承担着不同的角色，成为物流仓储装备中不可缺少的一部分，是物流仓储装备向智能化迈出的第一步。

3. 服务需求为导向

纵观物流仓储装备行业，以满足需求侧的服务为导向，在需求-技术迭代-需求的过程中发展。

面对种类繁多的物流仓储装备，企业对个性化产品和服务需求不断增加，物流仓储装备定制化服务成为集成商关注的焦点。不同专业领域需要不同的物流仓储技术装备支撑，电商因包裹配送的多品种、小批量、高频次特征，要求在分拣过程中使用高度自动化的快速分拣装备，取代大量的人工分拣，以提高分拣的效率与准确率，同时有效降低劳动成本；冷链的运输和仓储需要温控，并且保证温控条件下的装备性能必须满足物流仓储运输全过程要求；危化品对物流仓储装备的安全、环保、防腐蚀都有特殊要求。物流仓储装备企业以不同行业需求为导向，从储存方案到配送方式，从流程规划到设备选型，从执行机构层到核心控制层，从设备硬件结构到软件管理系统，全方位地为客户提供定制化的产品。

高效、节能助力绿色物流仓储装备创新发展满足市场提质增效服务需求。高效运作与节约能源中找到平衡点是未来物流仓储装备制造、集成企业关注的焦点。近年来，从仓储到输送、拣选、分拣等诸多环节，物流仓储装备进入高效运转阶段，市场需要高性能物流仓储装备，企业更加注重设备之间的性能匹配，通过减少设备间等待的时间，避免设备数量冗余，从而节约投资成本，扩大系统收益，提升系统总体性能，使物流仓储装备发挥最大处理能力高效运行。在此基础上，越来越多的设备生产企业响应国家"发展绿色仓储"号召，开展结构轻量化设计和节能驱动系统应用，通过优质高效的系统配备，采用高效节能电动机及节能降耗的驱动控制方式，减轻设备重量，降低系统制造、运行成本，满足物流仓储装备绿色节能、健康发展市场需求。

22.1.2 总体市场规模及增长率

根据中国物流与采购联合会、中国物流信息中心联合发布的《2018年物流运行情况分析》《2019年物流运行情况分析》的统计数据，2018年，全国社会物流总额为283.1万亿元，与2017年相比，增长率为6.4%，增长率下降3.7%；2019年，全国社会物流总额为298.0万亿元，与2018年相比，增长率为5.9%，增长率下降0.5%，如图22-1所示，社会物流需求呈中高速水平发展，增长情况总体保持平稳但增速趋缓。

图 22-1 社会物流总额

数据来源：中国物流与采购联合会

2018—2019年社会物流总额统计数据见表22-1。工业品物流总额仍是社会物流总额的主体,从256.8万亿元增长至269.6万亿元,增长率为5.7%;农业品物流总额从3.9万亿元增长至4.2万亿元,增长率为3.1%;单位与居民物品物流总额从7.0万亿元增长至8.4万亿元,增长率为16.1%。

表22-1 2018—2019年社会物流总额统计数据

(数据来源:中国物流与采购联合会) (单位:万亿元)

物流总额	2019年	同比增长率(%)	2018年	同比增长率(%)
社会物流总额	298.0	5.9	283.1	6.4
农业品物流总额	4.2	3.1	3.9	3.5
工业品物流总额	269.6	5.7	256.8	6.2
进口货物物流总额	14.3	4.7	14.1	3.7
再生资源物流总额	1.4	13.3	1.3	15.1
单位与居民物品物流总额	8.4	16.1	7.0	22.8

我国电子商务发展迅速,根据商务部电子商务公共服务网统计数据,全国网络零售市场交易额如图22-2所示,2018—2019年,从9.0万亿元增长至10.6万亿元,实现了18.0%的增长率。实物商品网络零售额从7.0万亿元,达到8.5万亿元,增长率为21.3%,服装鞋帽针纺织品、日用品、家用电器及音像器材,这三类商品的网络零售额较多,中西药品、化妆品、烟酒、家具类商品的网络零售额增长较快。电子商务市场保持稳步增长,新零售呈现良好发展势头。

图22-2 我国网络零售市场交易额

数据来源:商务部电子商务公共服务网

根据国家邮政局统计数据,全国快递服务企业业务量如图22-3所示,2018—2019年,累计完成业务量从507.1亿件增至635.2亿件,同比增长率为25.3%,增量规模连续两年超过100亿件。全国快递业务收入如图22-4所示,2018—2019年,累计完成由6,038.4亿元增至7,497.8亿元,同比增长率为24.2%。全国快递企业日均快件处理量由 1.4 亿件增加至 1.7 亿件，同比增长率为 25.3%，2019 年最高日处理量达 5.4 亿件，同比增长率为 28.5%。

图 22-3　全国快递服务企业业务量

数据来源：国家邮政局

图 22-4　全国快递业务收入

数据来源：国家邮政局

根据国家统计局的统计数据，2018 年，社会物流总费用为 13.3 万亿元（见图 22-5），同比增长率为 9.8%，增长率比 2017 年同期提高 0.8%，社会物流总费用与 GDP 的比率为 14.8%，比 2017 年上升 0.2%，社会物流总费用与 GDP 的比率略有回升，社会物流总费用中，保管费用为 4.6 万亿元（见表 22-2），增长率为 13.8%，增速比 2017 年提高 7.1%，保管费用与 GDP 的比率为 5.1%，比 2017 年提高 0.4%。2019 年，社会物流总费用为 14.6 万亿元（见表 22-2），同比增长率为 7.3%，增长率比 2018 年回落 2.5%，社会物流总费用与 GDP 的比率为 14.7%，比 2018 年下降 0.1%，社会物流总费用与 GDP 的比率小幅回落，社会物流总费用中，保管费用为 5.0 万亿元（见表 22-2），同比增长率为 7.4%，增长率为 2018 年同期回落 6.4%，保管费用比重由 34.6% 降到了 34.2%。从社会物流总费用走势看，物流成本呈平缓增长趋势，物流各环节作业效率提高。

图 22-5　社会物流总费用

数据来源：中国物流与采购联合会

表 22-2　2018—2019 年社会物流总费用统计数据

（数据来源：中国物流与采购联合会）　　　（单位：万亿元）

费用	2019 年	同比增长率(%)	2018 年	同比增长率(%)
社会物流总费用	14.6	7.3	13.3	9.8
运输费用	7.7	7.2	6.9	6.5
保管费用	5.0	7.4	4.6	13.8
管理费用	1.9	7.0	1.8	13.5

根据中国物流与采购联合会统计数据，2018 年，物流业总收入 10.1 万亿元，与 2017 年相比，增长率为 14.5%，增长率比 2017 年同期提高 3%，2019 年物流业总收入 10.3 万亿元。应用于物流各环节的物流装备，在物流业总体向好发展态势下，市场保持持续稳定发展，2018—2019 年，物流装备市场规模分别以 12.4% 和 13.0% 的速度增长，自动化物流装备伴随着行业自动化、智能化发展，在智能制造、电商、快递等领域需求旺盛，充分发挥快速、准确、灵活的优势，对物料进行存储、搬运、分拣、拣选等作业。2018—2019 年，自动化物流装备市场规模年度增长率从 21.2% 增加到 24.1%，市场规模不断扩大。

22.2　重点领域的需求

物流仓储装备作为现代物流体系的重要组成部分，是现代物流体系的核心，广泛应用于制造业、零售业、邮政业及冷链仓储、军需等领域的物流仓储环节。作为衡量现代物流发展水平重要指标的物流仓储装备，在众多领域市场需求推动下不断发展，结合实际应用，融合传统物流技术与新一代信息技术，创新开发出新型物流仓储装备，以满足物流仓储装备市场发展新需求。

22.2.1 制造业

物流仓储装备作为支撑现代物流业的核心装备之一，拥有广泛的制造业场景应用基础。制造业对于现代物流行业特别是现代物流仓储装备具有天然的内生需求，物流仓储装备在工厂生产过程中承担着原材料到成品的供应和管理工作。制造工厂物流效率高低决定生产过程的整体效率，而高效的物流仓储系统是提升物流效率的重要节点。制造业物料管理的流程化、自动化、数字化对企业管理效率、企业管理质量的提升带来的效益，远超建设初期投入的成本，是企业高质量发展的必然选择。

1. 汽车制造业

汽车制造业是对物流仓储装备需求较大的行业之一，作为制造业重资产行业代表，实现生产要素合理配置、高效运转显得尤为重要，这就使得现代物流技术与装备在汽车生产过程中，发挥着不可替代的作用。汽车主机厂内，零部件管理和配送利用自动化存储装备和无人化搬运设备，通过供应商关系管理系统 SRM，以及车间物流配送系统 SPS 的调度管理，确保汽车生产线各环节作业高效、有序进行。新兴 AGV 搬运机器人正在逐步取代叉车和拖车，在主机厂内自主运行，负责发动机、后桥、变速箱、底盘等零部件的搬运作业，配合自动化柔性装配以及零部件的上线喂料等，满足机器人组成的现代化转配线的节拍需求，规模成本优势明显，推动了汽车行业向柔性化、定制化生产的方向转变。

2. 化工业

化工业是国民经济中不可或缺的重要组成部分，随着化工园区、港口码头、危化品交易市场的建设与发展，化工业物流仓储装备的需求不断增加。化工货品存储形式仍以平仓、楼仓、储罐为主。近年来，为满足不同化工原料、产品安全高效存储及使用要求，化工业对自动化立体仓库的需求也不断增加，一定程度上推动了定制化重型货架和自动化专用搬运装备的市场发展。由于其产品具有特殊的物理、化学特性，易造成环境污染，储存、运输环节都有特殊要求。化工业物流仓储装备，通过为不同形态化工品提供存储、保管、运输、数据监控、调度分析等服务，在化工产品的存储、周转和转运等过程中，为企业提供安全可靠的服务，减少人的工作强度，规避风险力求保证企业收益最大化，同时也辅助了化工业自动化程度的提高。

3. 纺织业

纺织业是我国国民经济传统支柱产业，也是重要的民生产业。近年来，我国纺织业整体持续增长，随着消费需求多元化、末端消费快时尚的兴起，纺织业的订单逐渐呈现少批量、多批次、多 SKU 的特点，订货周期也不断缩短，其对仓配一体化物流仓储系统需求增长较快，借助智能化物流仓储装备为客户提供端到端的供应链服务，针对纺织业的特殊性应用，提供专用存储、搬运、输送等设备，可以有效提高纺织企业供应链环节效率，缩短产品加工过程中的物料配送和流转周期，从而降低生产成本、加快市场反应速度。

4. 烟草制品业

烟草制品业专营制度和统一监管体系，决定了该行业具有独特的生产、经营、管理体系结构。国家对烟草制品业信息化建设高度重视，促使烟草业不断提升生产智能化、经营网络化、管理高效化、服务便捷化能力和水平。烟草制品业是物流自动化水平较高的行业，该行业各项标准完善、管理制度明晰，这都为烟草行业物流仓储发展提供了良好的环境和条件。国内主要烟草生产加工、流通企业针对原辅材料、备件、成品的储存、管理和输送基本上都已经完成了首轮自动化升级，自动化立体库、自动搬运车等装备被普遍采用。针对行业特有的烟草半成品，根据工艺流程，专业性更强的工艺性仓储也逐步实现自动化。虽然社会对控烟的呼吁日益提高，烟草制品业面临着较严苛的监管，但我国仍是全球烟草生产和消费大国，烟草物流设施建设及改造的需求仍将持续，在一定时期内仍是物流仓储装备发展的方向之一。

5. 医药制造业

医药制造业作为国民经济的重要组成部分，长期以来一直保持较快增长。医药行业借助物流仓储自动化技术和装备，进行原材料、成品的存储和出入库作业，以及加工过程中原材料、半成品和成品的搬运和输送作业，从而实现制药流程的自动化、无人化作业。制药企业的原料与半成品、成品对存储和管理存在温控、安全管控等方面的特殊要求，推动医药冷链基础设施的建造与配置，加大自动化冷库建设的投资力度，满足药品成品、原料、疫苗等的低温存储需求，制药企业物流仓储管理系统，通过电子监管码可追踪药品流动，建立全程冷链及可追溯物流体系，确保药品安全。这些都将促使医药冷链物流行业进入快速发展期，拉动医药制造业冷链物流仓储装备需求发展。

6. 家用电器

在我国经济强劲增长的大环境以及多项拉动内需政策的有力支持下，我国家电制造业实现了快速增长，成为具有较强国际竞争力的产业，生产规模居世界首位。

家电行业面临市场环境变化及更新换代压力，消费者对家电产品的个性化、差异化需求较大，家电企业在销售上采取小批量、多批次的方式，按订单拉动生产，严格控制产量。衔接采购与生产、生产与销售以及批发与零售等环节的物流仓储环节，直接关系到企业资金周转速度、存货积压风险、仓储管理费用等一系列问题，而家电行业涉及物资种类众多，物资管理必须实现精细化，这样才能提高企业竞争力，更好地应对各种挑战。可以说，仓储物流的响应能力直接决定了企业的市场竞争力。

7. 轮胎制造业

近年来，随着汽车销量下降，轮胎的整体需求也相应受到影响，轮胎行业面临产能过剩、市场无序竞争等诸多问题。轮胎行业面临逆境，更加重视现代物流仓储技术应用，以提升工厂自动化、智能化、信息化水平，降低库存风险。供给侧采用柔性化物流仓储装备，更好地服务于汽车主机厂、汽车后市场；需求侧在新零售模式的冲击下，轮胎从耐用品变为"保鲜"产品，轮胎行业面临更加严格的效期管理，企业面临着降低无效库存，提高库存利用率，降低物流成本，缩小轮胎供货反应时间的需求，对于建立大型集中仓储中心、减少分级仓储的需求十分迫切。

8. 电池制造业

新能源作为我国重点培育的战略新兴产业近年来发展较快，新能源电池作为新能源汽车等装备的核心部件，行业门槛较低，受到资本市场追捧。作为新兴行业，其生产和仓储过程中对先进的物流仓储装备的需求不断增长。围绕新能源电池自动化生产线，满足电池从注液后装盘到成品分拣的生产工艺要求的自动化原料库、化成库、静置库、成品库、自动化输送线、专机设备等被大量引入，定制化全自动物流输送系统、仓储系统、自动检测系统等全套自动化系统趋势明显，同时，针对新能源电池行业的特殊性，在物流仓储环节中，物流仓储装备要配有进行锂离子电池的老化、分容、放电容量测试、OCV 检测、电池等级自动分选等的后处理工艺的特殊需求也应运而生，使电池生产更高效、更安全、更可靠。

22.2.2 零售业

1. 互联网零售业（电商领域）

近年来，在国家相关政策的有利推动下，《电子商务"十三五"发展规划》的发布、"宽带中国"战略实施方案深入落实，"互联网+"行动积极推进，我国互联网零售业迎来了有史以来行业发展最佳时机。电商行业爆发，使物流仓储自动化装备需求旺盛。快递物品种类繁多，规格杂乱不一，电商行业的仓储物流面临订单处理难度大、订单响应时效高的挑战，仓储物流以分为主、以存为辅，订单履行效率是关键。在整个物流仓储环节中，分拣效率决定客户的终极体验，需要大量采用自动化物流仓储装备，特别是兼具柔性、效率和成本优势的自动化拣选、分拣系统，构建信息化、柔性化、一体化的物流仓储系统，打造出拣货效率高、错发率低的电商仓库，降低仓储管理成本、订单处理成本、配送成本的同时，完美地应对爆仓、暴力分拣等事件。

2. 食品、饮料及烟草制品专门零售业（快速消费品领域）

食品、饮料及烟草制品专门零售业有着巨大的行业规模，行业产品种类众多，周转快、货物数量大，面对传统渠道的经销/代理商、批发商、零售商等多级分销体系，现代渠道的一、二线城市大型商场超市卖场、连锁便利店，电商渠道的 B2B、B2C、O2O、社区团购等电商，仓储物流管理难度较大。在快消品市场竞争日趋同质化的情况下，现代物流仓储装备的应用被很多企业作为提升竞争力的一个新的突破口，成为快速消费品（简称快消品）企业快速响应的"王牌"抢占市场。无论是大型连锁超市企业采用自营为主的物流模式，还是中小型快速消费品制造商与物流服务提供商合作的物流联盟配送模式、物流外包的第三方物流配送模式，物流仓储都朝着专业化、集约化方向发展，并借助新兴的信息化技术手段实现快消品行业物流仓储管理数字化的转型，保障快速消费企业（简称快消企业）供应链在新零售转型中平稳衔接。

22.2.3 邮政快递业

邮政快递业作为国家战略性基础设施和社会组织系统，与产业上下游、外部社会、经济环境、技术发展程度等关系日渐密切。随着电子商务、新零售等新经济模式的崛起和发展，快递行业近几年也保持着高速增长的态势。2019 年，根据国家邮政局统计数据，我国快递服务企业业务量累计完成 635.2 亿件，同比增长 25.3%，业务收入累计完成 7,497.8 亿元，同比增长 24.2%，快递行业高速发展，推动自动输送、分拣装备市场呈较快增长，装备水平提高，高质量发展趋势明显。物流转运中心和分拨中心，自动输送分拣设备取代人工作业，以输送线、分拣机构为主的传统自动输送分拣设备仍然是市场需求主体，滚珠模组带分拣、交叉带分拣等自动化物流仓储装备市场应用较为成熟。随着市场需求不断发展，自动输送分拣装备结合新一代信息技术，正逐渐向智能化方向发展，智能仓储分拣机器人、智能图像系统、快递无人机等构成的柔性化程度高、拣选速度快、准确率高的分拣系统越来越受到市场关注，兴起快递业分拣系统市场需求热点。

22.2.4 其他

1. 冷链领域

近年来，在国家政策引领和市场需求的双重作用下，食品、农产品、药品等相关生产和销售企业越来越重视产品的质量和安全问题，在产品储存、搬运、运输过程中，冷链物流仓储装备的配备需求，为冷链物流仓储装备市场带来巨大的上升空间。2018 年我国冷链物流行业市场规模为 2,886 亿元，冷库保有量有所提高，2018 年达到 5,238 万 t，同比增长 10.3%。作为食品、药品安全保障的重要环节，我国冷链仓储物流基础设施的建设力度正在逐渐加大，带动冷链仓储装备制造业快速发展，企业创新和研发冷链物流仓储技术和设备，并研究和开发新型高效节能的大容量冷却和冷冻装备、大型冷藏运输设备。冷链仓储正从传统的叉车货架冷库、楼库式冷库，逐渐转向自动化立体冷库，避免工作人员长期处于低温环境下作业，降低劳动强度的同时，通过智能分区温度控制及高效的冷链仓储管理流程，最大程度保障商品的存储品质。

2. 军需领域

军需物资储备是军队战斗力的重要保障，在现代军队建设中起着举足轻重的作用，现阶段我国军需物资仓储装备自动化水平较低，仓储信息获得手段相对落后。为更好地满足军队物资储备需要，在基于自主、安全、可控、可靠的基础上，逐步开展建设集采购、仓储、运输、配送于一体的现代军事物流体系，开展大型化、综合化军事物流基地科技攻关工作势在必行。军需物资仓储注重保密性、实效性，需要大量应用国产化的物流仓储装备，并与军队数字化管理融为一体，确保推动建设智慧、精准、快速、高效的后勤保障体系。积极探索第三方物流引入军需物资后勤保障系统的可行性，委托社会化服务单位定制军需物流仓储装备体系，实现对军需物资仓储全流程的专业化管理和调度。

22.3 需求市场分析

22.3.1 主要细分产品市场规模及占比

本节在研究销售额时，按照国际交流中采用的分类方法，将物流仓储装备产品划分为以下五部分：货架及存储设备、输送及分拣设备、信息系统、电动类工业叉车以及其他。

2018—2019 年，我国物流仓储装备各类型设备销售额如图 22-6 和图 22-7 所示，细分产品规模不断增长。其中货架及存储设备的销售额由 2018 年的 174.6 亿元增加至 2019 年的 199.9 亿元，每年仍占物流仓储装备总销售额一半的比例。输送及分拣设备、信息系统、电动类工业叉车的销售额相对稳定，其他一些和物流仓储装备行业有关的设备随着 AGV、物流机器人市场需求增加，销售额增幅达到 21.4%。

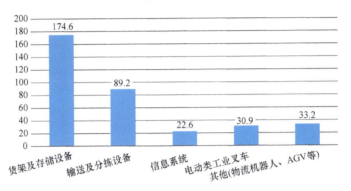

图 22-6　2018 年我国物流仓储装备各类型设备销售额（单位：亿元）

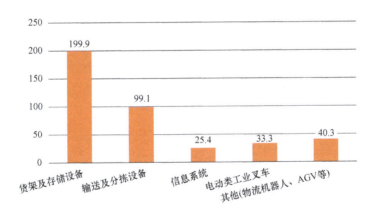

图 22-7　2019 年我国物流仓储装备各类型设备销售额（单位：亿元）

22.3.2　区域市场分布

物流仓储装备存储设备的货架产品主要以长三角、珠三角这些经济最发达的地区需求最为旺盛，在"一带一路"倡议的推动下，西南、华中地区近年来经济高速发展，货架需求也快速增长。随着食品、药品、农产品等领域低温仓储的不断发展，国内企业已着手进行冷库布局，新增冷库主要分布在武汉、杭州、福州、济南、重庆和大连等城市，二、三线城市受政策推动影响，低温仓储市场也快速崛起，货架产品随之增加。

地区快递业务量如图 22-8 所示，地区快递业务收入如图 22-9 所示。自动输送分拣设备区域性发展受快递业业务量、业务收入区域性分布影响。根据国家邮政局统计数据，2019年，我国东部、中部、西部地区的快递业务较多，业务量比重分别为79.70%、12.90%和7.40%，业务收入比重分别为80.20%、11.30%和8.50%，东部地区快递业务量、快递业务收入比重较大，带动东部地区自动输送分拣装备的区域发展。东部地区中，以江苏、浙江、上海等地为代表的华东区域，围绕经济发展和物流市场需求形成自发产业聚集，服务于快递、电商行业和第三方物流企业，自动分拣设备区域市场规模更大、技术发展更快，市场份额超过35%位居首位。西部地区受对外贸易量、社会商品零售总额等因素影响，快递业务量、快递业务收入比重小，自动分拣设备市场规模约占5.5%，与东部地区差距明显。

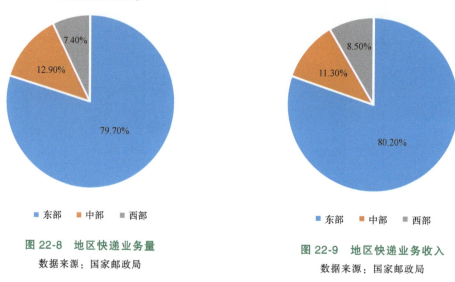

图 22-8　地区快递业务量
数据来源：国家邮政局

图 22-9　地区快递业务收入
数据来源：国家邮政局

22.3.3　海外市场需求

加快国际物流发展，开拓国际物流仓储装备市场是必然需求。目前，我国物流仓储装备企业积极开拓创新，产品性能和服务质量不断提高，企业的国际竞争能力增强，海外市场份额也逐渐增加，越来越多的物流仓储装备企业走出去，进一步拓展了市场领域。国内货架及存储设备企业着眼于印度尼西亚、泰国、马来西亚等东南亚地区市场，已参与到多个大项目的建设中。其他物流仓储装备企业也正在努力提升自身竞争力，如昆明船舶设备集团有限公司（简称昆船）的堆垛机获得欧盟安全认证 TüV 标志，企业成为行业发展的代表，为参与"一带一路"沿线国家建设，走出国门、走向世界迈出坚实的一步。大型仓储叉车企业已在海外投资建厂，降低生产制造及运营成本，参与海外市场竞争。物流机器人作为新型物流仓储装备，国内企业也已经开始瞄准国外市场，如北京极智嘉科技有限（简称极智嘉）公司的物流机器人正式通过了欧盟国家强制性认证标准 CE 认证，为进入欧洲市场做好准备。

2018年我国与"一带一路"沿路国家的货物贸易总额高达1.3万亿美元，我国物流企业海外拓展的步伐进一步加快，广泛建立具有全球配送能力的跨境物流骨干网，海外市场需求不断增多。随着"一带一路"倡议的稳步推进，国家大力支持加强陆上边境口岸型物流枢纽建设，完善境外沿线物流节点、渠道网络布局，积极推动中欧班列枢纽节点建设，打造一批具有多式联运功能的大型综合物流基地，促进大型集结中心建设，鼓励围绕跨境电商广泛开展物流基础设施建设，拓展海外市场打造面向全球的现代物流网络体系。这些前瞻性战略布局将推动国内物流仓储企业积极开拓海外市场，引领中国制造物流仓储装备走向世界。

22.4 市场发展趋势

当前，我国物流仓储市场仍处于发展的重要战略机遇期、结构调整的关键期和经济增长速度的转换期。宏观经济的稳定增长也将给物流仓储装备产业的发展打下坚实的基础，特别是电子商务的高速发展，不仅将带动物流信息化与标准化发展，促进物流机械化与自动化发展，同时也将积极促进传统产业物流仓储系统转型升级，这些都为物流仓储装备市场带来新的机遇。巨大的市场潜力为物流仓储装备产业发展提供了机遇，也对行业企业提出了更高的要求。

22.4.1 技术创新驱动市场应用

国家支持加大重大智能物流技术研发力度，加强物流核心装备设施研发攻关，推动关键技术装备产业化。开展物流智能装备首台（套）示范应用，推动物流装备向高端化、智能化、自主化、安全化方向发展。国内物流仓储装备企业在技术创新、产品创新和方案创新等方面，积极开拓、锐意进取，特别是在新能源、模式识别等技术应用方面，展现出独特的优势。企业通过技术创新，研发新型装备，满足市场需求。技术创新的巨大价值已得到市场参与各方的认同，先进适用技术及新兴技术带来物流仓储技术的创新，成为市场创新驱动主体。

先进适用技术及装备方面，通过对适用性技术装备不断迭代升级，满足高品质客户体验的同时，成为市场需求的导向。采用自动化存储技术的自动化立体库系统、密集存储系统、小件物品存储库系统、自动旋转仓库、新型智能存储货柜等；运用自动拣选技术的"货到人"以及"货到机器人"拣选系统；以全自动开箱、封箱、贴标为一体的综合自动化包装系统；借助自动分拣技术的滑靴、导轮、万向轮、动力轮、交叉带以及滚珠模组带、AGV等分拣系统；基于导航技术、避障技术、路径规划的AGV分拣系统；由自动化存储技术、自动输送技术、自动分拣技术等综合构建的无人仓系统；借助自动识别技术进行生产物流系统与物流配送中心的智能化管理系统等，都将推动物流仓储装备市场的发展，引领市场发展趋势。

新兴技术及装备方面，无人化技术将应用于自动堆码垛/拆垛、自动存储、自动拣选、自动分拣、自动包装、自动装卸等物流环节，提高物流效率，降低物流成本，促使电商、智能制造、医药、快递等诸多领域物流仓储装备的无人化转型升级，为无人化装备带来广阔的市场空间；云计算、大数据、物联网等新型基础设施的建设，把物流仓储各个环节的信息以数据形式在线显示，按照数字化的要求对业务流程及组织管理体系进行重构，推动全流程的透明化改造，结合 AR 技术、人工智能技术、5G 技术等，赋能物流各个环节，实现效率提高和成本降低，实现数据业务化，全面促进传统物流领域实现数字化发展，推动我国物流市场开始向数字化、智能化转型。

22.4.2 供给侧改革引领企业转型

物流仓储装备市场受供给侧变革影响，向共享经济和后市场转变。国家大力支持实施物流智能化改造行动，《关于推动物流高质量发展促进形成强大国内市场的意见》指出：大力发展数字物流，加强数字物流基础设施建设，推进货、车（船、飞机）、场等物流要素数字化。加强信息化管理系统和云计算、人工智能等信息技术应用，提高物流软件智慧化水平。支持物流园区和大型仓储设施等应用物联网技术，加快数字化终端设备的普及应用，实现物流信息采集标准化、处理电子化、交互自动化。随着现代物流发展，"互联网+"背景下物流仓储模式出现新的运营模式。以物联网、云计算、大数据为基础，整合仓储资源，利用仓储互联网的"云仓储"管理和连锁化经营，实现仓储配送网络的优化、仓储资源共享。共享仓储资源模式是近几年现代仓储管理与模式创新的热点，很多仓储企业积极探索，勇于创新，在资源节约和成本降低方面表现出了巨大潜力。

《物流业降本增效专项行动方案（2016—2018 年）》指出，鼓励物流仓储信息平台创新发展。继续推动共享物流模式的发展，利用大数据和云计算等技术建立共享信息管理平台，实现闲置资源的共用、共享，同时完善物流售前、售中、售后服务体系的构建。发挥物流仓储信息平台在优化整合物流资源、促进信息互联互通、提高物流组织化程度中的重要作用，扶持库存监控等各类专业化、特色化的物流信息平台创新发展，提供追踪溯源、数据分析、担保结算、融资保险、信用评价等增值服务，由此推动物流信息平台与供应链上下游企业系统对接，增强协同运作能力。

物流仓储装备企业探索服务化业务模式。结合自身的技术、产品、资源优势，深耕在细分领域，相应地推出运营管理、融资租赁、系统集成、仓库改造、一体化供应链服务等业务，通过提供更加优质和专业的服务来保障企业物流系统正常运行。在物流仓储装备市场需求高速发展的环境下，在资本助力下，我国物流仓储装备行业未来会出现更多新的服务内容和服务模式，商机无限。

22.4.3 行业标准化进程加快

标准化是我国物流创新和规范发展的主要推动力，近年来，国家大力推广健全物流标准规范体系。随着我国物流标准化工作不断推进，国内标准制定过程中积极采用国际先进的物流仓储标准，密切跟踪国际标准化发展动态，主动参与国际标准制修订工作，物流仓储装备标准体系得以逐步完善，一些货架、托盘、输送机、立体仓库、冷链物流等方面的标准陆续发布。2019 年，中国物流与采购联合会发布的《物流标准目录手册》中，我国物流行业现行的国家标准、行业标准和地方标准共计 1,112 项，其中物流仓储装备相关的标准 110 多项，这些标准将推动行业标准化发展，各环节物流仓储装备企业产品逐步标准化，产品通用化程度逐渐提高，性能、质量和服务满足需求。

随着物流标准化工作的深入开展，以及物流标准的试点示范应用，物流业标准化水平不断提高。2018年，商务部等10部门联合发布《关于推广标准托盘发展单元化物流的意见》后，相关试点示范应用工作取得了良好的效果。物流仓储企业开始自发地采用标准化托盘，标准化单元载具市场推广取得了长足的进展；标准化托盘的应用也为托盘租赁公司带来了巨大的发展机会，为制造业、零售企业提供共享的标准化单元载具，提高企业物流和供应链效率的同时，也有效降低了物流成本。

物流仓储装备标准体系的不断完善，标准的颁布实施，标准化试点示范工作的顺利推进，鼓励物流仓储装备企业对标准化的物流设施和设备的应用。物流仓储各环节标准化产品逐渐增多，物流仓储系统的定制速度加快，系统规划流程简化，生产制造难度降低，制造周期缩短，同时，不同供应商标准化物流仓储装备进行快速、良好对接，为客户物流系统建设提供便利，确保物流仓储系统运行稳定，促进市场良好发展。

22.4.4　市场国际竞争加剧

我国面向国际开放，物流仓储装备市场正在成为国外企业关注的重点和投资的热点，国际化的物流仓储装备企业创新能力强、技术日益更新，注重知识产权保护，凭借拥有的核心技术以及新的理念、工艺和创新产品，在市场中处于主导地位。国际化企业的加入，使国内物流仓储装备企业面临国际化竞争的市场，高端产品的技术水平以及产品的品质、性能方面依然与国际先进水平有一定的差距。

我国物流市场增长快、规模大，近年来越来越多的国外物流仓储装备企业纷纷在我国投资设厂，生产或组装物流设备，给国内企业带来更高层次的市场竞争。面对竞争，国内物流仓储装备企业努力保持技术发展方向与国际发展趋势基本吻合，国产品牌正在逐步建立，越来越多的国内企业，选择国内集成商完成系统规划建设，选择国产品牌的设备。在国内市场和部分国外市场，已经出现国内厂家与国际企业同台竞争的场面，国内物流仓储装备企业技术实力不断增强，表现出很强的发展势头。

第23章

行业的产能及格局

23.1 我国物流装备行业产销分析

我国生产的物流仓储装备产品经过40多年的发展,在存储设备、搬运设备、输送设备、分拣设备、拣选设备、信息设备及辅助设备等传统物流仓储装备领域,已经取得了长足进步。目前,我国物流仓储装备产品的销售主要为国内销售,产品以中低端产品为主,部分高端产品已接近国际水平,逐渐步入国际市场舞台。在与国外众多老牌物流仓储装备企业市场竞争的大环境下,近年来我国出口产品逐年增加,但增幅趋于平缓。未来,国内物流仓储装备企业应以市场需求为导向,积极创新自主研发,增加产品的多样性,不断推进产品标准化,使产品与国际标准接轨,并采用集成化、模块化产品,提高产品的适应性和成熟性,立足产品自身高质量发展,争取更多国际市场份额。

23.1.1 近年来我国物流装备产量分析

2019年,我国物流仓储装备行业产值约为398亿元,2018—2019年,保持约13.6%的年增长率稳定增长。物流仓储装备货架及存储设备市场需求持续增长,自动化立体仓库货架、穿梭板/子母车/穿梭车密集存储式货架等自动化存储系统细分产品增加。2018—2019年,我国货架及存储设备产值情况如图23-1所示,由174.6亿元上升到199.9亿元,年增长率为14.8%和14.5%。

国内货架生产企业发展良好,2015—2019年,货架产值以年均13.5%的增长率逐年提高。高端货架企业以生产自动化仓库钢结构货架为主要产品,年产值超过1亿元,部分企业年产值达到3亿~5亿元,企业严格把控生产工艺,通过自动化、规模化、标准化生产流程,产品的加工精度高,质量符合行业标准,满足国外相关标准,开始参与国际竞争;中端货架企业年产值在5,000万元以上,以普通仓储货物为主,货架产品精度要求不高,产品满足叉车工作要求;低端货架企业年产值在5,000万元以下,货架产品在原材料、加工工艺等方面标准偏低,产品满足平库或超市等客户需求。国内货架主要供应商音飞,2018年货架/自动化系统集成设备生产量达到9.4万t,2019年结合市场销量及库存量,生产量为7.9万t,2015—2019年,近5年货架/自动化系统集成设备年均产量达到7.2万t。

图 23-1 我国货架及存储设备产值情况
数据来源：中国机械工程学会

23.1.2 我国生产的物流装备产品销售去向

1. 重点上市企业国内外销售情况分析

物流仓储装备行业由于是新兴行业，在国内深圳证券交易所、上海证券交易所、新三板重点上市企业主要以系统集成商、搬运设备供应商、AGV 物流机器人供应商为主。这些企业都将物流仓储装备作为核心业务发展，由于统计口径不同，无法将业务数据剥离，现以上司公司的公开报表为依据，来分析企业的生产情况。

2018—2019 年重点上市企业国内外销售情况见表 23-1，根据国内销售收入与国外销售收入对比情况分析，各企业国外销量占比均呈递增状态。2019 年，诺力股份由于收购了法国 SAVOYE 公司，国外销量占比已达到总销量的 50% 以上，天奇自动化工程股份有限公司（简称天奇股份）和深圳市科陆电子科技股份有限公司（简称科陆电子）国外销量占比均超过 10%。2018—2019 年，天奇股份、东杰智能、科陆电子等企业的国外销量占比递增迅速，天奇股份国外销量占比由 16.0% 增加至 26.9%，国外销量由 5.6 亿元增加至 8.5 亿元；科陆电子国外销量占比由 9.8% 增加至 17.6%，国外销量由 3.7 亿元增加至 5.6 亿元。

表 23-1 2018—2019 年重点上市企业国内外销售情况（数据来源：上市公司年报）

企业	2019 年销量/亿元			2018 年销量/亿元		
	国内	国外	国外销量占比(%)	国内	国外	国外销量占比(%)
诺力股份	15.3	15.4	50.2	13.3	12.1	47.6
天奇股份	23.1	8.5	26.9	29.5	5.6	16.0
科陆电子	26.3	5.6	17.6	34.2	3.7	9.8
新松	27.5	2.0	6.8	30.9	1.9	5.8
浙江迦南科技股份有限公司（简称迦南科技）	6.6	0.4	5.7	5.5	0.3	5.2

2. 重点上市企业国内销售情况分析

2018—2019 年重点上市企业国内销售情况见表 23-2。从地区营业收入情况来看，企业销售量多集中于华东、华北地区。2019 年，音飞、新松、迦南科技、今天国际均以华东地区销售为主，康拓红外以华北地区销售为主。音飞华东地区营业收入为 2.3 亿元，约占国内销量的 40.4%；新松华东地区营业收入为 12.7 亿元，约占国内销量的 50.0%；迦南科技华东地区营业收入为 2.8 亿元，约占国内销量的 42.4%；今天国际华东地区营业收入为 3.2 亿元，约占国内销量的 44.8%；康拓红外华北地区营业收入为 5.8 亿元，约占国内销量的 62.4%。由此印证了我国的经济发展仍然是以华东为活跃地区，经济发达的地区对于物流仓储装备的需求相对不发达地区要高。

表 23-2 2018—2019 年重点上市企业国内销售情况

（数据来源：上市公司年报）　　　　　　（单位：亿元）

企业	2019 年销量							2018 年销量						
	东北区	华北区	华东区	华南区	华中区	西北区	西南区	东北区	华北区	华东区	华南区	华中区	西北区	西南区
迦南科技	1.1	0.4	2.8	0.9	0.4	0.3	0.7	0.6	0.5	2.4	0.6	0.4	0.3	0.5
今天国际	0.04	0.4	3.2	1.0	0.8	1.4	0.3	0.02	0.2	0.9	2.1	0.1	0.1	1.0
康拓红外	0.3	5.8	1.1	0.6	0.5	0.8	0.2	0.4	4.5	1.5	0.7	0.1	0.5	0.2
音飞	0.3	0.4	2.3	1.0	0.7	0.2	0.8	0.3	0.6	2.4	1.2	0.1	0.1	0.3
新松	3.0	5.4	12.7	1.3	2.2	0.4	0.4	6.1	4.6	13.8	0.8	2.7	0.4	0.7

3. 细分行业及产品销售情况分析

物流仓储装备适用的行业多而广，每个企业都有各自生存和发展的领域，并根据国家经济发展方向进行调整。近年来，国家在新能源领域投入加大，行业发展加速，尤其是锂电池行业更是快速发展。今天国际和诺力股份旗下的中鼎集成两家上市企业抓住行业发展机遇，根据锂电池行业发展特点，深入掌握锂电池加工工艺，为用户提供定制化的物流系统解决方案，取得了不俗的业绩。

2019 年两家企业锂电池行业的业绩情况见表 23-3。可以看出，两家企业不仅在自己的传统优势行业满足常规的发展，而且不断地探索深耕细分的行业，与国家的发展战略同步，助力锂电池行业发展的同时，也收获了企业自身的发展。2019 年，中鼎集成锂电池行业在手订单达到 14.3 亿元，今天国际在手订单达到 5.9 亿元，表现出良好的发展态势。

表 23-3 2019 年两家企业锂电池行业的业绩情况（数据来源：上市公司年报）

企业	新签订单/亿元	完成订单/亿元	在手订单/亿元
中鼎集成	8.5	3.7	14.3
今天国际	5.0	2.6	5.9

物流仓储装备企业的自动化集成设备的销量加大，企业的经营策略随之发生变化。2015—2019 年音飞的销售情况如图 23-2 所示，公司销售的营业收入中，自动化系统集成设备的比例逐年增多，2015 年和 2019 年货架及自动化系统集成设备的销售总额分别为 46,221.0 万元和 68,798.8 万元，自动化系统集成设备销售收入分别为 3,560.9 万元和 36,475.2 万元。自动化系统集成设备的销售收入占比从 2015 年的 7.7% 提升到 2019 年的 53.0%，公司从单纯的设备制造商向集成商转变。

图 23-2　2015—2019 年音飞的销售情况

数据来源：上市公司年报

物流仓储装备细分产品中，货架及存储设备随着"一带一路"倡议的实施，以及企业海外市场的逐渐开拓，产品已开始销售到国外，目前在东南亚、南亚等地区销量较多。2018—2019 年音飞和东杰智能国内外销售情况见表 23-4。2018 年和 2019 年，音飞国外市场销售额分别为 1.6 亿元和 1.3 亿元，销量占比均保持在 18% 以上；东杰智能不断加强国际化布局，国外销售额由 0.5 亿元增加到 1.4 亿元，销量占比由 7.1% 增加至 18.9%，产品国外销量占营业收入比例增幅较大，在欧洲和东南亚市场获得良好表现。

表 23-4　2018—2019 年音飞和东杰智能国内外销售情况

（数据来源：上市公司年报）　　　　　　　　　　（单位：亿元）

企业	2019 年销量			2018 年销量		
	国内	国外	国外销量占比（%）	国内	国外	国外销量占比（%）
音飞	5.7	1.3	18.6	5.3	1.6	23.2
东杰智能	6.0	1.4	18.9	6.5	0.5	7.1

23.2　产业集聚模式

物流产业集聚是指众多物流企业由于需求一致或功能匹配而在地理空间的集中现

象，各企业之间存在紧密的业务分工协作，主要为工业制造业和商贸流通业提供系统集成高效的物流服务。随着物流需求持续扩大，逐渐吸引周边地区更多的物流企业和相关配套企业地理集中，最终形成物流集聚区。

目前我国物流仓储产业发展存在显著的区域差异，总体上呈现集聚化发展倾向，从东部、中部、西部三大地带依次梯度下降，东部经济发达地区物流仓储产业发展远远高于中西部地区，其中长三角、珠三角地区发展水平最高。

23.2.1 长三角地区

长江三角洲包括上海市、江苏省、浙江省、安徽省，"一带一路"与长江经济带交汇于此，经济总量位于三大城市群首位，在国家现代化建设大局和全方位开放格局中具有举足轻重的战略地位。2019年《长江三角洲区域一体化发展规划纲要》明确了长三角区域一体化发展的五大战略定位，即全国发展强劲活跃增长极、全国高质量发展样板区、率先基本实现现代化引领区、区域一体化发展示范区以及新时代改革开放新高地。

随着区域经济一体化不断深入发展，物流基础设施逐渐完善，交通网络建设迅猛发展，以阿里巴巴、苏宁等为代表的电商龙头企业，以"三通一达"为代表的第三方物流企业，纷纷以该地区为中心，大力发展自身业务。高端装备制造业的发展使得市场对物流仓储装备的需求不断增加，地区电商产业龙头企业带动作用明显，以市场需求为导向的技术创新趋势显现，第三方物流服务提供商总部基地作用明显，国家级物流工程实验室、企业核心研发中心等相继建立，由此带来的物流人才、技术、金融、数据等资源不断向长三角地区聚集，展现出良好的发展趋势。

物流仓储企业在长三角地区以自发型产业聚集模式，围绕经济发展和物流市场需求聚集于此，以中鼎集成、华章物流等为代表的集成商；以精星、音飞、南京六维、史必诺等为代表的货架供应商；以湖州德马、长臂猿等为代表的零部件供应商；以上海睿丰、昆山同日、威雅科技、锋馥集团等为代表输送分拣集成及设备供应商；以苏州普成、罗伯泰克等企业为代表的整机供应商；以中力叉车、安徽合力为代表的物流仓储叉车企业；以快仓智能、音锋、牧星智能、快捷智能、马路创新等为代表的新兴物流机器人企业。这些物流仓储装备企业通过提供优质高效的物流仓储装备产品，助力提高企业经营效率，有效降低企业仓储成本，助推区域产业结构优化升级。

23.2.2 珠三角地区

珠三角地区位于广东省中南部，具有地理、环境发展优势，物流业发展逐渐走向成熟。广州市政府为促进物流业发展，发布了《推进珠江三角洲地区物流一体化行动计划（2014—2020年）》，并提出培育建设一批省级物流园区，以物流服务需求为导向，以产业集群、保税区等为依托，规划建设一批专业性强、综合程度高、功能复合的省级物流园区。统一设置省外物流节点，打造"珠三角物流园区"品牌，鼓励和引导区域内物流园区加强联合互补，建立和完善在省外、国外的物流节点布局，抱团参与省外和国际物流市场竞争。通过投资兴建物流园区，相关的制造业、商贸业开始采用物流仓储技术和装备作为提质增效手段，一些物流仓储企业也都加快向现代物流仓储企业转型，实现了物流仓储服务的扩张，带动了物流仓储群体的形成，促进物流仓储产业以工业园区模式聚集。

珠三角地区物流仓储需求量较大，货物存储量处于较高的水平，通过改善区域投资环境，优化配置地区资源，物流规模不断扩大，物流产值不断提高，促进了招商引资，使该地区物流业获得了快速发展，以物流园区作为物流业发展的重要载体，服务于珠三角地区的电子信息制造业、医药和家电等行业，促进物流产业结构的调整升级以及高新技术产业的发展，珠三角地区经济保持稳步增长的良好态势。

23.3 我国市场竞争格局

我国从事物流仓储装备供应的企业众多，主要有物流系统装备商/物流系统集成商，存储设备、搬运设备、输送分拣设备、信息系统及辅助设备供应商，这些企业凭借自身产品特色和高品质的服务，为不同行业领域客户提供服务，具备较强的市场竞争优势。国内物流仓储装备市场重点企业见表 23-5。

表 23-5　国内物流仓储装备市场重点企业

企业名称	细分领域	企业特色
北京起重运输机械设计研究院有限公司	系统集成	堆垛机系统、托盘输送机系统、多层穿梭车系统、设备调度系统、仓库控制仓库管理系统
北京伍强科技有限公司	系统集成	AS/RS 系统、小件物品存储库系统、箱式输送系统、货到人拣选系统、密集存储系统、AGV 系列
北自所(北京)科技发展有限公司	系统集成	堆垛机系统、穿梭车系统、自动分拣系统、自动引导小车、工业机器人、计算机监控管理系统
江苏六维物流设备实业有限公司	系统集成	货架系统、堆垛机、穿梭车、AGV、转轨车、垂直升降机、输送系统、分拣系统
今天国际物流技术有限公司	系统集成	堆垛机、AGV、穿梭车、机器人、输送机、分拣机
昆明船舶设备集团有限公司	系统集成	自动引导搬运车、堆垛机、轨道引导小车、通用输送、功能输送、自动分拣、RGV 系列产品
南京音飞储存集团	系统集成	高精密货架、穿梭母车、重型四向穿梭车、托盘垂直输送机、巷道堆垛机、托盘输送机
普天物流技术有限公司	系统集成	自动化立体仓库、生产线输送设备、自动化控制系统
山东兰剑物流科技有限公司	系统集成	堆垛机、AGV 产品、穿梭车、输送机、自动拆码盘机、自动包装机、自动开箱机及物流软件
山西东杰智能物流装备股份有限公司	系统集成	堆垛机、货架和托盘、托盘输送机、箱式分拣系统、智能穿梭车、往复提升机

(续)

企业名称	细分领域	企业特色
无锡中鼎集成技术有限公司	系统集成	自动化立体仓库系统、输送设备及系统、码垛设备及系统、分拣设备及系统、提升设备及系统
新松机器人自动化股份有限公司	系统集成	智能物流装备、工业机器人、AGV
云南迦南飞奇科技有限公司	系统集成	子母穿梭车、输送机、自动分拣系统、堆垛机、AGV、提升及拆分专用设备
中集天达物流设备股份有限	系统集成	自动仓储、自动分拣、机场行李、航空货站、旅客安检输送系统
中邮科技有限责任公司	系统集成	智能分拣、智能传输、智能仓储、智能终端
上海精星仓储设备工程有限公司	存储设备	自动立体仓库货架、密集存储货架、精品货架
上海史必诺物流设备有限公司	存储设备	WMS、货架、密集存储货架
苏州鼎虎科技有限公司	存储设备	自动化立体库、普通横梁式货架、驶入式货架、穿梭式货架等
浙江德马科技股份有限公司	输送设备	辊筒、输送、分拣系统、快存系统
金锋馥集团	输送设备	高速滑块分拣系统、智能交叉带分拣系统、摆轮分拣系统
金峰集团	输送设备	交叉带分拣机、摆臂分拣机、偏转轮分拣机、滑块分拣机、顶升移载机、转弯机
北京极智嘉科技有限公司	物流机器人	拣选系统、搬运系统、分拣系统、存储系统
深圳市佳顺智能机器人股份有限公司	物流机器人	自然导航 AGV、激光导航 AGV、磁导航 AGV、重载 AGV

23.3.1 我国物流装备市场细分概况

1. 物流细分产品市场细分情况

（1）货架及存储设备　作为传统物流仓储装备，近年来市场需求快速增长，呈现出多样化和多层次的特点，货架销售量主要集中在华东、华南等经济发达地区，华中、西南、西北部地区随着经济的发展，销售量快速上升。国内核心货架产品供应企业以上海精星仓储设备工程有限公司、南京音飞储存设备股份有限公司、江苏六维智能物流装备股份有限公司、上海史必诺物流设备有限公司、世仓智能仓储设备（上海）股份有限公司、上海鼎虎工业设备有限公司为代表。占据着国内货架的高端市场，并已经出口东南亚，为著名的物流集成商提供优质产品。根据上市公司的报表数据，2019年，音飞的自动化集成产品的收入已经超过了货架产品的收入，占到53%，货架企业不断拓展自身业务领域，不局限在单纯的货架供应，而是向自动化设备提供商和系统集成商转变，系统集成业务量在营业收入中占比逐渐增多，系统集成市场竞争更加激烈。2019年，世仓智能立体库仓储系统的收入为2.83亿元，穿梭式仓储设备收入为1.59亿元，通用货架收入约为1亿元，与2018年相比，立体库仓储系统收入减少3.40%，穿梭式仓储设备收入上升71.87%，通用货架收入上升25.37%，受电商、快递行业需求的影响，以及从降低投资成本方面考虑，密集存储类货架产品销量正大幅增加。

（2）密集存储设备　密集存储设备作为现代物流仓储装备的重要组成部分，近年来受到市场的广泛关注，国内物流仓储装备生产企业在与国外先进的物流自动化系统供应商竞争中主动开拓市场，借助我国大力推广自动化立库建设这一机遇，得到了较快的发展，不断推出具有自主知识产权的密集存储产品。如华章箱式穿梭立库"飞梭"系列产品，京东配备有提升机、天狼AGV、地狼AGV及分拣AGV的无人仓系统，伍强基于"红蟹I号"的快速存储"货到人"系统，兰剑的"蜂巢式电商4.0系统"等，凭借各自产品的集成系统特色，在密集存储系统产品市场中占据了一定的市场份额，具有较强的竞争优势。

（3）输送分拣设备　输送分拣设备是现代物流仓储系统的核心装备，随着电子商务和快递企业的高速发展，企业对高效率、低出错率的自动化输送分拣设备需求迫切。以英特诺、法孚、范德兰德、德马泰克等为代表的大型跨国物流仓储装备供应商在设备技术水平、成熟度、集成服务能力等方面具有传统优势，牢牢占据高端装备市场，先发优势明显；以锋馥集团、德马科技、和进物流、天和双力等企业为代表的国内物流输送分拣装备企业，经过多年的发展，凭借高质量的产品和优质的服务，企业品牌认可度逐渐提高，市场份额逐渐增大。近年来，国内企业放眼国际装备和技术发展市场，积极进行自主创新研发，新型输送分拣装备不断涌现，上海腾锦、衣拿的智能悬挂输送系统，华章的机器人和悬挂袋"货到机器人"拣选系统，Geek+、海康威视等的新型箱式AGV物流机器人"货箱到机器人"系统等，都充分显现出本土企业的技术优势，掀起新型输送分拣装备市场竞争。

（4）搬运机器人　搬运机器人作为物流仓储装备的明星产品，受到产业界和资本市场的广泛关注。最近两三年新增企业约30家，市场需求增长较快。2019年，市场拥有搬运机器人22,000台左右，除了在汽车、家电、烟草行业等制造领域应用广泛，新增需求主要来自电商、快递、新能源、3C电子、医疗等行业。以昆船、新松、极智嘉、国自机器人、快仓、海康威视、马路创新、木牛流马、旷视科技、牧星智能、技田、井松、佳顺智能、快捷智能、怡丰机器人、迦智科技等为代表的搬运机器人企业加速市场布局，占据国内市场份额的80%~90%。国内搬运机器人研发、生产从中低端产品以设备功能性能为主，逐渐注重自主路径规划、避障和导航以及管理系统的开发。AGV产品同质化情况严重，中低端产品价格竞争激烈，导致利润不断下降，利润率偏低，在高端产品研发、生产过程中，关键部件仍然依赖进口，核心专利缺乏，一定程度上制约了企业自身的发展和产品的市场竞争力水平。

2. 企业竞争格局

在以核心专利、技术及系统为代表的企业原始创新能力方面，国内企业不断加大科研投入力度，加强新理念、新技术、新产品的研发工作，逐渐提升与国际一流企业同台竞争的能力。装备生产制造能力环节，国内物流仓储装备供应商高度重视产品质量与售后服务能力建设，通过严格的生产制造标准、工艺流程，逐渐在部分行业中实现对外国同类产品、服务的替代。系统集成方面，随着市场竞争加剧，特别是单一产品利润率降低，越来越多的设备生产商转向系统集成服务中，以大福、胜菲迩、德马泰克、范德兰德和霍尼韦尔等企业为代表的国外系统集成商，在增长较快的电商、快递以及机场高端物流领域占据绝对优势，以昆船集团、北起院、普天物流、北自所、沈飞物流、中集天达等为代表的国内物流仓储装备企业，研发设计能力、系统集成能力、生产规模、行业经验等不断提高，通过自主创新研发新技术、高性价比的产品和本土化售后及维护服务形成自身优势，占据了大量的国内市场份额，其产品在不断追赶国际水平。

从行业来看，国内外物流仓储装备企业积极参与国内现代物流产业建设，在汽车、烟草、化工、医药、图书、纺织服装、新能源、食品饮料、大型零售、电子商务等行业领域广泛应用。在烟草行业，生产和制造都具有物流仓储装备的高端需求，昆船集团、普天物流、今天国际等企业具有较强的竞争优势；在医药行业，目前日本大福、科纳普等国外企业是其中的佼佼者，北起院、北自所、普天物流等国内企业具有技术上的竞争力；在机场方面，西门子、范德兰德、FKI等国外物流系统集成商拥有成熟的技术，中集天达、英德隆、民航二所市场份额逐渐增多；在服装领域，北起院较早进入具有一定的竞争优势，国外企业借助先进的技术，也具有竞争力，但目前市场还主要被国内企业所占领。

23.3.2 我国物流装备市场竞争格局变化趋势

我国智能制造的快速发展，推动制造业大力兴建生产基地，引入智能化生产线，制造业的众多行业领域，如医药、服装、汽车、家电、食品、家居建材、烟草等，对与生产和仓储相配套的物流仓储装备需求旺盛；电商、快递业务的不断拓展，促使相关企业深化物流网络布局，在不同区域建设各个层级的物流基地、配送中心、分拨中心，给物流仓储装备带来广阔的市场；冷链、新能源等新领域的发展，为物流仓储装备提供新的发展空间。面对快速增长的市场需求，行业具有良好的发展前景，预测未来五年物流仓储装备行业市场需求将继续保持以10%左右的速度增长，在智慧物流快速发展的推动下，物流仓储装备自动化、数字化、智能化转变明显，未来智能自动化装备市场规模将较快增长，保持25%左右的年均增速。

从细分产品角度来看，货架及存储设备自动立体仓库作为存储设备智能化水平提高的主力，仍将保持稳定的发展；随着运行速度、供电技术、智能程度等难题逐渐被突破，子母车、四向车、多层穿梭车等密集存储系统降本增效的效果将越来越明显，设备的高稳定性、设备间良好的匹配性和高效性、整个系统的高投入产出比，促使密集存储系统在托盘和料箱甚至纸箱存储领域，具有绝对的空间优势，成为未来市场竞争的焦点。搬运设备传统内燃平衡重式叉车比重将逐渐减少，电动叉车随着行业绿色发展要求比重将增加，锂电池叉车占有绝对的市场优势，AGV 叉车市场需求持续快速增长，占电动叉车比重也将越来越大。输送分拣设备从产品类型来看，自动化分拣设备按照下游企业市场需求定制化竞争激烈，满足快速输送分拣的先进拣选设备将不断出现；模块化设计的新型拣选端到端设备将被越来越多的企业所认可，应用在输送分拣系统中，应对系统激增的作业任务；输送分拣设备与移动机器人结合的"货到人""货到机器人""货箱到人"等创新理念的拣选系统将会不断增加并得到广泛应用。物流搬运机器人随着智能、无人化拣选的发展，AGV 物流机器人市场将迅速发展壮大，在传统的导引 AGV、LGV（激光导航）、KIVA 类（地标导航）、VGV（视频导航）等基础上，无引导的自主移动机器人 AMR 在物流仓储中将大展拳脚，凭借灵活、准确的地图，以及定位、感知、避障、路径规划的优势，成为未来物流机器人市场的主流，带来巨大的商业竞争机遇；各类复合型物流机器人和各种负载能力的物流机器人也将不断出现，满足不同领域的应用需求，参与市场竞争。

从行业角度来看，物流仓储装备在电商、快递市场的需求仍将不断增长；汽车、纺织、烟草、医药、新能源等制造业领域，随着智能制造的深入进行，生产和仓储环节对智能物流仓储设备将继续保持旺盛需求，占据总需求的大部分比例；家电家具等行业物流服务的升级，将带动大件物流的自动化物流仓储装备的研发和升级。

从市场角度来看，近年来国产品牌发展迅速，未来在密集存储系统、智能输送分拣装备、新能源叉车、物流机器人等领域将打破外商品牌常年主导的局面，通过不断的应用实践和创新研发，国产品牌的市场竞争力将大大提高。国内物流仓储装备供应商向集成商转型趋势将持续进行，企业为扩大市场影响力，将多元化发展以抓住机遇抢占热门领域的物流仓储装备市场。物流仓储企业的竞争开始由技术和产品竞争，逐步延伸到企业的服务竞争，考验企业包括设计规划能力、生产施工质量、售后保障、运营服务以及品牌力等各方面综合实力。

第24章

物流仓储装备产业链及企业盈利能力研究

24.1 物流仓储装备产业链模型及运行机制

物流仓储装备产业链由上游、中游、下游产业三部分组成。上游产业包括钢铁行业、机械行业、电子设备行业、物流软件行业、地产行业、信息技术产业、教育产业等，上游产业为物流仓储装备产业提供金属原材料、机械零部件、电子元器件等，满足货架、堆垛机、穿梭车、输送机、分拣机、AGV、叉车等物流仓储硬件装备的生产制造需求，提供先进的物流仓储软件WMS、WCS等，对物流仓储装备进行控制和管理，提供构建物流基础设施所需用地、培养物流仓储专业技术人才等。中游产业是物流仓储装备产业，物流仓储装备制造商和系统集成商根据市场需求和应用特点，规划、建造物流仓储系统，研发、设计、生产物流仓储装备，集成物流硬件装备和软件系统。下游产业是应用物流仓储装备的各个行业，物流仓储装备制造商和系统集成商为汽车制造业、化工业、纺织业、轮胎制造业、电池制造业、烟草行业、医药行业、家电行业、零售业、邮政业、冷链仓储领域、军需领域等诸多下游产业提供专业化物流仓储装备，以满足各行业的物流仓储需求。物流装备产业链模型如图24-1所示。

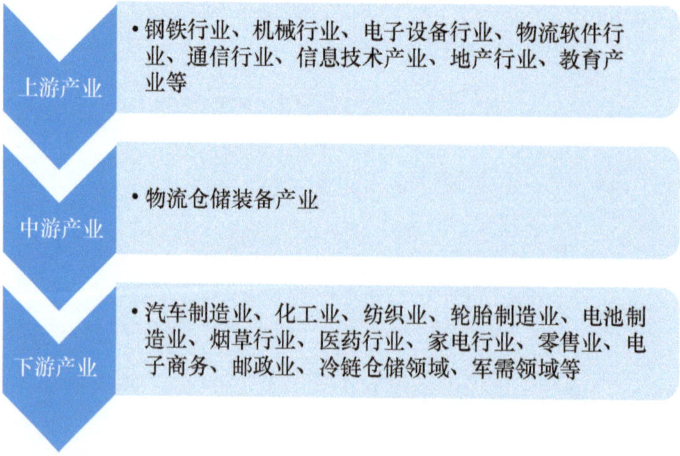

上游产业	钢铁行业、机械行业、电子设备行业、物流软件行业、通信行业、信息技术产业、地产行业、教育产业等
中游产业	物流仓储装备产业
下游产业	汽车制造业、化工业、纺织业、轮胎制造业、电池制造业、烟草行业、医药行业、家电行业、零售业、电子商务、邮政业、冷链仓储领域、军需领域等

图24-1 物流装备产业链模型

24.2 上下游产业的行业影响

24.2.1 上游产业

上游产业为物流仓储装备产业提供原材料供给、技术装备和软件系统的支持,上游产业保障产品价格的稳定、产量的充分供给,保持产品的迭代升级,有利于中游物流仓储装备产业原材料成本的降低、产品性能的提高,以及利润空间的提升。以货架和存储设备为例,产品的原材料主要为卷带钢、管型材、矩形管、网片、冲压件等钢材和各种钢材制品,近年来,钢材价格呈现周期性波动,对货架及存储设备企业涉及钢材及部件成本造成一定的影响,企业的营业成本比重较高,约占60%,上游钢材生产企业原材料短期内频繁大幅波动对这些企业成本影响较大。

上游产业先进适用技术的升级,有利于物流仓储技术的迭代升级,以及物流仓储装备市场竞争力的提升。机械行业的零部件供应商采用轻量化技术、节能降耗驱动控制技术、蓄能技术等绿色节能技术,可降低物流仓储装备能量消耗,实现自动化物流仓储系统的节能降耗。通信行业的发展将全球定位系统、电子数据交换、网络安全技术、5G技术等应用于物流仓储领域,让端到端无缝链接实现万物互联,使收集到的海量信息,更多、更广、更及时地进行传送,带来物流仓储装备行业数据传输的飞跃发展。信息技术产业为物流仓储装备行业提供条码、RFID、视觉识别技术、可视化及货物跟踪系统、无线传感技术、地理信息系统等先进适用技术,大大提升了物流仓储行业的服务效率和准确性,大数据、物联网、工业互联网、云计算、区块链等新兴信息技术,促进物流仓储设备的运行和管理水平的提高,推动着物流行业的迅速发展。

24.2.2 下游产业

物流仓储装备下游产业主要是制造业、零售业、邮政快递业和其他产业,下游产业的持续发展,为我国物流仓储技术和装备提供了持续增长的发展空间,有利于促进物流仓储装备行业的扩张和发展。

物流仓储装备下游产业占比中(见图24-2),烟草、医药、机械制造、汽车、出版印刷等产业约占49%,制造业受劳动力成本上升的影响,仍是物流仓储装备应用比重较大的行业,随着"中国制造"加速向"中国智造"转型,智能化物流仓储技术装备满足"工业4.0时代"的需求和特征,将迎来前所未有的发展机遇,物流仓储装备将趋于高端、智能化方向发展,更好地为智能制造系统提供服务。电子商务领域快速发展为物流仓储技术与装备行业创新发展提供市场需求动力,仓储物流基地、配送中心、物流中心、物流园区等物流设施建设规划不断增加,符合电商仓配一体化要求的物流仓储装备与技术,特别是自动输送分拣设备需求旺盛,推动智能分拣系统等新兴信息技术的应用,提升物流设施设备输送分拣装备智能化水平。快递业企业加强企业自身科技硬实力建设,作为传统的先进物流仓储装备与技术的使用者,在开展现代物流基础设施及系统投入的同时,更加注重参与原始技术的创新与实践工作,快递业龙头企业纷纷加大科研经费投入，积极与高校及相关科研院所开展共建国家级工程实验室、区域科研中心等建设工作。

图 24-2 物流仓储装备下游产业占比

24.2.3 下游用户分析

根据 2019 年商务部电子商务公共服务网统计数据，从电商重点商品品类来看，服装鞋帽针纺织品、日用品、家用电器及音像器材网络零售额排名前三，分别占实物网络零售额的 24.5%、15.3% 和 12.4%，药品、化妆品、烟酒、家具实现较快增长，同步增速均超过 30%。服装鞋帽针纺织品、日用品、家用电器、药品、化妆品、烟酒、家具等行业的自动化物流仓储装备，特别是自动化存储、输送、分拣装备市场潜力和技术升级需求大。

随着电商行业的蓬勃发展，国内主要电商为了抢占市场份额，纷纷兴建物流设施，打造全方位物流体系，进行全国性物流骨干网、配送中心、分拣中心等的布局及建设，企图在未来激烈的竞争中抢占智能物流领域的高地。以电商物流领域的龙头企业——京东为例，近年来在全国不断进行物流网络布局，截至 2019 年年底，已拥有北京、上海、广州、成都等 8 大物流枢纽，亚洲一号智能物流园区 25 座，全国中心仓、区域仓、城市仓、本地仓、前置仓等规模不一、不同层级的物流仓库超过 650 个，这些物流枢纽、物流园区、物流仓库共同形成了京东"一主多辅"的多层布局形态，给京东带来仓储配送的绝对优势。同时，其他电商也在不断进行产业布局，苏宁已在 44 个城市投入运营 57 个物流基地，在 16 个城市有 18 个物流基地在建、扩建；唯品会建设了 6 个物流基地，100 万 m^2 仓库；当当拥有 37 个物流中心。

快递业用户的快速发展，拉动了物流仓储自动化输送分拣设备的市场需求。目前国内拥有多家快递企业，如顺丰速运、圆通快递、京东快递、申通快递、韵达快递、百世快递、中通快递、邮政、EMS、天天快递等，快递业务量、营业收入、服务水平等均有较好表现。快递业的迅猛发展，对物流基地、配送中心、分拨中心等的输送、拣选、分拣作业效率和准确率提出更高的要求，自动化输送分拣设备、AGV 分拣机器人等分拣系统的需求量普遍增加，快递企业纷纷加大基础设施建设，或自主研发或积极引入升级输送拣选设备。截至2019年年底，顺丰控股拥有多个中转分拨中心：9个枢纽级中转场、36个航空、铁路站点、129个片区中转场；有不同类型的仓库：113座电商仓库、57座食品冷库、5座医药冷库，自动化及智能穿戴设备广泛应用于中转场及仓库，助力提升自动化分拣作业效率。申通快递拥有68个转运中心，科技投入不断加大，配备了145套自动化分拣设备（90套为自动化交叉带分拣设备，55套为摆臂设备），引入全自动快递分拣机器人"小黄人"系统，自主研发超高速交叉带分拣系统，用以提升分拣时效。韵达快递拥有59个枢纽转运中心，自主研发了"全自动分拣系统"，高速矩阵分拣使其分拣效率提升了37%，单层全自动设备分拣效率达到2万件/h，同时又研发了双层全自动设备、4层交叉带自动分拣线，凭借领先的自动化仓储设备优势，分拣效率不断提升。圆通快递通过合理规划和布局，目前拥有自营枢纽转运中心73个，自营城配中心5个，改造和扩建22个枢纽转运中心，新增80套自动化分拣设备，累计安装自动摆臂/摆轮分配器设备4,100多台，降低快件分拣作业差错率，减少分拣作业次数，提升分拣作业效率。

大型快递公司相继上市，获得融资之后企业规模不断扩大，业务范围不断拓展，快递企业有充足的资本，投资仓储物流系统建设，提升配送服务水平。2019年，上市公司顺丰控股用于仓库、分拣中心、信息技术设备等固定资产投资额分别达到5.0亿元、9.3亿元、6.5亿元；申通快递用于转运中心、信息设备等固定资产投资额分别达到13.2亿元、2513万元；韵达快递用于分拣中心的固定资产投资额为32亿元。快递企业已经由市场竞争转入资本对决阶段，企业融资后利用资本进行技术革新、优化管理，获得更高的利润率。

24.3 企业盈利能力

24.3.1 我国主要物流装备企业销售净利率

在国家政策的大力推动下，物流业供给侧结构性改革不断深入进行，物流仓储装备与集成系统的下游产业客户，结合自身行业领域特点，对物流仓储装备需求具有更加清晰的认识，深刻意识到高质量规划建设的物流项目、高质量生产制造的物流装备的应用，会对企业自身的高质量发展带来促进作用，在新建或改进物流仓储设施时，对物流仓储装备供应商企业的选择尤为慎重。国内物流仓储装备企业面对不断攀升的用户需求，加快新产品、新技术的自主创新研发，完善产品体系和设备功能，调整生产经营模式，以高质量的物流系统规划设计、设备供应、安装维护和售后服务，提高自身综合实力，提升企业盈利能力。

国内主要物流装备企业中，上市企业大多为物流仓储装备集成商，有天奇股份、诺力股份、新松、东杰智能、迦南科技、今天国际、音飞等。2018—2019年国内主要物流装备企业年营业收入、年利润和净利率见表24-1，这些企业都表现出较强的盈利能力。2018—2019年年营业收入超过10亿元的上市企业有：天奇股份、诺力股份、新松，这些企业2018年销售净利率分别为3.9%、7.4%、14.5%，2019年销售净利率分别为2.3%、7.8%、10.7%。从净利率水平看，2019年，新松、东杰智能、音飞3家公司均达到了10%以上的高水平，盈利能力较强。

东杰智能不断优化升级产品，创新研发智能立体车库、智能物流及仓储系统、AGV及四向穿梭车新品，在汽车、医药、酒类等多个行业领域形成优势，同时开展锂电池、冷链物流领域布局，国内市场营业收入为6.0亿元，国际市场营业收入为1.4亿元，其中，智能物流输送系统营业额为1.2亿元，智能物流仓储系统营业额为2.9亿元，净利润总额9,052万元，净利率为12.2%。迦南科技积极探索产学研合作模式，企业具有较强的研发能力，拥有健全的产品体系、稳定的客户资源、完善的全链条服务理念、立体化的营销体系，企业实现营业收入7.0亿元，净利润5,131.4万元，净利率为7.3%。

表24-1 2018—2019年国内主要物流装备企业年营业收入、年利润和净利率

公司	2019年			2018年		
	年营业收入/亿元	年利润/万元	净利率(%)	年营业收入/亿元	年利润/万元	净利率(%)
天奇股份	31.6	7,198.7	2.3	35.0	13,844.9	3.9
诺力股份	30.9	24,228.0	7.8	25.5	18,838.9	7.4
新松	27.5	29,292.4	10.7	31.0	44,935.1	14.5
德马科技	7.9	6,401.3	8.1	7.3	5,802.9	8.0
东杰智能	7.4	9,052.0	12.2	7.0	6,376.3	9.1
今天国际	7.1	4,751.5	6.7	4.2	1,822.0	4.4
迦南科技	7.0	5,131.4	7.3	5.8	3,363.3	5.8
音飞	7.0	7,812.6	11.4	6.9	9,260.1	13.0

24.3.2 我国主要物流装备企业净资产收益率

2017—2019年国内主要物流装备企业净利润、净资产和净资产收益率见表24-2。2019年，诺力股份、德马科技、音飞等企业表现出较高的年净资产收益率，其中，诺力股份净资产收益率达到15.0%，德马科技净资产收益率达到8.6%，音飞净资产收益率达到8.1%。

表24-2 2017—2019年国内主要物流装备企业净利润、净资产和净资产收益率

公司	2019年			2018年			2017年		
	净利润/万元	净资产/亿元	净资产收益率(%)	净利润/万元	净资产/亿元	净资产收益率(%)	净利润/万元	净资产/亿元	净资产收益率(%)
诺力股份	24,228.0	16.1	15.0	18,838.9	17.2	11.0	15,950.4	15.9	10.0
德马科技	6,401.4	7.4	8.6	5,802.9	6.92	8.4	4,105.4	6.13	6.7
音飞	7,812.6	9.7	8.1	9,260.1	10.2	9.1	8,333.4	8.70	9.6

(续)

公司	2019 年			2018 年			2017 年		
	净利润/万元	净资产/亿元	净资产收益率(%)	净利润/万元	净资产/亿元	净资产收益率(%)	净利润/万元	净资产/亿元	净资产收益率(%)
东杰智能	9,052.0	14.0	6.5	6,376.3	11.0	5.8	36,548.1	6.6	55.4
迦南科技	5,131.3	8.0	6.4	3,363.3	7.8	4.3	4,396.4	7.8	5.6
今天国际	4,751.5	7.7	6.2	1,822.0	7.7	2.4	9,320.5	7.8	11.9
新松	29,292.4	64.8	4.5	44,935.1	62.2	7.2	43,237.8	59.3	7.3
天奇股份	7,198.7	20.1	3.6	13,844.9	6.8%	2.0	8,476.6	19.8	4.3

24.4 行业盈利能力变化趋势预测

行业内部并购加速系统集成商盈利能力稳步增长。以诺力股份为例，2016 年和 2018 年先后完成了对无锡中鼎集成技术有限公司的并购和对法国 SAVOYE 公司的收购，诺力公司的物流系统集成能力大大提高，物流仓储管理和控制软件系统更加强大，成功进军全领域智能物流系统市场，带来企业净利率高速增长的同时，也为企业深度参与国际市场竞争奠定了基础。

定制化生产经营模式实现企业自身盈利。以迦南科技为例，公司主要为制药企业提供服务，针对企业厂房、工艺、产能的不同情况，通过个性化的产品定制和专业化的配套服务，进行厂房、生产线的规划布局和设备研发，提供技术咨询、安装、调试及维护等售后服务，为客户创造价值的同时实现企业自身的盈利。

积极开拓国内外市场，进行国际化布局，拓展企业盈利空间。以东杰智能为例，继续保持在汽车、医药、酒类、电商等行业的国内市场竞争优势，大力拓展行业新领域，力争快速渗透并发展成优势行业，打造新业务促进利润增长。同时，加大海外市场拓展力度，提升企业国际品牌价值，在海外设立分公司，为抢占海外市场、拓展企业盈利空间，奠定了良好的基础。

物流机器人行业竞争加剧，资产净收益率下降。以新松为例，随着智慧物流和智能制造系统行业竞争的加剧，企业面临市场竞争压力，受市场行情影响，下游应用行业客户定价及预算相对偏低，项目毛利率下降；同时，面临行业竞争，企业加强推广和储备新产品及新技术，营业收入投入研发项目资金增多，综合因素导致资产净收益率下降。

第25章

我国物流仓储装备产业发展趋势

25.1 全球市场发展状况

"物流"的概念起源于美国,早在1963年,美国物流管理协会就对其进行了定义。美国是第一个发布供应链管理的国家,2005年,美国物流管理协会发布了供应链管理的概念,标志着全球物流进入到供应链时代。日本也在1963年引入物流的概念,物的流通一词应运而生,1965年被日本政府采用。1990年,日本颁布了物流法。英国也在20世纪60年代开始综合物流概念的引入,20世纪80年代出现了专属物流服务,即仓储服务。这些发达国家的物流起步早,经过几十年的发展和沉淀,行业发展成熟,技术积累深厚。美国以其先进的信息技术、机器人技术为基础,拉动着物流仓储装备朝智能化方向发展;日本拥有世界上排名第一的物流装备集成商大福公司;欧洲更是物流仓储装备先进技术发展的排头兵,几乎当前世界先进技术及装备都有源自欧洲的身影。这些国家拥有坚实强大的制造业基础、精细化的管理理念、先进的技术水平,让物流仓储装备随社会需求得以迅速发展。欧美日的水平代表着世界最先进的水平,他们的发展引领着全球物流仓储装备行业的发展。

纵观全球的经济发展,产业结构的调整,贸易的全球化,供应链的全球化,都离不开物流技术及装备的支撑。由于欧美发达国家发展历史悠久,国际知名企业众多,世界先进的物流技术与装备主要集中在欧、美、日等发达国家或地区。他们技术先进、成熟度高、资本雄厚,拥有丰富的产品线和多年积累的项目经验,世界排名前20%的企业占有全世界超过半数以上的市场份额,市场优势明显。

25.1.1 全球物流仓储装备产业发展态势

物流仓储装备产业的发展涉及产品门类众多,范围广,统计口径很难统一,但可以从自动化仓库的建设需求、仓库自动化的升级需求以及货架储存设备、分拣与输送、AGV、机器人等典型装备的产量,来分析判定市场的发展趋势。

随着第三方物流、电子商务和零售的高速发展,与人力成本的增加和劳动力紧缺的矛盾日益突出,促使电商等物流企业提升自己的管理水平,提高交付效率。因而拉动了自动化仓库及物流配送中心的建设需求。以密集存储为优势的自动化仓库,可以解决货物密集存储的问题,节省空间。以全自动存取为优势的自动化仓库,可以减少用工,降低操作的复杂度，降低成本而提高效率。以订单执行为核心的物流配送中心，可以使订单执行过程准确而高效，缩短公司交付的时间，促使医疗保健、食品、饮料、服装等行业纷纷升级现有设施，从而刺激物流装备的需求。

同样，零售业为了在最短的时间内有效地管理从货架到客户的产品，完成存储和检索，增加了自动化物流装备的需求。由于在线电子商务和移动商务平台的兴起，零售业的竞争日益激烈，导致便利店和专卖店的所有者，成立连锁制，成立配送中心，采用先进的技术装备，提高运营效率，调整资源利用，获得更高的利润。

预计未来 5 年，亚太地区将是全球自动化仓库增长最快的地区，而我国将成为引领亚太地区市场增长的国家，在汽车、食品、饮料以及医疗保健等行业快速增长。根据 Markets&Markets 的研究估算，未来 5 年自动化仓库系统市场将达到 110 亿美元。

由于全球物流业的需求不断增长，西欧、北美和亚太地区的物料搬运行业正在高速发展，自动化和相关技术的强劲发展，将促使全球 AGV 市场在未来出现显著增长。

AGV 作为物料搬运解决方案已受到广泛的关注，如在汽车物流、烟草、医药、食品和饮料、化工、纺织等行业。制造业的生产量增加，使得 AGV 被采用的频率提高，石化、军需等行业的特殊性，使 AGV 有了定制化的需求。物流行业的知名企业，如大福公司、库卡公司、欧姆龙爱德普（Adept）技术公司、凯傲集团公司、丰田工业公司、村田机械、巴斯蒂安解决方案等都是占据主导市场的主要参与者。据 Future Market Insights 分析，全球 AGV 市场价值预计在 2019—2029 年期间将以约 9%的复合年增长率增长。各行业自动化水平的提升，尤其是制造业的升级，使 AGV 的需求和用途进一步扩大。

机器人技术和自动化正迅速成为电子商务中的关键因素，并将对物流领域产生巨大影响。自动移动机器人、自动存储系统、跟踪引导技术以及先进的供应链软件，改变了传统的游戏规则，让储存和分拣更加快捷、安全和无错，缩短了产品从仓库到市场的时间，并最终降低了成本。

物流领域，在德玛泰克（Dematic）、胜斐迩（SSI-Schaefer）、极智嘉（Geek+）、GreyOrange 和海康威视（HikVision）等公司的领导下，AGV/AMR 在整个仓库自动化中将拥有超过 15%的市场份额，而且有逐渐增长的趋势。

除了自动化立体仓库配送中心等大型基建以外，普通仓库的升级，自动化改造也同样存在着巨大的需求。

亚太地区将是最大的仓库自动化市场，印度在其电子商务潜力巨大的背景下将在全球范围内展现出很高的增长速度。本地化的解决方案越来越受到欢迎，印度的 GreyOrange 和 Addverb Technologies 等区域新兴企业将是当地电子商务的有力参与者。

由于电子商务和全渠道零售的兴起，消费者对更快、更方便的在线交付方式的需求不断增长，仓库自动化方面的投资增长已经持续了几年。但进入 2019 年以来，随着全球经济变得越来越脆弱，许多企业正在推迟资本支出。仓库自动化的订单量开始有所下降，但总体的增长趋势没有改变。

据物流与供应链研究 & 咨询公司 LogisticsIQ 最新的市场研究报告估计，全球仓库自动化市场将从 2018 年的 130 亿美元增长到 2025 年的 270 亿美元，增长 2 倍以上，

2019—2025 年的复合年增长率为 11.7%。在新兴经济体中，对现代仓库的需求更高，会有更大的发展空间。

25.1.2　全球化加快物流技术发展

物流仓储装备技术处于自动化和集成自动化阶段，随着新一代信息技术与现代物流技术的深度融合发展，智能化将成为物流仓储装备未来发展的主要方向。在物流领域，国际著名的汉诺威工业博览会、德国斯图加特物流展等国际展览，作为新技术、新装备的重要展示平台，是全球各大厂商云集展示技术和交流经验的舞台，一直是全球物流仓储装备技术的风向标，对于研究物流仓储装备技术未来发展方向有着很好的借鉴作用。

物流仓储装备技术的发展，伴随着新兴技术的不断涌现，进入了新一轮的发展周期，人工智能、区块链、大数据、边缘技术等新兴技术，加速了传统物流装备的数字化进程，向智能化迈进。

从近年来国外公司推出的新品以及他们的发展方向可以看出物流仓储装备的发展走势。全球化进程，使得技术发展同步速度加快，从新品推出的速度可以看出，产品的迭代速度在加快，而且参与的企业众多，若要保持领先，需要持续地投入和深入的研究。从产品的发展来看，物流仓储装备与机器人的界限正在被打破，机器人的概念渗透物流的各个环节，逐步向智能化方向发展，向集约化、绿色化迈进，而且系统对控制软件和算法等计算机技术的依赖程度逐步加大。各大公司纷纷收购 AI 企业和软件公司，扩展自己解决方案中系统的软件控制能力。

随着电子商务与新零售的高速发展，分拣的需求剧增，适应各种需求的自动化分拣技术成为创新热点。高速分拣设备中，传统的推块式、交叉带等分拣设备，在噪声、效率、维护等方面都有改进，出现了万向轮式分拣、模组带式分拣等新的分拣形式。在路径规划算法的指导下，分拣更加柔性化和多元化。悬挂式分拣获得了新的应用，从服装业到快递包裹都适用，拓展了微小型分拣的领域，从平面向立体空间发展。分拣机器人更是集成搬运、分拣、称重等多项功能，形成新的柔性解决方案。

以多层穿梭车密集存储为代表的新兴存储方式，弥补了传统自动化仓库储取效率的不足，更加适合小件物品的储存。外加上复合人体工程学的拣选台，或配有机械手，构成了"货到人"，或"货到机器人"的拣选方式，如德马泰克的"货到人"挑选（RapidPick）、胜斐迩的"货到人"、科纳普（KNAPP）的机器人挑选系统（Pick-it-Easy）全自动机器人拣选都各具特色。

AGV 技术借助于导航技术高速发展，从磁条导航、激光导航发展为二维码导航、视觉导航。在 AI 技术、5G 技术的支持下，发展为地图构建与即时定位 SLAM 导航的无人驾驶，活跃在物流搬运领域。附加显示屏、机械臂，可以实现移动工作站，满足搬运拣选的需求。

物流机器人的家族在不断扩大，在装卸、搬运、存储、分拣、拣选、包装等各个领域都能看见机器人的身影，也是物流行业最具发展潜力的方向，无论是搬运机器人、分拣机器人，还是拣选机械手、协作机器人，都表现出与人的和谐共处，以及与物流行业的深度融合。

物联网技术深入到传感层和设备层，RFID 等射频标签，可以应用于货架，也可以装载在托盘上，让基础物流数据打破地域的界限，无论在何处都可以报告货物的位置和数量等基础信息，让货物信息追溯成为可能，再加以区块链等新技术，将会给物流业带来新的机会。

无论是 AGV 集群控制，还是 AMR 人机交互、语音识别、VR/AR 都体现出高度的软件支撑，没有人工智能、机器学习等信息科技的支持，物流技术不可能实现如此高速的发展。以前我们讲硬件技术的发展。如今我们需要强调软件的巨大作用，控制系统和软件对物流装备的支持将持续增加。

物流装备的发展，硬件执行层趋于标准化、模块化，系统层趋于柔性化、可配置化。越来越多的迹象表明，系统解决方案的可配置性在加强，用户参与度在增加，而对环境的依赖逐步减小，系统可用性逐步升级。

全自动化、无人化和人机协同在不同的场景中比肩发展。无人仓、自动驾驶、无人机等技术，正在逐步成熟，在人工不能到达的领域中发挥其独特的作用。另一方面，在人机协同共处，由机器辅助人类，协作机器人与人共处的领域在逐步扩大，而且在相当长的一段时间内，将迎来持续的发展，促进物流数字化的进程。

25.1.3　全球物流仓储装备重点企业

物流仓储装备及系统是物流产业链的核心资产与组成部分，在物流全流程中起承上启下的作用。物流仓储装备及系统供应企业是物流仓储装备科技创新的主体与核心推动力，物流仓储装备及系统供应企业面向市场需求，结合企业自身发展优势，不断开展技术、服务、模式创新工作，使得物流仓储装备的性能不断提升，从而引领物流仓储装备及系统迭代发展。全球化带来的竞争压力也促使物流仓储装备及系统供应企业不断加大对于科技的投入，这无疑为整个行业的发展增添动力，物流仓储领域新装备、新技术应用不断涌现，如自动化立体仓库、多层双向、四向穿梭车的货到人系统、各种分拣与拣选设备、自动拆码包机、AGV、自主移动机器人（AMR）等，在辅助人们工作的同时，极大地提高了效率和准确性，提高了物流系统的运行效率，降低了人力成本和物流成本，改善了服务质量，有效地促进了各行业物流水平的提高。近年来，国际物流仓储装备领域重点企业快速发展，呈现出以下特点。

1) 全球知名企业牢牢占据高端市场。物流仓储装备领域内具备集成和整体设计能力，并用于自主知识产权的国际知名集成商，主要来自物流起步比较早的国家，集中在欧洲、美国和日本。这些企业历史悠久，经过不断地并购重组，多为集团化发展，具有雄厚的技术实力、丰富的产品线、核心技术专利以及常年来诸多国际工程积累的丰富经验，在人力、财力、技术能力上都是其他企业无法比拟的，占据高端市场，引领行业发展，优势明显。美国权威杂志《现代物料搬运》（MMH），每年对全球物料搬运系统集成商前 20 名进行发布（见表 25-1），日本大福集团依然连续稳居第 1 名，其 2019 年的收入超过 40 亿美元，尽管这一数据略低于 2017 年，但其两位数的增长推动了 3 年的

37%的增长。胜斐迩和德马泰克分别为第2名和第3名。

从表25-1中可以看出,欧洲企业超过了半数,共有14家,如胜斐迩、德马泰克、范德兰德、科纳普、伯曼集团、瑞仕格、伟创和卡迪斯等;美国企业4家,如霍尼韦尔、MHS等;日本企业2家,分别是大福集团和村田机械。欧洲公司占有绝对优势。排名前三的企业收入占据全部20家企业收入的40%以上,处于绝对的优势。2019年度收入超过10亿美元的增加到9家企业。

2)龙头企业加快扩张的步伐,融资合并,向软件行业发展,企业间的收购并购合作增加,凸显向软件和新兴领域发展的趋势。企业不断地通过市场手段来调整自己适应市场的能力,延长自己的产业链,补齐自己发展的短板,企业间的收购并购从未停止过。日本大福集团2019年收购了输送机和物料搬运设备制造企业Vega Conveyors & Automation Private Ltd,同年还收购了荷兰的Scarabee Aviation Group BV和澳大利亚的Intersystems(Asia Pacific)Pty Limited。德马泰克(Dematic)自2016年被KION集团收购以来,与自动化工业车辆专家Egemin同属KION的供应链解决方案部门,3年来收入持续增加,再次以27亿美元收入排名第3,并且仍在不断地扩张,它收购了专门从事物流自动化解决方案的英国软件公司(DAI),由此可见,其在物流系统软件方面投入的决心。

以分拣见长的集成商,MHS收购了欧洲公司OCM(Officina Costruzioni Meccaniche),该公司是为国际快递和仓库提供分拣系统技术的物流配送公司,MHS还收购了控制系统集成和软件公司eMotion Controls Co.,以发展其端到端的解决方案。

3)除收购外,同样企业间的合作也持续增多,尤其是在新兴的机器人领域。作为领先的系统集成商巴斯蒂安解决方案,成了AutoStore的全球分销商,将利用其庞大的Toyota网络在全球范围内扩展其AutoStore领域,以覆盖广泛的地区和行业领域的客户。Shopify收购6 River Systems,泰瑞达(Teradyne)收购AutoGuide和MiR,以及Amazon在收购Kiva之后又收购初创公司Canvas Technologies等,交易领先的数字转换解决方案公司UST Global宣布与全球软件和移动机器人提供商GreyOrange建立合作伙伴关系。此类合作,都表明了企业在应对市场急剧增加的需求时,迅速地想通过合作共赢的方式来获得进入市场的先机。

表25-1 全球物料搬运系统集成商前20名(数据来自MMH)

名次			公司名称	收入/百万美元			总部地址
2019年	2018年	2017年		2019年	2018年	2017年	
1	1	1	大福集团(Daifuku)	4,016	3,659	4,167	日本大阪
2	2	2	胜斐迩(SSI Schaefer)	3,217	3,060	3,217	德国诺因基
3	3	3	德马泰克(Dematic)	2,662	2,267	2,350	乔治亚州亚特兰大
4	6	4	霍尼韦尔(Honeywell Intelligrated)	1,800	1,000	1,700	美国俄亥俄州
5	5	6	村田机械(Murata)	1,800	1,287	1,287	日本东京

(续)

名次			公司名称	收入/百万美元			总部地址
2019年	2018年	2017年		2019年	2018年	2017年	
6	4	5	范德兰德（Vanderlande）	1,700	1,538	1,538	荷兰费赫尔
7	10	7	科纳普（Knapp）	1,370	643	1,050	奥地利格拉茨（Graz）
8	8	8	伯曼集团（Baumer Group）	1,100	900	1,000	德国北莱茵威威斯特法伦州
9		10	MHS公司（Material Handling Systems）	1,000		860	肯塔基州华盛顿山
10	7	9	瑞仕格（Swisslog）	922	915	923	瑞士布克斯
11	9	11	特格威（TGW）	850	742	817	奥地利韦尔斯
12	11	12	伟创（Witron）	673	635	637	德国帕克施泰因
13	12	13	卡迪斯（Kardex）	532	425	478	瑞士苏黎世
14	14	14	巴斯蒂安解决方案（Bastian Solution）	353	233	316	印第安纳州印第安纳波利斯
15	13	15	Elettric 80	272	261	272	意大利里昂维亚诺
16	17	16	西斯特姆（System logistics）	261	185	225	意大利密苏里州菲奥拉诺
17	15	17	DMW&H	214	225	214	美国密歇根，新泽西州费尔菲尔德
18	19	18	维世多（Stoklin）	163	152	197	瑞士埃什
19	18	20	Stöcklin Logistik AG	157	153	148	德国斯图加特
20	16	19	Lödige Industries GmbH	146	188	188	德国舍费尔德（Scherfede，Germany）

25.2 借鉴分析

25.2.1 技术升级快速发展

随着世界经济全球化进程的推进、我国经济的高速发展及对外开放，我国已经成为全球最大的物流市场。为外资物流仓储装备企业深度参与国内物流产业发展建设提供了机会，同时，也为我国企业参与国际物流产业活动提供了广阔的空间。近年来，国家出台政策，鼓励加大重大智能物流技术研发力度，加强物流核心装备设施研发攻关，推动关键技术装备产业化。支持我国企业积极参与"一带一路"建设，打造一批具有多式联运功能的大型综合物流基地，促进大型集结中心建设。这就要求我国相关企业重视自主核心技术开发、注重产品质量提升、自由知识产权保护、国际专利申请、积极参与相关国际标准制定，增加国际市场竞争的话语权，努力缩小与国外优秀企业的差距。

1. 物流仓储装备自动化、集成自动化与智能化协同发展

在全球物流装备智能化趋势下，我国物流仓储装备系统借助传感技术、数据采集技术、控制技术与信息化技术的发展，以及装备制造水平的提高，向智能化、无人化发展。以先进适用的自动化物流仓储装备为依托，将物流机器人作为物流仓储装备智能化的生力军，与物流各环节设备互相配合、柔性衔接，共同打造智能化物流仓储系统。在机器学习、人工智能技术的辅助下，利用模式识别技术、智能导航技术、自主避障技术，通过智能算法进行"实时决策"，物流机器人将柔性、自主地完成作业，逐渐替代传统仓库里的工人，成为智能物流的最强操作员，为物流仓储智能作业提供快速、精准的硬件保障。物流系统管理软件融合系统仿真、图像采集处理、仓库管理、设备调度和企业 ERP 系统相结合，借助条码、电子标签、无线射频识别等智能识别技术，将 3D 检测与机器视觉技术进行融合，实现货物跟踪与识别，为智能化管理提供可靠保障，提升系统的智能化管理水平。

2. 物流仓储装备系统化、模块化与定制化相辅相成

全球物流仓储装备呈现出系统化、模块化与定制化的特点。全球物流仓储装备企业系统化解决方案不断成熟，从全局角度出发，针对不同行业用户，满足不同效率、成本需求。物流仓储装备模块化设计相对成熟，互相独立的模块通过合理选型、组合，可以很大程度上减少设计、生产、安装、调试与维护环节的工作量，快速构建满足不同外形尺寸货物的物流仓储设备。越来越多的物流仓储装备企业需要投入到产品定制业务中，根据客户需求、系统形式、设备组成及系统能力，提供定制化服务，为企业拓宽产品市场，开发新的业务领域。企业针对不同需求，为客户提供系统化、定制化产品，并通过采用模块化组件设计，缩短产品设计交货期，提高生产效率。

3. 物流仓储装备高效化、节能化助力绿色物流仓储装备创新发展

物流仓储装备从存储到输送、拣选、分拣等诸多环节，设备高效化特点尤为显著，高效化的同时，企业更加注重设备之间的性能匹配，通过优质高效的系统配备，减少设备间等待的概率，避免设备数量冗余，节约投资成本，扩大系统收益，提升系统总体性能，使物流仓储装备发挥最大处理能力并高效运行。企业在满足设备高性能、高效率的基础上，开展结构轻量化设计和节能驱动系统应用，促进物流仓储装备绿色、节能、健康发展，降低综合成本、运营成本，系统稳定可靠，绿色节能。

25.2.2 提升质量和品牌建设

国际上知名的物流仓储装备企业，如大福集团、胜斐迩、德马泰克、范德兰德等，作为物流仓储装备行业集成商的代表，是高端与品位的象征，占据世界物流装备领域近 1/3 的高端市场。这些企业拥有悠久的发展历史、成熟的管理经验和品牌战略，在研发上持续不断地高投入，拥有全球化的研发中心、丰富的人力资源。凭借其强大的服务保障、全方位的物流仓储装备功能以及绝对的品牌优势始终控制着高端产品市场，为全球客户提供有效的解决方案。我国物流仓储装备产业起步较晚，企业的研发能力弱，研发投入不够，技术水平处于跟随的状态，近年来在局部的领域有所突破，尤其是在电子商务领域得到高速发展，能够与国际品牌同台竞技。随着物流仓储装备行业的快速发展，我国企业急需增强品牌竞争意识，实施和推进本企业的品牌策略，正确认识品牌价值，加强企业品牌建设。急需全面强化企业质量管理，加强质量品牌建设，加大研发投入，攻克一批关键技术，加强自主品牌建设，打造一批有竞争力的自主知识产品的国产优质品牌。借鉴、吸收发达国家优秀企业的管理经验，结合企业自身实际，采取有效措施，全面提高产品质量，精细化管理水平，努力实施高质量发展和品牌战略，树立企业的良好形象，形成企业竞争优势，提高企业的核心竞争力。

25.2.3　提升自主创新能力

近年来，在物流仓储装备行业中，新技术、新模式不断涌现，各种新型设备更是层出不穷，如各式各样的多层穿梭车、轻载存储拣选系统（AUTOSTORE）的存储模式，箱式、袋式高速的分拣系统，AGV、AMR，分拣搬运包装码垛机器人，无人机，自动驾驶车辆等。既有在传统技术的延伸，也有新兴技术的应用，表现出极强的活跃度，在所有技术和产品的背后，都可以看到国外物流装备企业的努力和以市场需求为导向的极快的成果转化能力。

相比我国的物流仓储装备企业，大多处于一种跟随状态，学习国外的先进技术和产品，迅速地转化并在市场的广泛应用中提升。在整体技术方面缺乏原始创新的想法，集中在应用层面。缺乏前瞻性的研究和战略性的布局，仅仅应付当前的市场需求。

我国物流仓储装备企业要加快自主创新与推广应用的步伐，发挥现代科学技术对产业发展的引领和提升作用，提高先进科技成果向现实生产力的转化与应用转化率，加大与高校、科研院所的合作，充分展现科技成果对物流仓储装备产业发展的支撑作用。以减轻工人的劳动强度，提高作业效率，满足多元化市场需求为目标，以解决当前人力成本、土地资源增加的矛盾为契机，抓住电子商务高速发展和智能制造落地对物流提升的急切需求，积极探索新的商业模式和管理模式创新，勇于技术创新，充分利用新一代信息技术与传统技术的融合，研发新型装备和模式，提高物流仓储系统运作效率和服务质量，降低物流成本，赢得市场、占领市场，从而促进物流仓储装备产业快速发展，引领物流仓储装备行业发展风向。

25.2.4　健全人才培养体系

国外发达国家已形成完善的物流工程专业人才教育模式，人才培养目标明确，师资力量雄厚，课程体系设置合理，基础教育结合实际生产，通过技能培训，培养出物流行业高素质复合人才。

国外的职业技术教育具有悠久的历史，学校通过课堂理论学习和在职培训相结合的教学模式，为物流业培养实践操作能力和综合素质较高的高端技能型专业人才。同时，国外物流企业内部十分重视物流人才的培养和教育，提高员工综合素质，使员工更加适应专业岗位的需求。企业根据自身对物流人才的需求，制定人才培养的基本方针，通过企业内部设置的职业培训机构或结合外部教育培训机构，对员工分层次进行教育，新员工有在岗基础培训，管理者有业务提高培训，高级管理者有经营管理培训，各不相同。企业通过制定相应的奖惩制度和人员升迁制度，来鼓励和激发员工们学习专业知识的热情。

我国除了借鉴国外的经验外，需结合自身的情况，重视和健全人才培养。高校的课程设置不仅要重视课程的理论性和研究性，也要十分重视课程的实践性和应用性，形成基础课、专业课、实践课相结合的综合物流课程体系，设有运输、仓储与物流、物流管理、供应链管理、信息系统与物流以及市场营销与物流等物流工程专业及相关课程。尤其是我国的一类院校，要加强物流相关专业的本科教育，同时高校的培养要与世界多交流，同国外知名大学物流相关专业多交流，利用他们师资水平高，物流工程领域的专家、学者较多的优势，提升我们的教育水平，培养我国物流发展需要的复合型人才。

在国家层面，政策引导鼓励企业和高校建立国家重点实验室、工程中心，鼓励产学研用相结合，加大人才培养和输出。在企业层面，鼓励企业引进海外高层次人才，拓展国际视野，培养适用的技术人才。在科技机构层面，鼓励与高校共同培养技术人才，改善科技人员的待遇，创造适合的研发环境。从各层面多维度地建立人才培养的创新体系。

25.3　发展展望

25.3.1　"一带一路"快速推进

"一带一路"为久远的丝绸之路赋予了新的时代意义，加强了我国与"新丝绸之路经济带"和"21世纪海上丝绸之路"沿线国家和地区的贸易联系，将促进沿线国家物流基础设施建设，改善物流仓储装备条件，提高物流仓储装备水平，同时将带动我国物流仓储装备产业的发展，增强产业国际竞争力。

《物流业发展中长期规划（2014—2020年）》中提出，按照建设丝绸之路经济带、海上丝绸之路、长江经济带等重大战略规划要求，加快推进重点物流区域和联通国际国内的物流通道建设。物流节点城市是区域物流发展的重要枢纽，要根据产业特点、发展水平、设施状况、市场需求、功能定位等，加强物流基础设施的规划布局，改善产业发展环境。

1. 引导国内物流仓储企业技术、产品"走出去"

"一带一路"沿线物流节点和基础设施建设，将为国内物流仓储装备产业发展带来巨大的商机，加快我国物流仓储装备产业发展国际化进程。国内企业要抓住机遇，引导有关技术、产品、装备跟随"一带一路"走出去，植根当地构建现代物流服务体系，推进沿线各中心城市的国际物流节点、物流中转站建设，加强仓储设施、产业园区、物流园、物流中心以及配送中心等基础设施配套建设及运营。在整合电商服务、智能物流装备、跨境贸易等领域开展一系列战略合作，鼓励新型物流仓储装备的研发，加大推广、应用力度，整合资源、共谋发展，为我国物流仓储装备发展创造新的战略机遇。

2. 海外建仓，开拓跨境业务

"一带一路"建设带来"物流业+展贸业+电商业"综合业态的全新发展，必然拉动国际物流仓储装备市场需求的提升。跨境电子商务服务高速增长，海外建仓成为企业降低运营成本的必要手段。依托"跨境电商+海外仓"的商业模式，积极构建国际商贸港、国际物流园区、物流信息平台，选择高利用率、接近关键贸易区的城市建设仓储设施，成为我国企业新的投资方向，可以深度整合跨境物流资源，极大地缩短国际物流运输时间，保障商品运输过程的安全，降低物流成本，助力国际贸易的发展，同时有效拉动我国物流仓储装备产业发展。

3. 提供沿线国家物流人才培养与交流

依托行业学会、协会等科技组织，围绕"物流仓储技术与装备"这一主题，与"一带一路"沿线发展中国家和地区开展交流合作。向发展中国家传授先进适用的物流仓储技术，为其培养复合型物流技术人才，以提高发展中国家的科技水平和科研能力，促进发展中国家物流产业的技术进步；积极推广我国物流仓储技术与装备的行业应用经验，扩大国内物流企业、科研机构的知名度和影响力，构建"知华、友华、爱华"朋友圈，为物流技术合作奠定良好的人文基础。

4. 促进国内物流企业转型升级

在"一带一路"倡议的推动下，我国物流仓储装备要不断进行产业升级，以先进的物流仓储装备理念、先进的物流仓储技术和装备、先进的物流仓储服务方案和雄厚的实力，积极参与国际竞争。物流企业要锐意改革创新，抓住"一带一路"建设契机，培育国际化视角，创新思维，创新发展模式，创新运营机制和管理机制，通过技术创新、组织创新、商业模式创新，实现物流仓储装备效率的大幅提高和成本的显著降低，形成符合国际市场需求的系列产品，以及适合海外市场拓展的管理和营销模式，使物流仓储装备企业综合能力上升到国际水平。

25.3.2 进一步规范法规，促进行业良性稳健发展

《物流业发展中长期规划（2014—2020年）》（简称《规划》）中指出，要健全物流业法律法规体系，抓紧研究制修订物流业安全监管、交通运输管理和仓储管理等相关法律法规或部门规章，开展综合性法律的立法准备工作，在此基础上择机研究制订物流业促进方面的法律法规。《规划》要求，进一步规范物流仓储法规建设，尽快弥补物流仓储装备产业法律存在的不足，完善我国的物流法律法规体系，通过立法规范物流仓储行业，形成规范化发展的特点，构建有序的物流竞争环境，为物流仓储产业发展创造公平的市场竞争环境。

政府加强对物流法律法规的执行力度，对物流企业行为进行法律约束，从而减少物流仓储活动中的各种纠纷和违规行为，同时，进一步加大对物流法律法规的宣传力度，引起物流企业的高度重视，按照物流法律法规的具体规定，对公司方案、策略进行相应

调整，让企业更好地维护自身权益、促进自身发展。通过物流法律法规的规范，提高物流仓储的各种效力，充分发挥物流仓储的社会经济效益，促进和引导物流仓储装备企业的良性稳健发展。

25.3.3 加强科技创新驱动，强化产业创新能力

《关于推动物流高质量发展促进形成强大国内市场的意见》（发改经贸〔2019〕352号）指出加大重大智能物流技术研发力度，加强物流核心装备设施研发攻关，推动关键技术装备产业化。开展物流智能装备首台（套）示范应用，推动物流装备向高端化、智能化、自主化、安全化方向发展。物流仓储装备产业发展要以自主科技创新驱动为引领，强化产业创新能力，积极探索和引进先进适用的物流新技术、新工艺、新方法，着力研究解决行业中突出的瓶颈问题，充分整合和利用现有行业物流资源，提高资源配置效率。

我国物流仓储装备企业要投入更多的人力、物力、财力到装备核心技术的研发中。通过自主创新、技术引进等多种方式，开展智能物流技术研发、加强物流核心装备设施研发攻关等工作，提高传统物流仓储装备产业的科技含量，丰富物流仓储装备产业的产品形式，开拓新的应用领域和发展方向，带来传统物流仓储装备企业技术结构、生产方式、组织结构等调整，从各个方面促进物流仓储装备产业提升。

积极开展基础技术领域创新研发，为集成领域技术创新和模式创新提供有力的技术支持。积极探索人工智能、互联网、机器人、新能源、模式识别、绿色制造等先进技术的创新与应用，加快电子商务、低温仓储等领域物流仓储装备的技术创新和应用，实现产品的自动分拣、货物的自动搬运以及库存的自我控制等，提高物流仓储环节的运转效率和社会效益，提升产品和服务品质、改善用户体验，推进物流仓储装备产业高质量发展。

我国物流仓储装备产业要借助政策支持，加强核心技术和基础技术的创新研发驱动，强化产业创新能力。承担国家和地方重大科技项目研发，参与国家、省部级重点实验室建设，参与高等院校技术创新服务平台建设，形成核心技术创新战略联盟，加强产业关键共性技术攻关，共同开发新产品、调整产品结构、加强科技成果转化，提高企业的科技创新能力，提高物流运作效率和服务能力，推动物流仓储装备行业健康有序发展。

25.3.4 加强标准制定、知识产权布局和人才培养

1. 加强标准制定

国务院印发的《物流业发展中长期规划（2014—2020年）》（简称《规划》）中提出，要加强物流标准化建设，完善物流标准体系框架，加强通用基础类、公共类、服务类及专业类物流标准的制定工作，形成一批对全国物流业发展和服务水平提升有重大促进作用的物流标准。在《规划》的指导下，我国物流领域的三个标准化委员会：全国物流标准化技术委员会、全国物流仓储设备标准化技术委员会和全国物流信息标准化技术

委员会，积极推进我国物流仓储装备产业标准化工作，致力于完善物流标准规范体系，以提高物流仓储装备效率、增加服务可靠性、改善服务质量。目前，已发布国家标准76项，行业标准39项，标准内容主要涉及产品的制造、交货验收条件、安全性能、可靠性、卫生、产品性能等方面的要求。

物流仓储装备产业发展迅速，许多产品尚未制定标准，如现在广泛使用的多层穿梭车、KIVA类的小型搬运机器人、袋式分拣机等，因此标准制修订工作还将是一项长期而艰巨的任务。为了促进我国物流仓储装备产业发展，要加快物流仓储装备标准体系建设步伐，积极开展物流仓储装备标准的制定、宣传与普及工作，以对行业进行指导和规范。聚焦新技术、新产业、新业态和新模式，加快标准的制修订工作，在电商、低温仓储、快递绿色包装等发展快速的领域率先研究制定一批强制性、推荐性国家标准，并积极推进行业标准、地方标准的制定工作。发挥好行业协会标准制订与宣传推广作用，做优做强团体标准，增加先进适用团体标准的制定。

加强物流仓储装备标准与国际接轨，推动与欧洲标准化委员会（CEN）、日本物流管理协会、国际标准化组织（ISO）、欧洲搬运机械协会和德国工程师协会等国外标准化机构与国内标准化委员会之间进行物流仓储装备标准的共商共享，推动先进适用国际物流标准在我国转化应用，推进国家物流标准采标与国际物流标准研制同步开展，加快物流仓储装备技术标准和管理标准的制定步伐，进一步完善物流仓储装备产业标准体系。

2. 知识产权布局

为了提高作业效率、降低成本，大量的物流仓储技术和方法、先进的物流仓储装备，广泛应用于物流存储、搬运、输送、分拣、拣选、包装、装卸等环节，物流仓储装备企业要重视对知识产权的保护，对自主创新研发或改进的核心技术方法，以申请专利的方式来对相关技术进行保护，结合自身经营实践，建立以专利为主导，专利、商标、计算机软件著作权等，多种类知识产权保护的一体化布局。

物流仓储装备企业知识产权布局时要重质重量。作为知识产权大国，每年我国物流仓储装备企业申请的知识产权数量众多，要提高知识产权质量，增加申请高技术含量、市场价值大的专利，形成有效专利布局，从而扩大我国物流仓储装备品牌和版权的知名度，提升企业在世界舞台的影响力。

物流仓储装备企业要重视知识产权海外布局。国外物流仓储企业凭借先进的装备技术，占领国际市场领先地位，针对自身物流仓储装备的关键技术，积极申请专利加以保护，注重开展专利布局。这为我国物流仓储装备产业国际化、企业品牌国际化发展带来了风险与阻力，企业要积极开展知识产权海外布局，增加海外布局的专利数量，从而加快步入国际舞台，参与国际竞争的步伐。

3. 加强人才培养

物流仓储装备产业的发展需要大量复合型物流工程人才。随着物流仓储装备自动化程度的不断提高，需要大批物流工程专业技术人才，对自动化立体仓库、物流中心和配送中心等进行规划、设计、制造、安装和调试，也需要大量的专业技术人员，对自动化物流仓储装备进行使用、管理和维护，还需要相关专业技能人员，负责物流仓储各环节作业的沟通、衔接和管理。

面对物流仓储设备行业发展的需要，物流仓储装备企业要不断完善在职人才培训体系。鼓励在物流仓储设备行业培养高层次的管理人才，围绕企业相关业务培养中高端技术和管理人才，不断输入优质的物流企业人才，同时积极开展员工岗位技能专业培训，提高物流仓储设备从业人员的专业素质。

高等院校作为物流仓储装备行业人才培养和教育的基地，要强化师资队伍建设，引进国外先进教育经验和教学成果，打造符合我国物流仓储需求的专业人才培养体系，着重实践能力的培养，为物流仓储产业发展培养高质量、高水平的专业技能人才。随着"一带一路"的建设，高等院校应该调整传统的人才培养目标和人才培养模式，创新人才培养方法和手段，培养出适应新形势下物流业发展需求的技能应用型人才和物流规划、方案设计和运作管理的高端型人才。

第26章

物流仓储装备产业重点企业访谈

26.1 北京起重运输机械设计研究院有限公司

26.1.1 企业简介

北京起重运输机械设计研究院有限公司（简称北起院）成立于1958年，由机械工业部直属的国家起重运输机械行业技术归口研究所发展成为集科研、设计、生产制造、安装调试、工程承包、检验检测、咨询监理服务为一体的国有科技型企业，隶属于从业人员达15万人的世界500强企业中国机械工业集团有限公司。业务涉及物流仓储、客运索道、起重机械、物料输送四大工程板块和第三方服务（检验检测、设备监理、起重运输机械杂志）。承包建设的各类工程近2,500项，是我国起重运输机械行业综合技术实力最强的企业之一。

国家起重运输机械质量监督检验中心、国家客运架空索道安全监督检验中心、北京矿用起重运输设备检测检验中心设立在北起院，承担着行业的检验检测业务。

全国物流仓储设备、起重机械、连续搬运机械、工业车辆4个全国标准化技术委员会秘书处，以及中国索道协会、中国机械工程学会物流工程分会、中国工程机械工业协会工业车辆分会、中国重型机械工业协会物流与仓储机械分会、桥式起重机专业委员会5个国家行业协会、学会秘书处都设立在北起院。北起院承担着国际标准化组织起重机技术委员会（ISO/TC 96）主席工作，拥有机械工业物料搬运工程技术研究中心、北京市自动化物流装备工程技术中心两个技术研究中心，一个博士后工作站。北起院致力于行业的技术进步和行业的健康可持续发展，为我国物料搬运行业的技术进步发挥着重要作用。

北起院是我国最早从事自动化立体仓库建设的企业，从业历史已达47年之久。1973年，研制出我国第一座自动化立体仓库；1997年，首次实现国内自动化立体仓库出口国外；2001年，率先进入自动化物流配送中心领域；2010年，成功进入电子商务物流系统领域。至今，已为医药、电器、纺织、食品饮料、汽车、服装、电子商务、家居、石化、电力、图书等多个行业的客户交付了700多套自动化物流仓储系统和物流配送中心。北起院是国内著名的物流设备研制及系统集成商。

26.1.2　企业物流仓储装备产品近三年的市场情况简述

在物流仓储装备领域，北起院为客户提供定制化的物流解决方案。北起院承担物流工程总承包（系统集成）、交钥匙工程，物流系统总体规划与咨询，秉承"诚信、担当、实干、创新"的企业精神，从数据分析、规划仿真、设备选型、与土建配合、生产制造、安装调试、测试运行、上线保障、到售后服务，北起院为每一个客户提供量身定制的物流解决方案和全过程、全周期的工程服务。40多年来，在行业内树立了良好的口碑。

近三年来，北起院在医药领域继续保持行业案例最多的优势，先后承接了石药欧意、四药集团、江苏恒瑞、深圳信立泰、天江药业、扬子江药业、齐鲁制药等近20个项目。此外，还不断拓展新兴领域，在智能制造领域，则为一汽、长虹、三一重工、厦门宏发、厦门盈趣、杰牌等，提供智能物流解决方案，协同用户进行数字化车间建设；在家居行业，将为居然之家在天津建设首个智慧物流中心；在新能源和冷库方面也取得了不错的成绩。在技术方面，北起院不断地提升专用技术，在密集储存技术、货到人拣选技术、机器人拆码垛技术、AGV技术、系统可靠性技术、系统远程健康诊断技术等方面均有突破，并在项目中不断优化和提升。

除了自行研究开发以外，北起院还保持开放的心态，与众多的国外一流厂商合作共赢，为用户提供更多的选择方案，如与大福集团合作，为深圳信立泰医药项目提供原装进口的堆垛机。

26.1.3　企业2018—2019年物流仓储装备产品的总销售额

北起院产品销售额连续两年都在16亿元以上。物流仓储装备产品的销售额2018年为4.5亿元，2019年为5.15亿元，业绩稳步提升。北起院追求的目标不是做大，而是做优。

26.1.4　对我国物流仓储装备产业发展的期望

近年来，由于5G、人工智能、智能机器人、物联网、大数据等新兴技术不断取得突破，其与物流领域的融合度越来越高。新业态、新模式、新产品也不断涌现，再加上人工成本的不断增加，新一轮的产业升级即将到来。

我们期望物流仓储装备产业不仅仅要"做大"，也要逐渐向"做强、做优"转化；在技术创新与模式创新上下功夫，避免同质化竞争；牢固树立合作共赢的理念，避免低价恶性竞争，避免劣币逐良币的现象发生，打造行业可持续发展的良好环境；期待着我们的企业，成为物料搬运领域的国际化制造商、集成商。

26.2　北自所（北京）科技发展有限公司

26.2.1　企业简介

北自所（北京）科技发展有限公司（简称北自科技）是为贯彻执行国资委《国企

改革"双百行动"工作方案》文件要求，由北京机械工业自动化研究所有限公司（简称北自所）物流技术工程事业部组建的物流技术专业化公司，专业从事物流自动化、仓储自动化技术的研究、开发与应用。其母公司北自所创建于1954年，是原机械工业部直属专业科研机构，中央直属大型科技型企业，拥有60多年的技术研发积累和丰富的工程实施经验，是制造强国战略的核心成员，专注于制造业领域自动化、信息化、集成化、智能化技术的创新、研究、开发与应用，帮助企业突破智能制造瓶颈，加快装备制造业转型升级的发展步伐，促进企业向价值链高端延伸。

作为国内最早从事研究和开发自动化物流技术的单位之一，20世纪70年代，北自所参加了国内第一座自动化立体仓库的建设，20世纪80年代独立完成湖北二汽的自动化仓库项目，并且获得国家科技进步二等奖。在自动化物流领域，北自所已经深耕行业40余年。

北自所物流技术工程事业部作为国家智能物流与仓储技术推广的依托单位，借助北自所自动化、信息化的综合实力和机械科学研究总院集团的机械基础装备研发实力，一直致力于物流仓储技术和装备的研究和应用，推动行业从自动化向智能化发展，规模不断扩大，成绩显著。为了将智能物流业务进一步做大、做强，北自科技以原物流技术工程事业部为核心，于2018年组建了北自所（北京）科技发展有限公司，被国务院国资委列为"双百行动"改革试验单位之一。

26.2.2 企业物流仓储产品近三年的市场情况简述

北自科技物流仓储技术具有完全独立的研发能力，研制了具有自主知识产权的物流管理（WMS）、监控（WCS）、图像采集处理、智能物流调度、物流设备控制等先进的物流软件产品，并紧密围绕行业用户的生产特点，坚持设计创新、制造创新、模式创新和集成创新，开发了多类型的巷道堆垛机、托盘和箱式输送、环形和直道穿梭车（RGV）、拆码垛机器人、货到人分拣等多种物流装备和系统，并可根据用户或行业的需求进行自动化装备、软件和系统的定制化设计开发。

作为国家级的高新技术企业，北自科技持续提高企业科研投入力度，不断扩大技术研发覆盖领域，取得多项技术成果。近五年来，新增知识产权64项；获得省部级科技进步奖3项；获得29个物流、纺织、家具、自动化等领域的行业奖项。

北自科技始终以智能物流为抓手，在多个领域持续推进智能制造，结合不同行业的物流特点，开发专用的车间物流装备、系统和软件，形成了多个具有国际先进或国内领先水平的行业解决方案。

在纤维制造行业，北自科技研制的化纤长丝制造智能物流全流程成套技术及装备首次构建了贯穿化纤长丝制造物流全流程系统，并研制了14种高端数字化智能装备，实现了化纤制造过程落丝、转运、平衡、分拣、分级包装、仓储和发货全流程物流的自动化、信息化和智能化，打破了国外物流公司的垄断局面，经中国纺织工业联合会鉴定，整体技术达到国际先进水平。

在食品冷链行业，北自科技对物流仓储系统在低温环境下使用的专用关键技术进行了多年深入的研究，在工艺规划、物流装备、货架及控制系统形成和完善了适用于自动化立体冷库应用的技术体系,保证所交付的系统可在-25℃的环境下稳定可靠运行。到目前为止,北自科技已经成功实施了正大集团、双汇集团、中粮集团等数十个自动化立体冷库工程项目,积累了大量在低温环境下货架、自动化装备及控制系统的设计施工经验,形成了完整的冷链智能物流解决方案。

在家电行业,北自科技完成了国内规模最大的厨电产品物流仓储配送基地——宁波方太厨具成品物流系统的建设,实现了40多条自动化生产线、多品种的成品物流自动化、信息化和智能化,单日出库能力可达50,000件。整个智能物流中心在产品的入库和出库流程中,通过中央控制系统进行集中管理和智能调度,实现了生产、仓储、配送一体化智能管控。

北自科技依托自身对制造业的深度理解,形成了以厨电、机械制造、食品、医药为代表的多个行业智能生产物流解决方案。

26.2.3 企业2018—2019年物流仓储产品的总销售额

北自科技于2018年10月正式成立,2018—2019年物流仓储业务的销售总额为13.2亿元。

26.2.4 对我国物流仓储产业发展的期望

我国物流仓储产业的未来,面对5G、数据中心、人工智能等新基建,需要更多地去关联数字化理念,制造装备企业实现数字化才能真正实现工业4.0和云计算。

与国外发达的物流装备相比较,国内的物流仓储产业提升的空间还很大,企业不仅要重视提升物流装备产品质量,还要控制产出成本,提高整个行业的经济发展潜力。疫情之下,激发了很多新行业、新产品的出现,物流仓储行业中冷链物流尤为突出。由此可见,我国物流仓储行业在数字化转型中是蕴藏着巨大机会的。

物流企业需要提供全方位物流服务,提高企业智能化水平,才能助力自身和用户的高质量发展。

北自科技作为民族品牌,深耕物流行业40多年,有义务、有责任也有能力为我国物流仓储产业发展贡献一份力量。同时更希望得到各个行业协会的大力支持,共同提升协会的凝聚力和权威性。

26.3 上海精星仓储设备工程有限公司

26.3.1 企业简介

上海精星仓储设备工程有限公司(简称精星)创立于1989年,前身为上海金星货架厂,是亚洲大型货架制造企业,专业从事仓储货架和自动化立体仓库等仓储物流设备的设计、制造、安装、调试的高科技民营企业。精星旗下有闵行莘庄工业区、松江工业区两大生产基地,占地面积超过15万m^2。2015年,在浙江湖州(物流谷之称)新建精星大型物流智能设备制造中心，总占地面积超 48 万 m²，成为亚洲最大综合仓储物流设备制造基地。

作为上海市高新技术企业、上海名牌企业、上海制造业百强企业，精星率先从德国 DREISTERN 公司引进最先进的多条全自动轧机生产线，不仅具有数控智能化连冲连轧技术和断续冲孔功能，同时引进 7 套瑞士金马全自动静电粉体喷涂设备、ABB 自动焊接机器人、MESSER 激光切割机等先进制造设备，精度高、速度快，是高产能和质量精品的有力保证，并通过了 ISO 9001 国际质量管理体系及 ISO 14001 国际环境管理体系认证。此外，通过有限元分析及符合欧洲 EN 规范的自制试验设备，对产品进行精准选型设计及全方位检测，使产品达到国内及欧洲标准，并获得了澳大利亚及欧洲等发达地区的产品准入资格。

精星重视自主研发，谋求创新发展，与国内著名高校进行产、学、研合作，于 2010 年联合东华大学成立省级研发机构上海仓储物流设备工程技术研究中心。2017 年度，公司获得了上海市科技进步奖二等奖、多项目仓储设备创新研发成果、智能型穿梭车系列成果化，有多项论文专著和专利发表。

作为仓储物流设备行业的龙头企业，精星一直秉持"精进日新、精益求精"的企业精神，以真诚专业的服务，立足客户角度，打造全系列仓储物流设备解决方案。目前，精星客户群体遍及海内外，合作伙伴遍布食品饮料、商业配送、电子电器、医药、家具、酒类、轮胎、烟草、第三方物流等各行各业，是沃尔玛（中国）、上汽集团、广汽集团、宜家、京东、阿里、国内外集成商等国内数十家著名企业指定供应商。截至目前，已在国内外各地成功打造了 1,800 多座形式各异的立体库，其中自动化立体库有 1,500 多座，在物流仓储行业中享有很高的知名度及美誉度。

精星将秉承"开放、竞争、包容、创新"的理念与机制，努力向着成为世界一流的仓储物流设备专业制造商的目标迈进！

26.3.2 企业物流仓储装备产品近三年的市场情况简述

精星于 1989 年成功建造了国内第一个自动化立体仓库组合货架，还建造了第一重力式自动化立体仓库、第一座 30m 高的国内最先进的海烟物流自动化立体仓库，以及出口印度尼西亚 GG 公司的世界上最长的抬升家具自动化立体仓库，35m 高 15 万个货位自动化立体仓库库架合一大型项目、多达 4,522 万货位的泰国森麒麟轮胎智能化库架合一项目、马来西亚宜家 22 万货位高达 35m 库架合一物流中心、泰国玲珑轮胎中心 65,000 货位库高度 45m 库架合一项目等多个在行业中具有影响的仓库。近年来，随着国内外仓储物流行业技术的快速发展，精星市场占有率一直处于国内领先水平，主导产品 AS/RS 自动化物流存储设备等，销售已经遍及全国及东南亚国家，精星的库架合一存储系统、密集存储智能穿梭车、四向穿梭车、箱式多层穿梭车、输送分拣系统陆续投放市场，为精星的市场发展获得新的增长点。

26.3.3 企业 2018—2019 年物流仓储装备产品的总销售额

2018 年公司物流仓储装备产品营业收入 150,600 万元，2019 年物流仓储装备产品营业收入达 159,082 万元，公司产品的营业额在行业内一直保持前列。

26.3.4 对我国物流仓储装备产业发展的期望

随着物流仓储装备行业的快速发展，互联网、大数据、云计算、人工智能等技术越来越多地应用到物流领域，物流技术装备业面临着良好的宏观经济环境与产业政策环境，其推动着物流智慧升级，为物流仓储装备行业带来发展新机遇。现阶段，我国物流仓储装备市场需求差异性非常大，需求层次非常多，各种物流仓储装备长期并存，目前主要特点呈现的是自动化为主流、智慧化为趋势的发展阶段，出现了智能装备创新、企业跨界发展、物流标准化推进、资本整合加剧、企业联合共生等新变化与新趋势；然而，市场格局分散、产品同质化、低价竞争、行业整体技术水平仍待提升等客观现实，也提醒我们未来还有很长一段路要走，未来，期望我国物流仓储装备产业在市场的推动下，在相关利好政策的扶持下，物流运行环境进一步改善，物流业信息化、标准化、智能化水平进一步提升，更加关注国际前沿物流设备发展，以市场为导向，重视设备运行云端服务，不断提高仓储技术自主创新能力。

26.4 昆船智能技术股份有限公司

26.4.1 企业简介

昆船智能技术股份有限公司（原昆船物流信息产业有限公司，简称昆船智能）隶属于中国船舶集团下属的昆明船舶设备集团有限公司。现有职工1,800余人，其中专业技术人员1,000余人，资产总额近30亿元。公司总部位于云南自贸区昆明片区（昆明经开区），下设昆船烟机、昆船电子、昆船智能装备3家全资子公司，在国内设有北方、华东、华中、华南和成都5个分公司。

昆船智能目前拥有专利386项（其中发明专利143项、实用新型240项、外观设计3项）、软件著作权61项。主持编写4项国家标准、30余项行业标准。连续6年上榜"中国软件百强企业"，获得国家级、省部级及行业协会奖励、荣誉百余项。其中红河卷烟厂自动化物流系统获国家科技进步二等奖，是我国自动化物流行业迄今为止最高科技奖项。

昆船智能是先进制造业和现代服务业深度融合的新型企业，在国内自动化物流系统行业确立了领导品牌地位，是工业和信息化部推荐的首批23家智能制造系统解决方案供应商之一，服务于军事军工、烟草、酒业、医药、快递、电商、金融、能源、石化等20多个行业、数千家客户，凭借强大的装备研发、生产制造、项目集成及实施、运维服务能力，成功实施各类智能产线、智慧工厂、智慧配送中心和园区大中型项目2,000多个，遍布欧美、"一带一路"沿线国家，受到用户的广泛好评。

为贯彻中国船舶集团高质量发展战略，落实昆船公司进一步深化改革调整要求，昆船智能将肩负起智能制造及智慧物流产业板块发展责任，聚焦军事军工物流、酒业和能源行业，深耕烟草行业，拓展特种、冷链、应急物流，服务国家重大项目，服务"一带一路"沿线国家，将公司打造成为国内智能制造及智慧物流行业市场占有率高、技术领先的系统规划商、系统集成商、产品供应商、运营服务商。

26.4.2 企业物流仓储装备产品近三年的市场情况简述

随着市场需求的不断升级，国内物流仓储产品供应商总体保持增长态势，但增长速度放缓。在高质量发展目标驱动下，规模较大的企业大多在"练内功"，认真消化前几年获得的项目。同时，在高质量发展浪潮的打磨和洗礼下，大多数企业都更加理性地选择了各自更擅长的技术和产品应用行业领域进行横向及纵向深耕市场。

近年，昆船智能物流产业市场规模继续稳步扩大，市场占有率不断提升，特别是在市场需求不断紧缩的烟草行业依然保持着一定的增长比例，订单金额也相对较大。在快递、电商行业，昆船智能也取得了一定的突破，成功获得京东、网易考拉、浙江菜鸟供应链等多个行业知名客户的智能化立体仓储物流系统项目订单，部分项目堆垛机单机设备数量就超过100台，创行业单机销售记录。

经过不断的仓储物流技术创新与迭代，昆船智能物流装备正在为更多的传统行业和新兴行业市场用户所认可和接受。值得关注的是，昆船智能在烟草行业的新型智能制造技术研究及解决方案已获得多个烟草行业新老用户的支持和认可；在军事物流领域的技术探索研究及5G通信技术的工业化应用也取得了较大进展，并进入市场推广阶段。

昆船智能凭借强大的大中型物流系统规划和集成实施能力、专业技术研发能力、精益的生产配套能力、丰富的物流系统项目实施经验、优质高效的运维服务能力，正逐渐成为智能制造及智慧物流行业领先的系统规划商、系统集成商、产品供应商和运营服务商，行业市场影响力及品牌价值正获得大幅提升。

26.4.3 企业2018—2019年物流仓储装备产品的总销售额

经过多年的行业深耕，昆船智能的仓储物流专业技术及大中型物流系统集成项目实施经验得到有效积累，不断在行业内树立良好的标杆品牌形象，并获得众多行业用户的一致认可，市场销售连年稳步增长。2018年和2019年，昆船智能仓储物流产业实现年营业收入分别为15.93亿元及16.25亿元，实现高质量稳步增长。

随着昆船智能技术受到越来越多的传统行业和新兴行业市场用户的认可和接受，昆船智能的市场影响力及市场占有率获得不断提升，销售收入不断突破。在昆船智能营销中心、研发中心、制造中心、运营中心、服务中心等职能不断完善后，未来的昆船智能将拥有国内最强大的技术创新+市场营销+生产制造+项目实施+售后维保+运营服务的综合能力，成为国内唯一的全流程+软硬结合+定制化开发的智能制造及智慧物流供应商，从而获得更大的市场销售增长空间。

26.4.4 对我国物流仓储装备产业发展的期望

目前，先进适用的仓储物流技术与设备仍是市场的需求主体。普通的叉车、托盘、货架、输送机、分拣机等设备的组合应用就基本能满足用户需求，技术创新点主要体现在物流系统集成解决方案的规划设计上。在对出入库能力、智能化程度有较高要求的自动仓储系统中，随着国内人口红利消失、人力成本不断上升，类似 Kiva 机器人、无人叉车等自动化、智能化设备，今后会更多地用来替代人工作业，AI、5G 等先进技术在未来几年将在仓储物流领域获得推广和应用。

未来，自动仓储系统将呈现出无人化、高密集存储、高柔性自动化、多场景应用的发展趋势。无人化仓储技术将在多品规、作业程序复杂的电商物流领域得到更广泛的应用。由轻型高速堆垛机、高速往复式升降输送机、自动分拣系统、智能穿梭车和密集型货架组成的智能密集存储分拣系统将在医药、电商（B2B、B2C）等行业充分发挥其高密集存储、高柔性自动化、多场景应用的优势。

从应用行业层面看，智能制造领域市场对仓储物流系统及装备的需求增速将超过行业总体增速；快递电商行业通过供应链整合，需求规模迅速扩大，增长趋势更加理性；冷链、粮油等民生行业引起更多的国有资本关注，如 2019 年猪肉出现供不应求的状况，为增强抗风险能力，会刺激一些食品储备及冷链物流项目快速落地；家居、服装行业市场客户逐渐成熟，项目需求更清晰，部分项目调整后，行业整体投资规模略有下降。

从国际市场角度看，随着"一带一路"倡议的实施，海外市场投资项目逐渐增多。在东南亚、南亚等海外市场，如泰国、印度、越南等国家在人力资源、土地资源等方面相对占有优势，在代工厂大量涌入后，自动仓储系统项目机会增多，市场需求将会有较大增长。

26.5 南京音飞储存设备集团

26.5.1 企业介绍

南京音飞储存设备集团（证券代码：603066，简称音飞）于 2015 年 6 月 11 日上市，目前拥有五大生产基地，分别位于南京江宁、南京溧水、马鞍山市、天津市和重庆市，占地面积约 31.3hm^2，业务覆盖全国，出口海外，规模位于全国前列。

公司自成立以来始终专注于物流仓储装备的研发、生产、销售与服务，以成为"国际先进的智能仓储设备供应商"为愿景，坚持自主研发，为客户提供定制化解决方案及专业化服务，满足客户"一站式"采购需求。

公司业务为自动化系统集成+高精密货架+服务业务。

1）自动化系统集成：公司是以穿梭车为核心的物流自动化系统集成商，采用机器人+货架=自动化仓储物资系统的解决方案。公司的智能仓储物流系统具有柔性化、集成化、网络化、高精度、高速高效、稳定可靠、节能环保等特点，技术性能达到国际领先水平，可以满足客户各类仓储需求，贯穿于生产、仓储环节。

2）高精密货架：公司是国内最大的仓储货架供应商之一，提供各类高精度货架产品，产品包括立体库高位货架、阁楼式货架、特种货架和标准货架。

3）服务业务：作为公司的新兴业务，业务范围除了电商平台及售后服务外，公司提供基于数据采集分析的物流仓储装备运维服务等多形式的合作方式，一方面获得服务收益，另一方面带动公司货架和系统集成业务的销售和集成技术的提升。公司已为多家企业提供过仓储运营服务，同时在杭州下沙投资建设当地唯一的肉类检验场项目，并负责该项目的智能冷链仓储、智能冷链运营。

公司拥有100多名研发技术人员，已积累多年系统解决方案、软件产品等多层面的技术经验，共获专利90项，其中发明专利8项；软件著作权30项；3种产品被认定为江苏省高新技术产品；主导编制货架行业国家标准和行业标准7项，参与编制13项，立项在编未发布3项。由公司申请立项标准17项，出版3本行业用书。

公司产品深得广大客户的信赖，并形成以音飞品牌为核心的多种产品体系，品牌价值深入人心。公司客户集聚了下游各个行业有代表性的优质客户，均为国内外知名企业，包括京东、苏宁、华为、顺丰、国网电力、上汽通用、华晨宝马、海天调味、伊利食品、大千纺织、安踏、特斯拉、蓝月亮等。公司产品广泛应用于各行各业的物流仓储和配送活动，应用领域十分广阔，并且在智能制造、冷链、橡塑制品、汽车、服装、医药、电商、新能源等行业都有大型自动化项目的订单，积累了丰富的实践经验。

26.5.2　企业物流仓储装备产品近三年的市场情况简述

近年来，仓储物流行业从普通仓储、复杂仓储已步入自动化仓储及智能仓储时代，以货架为主的传统仓储系统，已逐步发展为以自动化物流设备+货架的自动化仓储系统，包含了货架、穿梭车、提升机、输送机、调度和管理软件，穿梭车作为重要的托盘单元搬运机器人，已广泛用于各类仓储集成，成为国内外主流趋势。音飞自主开发的四向穿梭车近几年业绩也都很好。

音飞四向穿梭车产品自2017年下半年正式投产以来，四向穿梭车系统解决方案就受到广大用户的青睐，近几年业绩逐年递增，所面向的客户群体也越来越广泛。

1. 业绩递增情况

系统集成业绩占比如图26-1所示，四向穿梭车系统集成业绩在总系统集成业绩中，

图26-1　系统集成业绩占比

资料来源：音飞公司

不论是销售量还是销售额,都呈明显上升趋势,未来发展可期。

2. 地域分布情况

物流仓储市场与地区经济发达程度密切相关,越是发达的地区,产业越聚集,对仓储的需求越旺盛。

销售额占比如图26-2所示,近三年来,音飞的国内物流仓储产品市场主要集中在华东、华南、华中及华北地区,出口业务每年基本保持稳定,各区域系统集成销售额、四向穿梭车系统销售额占比情况基本与物流仓储产品销售额占比情况成正比,其中以出口、华东、华北及西南地区的四向穿梭车业绩较为突出,且发展形势较好。

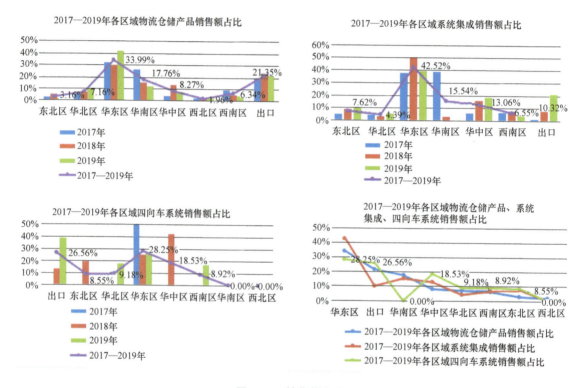

图 26-2 销售额占比

资料来源:音飞公司

3. 客户群体分布情况

物流仓储产品的应用领域不断扩大,目前已渗透至国民经济和国防建设的各个领域,成为现代工业仓库、物流中心、配送中心必不可少的组成部分。

音飞的四向穿梭车系统集成业务近三年客户群体主要集中在出口、新能源、服装、化工、汽车、政府机关、电力能源、电子电器几个行业,出口、服装、化工行业四向车系统集成业务业绩持续增长,发展形势较好,随着医改政策的实施,以及冷链行业的政策扶持,医药及冷链行业对搬运机器人系统解决方案的需求会越来越大,而四向车系统为搬运机器人系统集成方案中空间利用率最高、最具柔性的解决方案,所以医药及冷链行业对四向车系统的需求也非常可期。图26-3所示为业绩占比。

第26章　物流仓储装备产业重点企业访谈

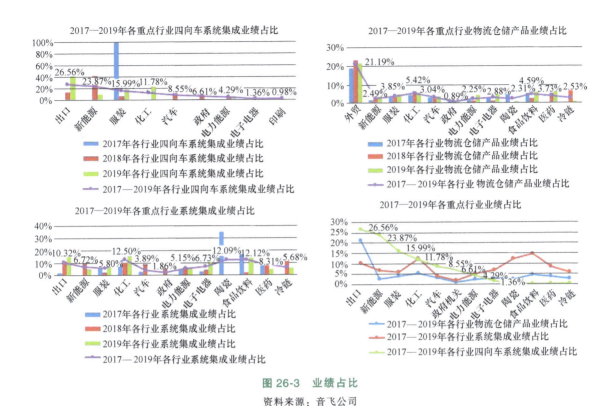

图 26-3　业绩占比

资料来源：音飞公司

26.5.3　企业 2018—2019 年物流仓储装备产品的总销售额

音飞储存 2018—2019 年物流仓储产品总销售额为 139,055.15 万元（取自年报披露的不含税收入数）。

26.5.4　对我国物流仓储装备产业发展的期望

我国物流仓储行业整体向好，市场规模稳步提升，应用不断扩大。随着企业对仓库存储量、效率、柔性化等方面的需求不断加深，产品也会朝着更加自动化、智能化方向发展，市场竞争也会由恶性价格竞争转向从规划设计能力、产品质量、项目执行能力、售后服务能力等全方位综合实力的比拼。为了抢占更多的市场份额，企业必须积极研发和引进新技术，采购更好的设备，不断改进物流仓储装备质量和售后服务质量，提升项目管理能力，从内部推动行业的进步，靠行业自身的力量实现产业升级，实现行业更好、更快发展。

26.6　无锡中鼎集成技术有限公司

26.6.1　企业基本情况

无锡中鼎集成技术有限公司（简称中鼎）创立于 2009 年，传承于国内老牌物流装备企业——苏州起重机厂。公司在输送、仓储、拣选、控制、软件等各个环节，致力于为不同行业客户量身打造从前期咨询、方案设计、数据仿真、设备制造，直至运输、安装调试、售后服务于一体的定制化解决方案。经过多年的发展，中鼎成长为拥有一个研发中心、一个营销中心、一个国内最大的智能物流核心设备——堆垛机研发制造基地，掌握智能物流输送系统整体设计、全面集成的核心技术，为客户提供从设计、制造、运输、安装调试以及售后服务于一体的"交钥匙工程"，产品涉及新能源、制造、医药、食品、家具、铁路、军工等多个行业，相关工程案例达 700 个，已经成为国内智能物流装备行业具有标杆影响力的企业之一。

公司是国家级高新技术企业，建有江苏省智能装备物流系统工程技术研发中心和江苏省企业技术中心，承担过国家火炬计划项目、江苏省重大成果转化项目、国家工业和信息化部智能制造系统解决方案供应商等多个科技计划。

公司拥有江苏省著名商标，通过 ISO 9001 质量管理体系、ISO 20000 信息技术服务管理体系、ISO 27001 信息安全管理体系、ISO 14001 环境管理体系、软件能力成熟度集成模型 CMMI 3 级、信息技术服务运行维护 ITSS 3 级、信息系统集成 3 级认证等，拥有实用新型专利 63 件，发明专利 16 件，软件著作权 16 项，注册商标 26 项。

26.6.2　企业物流仓储产品近三年的市场情况简述

2016 年，中鼎与浙江诺力股份合作，走了并购上市之路，实现资本市场的弯道超车，借助产业资本的力量，实现了企业的快速发展。2017 年接单收入超过 10 亿元，2018 年接单收入为 13 亿元，2019 年接单收入为 15 亿元，目前在手订单为 26 亿元，处于行业领先位置。

26.6.3　企业 2018—2019 年物流仓储产品的总销售额

2018—2019 年的总销售额为 28 亿元。

26.6.4　对我国物流仓储产业发展的期望

我国物流仓储产品发展的前景是广阔的，应用领域是多样化、智能化、数字化的。这些需求，带动着我国物流行业技术持续迭代、更新。

"一带一路"倡议将拉动我国物流仓储装备更多地出现在世界舞台上，国内企业应该紧紧握住市场竞争的主动权，加大投入来研发新产品，开发拥有自主知识产权的核心技术及其相关产品，并积极参与到国际标准的制定和调整活动，提高话语权，打破壁垒。

随着 5G 技术的兴起，供应链升级，物流科技等引发了市场的关注。资本开始关注物流仓储装备企业，多家企业都获得了多轮投资，超亿元融资大规模出现在较为成熟的巨头企业中。企业如何找准赛道、方向，契合市场的变化和行业的变革，寻求高质量发展，是摆在企业面前的难题。

随着智能制造带来的生产模式变化，制造业的原料数字化管理，生产物流系统、成品、半成品的物流系统都将进行自动化、数字化、智能化的升级改造，自动化物流设备的需求将会增大，打造高度自动化、柔性化的智能生产线，成了制造企业实现转型升级的目标，如何保障产线效率得到提升，改善线边物流的效率，将是物流仓储装备企业的职责所在，也将为物流仓储装备企业带来无限机遇。

当前，工业 4.0、智能制造正加速到来，为实体经济注入新动能。这样的智能趋势将在未来很长一段时间内，引领着物流仓储装备行业的发展方向，对于中鼎而言，立足全球多面化发展是未来的发展基调。一方面，物流技术保持目标明确，特别是智能软件的数字化应用，深入挖掘工业数据的资源价值，力争在智能物流领域开创出更好的发展局面。另一方面，继续扩大中鼎形象差异化、产品差异化、服务差异化的市场优势，增强企业竞争力，在稳步推进国内市场的同时，布局全球，实现中鼎的可持续增长。

26.7　新松机器人自动化股份有限公司

26.7.1　企业基本情况

新松机器人自动化股份有限公司（简称新松）成立于 2000 年，隶属中国科学院，是一家以机器人技术为核心的高科技上市公司。作为我国机器人领军企业及国家机器人产业化基地，新松拥有完整的机器人产品线及工业 4.0 整体解决方案。以创新、开放和共赢的思维引领行业进步，以领先的产品和服务为全球客户持续创造价值。新松本部位于沈阳，在上海设有国际总部，在沈阳、上海、杭州、青岛、天津、无锡建有产业园区，在香港设有控股子公司。同时，新松积极布局国际市场，在韩国、新加坡、泰国等地设立多家控股子公司，现拥有 4,000 余人的研发创新团队，形成以自主核心技术、核心零部件、核心产品及行业系统解决方案为一体的全产业价值链。

新松已创造了百余项行业第一，成功研制了具有自主知识产权的工业机器人、协作机器人、移动机器人、特种机器人、洁净机器人、服务机器人、医疗机器人 7 大系列百余种产品，面向智能工厂、智能装备、智能物流、半导体装备、智能交通，形成 10 大产业方向，致力于打造数字化物联新模式。产品累计出口 30 多个国家和地区，为全球 3,000 多家企业提供产业升级服务。

新松紧抓全球新一轮科技革命和产业变革契机，发挥人工智能技术的赋能效应，以工业互联网、大数据、云计算、5G 网络等新一代尖端科技推动机器人产业平台化发展，打造集创新链、产业链、金融链、人才链于一体的生态体系。聚焦核心技术，共享智能时代。

智能物流 BG 是新松主导产业之一，是面向全球客户的智能物流专家，拥有完整的物流装备产品线，核心产品自主研发设计、加工制造，包括智能仓储系统、柔性搬运输送系统、分拣与拣选系统、物流机器人应用以及智能物流信息系统。新松凭借领先的物流装备技术及丰富的项目经验，面向生产制造与商贸流通两大领域，深耕行业市场，关注客户需求，为客户提供深度定制的一站式智能物流系统解决方案。

26.7.2 企业物流仓储装备产品近三年的市场情况简述

1. 智能物流业务需求持续

公司以深入剖析下游客户物流现状为出发点,以解决行业痛点为研发动力,凭借自主研发的智能物流成套装备、全面的物流系统解决方案和完善的售后服务体系赢得客户的青睐,因此公司智能物流业务的新产品、新应用层出不穷。

产品方面,公司研制四向穿梭车,作为一款可以沿平面轨道四向行走的搬运平台,既可以独立使用也可以与其他输送机搭载使用,通用性广、灵活性强。公司双工位智能货叉具备多深位货物高效密集存储功能,没有物理性连接,双叉协同作业,具有较强的可拓展性,比传统立体库增加 35% 货位数。公司自主研发的超高堆垛机以特殊设计及防摇摆技术,在保障超高存储需求的同时实现更快、更准确、更稳定的运行。

市场方面,公司不仅深耕半导体、光纤线缆、商贸流通等领域,还积极拓展化工、日用快消、新材料等重点行业。公司与菜鸟公司持续合作,助力其智能化物流配送中心建设。此外,公司为东南亚最大的在线购物网站 Lazada 提供物流中心快递包裹输送分拣智能化解决方案。在日用快消领域,公司智能物流仓储装备开启在鞋服、纺织日用品应用的新篇章。公司携手化工行业的龙头企业引领物流智能化建设新风向。公司深入拓展海外市场,智能物流业务发展到美国、泰国及菲律宾等国家。

2. 移动机器人引领新的发展方向

公司移动机器人(AGV)始终走在全球行业前沿,以领先的技术带动新市场应用的发展。以领先的导航技术、大负荷的重载量及丰富的行业经验为优势,走出室内,打败海外竞争对手,获得全球最大中转枢纽港新加坡港的订单。依托在汽车行业总装等高端应用的积累,完成国内首个使用 AGV 装配重型货车的项目,该项目中 AGV 采用双车联动进行装配,彻底取代人工推料架车的装配模式。公司充分发挥移动机器人在物流存储方面的优势,研发机场旅客行李运输 AGV,为机场旅客行李分拣提供柔性解决方案,可以有效解决传统大型旅客行李输送系统初期投资大、后期扩容难的问题。公司移动机器人攻克大负载、多高度存贮转运的技术难题,实现在国防物资储存的首次应用。公司移动机器人在保持与宝马、奔驰、通用、福特、捷豹、路虎等汽车厂商的市场跟踪与战略合作外,重点强化在锂电池、半导体、医药、食品等新兴市场的竞争优势,持续扩大新客户群体规模。

公司巡检机器人系列产品在北京大兴国际机场、国网电力、中石油及地铁、隧道、管廊等多个应用场景实现投入使用,公司率先融合 5G 技术研发的智能巡检机器人也投放给客户使用。

3. 工业机器人新产品与新市场双管齐下

公司加大技术研发投入,从升级迭代核心技术与部件到完善机器人本体产品系列均取得新成果。公司研发的边缘控制器可以虚拟化多种操作系统,实现多套解决方案,丰富的传感器接口可以实现快速部署与实施;公司三维视觉识别系统,利用深度学习技术与 CAD 模型匹配技术,可实现对乱序工件进行精准分拣。公司自主研发的新型 7 轴焊接机器人为大型工程机械结构件焊接自动化提供有力的支持，新一代水平多关节机器人采用轻量化设计，速度提高 50% 以上，提升公司在电子装配领域的市场竞争力。公司依托技术与产品优势，将工业机器人成功打入船舶、铸管、工程建设、高铁隧道等领域。

2019 年，公司多款协作机器人产品实现量产，验证人机交互符合人工智能机器人的发展趋势。公司双臂协作机器人亮相在中华人民共和国成立 70 周年大会，其现场弹奏的《我和我的祖国》代表了我国工业机器人的最高水平。此外，公司全资子公司中科新松凭借协作机器人产品，入选工信部首批"专精特新"小巨人企业，并与半导体、医疗、汽车等领域的知名企业建立战略合作关系。

26.7.3　企业 2018—2019 年物流仓储产品的总销售额

由于上市公司证券部审核原因，除公司对外公开年度报告，不方便单独披露物流仓储装备产品的总销售额。

26.7.4　对我国物流仓储产业发展的期望

1）共同推进物流仓储装备产业的高质量发展进程，为客户提供高效协同、贴合应用场景的智能物流产品及解决方案，助力客户实现智能制造转型升级。

2）加快推进行业标准化，提升供应链上下游高度协同性和系统性。

3）充分融合新基建的数字化技术，共同探索新基建为物流仓储装备产业带来的巨大潜力，从而加快物流技术升级与产业发展。

26.8　浙江德马科技股份有限公司

26.8.1　企业简介

浙江德马科技股份有限公司（简称德马科技）创立于 2001 年 4 月，2020 年 6 月在上海证券交易所科创板上市（股票代码 688360），是国内知名的智能物流系统及核心装备提供商之一，主要从事自动化物流输送分拣系统、关键设备及其核心部件的研发、设计、制造、销售和服务，是国内物流输送分拣装备领域的领先企业。

公司研发、制造的自动化物流输送分拣装备广泛应用于电子商务、快递物流、服装、医药、烟草、新零售、智能制造等多个国民经济重点领域，面向国民经济需求，通过自动化输送分拣装备的应用，可切实有效地提高物流系统智能化水平，降低社会物流运行成本，提高经济运行效率。

公司是覆盖物流输送分拣装备全产业链的科技创新企业。经过近 20 年的发展，公司积累了国际先进的输送分拣技术、驱动技术等关键核心技术，形成了核心部件设计、关键设备制造、软件开发、系统集成的一体化产业链竞争优势，可为物流装备制造商、系统集成商和终端客户提供从核心部件、关键设备到系统集成的完整解决方案，是覆盖自动化物流输送分拣装备全产业链的科技创新企业。

公司高度重视高端物流装备技术的发展，长期致力于物流装备前沿技术和关键技术的研发，在核心部件、关键设备、系统集成等方面申请获得了143项专利、26项软件著作权；主持制定1项国家标准、1项行业标准、2项浙江制造标准；所开发的多项装备获得国家、省政府、行业奖励，在国内外同行业企业的竞争中已形成了较强的竞争优势。

公司作为国内物流装备行业领先企业，市场占有率位居行业前列，正致力于成为具有全球影响力的智能物流装备企业。公司始终将技术创新视为企业的核心竞争力，全面布局物流输送分拣装备产业链，积极将研发成果向产业化转化，助力国民经济转型升级。

公司凭借持续创新的装备制造优势、先进稳定的生产工艺和良好的技术服务，为国内外众多行业的标杆企业提供了自动化物流输送分拣系统解决方案、关键设备及其核心部件，核心用户包括京东、苏宁、Amazon、e-bay、华为、顺丰、唯品会、菜鸟、盒马鲜生、安踏、百丽、拉夏贝尔、新秀丽、九州通、广州医药、JNE、LAZADA等，还包括今天国际、达特集成、中集空港、瑞仕格、范德兰德、大福集团等国内外知名物流系统集成商和物流装备制造商。

26.8.2　企业物流仓储装备产品近三年的市场情况简述

企业物流仓储装备产品近三年的市场情况简述见表26-1。

表26-1　企业物流仓储装备产品近三年的市场情况简述

项目	2019年度		2018年度		2017年度	
	金额/万元	占比(%)	金额/万元	占比(%)	金额/万元	占比(%)
系统	25,297.42	32.17	25,103.63	34.90	29,826.74	49.47
关键设备	22,067.98	28.06	15,879.70	22.07	7,183.69	11.91
核心部件	28,860.64	36.70	26,157.00	36.36	19,653.28	32.60
其他及售后	2,417.21	3.07	4,797.97	6.67	3,628.46	6.02
合计	78,643.24	100.00	71,938.30	100.00	60,292.17	100.00

26.8.3　对我国物流仓储装备产业发展的期望

从仓储物流行业来看，我国物流仓储业的典型代表就是电商、快递和第三方物流。当前市场，电商、快递全国营运网点的布局已经完成，网点建设也趋近尾声，市场格局已经形成，未来5年将是稳步发展的阶段。而第三方物流至今为止仍未完成市场洗牌，市场仍然比较混乱，下一个战略机遇应该就是市场洗牌换血之时。

从物流装备行业来看，我国物流仓储装备业迎来了电商自建物流配送中心仓高峰后，需求已经形成稳步发展态势，智能物流仓储装备的需求增长也已趋于平稳。随着我国2025计划的推进，智能制造已经成为另一个智能物流仓储装备业的战略高地。当前国民生活水平日益提高，人们对冷链质量以及全程可追溯性冷链的要求与期望也越来高；冷链智能物流仓储装备将是我国生鲜冷链和商超行业提质增效、强化服务能力的关键。

从物流装备产品来看，AGV、输送分拣设备、智能穿梭车已经成为物流仓储装备业的热门产品，经过伴随电商快递行业的几年高速发展，这些产品的技术与应用解决方案已经趋于成熟，以德马科技、极智嘉、凯乐士为代表的部分企业的技术与产品已经能够实现替代进口。我国的物流装备技术产品已经迎来高速发展期。

26.9 中邮科技有限责任公司

26.9.1 企业介绍

中邮科技有限责任公司（简称中邮科技）是中国邮政集团下属的科研型企业，是业内领先的智慧物流系统解决方案提供商，专注智能分拣、智能传输、智能仓储、智能终端和智能专用车制造，专业提供物流规划咨询、系统集成、工艺设计、仿真优化到设备制造、工程交付和方案升级的全流程服务。

中邮科技以"引领物流科技、让传递更简单"为经营理念，定位为智慧物流科技的引领者。现总部设在上海，并在北京、上海、广州都建立有分公司和装备制造基地。从各类智能分拣输送设备到自动化物流规划，从仿真设计到系统集成，中邮科技始终以领先业界的科研实力、设计经验、生产制造和实施能力，专注于为各行业客户提供具有前瞻性的一体化智慧物流解决方案。

中邮科技由中国邮政旗下4家物流装备企业重组而成，涉及重组的4家公司为北京邮政科学研究规划院、上海邮政科学研究院、上海邮政通用技术设备公司和广东信源物流设备公司。参与重组的4家企业已深耕行业50余年，由其主导设计和交付的上千个项目已在快递、电商、机场、邮政、烟草、冷链和工业4.0领域中得到深度应用。

中邮科技始终坚持引领物流科技发展，技术积累丰厚，并不断创新驱动发展，积极储备前沿技术，重视新领域、新技术的发展，并持续投入，使得公司始终保持着领先行业的技术竞争力，拥有数百项自主知识产权，已经形成了一套较为完善的创新理念与创新体系。中邮科技设备久经考验、质量稳定可靠，凭借多年的市场耕耘及一流的产品品质获得市场高度认可，荣获众多客户好评。

中邮科技重视技术及研发投入，重点研究大型智能分拣设备，对大型分拣设备进行创新升级，提高智能化水平和整体效率。开展AGV、模组网带、矩阵式分拣等低成本、新型智能化货物分拣系统的集成和关键技术研究与应用，运用智能控制策略研究货物在分拣过程中的信息采集、传输、反馈与控制，实现分拣作业高效率、低成本。中邮科技未来将进一步推进物流行业的设备研发制造、集成应用，成为国际一流的邮政物流装备领域高科技公司。

26.9.2 企业物流仓储装备产品近三年的市场情况简述

中邮科技深耕快递物流行业市场，除了智能专用车外，99%的合同额是快递物流行业内客户。2018年顺丰、邮政、京东、韵达、燕文、德邦前6大客户合同额占中邮科技总合同额的85%；2019年1~8月合同额超80%为快递物流领域。在快递物流领域，中邮科技的技术行业领先、研发实力强，能做到快速的响应，是国内中高端物流仓储装备领域的领先企业，特别在快递物流高端分拣传输市场长期占据约30%的市场份额；同时，中邮科技产品在核心指标、技术性能等方面已赶超国外先进水平，企业具备较高的科研能力，能实现精准研发、快速响应市场需求，产品已经实现图像识别、无级调速、自动纠偏等功能，在国内市场上能与国外竞争对手同台竞争。

26.9.3　企业2018—2019年物流仓储装备产品的总销售额

中邮科技是中国邮政旗下唯一的物流科技板块承载主体和具有活跃创新能力的科技企业。公司立足邮政、面向社会，坚持"引领物流科技、让传递更简单"的经营理念，在快递物流中高端分拣传输市场始终占据龙头地位，市场份额超过30%。2018—2019年，公司实现业务收入12.65亿元，物流仓储及分拣产品总销售额约8亿元。公司经营市场范围也在逐步扩大，以邮政市场为基础，不断向民营快递、电商、机场、仓储、烟草、工业自动化、专用汽车等领域以及海外市场进发，为客户提供整体解决方案、定制化产品和一站式服务，在物流装备行业内赢得了良好的口碑。

26.9.4　对我国物流仓储装备产业发展的期望

我国物流自动化行业起步较晚，目前整体物流自动化普及率在20%左右，对比发达国家80%水平尚有巨大的可开发空间。在自动化的普及率方面，在各行业中处于国内领先水平，基于我国巨大的制造业体量，自动分拣设备的长期增长驱动力必然在制造业内得到体现。

在电子商务迅猛发展和物流业转型升级的背景下，我国政府正在积极推动物流智慧化建设以及自动分拣设备的应用。除电商快递业外，还包括烟草、医药、汽车、服装、冷链、食品、家居等各个行业，仓储业的规范化、智慧化发展也相应提上日程。这些领域的输送分拣设备市场需求量仍然占据总需求的大部分比例，对输送分拣设备需求增长比较稳定。

此外，随着制造强国战略以及智能工厂的不断推进，制造企业的生产环节和仓储环节对输送分拣系统需求也逐步上升，越来越多的物流仓储装备企业趁着行业的发展迸发出旺盛的生命力。

第5篇　工业车辆

第27章

概述

工业车辆是物料搬运设备的主要产品之一，是装备制造业的重要组成部分，也是代表综合技术水平的一种机械产品，主要用于港口、车站、机场、仓库和企业内部进行物料装卸、堆垛、搬运的作业机械。

工业车辆因分类的目的和要求不同，分类的方式也有所不同。目前通用的是根据世界工业车辆统计协会（WITS）的规定，工业车辆分为机动工业车辆和非机动工业车辆共9大类，其中机动工业车辆为前5类。具体分类如下：

1) 电动平衡重乘驾式叉车（第1类）。
2) 电动乘驾式仓储叉车（第2类）。
3) 电动步行式仓储叉车（第3类）。
4) 内燃平衡重式叉车（按美国标准设计的实心软胎）（第4类）。
5) 内燃平衡重式叉车（充气胎、实心胎和除按美国标准设计的实心软胎以外的其他轮胎）和侧面叉车（第5类）。
6) 牵引车（第6类）。
7) 越野叉车（第7类）。
8) 手动和半动力车辆（第8类）。
9) 其他车辆（第9类）。

表27-1为工业车辆产品类别与产品代码。

表27-1 工业车辆产品类别与产品代码

类别	产品类别	产品代码	产品名称
1	电动平衡重乘驾式叉车	10	站立操纵叉车
		20	三支点叉车
		30	四支点叉车（按美国标准设计的实心软胎）
		40	四支点叉车（充气胎、实心胎和除按美国标准设计的实心软胎以外的其他轮胎）
2	电动乘驾式仓储叉车	10	低起升固定站板或座驾托盘搬运车
		20	高起升固定站板或座驾堆垛车
		30	货叉前移式叉车
		35	门架前移式叉车
		40	高起升拣选车

(续)

类别	产品类别	产品代码	产品名称
2	电动乘驾式仓储叉车	45	侧向堆垛车(操作台可起升)
		47	侧向堆垛车(操作台在下面)
		50	侧面式和多向叉车
3	电动步行式仓储叉车	10	低起升托盘搬运车和平台搬运车
		15	低起升折叠式站板平台托盘搬运车
		17	低起升乘驾/步行式托盘搬运车
		20	高起升堆垛车
		25	高起升折叠式站板堆垛车
		30	步行式前移叉车
		40	低位拣选车
		50	平衡重式堆垛车
		60	牵引车
4	内燃平衡重式叉车(按美国标准设计的实心软胎)	10	Gas 汽油标准叉车
		10	Diesel 柴油标准叉车
		10	LPG/GAS 液化石油气/双燃料标准叉车
5	内燃平衡重式叉车(充气胎、实心胎和除按美国标准设计的实心软胎以外的其他轮胎)和侧面叉车	10	Gas 汽油标准叉车
		10	Diesel 柴油标准叉车
		10	LPG/GAS 液化石油气/双燃料标准叉车
		20	空箱堆高机
		22	重箱堆高机
		25	空箱正面吊
		27	重箱正面吊
		28	多式正面吊
		30	侧面式叉车
6	牵引车	10	牵引车
7	越野叉车	10	门架式叉车
		20	伸缩臂叉车
8	手动和半动力车辆	10	手动托盘搬运车
		20	半动力托盘搬运车
		30	手动托盘堆垛车(插腿式叉车)
		40	半动力托盘堆垛车(插腿式叉车)
9	其他车辆	10	固定平台搬运车
		20	电动游览车

第28章

工业车辆产业市场分析

28.1 2018—2019年世界工业车辆行业的运行情况

28.1.1 世界机动工业车辆销售情况

世界工业车辆统计报告数据显示,全世界2019年叉车市场总销售量达到1,493,271台,与2018年的1,489,523台相比,增长了0.25%;亚洲2019年叉车市场的销售量达到647,229台,与2018年的销售量630,310台相比,增长了2.68%;我国叉车市场全年共销售机动工业车辆456,885台,与2018年的431,207台相比,增长了5.95%。我国叉车市场的销售量占亚洲销售量的70.59%,比2018年增长了2.18%,仍列亚洲第一位;占世界销售量的30.60%,比2018年增长了1.65%,继续位列世界第一位。2018—2019年世界叉车市场销售概况见表28-1。

表28-1 2018—2019年世界叉车市场销售概况(1~5类)

年份	全世界	亚洲	我国	我国占世界的比例(%)	我国占亚洲的比例(%)
2018年	1,489,523台	630,310台	431,207台	28.95	68.41
2019年	1,493,271台	647,229台	456,885台	30.60	70.59
同比(%)	0.25	2.68	5.95	1.65	2.18

注:世界工业车辆统计报告数据来源于世界工业车辆联盟所组织的统计数据,即FEM(欧洲物料搬运机械联合会,负责欧洲、非洲、中东及附近地区等国家的会员单位),ITA(美国工业车辆协会,负责美国、加拿大和墨西哥等国家的会员单位),CITA(中国工程机械工业协会工业车辆分会,负责我国境内本土和联盟规定划归向CITA报告的独合资等叉车制造企业的会员单位),KOCEMA(韩国建设机械协会),ABML(巴西工业车辆协会),JIAV(日本工业车辆协会),SIMHEM(印度工业车辆协会)共7个协会的世界叉车销量的统计数据汇总。

28.1.2 世界各类型工业车辆销售情况

1. 电动叉车(包括电动平衡重乘驾式叉车、电动乘驾式仓储叉车、电动步行式仓储叉车)

电动叉车2019年在全世界的总销售量为959,867台,与2018年的934,209台相比,增长了2.75%;在亚洲的总销售量2019年为316,359台,与2018年的290,753台相比,增长了 8.81%；我国总销售量 2019 年为 200,350 台，与 2018 年的 174,213 台相比，增长了 15.00%。我国电动叉车 2019 年占全世界电动叉车市场的 20.87%，比 2018 年增长了 2.22%，仍列世界第一位；2019 年占亚洲电动叉车市场的 63.33%，比 2018 年增长了 3.41%。电动叉车市场销售概况见表 28-2。

表 28-2 电动叉车市场销售概况（1~3 类）

年份	全世界	亚洲	我国	我国占世界的比例(%)	我国占亚洲的比例(%)
2018 年	934,209 台	290,753 台	174,213 台	18.65	59.92
2019 年	959,867 台	316,359 台	200,350 台	20.87	63.33
同比(%)	2.75	8.81	15.00	2.22	3.41

2. 电动仓储叉车（电动乘驾式仓储叉车、电动步行式仓储叉车等）

电动仓储叉车 2019 年在全世界的总销售量为 711,581 台，与 2018 年的 688,409 台相比，增长了 3.37%；在亚洲的总销售量 2019 年为 223,647 台，与 2018 年的 196,034 台相比，增长了 14.09%；我国仓储叉车总销售量 2019 年为 150,701 台，与 2018 年的 123,631 台相比，增长了 21.90%。我国仓储叉车 2019 年占全世界仓储叉车市场的 21.18%，比 2018 年增长了 3.22%，位列世界第一；2019 年占亚洲仓储叉车市场的 67.38%，比 2018 年增长了 4.31%。电动仓储叉车市场销售概况见表 28-3。

表 28-3 电动仓储叉车市场销售概况（2~3 类）

年份	全世界	亚洲	我国	我国占世界的比例(%)	我国占亚洲的比例(%)
2018 年	688,409 台	196,034 台	123,631 台	17.96	63.07
2019 年	711,581 台	223,647 台	150,701 台	21.18	67.38
同比(%)	3.37	14.09	21.90	3.22	4.31

3. 电动平衡重乘驾式叉车

电动平衡重乘驾式叉车 2019 年在全世界的总销售量为 248,286 台，与 2018 年的 245,800 台相比，增长了 1.01%；在亚洲的总销售量 2019 年为 92,712 台，与 2018 年的 94,719 台相比，下降了 2.12%；我国电动平衡重乘驾式叉车总销售量 2019 年为 49,649 台，与 2018 年的 50,582 台相比，下降了 1.84%。我国电动平衡重乘驾式叉车 2019 年占全世界电动平衡重乘驾式叉车市场的 20.00%，比 2018 年下降了 0.58%，仍列世界第一位；我国 2019 年占亚洲电动平衡重乘驾式叉车市场的 53.55%，比 2018 年增长了 0.15%。电动平衡重乘驾式叉车市场销售概况见表 28-4。

4. 电动乘驾式仓储叉车

电动乘驾式仓储叉车 2019 年在全世界的总销售量为 135,811 台，与 2018 年的 136,041 台相比，下降了 0.17%；在亚洲的总销售量 2019 年为 41,336 台，与 2018 年的 44,039 台相比，下降了 6.14%；我国电动乘驾式仓储叉车的总销售量 2019 年为 7,834

台，与 2018 年的 9,453 台相比，下降了 17.13%。我国电动乘驾式仓储叉车 2019 年占全世界电动乘驾式仓储叉车市场总销售量的 5.77%，比 2018 年下降了 1.18%，位于美国、日本、德国之后列第四位；占亚洲电动乘驾式仓储叉车市场的 18.95%，比 2018 年下降了 2.52%，仍列第二位。电动乘驾式仓储叉车市场销售概况见表 28-5。

表 28-4　电动平衡重乘驾式叉车市场销售概况（1 类）

年份	全世界	亚洲	我国	我国占世界的比例(%)	我国占亚洲的比例(%)
2018 年	245,800 台	94,719 台	50,582 台	20.58	53.40
2019 年	248,286 台	92,712 台	49,649 台	20.00	53.55
同比(%)	1.01	-2.12	-1.84	-0.58	0.15

表 28-5　电动乘驾式仓储叉车市场销售概况（2 类）

年份	全世界	亚洲	我国	我国占世界的比例(%)	我国占亚洲的比例(%)
2018 年	136,041 台	44,039 台	9,453 台	6.95	21.47
2019 年	135,811 台	41,336 台	7,834 台	5.77	18.95
同比(%)	-0.17	-6.14	-17.13	-1.18	-2.52

5. 电动步行式仓储叉车

电动步行式仓储叉车 2019 年在全世界的总销售量为 575,770 台，与 2018 的 552,368 台相比，增长了 4.24%；在亚洲的总销售量 2019 年为 182,311 台，与 2018 年的 151,995 台相比，增长了 19.95%；我国电动步行式仓储叉车总销售量 2019 年为 142,867 台，与 2018 年的 114,178 台相比，增长了 25.13%。我国电动步行式仓储叉车市场 2019 年占全世界电动步行式仓储叉车市场总销售量的 24.81%，比 2018 年增长了 4.14%，仍列世界第一位；2019 年占亚洲电动步行式仓储叉车市场的 78.36%，比 2018 年增长了 3.24%。电动步行式仓储叉车市场销售概况见表 28-6。

表 28-6　电动步行式仓储叉车市场销售概况（3 类）

年份	全世界	亚洲	我国	我国占世界的比例(%)	我国占亚洲的比例(%)
2018 年	552,368 台	151,995 台	114,178 台	20.67	75.12
2019 年	575,770 台	182,311 台	142,867 台	24.81	78.36
同比(%)	4.24	19.95	25.13	4.14	3.24

6. 内燃平衡重式叉车（包括空箱叉车、重箱叉车、空箱正面吊、重箱正面吊、侧面式叉车等）

内燃平衡重式叉车 2019 年在全世界的总销售量为 533,404 台，与 2018 年的 555,314 台相比，下降了 3.95%；在亚洲的总销售量 2019 年为 330,870 台，与 2018 年的 339,557

台相比，下降了 2.56%；我国内燃平衡重式叉车总销售量 2019 年为 256,535 台，与 2018 年的 256,994 台相比，下降了 0.18%。我国内燃平衡重式叉车 2019 年占全世界内燃平衡重式叉车市场总销售量的 48.09%，比 2018 年增长了 1.81%，仍列世界第一位；2019 年占亚洲内燃叉车市场总销售量的 77.53%，比 2018 年增长了 1.84%。内燃平衡重式叉车市场销售概况见表 28-7。

表 28-7 内燃平衡重式叉车市场销售概况（4~5 类）

年份	全世界	亚洲	我国	我国占世界的比例(%)	我国占亚洲的比例(%)
2018 年	555,314 台	339,557 台	256,994 台	46.28	75.69
2019 年	533,404 台	330,870 台	256,535 台	48.09	77.53
同比(%)	-3.95	-2.56	-0.18	1.81	1.84

在过去的 2019 年我国市场销量再创历史新高。2009 年以后，我国工业车辆销量连续十一年位列世界第一。

28.2　2018—2019 年我国工业车辆行业的运行情况

28.2.1　销量增长持续创新高

2018 年和 2019 年是我国工业车辆发展历史长河中值得纪念的时刻，在复杂多变的市场环境下，行业经过 60 多年的积淀，机动工业车辆销售量一举突破 60 万台大关，继续保持世界第一大生产和销售市场地位。国内市场经过短暂调整，继续保持良好的增长，尤其是电动工业车辆的增长更为显著，其中电动步行式仓储叉车连续多年保持 20% 以上的涨幅。内燃平衡重叉车受环保要求提高和地方"油改电"政策的影响，增长幅度相比 2015 年前有所下降。在机动工业车辆出口方面，我国境内企业产品的质量进一步稳定，销售和服务网络进一步完善，品牌知名度进一步增强，整体竞争力不断提高，近年出口产品增长率保持了较好的水平。一方面，国际品牌为加强在我国市场份额，不断推出相适应的本土系列产品，与本土企业的合作、收购时有发生；另一方面，我国品牌走出去，需求合作、收购有技术产品优势的企业也已迈出了关键性的一步。行业整体更加关注互联网、信息化技术，无人驾驶技术，在远程监控、诊断、管理软硬件方面满足用户多方位需求。新能源工业车辆，尤其是锂电池为动力源的工业车辆在 2018 年、2019 年已成为新的产品开发亮点，相比 2015 年前，市场接受度更好、配套企业更多、相关技术研究更深入，市场销量增长显著。其他像无人驾驶工业车辆、车队管理系统等新技术也是近年来的研发热点、投入目标，业内主要制造商和零部件供应商也将这些新的技术列为企业未来竞争力提升的重点技术方向。

根据中国工程机械工业协会工业车辆分会申报企业的数据统计，2018—2019 年机动工业车辆行业各类产品年度销量情况见表 28-8。

表 28-8 2018—2019 年机动工业车辆行业各类产品年度销量情况

产品	年份	
	2018 年	2019 年
电动平衡重乘驾式叉车/台	63,054	63,462
电动乘驾式仓储车辆/台	12,088	9,323
电动步行式仓储车辆/台	205,954	225,852
内燃平衡重式叉车/台	316,056	309,704
行业总销量/台	597,152	608,341
同比(%)	20.21	1.87

注：此销售量数据采录了中国工程机械工业协会工业车辆分会（CITA）负责的我国境内本土和世界工业车辆联盟规定划归向 CITA 报告的独合资叉车制造企业等 38 家机动工业车辆和非机动工业车辆主机制造会员单位主要企业的数据汇总。其中本土主机制造企业包括：安徽叉车集团有限责任公司、杭叉集团股份有限公司、大连叉车有限责任公司、诺力智能装备股份有限公司、宁波如意股份有限公司、龙工（上海）叉车有限公司、柳州柳工叉车有限公司、浙江中力机械有限公司、无锡大隆电工机械有限公司、安徽江淮银联重型工程机械有限公司、山东沃林重工机械有限公司、江苏靖江叉车有限公司、安徽合叉叉车有限公司、杭州友高精密机械有限公司、无锡汇丰机器有限公司、中联重科安徽工业车辆有限公司、浙江吉鑫祥叉车制造有限公司、三一海洋重工有限公司、韶关比亚迪实业有限公司、宁波海迈克动力科技有限公司、浙江加力仓储设备股份有限公司、杭州昱透实业有限公司；独合资主机制造企业包括：林德（中国）叉车有限公司、上海海斯特叉车制造有限公司、上海力至优叉车制造有限公司、斗山工程机械（中国）有限公司、现代重工（重工）投资有限公司、丰田产业车辆（上海）有限公司、台励福机器设备（青岛）有限公司、凯傲宝骊（江苏）叉车有限公司、卡哥特科（上海）贸易有限公司、伟轮叉车（东莞）有限公司、永恒力叉车（上海）有限公司、优嘉力叉车（安徽）有限公司、青岛克拉克物流机械有限公司、三菱重工叉车（大连）有限公司、科朗叉车（上海）商贸有限公司、海斯特美科斯叉车（浙江）有限公司。

28.2.2 销售市场全球第一

目前我国国内市场销售量与排名第二位的美国市场已经有接近 10 万台的差距，主要得益于企业生产效率的提升和搬运方式由人工向机器加速转变的需求，设备也由原来普遍采用的手动、半自动向全自动方向转变，这也是近年来电动步行式仓储叉车数量持续增长的主要原因。

根据中国工程机械工业协会工业车辆分会的统计，2018—2019 年机动工业车辆行业各类产品国内市场年度销量情况见表 28-9。

2018—2019 年，内燃叉车和电动叉车在总销售量中的占比继续发生变化，电动叉车占比继续在电动步行式仓储叉车大幅增长的情况下，已经从之前占比的 31% 左右上升到 40% 以上，增长了 9%。电动平衡重叉车受益于环保排放要求越来越严格，物流基础设施建设和手动搬运车向电动搬运车转换。根据世界工业车辆统计协会的数据，2018—2019 年国内市场内燃叉车和电动叉车销售数量和占比情况见表 28-10。

表 28-9　2018—2019 年机动工业车辆行业各类产品
国内市场年度销量情况

产　品	年份	
	2018 年	2019 年
电动平衡重乘驾式叉车/台	50,582	49,649
电动乘驾式仓储车辆/台	9,453	7,834
电动步行式仓储车辆/台	114,178	142,867
内燃平衡重式叉车/台	256,994	256,535
行业总销量/台	431,207	456,885
同比(%)	16.04	5.95

表 28-10　2018—2019 年国内市场内燃叉车和
电动叉车销售数量和占比情况

产　品	年份	
	2018 年	2019 年
电动叉车/台	174,213	200,350
内燃叉车/台	256,994	256,535
国内市场总销量/台	431,207	456,885
电动叉车占比(%)	40.40	43.85
内燃叉车占比(%)	59.60	56.15

作为电动叉车的主力车型，电动仓储叉车的占比也在发生了明显的变化，仓储车的使用范围、车型分布更加广泛，销售数量占比虽然与世界主要经济体还有很大的差距，但是这种距离在不断拉近中。根据世界工业车辆统计协会的数据，2018—2019 年国内市场平衡重叉车与仓储叉车销量和比重情况见表 28-11。图 28-1 所示为 2018—2019 年机动工业车辆各月销售趋势。

表 28-11　2018—2019 年国内市场平衡重叉车与
仓储叉车销售量和比重情况

产　品	年份	
	2018 年	2019 年
平衡重叉车/台	307,576	306,184
仓储叉车/台	123,631	150,701
总销量/台	431,207	456,885
平衡重叉车占比(%)	71.33	67.02
仓储叉车占比(%)	28.67	32.98

图 28-1　2018—2019 年机动工业车辆各月销售趋势

28.2.3　出口销量高于预期

世界总销售量在超越金融危机前的水平后，2018—2019 年，更是连创新高，2019 年接近 150 万台大关。整体看，均有不同程度的增长，欧洲、美洲继续保持稳定，我国的产品市场竞争力在提升，除了平衡重叉车以外，近年来电动步行式仓储叉车中的入门级产品具有较强的竞争优势，尤其是江浙一带的中小型企业，在为国内外品牌代工中，生产能力、产品质量、可靠性在不断加强，在世界范围内有当年手动搬运车的发展势头。

外资在华企业也正在将我国生产工厂作为亚太地区的重要生产基地，其出口优势也在逐步显现。

2019 年出口出现近年来少有的负增长，下跌 8.45%，下半年跌幅相比上半年有所缩小。

根据中国工程机械工业协会工业车辆分会统计数据，2018—2019 年机动工业车辆行业年度各类产品累计出口情况见表 28-12。

表 28-12　2018—2019 年机动工业车辆行业年度各类产品累计出口情况

产　品	年份	
	2018 年	2019 年
电动平衡重乘驾式叉车/台	12,603	14,262
电动乘驾式仓储车辆/台	2,836	1,881
电动步行式仓储车辆/台	92,242	83,133
内燃平衡重式叉车/台	59,242	53,549
行业总销量/台	166,923	152,825
同比(%)	32.77	-8.45

从机动工业车辆出口去向来看，遍布世界五大洲，其中欧洲、亚洲、美洲是我国机动工业车辆产品的主要出口市场。电动叉车主要出口到美国、德国、法国、荷兰等国家，内燃叉车主要出口到澳大利亚、美国、印度尼西亚、俄罗斯、南非等国家。值得注意的是，电动叉车出口比例进一步增加，继 2015 年电动叉车出口超过内燃叉车后，2018—2019 年电动叉车出口占比达到 60% 以上，可以看出，这一趋势的变化是近年来行业内出口需要重点关注的问题。2015—2019 年出口叉车中电动叉车占比情况见表 28-13。

表 28-13 2015—2019 年出口叉车中电动叉车占比情况

产品	2015 年	2016 年	2017 年	2018 年	2019 年
电动叉车/台	47,130	57,158	73,806	107,681	99,276
内燃叉车/台	44,865	45,058	51,919	59,242	53,549
总销售量/台	91,986	102,216	125,725	166,923	152,825
电动叉车占比（%）	51.24	55.92	58.70	64.51	64.96

28.2.4 国内市场分地区销售情况

从 2019 年销售到国内各省、市的 455,516 台机动工业车辆的流向（见图 28-2 和图 28-3）看，以往市场份额最大的华东地区增长了 1.28%。地区销售情况如下：

1) 华东地区销售 215,955 台，占市场份额的 47.41%。
2) 华南地区销售 80,926 台，占市场份额的 17.77%。
3) 华中地区销售 39,892 台，占市场份额的 8.76%。
4) 华北地区销售 48,103 台，占市场份额的 10.56%。
5) 西北地区销售 21,992 台，占市场份额的 4.83%。
6) 西南地区销售 28,308 台，占市场份额的 6.21%。
7) 东北地区销售 20,340 台，占市场份额的 4.46%。

2019 年各省叉车销售数量和占有市场份额的顺序见表 28-14。

表 28-14 2019 年各省叉车销售数量和占有市场份额的顺序

排名	地区	销售量/台	2019 年占市场份额（%）	2018 年占市场份额（%）	同比增长或下降（%）
1	广东	69,668	15.29	14.51	0.78
2	江苏	56,266	12.35	12.93	-0.58
3	浙江	49,877	10.95	10.92	0.03
4	山东	40,101	8.80	8.76	0.04
5	上海	27,765	6.10	6.62	-0.52
6	安徽	18,419	4.04	3.76	0.28
7	河北	18,235	4.00	4.09	-0.09

(续)

排名	地区	销售量/台	2019年占市场份额(%)	2018年占市场份额(%)	同比增长或下降(%)
8	河南	17,440	3.83	3.64	0.19
9	福建	15,033	3.30	3.14	0.16
10	湖北	12,196	2.68	2.64	0.04
11	北京	11,143	2.45	2.65	-0.20
12	湖南	10,256	2.25	2.31	-0.06
13	辽宁	10,084	2.21	2.33	-0.12
14	四川	9,496	2.08	2.20	-0.12
15	广西	9,373	2.06	1.90	0.16
16	陕西	9,128	2.00	1.87	0.13
17	江西	8,494	1.86	1.88	-0.02
18	天津	8,098	1.78	1.75	0.03
19	山西	6,475	1.42	1.40	0.02
20	重庆	6,418	1.41	1.20	0.21
21	贵州	5,984	1.31	1.26	0.05
22	新疆	5,728	1.26	1.15	0.11
23	云南	5,585	1.23	1.29	-0.06
24	吉林	5,399	1.19	1.32	-0.13
25	黑龙江	4,857	1.07	1.07	0.00
26	内蒙古	4,152	0.91	0.92	-0.01
27	甘肃	3,486	0.77	0.74	0.03
28	宁夏	2,140	0.47	0.53	-0.06
29	海南	1,885	0.41	0.56	-0.15
30	青海	1,510	0.33	0.40	-0.07
31	西藏	825	0.18	0.23	-0.05

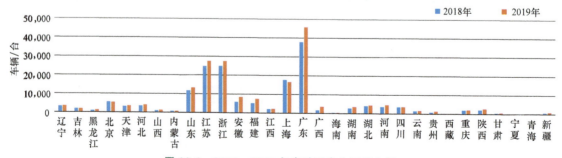

图 28-2　2018—2019 年电动叉车全国流向图

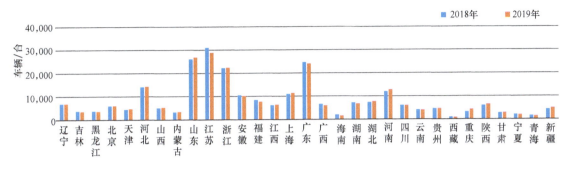

图 28-3 2018—2019 年内燃叉车全国流向图

28.2.5 其他类型工业车辆市场销售情况

1. 轻小型搬运车辆市场情况

2019 年分会会员单位报告的非机动工业车辆销售量为 1,028,375 台,与 2018 年同期的 1,597,977 台相比,下降了 35.65%。

2. 固定平台搬运车销售情况

2019 年固定平台搬运车销售量为 465 台,与 2018 年同期的 562 台相比,下降了 17.26%。

3. 牵引车销售情况

2019 年牵引车销售量为 3,053 台(其中电动牵引车为 1,931 台,内燃牵引车为 1,122 台),与 2018 年同期的 1,669 台相比,增长了 82.92%。

按销售量排在前五位的企业是:江苏靖江叉车有限公司、宁波如意股份有限公司、浙江中力机械有限公司、林德(中国)叉车有限公司、丰田产业车辆(上海)有限公司。排在前三位企业的销售量为 2,021 台,占牵引车销售量的 66.20%;排在前五位企业的销售量为 2,266 台,占牵引车销售量的 74.22%。

4. AGV 叉车销售情况

2019 年 AGV 叉车销售量为 141 台,与 2018 年同期的 115 台相比,增长了 22.61%。其中电动平衡重乘驾式叉车 1 台,电动乘驾式仓储车辆 25 台,电动步行式仓储车辆 115 台,均为国内销售。销售主要单位是杭叉集团股份有限公司和安徽叉车集团有限责任公司。

5. 锂电池及氢燃料销售情况

2019 年锂电池叉车(1~3 类)销售量为 74,737 台,比 2018 年同期的 26,181 台相比,增长了 185.46%。其中电动平衡重乘驾式叉车 10,428 台,占锂电池叉车总销量的 13.95%,与 2018 年同期的 6,434 台相比,增长了 62.08%;电动乘驾式仓储叉车 162 台,占锂电池叉车总销量的 0.22%,与 2018 年同期的 670 台相比,下降了 75.82%;电动步行式仓储叉车 64,147 台,占锂电池叉车总销量的 85.83%,与 2018 年同期的 19,077 台相比,增长了 236.25%。锂电池叉车国内销售量为 44,264 台,出口销售量为 30,473 台。锂电池叉车各车型国内和出口销售情况见表 28-15。

表 28-15 锂电池叉车各车型国内和出口销售情况

锂电池车型	1类 电动平衡重乘驾式叉车	2类 电动乘驾式仓储叉车	3类 电动步行式仓储叉车	合计
内销/台	8,146	122	35,996	44,264
出口/台	2,282	40	28,151	30,473
总销量/台	10,428	162	64,147	74,737
占比(%)	13.95	0.22	85.83	100

按销售量排在前五位的企业是：诺力智能装备股份有限公司、韶关比亚迪实业有限公司、浙江中力机械有限公司、安徽叉车集团有限责任公司和杭叉集团股份有限公司。排在前三位企业的销售量为 47,072 台，占锂电池叉车销售量的 62.98%；排在前五位企业的销售量为 67,523 台，占锂电池叉车销售量的 90.35%。

2019 年氢燃料叉车（4~5 类）销售量为 0 台。

28.3 行业主要企业生产经营情况

在世界工业车辆整体向好，主要经济体需求稳中有升的大环境下，业内企业生产经营取得良好成绩，我国生产企业生产和销售量、提质增效、产品创新、管理提升等方面都有不同程度的提高。主要企业经济指标持续刷新历史纪录，尤其在整合上下游资源、国际化合作、拓宽经营范围上，各企业发挥自身优势、取长补短、做大做强，为成为国际性企业努力打好坚实的基础。

安徽叉车集团有限责任公司提出"世界五强，百年合力"的宏伟愿景，坚持发挥人才兴企的保障作用，释放科技创新的驱动力量，引进实施先进管理模式，加快企业内涵式改造，推进各领域转型升级创新发展。杭叉集团股份有限公司构建了与企业战略目标和行业地位相适应的"一核两翼，全面统筹"的技术创新体系，为技术研发工作的持续创新发展提供了保证。"一核两翼"就是以舒适性和安全性技术、绿色节能技术、智能化技术等为核心，以智能制造工艺技术和试验检测技术为两翼，形成全覆盖、多层次的技术和产品体系。"全面统筹"就是在研发组织上形成以各整车和零部件研究所为核心，以技术委员各专业组与国内著名科研院校共建研发中心为补充的多层次组织机构；林德（中国）叉车有限公司继续坚持"以客户为导向""产品服务创新"和"强化内部精益管理"的发展理念。推出智联车队管理系统 Smartlink，通过三大维度——安全、效率、能源的数据分析整合，更全面地提供给管理者来进行决策，帮助优化车队整体效率，降低厂内安全事故，从方方面面降低企业运营成本，在数字化领域迈出重要一步。

龙工（上海）叉车有限公司在我国建立集销售、研发、服务为一体的运营网络，积极转变发展思路，改变传统经营模式，各项财务指标均取得良好成绩，总营业额、利润率和销售报酬率稳定增长。叉车发展（江西）项目于 2017 年 3 月 20 日启动，2017 年 12 月 12 日叉车项目建成点火开工生产。企业从上至下宣贯精益活动，集思广益，组织改善提高。生产上围绕"降本、提质和增效",小改大革,从车间工序布局、加工工艺流程、物流节拍、物料消耗以及人力用工等上下功夫,强化内部管理。同时,加大市场服务与跟踪,提升品牌优势,提高顾客满意度。此外,以浙江中力机械有限公司、浙江诺力机械股份有限公司、宁波如意股份有限公司为代表的仓储叉车生产企业抓住近年来仓储叉车需求快速增长的市场机遇,在提高产能、新品开发、市场开拓方面迈上了新的台阶,国产经济性仓储叉车,尤其是电动步行式仓储叉车在世界范围内竞争力进一步提高,国内和出口两个市场均表现突出。在市场占有率方面,近两年主要企业各车型销量占比情况见表28-16。

表28-16 主要企业各车型销量占比情况

叉车	前3家占比(%)	前5家占比(%)	前10家占比(%)
电动平衡重叉车	54.96	65.46	82.58
电动乘驾式仓储叉车	42.13	60.91	84.10
电动步行式仓储叉车	42.53	68.83	93.24
内燃平衡重叉车	79.48	84.54	89.97

28.4 2018—2019年工业车辆行业发展特点

28.4.1 全球机动工业车辆销售继续创历史新高

全球机动工业车辆总体继续呈现增长趋势,主要经济体市场(以中国、西欧、美国为主的市场)保持良好涨幅,市场需求带动世界总销售量向150万台大关迈进。

28.4.2 生产量、销售量继续保持世界领先地位

延续2016年下半年市场需求增加的良好态势,2018年市场超过预期增长,这主要得益于智能制造工厂建设和物流效率提升、机器替代人工发展趋势的深化;2019年受复杂多变的市场环境影响,行业发展规律恰逢调整期,机动工业车辆市场国内增长幅度缩小。

28.4.3 出口车型更加丰富、产品可靠性稳步提升

出口总量中电动叉车占比进一步增加,主要表现在电动步行式仓储叉车出口量的明显增加,尤其是经济型仓储叉车优势明显,其已经成为业内主要生产企业出口的新增长点。

28.4.4 低碳环保的新能源叉车受市场青睐

经过过去5年多的积累,锂电池叉车销量快速增加,尤其是2019年,新能源锂电池叉车共销售74,102台,在电动叉车中占比从2018年的9.31%上升到了2019年的

25.03%，电动、新能源发展趋势在市场上表现的更加明显。除比亚迪叉车外，市场需求带动业内主要企业纷纷推出锂电池叉车产品，相关配套零部件选择呈现专业化、多样化的趋势。

28.4.5　自动化、智能化叉车得到高度关注

借助互联网和信息化技术，无人驾驶、远程监控、诊断、管理等满足用户多方位需求的产品在业内也纷纷呈现。智能制造、智慧物流需要服务全面、专业、优质、高效，具有先进技术系统集成能力的合作伙伴，业内有能力的企业已经在从产品供应商向整体解决方案服务商转化。

28.4.6　叉车后市场目前已进入快速发展期

工业车辆已经进入新的发展阶段，销售、服务、租赁等领域越来越受到企业的关注，同时也是企业增强实力、拓展业务范围的新的利润增长点。销售、服务在原有经营模式的基础上，各企业都在围绕销售能力、服务提升开拓思路，在创新发展上下功夫，努力形成具有企业自身特色的全产业链优势。

28.4.7　主要企业整合上下游资源、加强国际化合作

在补短板、增强实力、转型升级的背景下，2018—2019年工业车辆领域有很多事件发生，如安徽合力股份有限公司与德国采埃孚集团暨采埃孚（中国）投资有限公司共同投资设立采埃孚合力传动技术（合肥）有限公司，杭叉集团入股郑州嘉晨电器有限公司，加快在电动叉车、仓储车辆及智能工业车辆等产品在电机控制、电池管理、整机综合控制等方面的发展；凯傲集团购入浙江中力部分股权，扩大在入门级仓储设备市场的产品系列，两家战略合作联合开发产品与供应链协同增效，进一步加强在仓库设备市场的地位；浙江诺力参股的基金长兴诺诚投资收购欧洲智能装备制造商 Savoye S. A. 公司等，体现出业内主要企业加强资源整合，提升整体竞争力的行动正在加快。

第29章 工业车辆产业技术分析

29.1 行业取得的研究成果

随着我国连续 11 年位列世界第一大生产、销售市场,从事工业车辆行业生产、制造相关业务的企业超过 100 家。因过去 20 年,业内产品服务于各行各业的物料搬运,需求度高、受经济波动影响相对较小,所以成为很多制造业从业者的选择,包括汽车、工程机械、服务业等其他领域的企业也纷纷投资建厂,市场竞争进一步加剧。同质化是行业内普遍存在的问题,价格竞争又是单一的途径和方法。为了破解僵局,持续落实国家从"制造大国"向"智造强国"转型升级的方针政策,促进工业车辆行业技术进步、企业管理水平提升和服务能力及模式创新,使行业能够健康发展,工业车辆分会坚持倡导"创新驱动""差异化"产品设计的理念,鼓励在提高行业整体技术水平方面有突出贡献的企业,近年来一直支持在行业内开展"中国工业车辆创新奖"的评选活动,通过各种渠道宣传新技术、新产品和新的服务管理模式。

主要主机生产企业、零部件配套企业抓住机遇,面向市场推出了很多有特色的新产品,如新能源叉车、节能高效内燃叉车、无人驾驶电动叉车、仓储叉车等,国产主要零部件,如柴油发动机、电控产品、远程监控等取得了明显的进步。

2018—2019 年,"中国工业车辆创新奖"(CITIA)评选(分单数年为零部件、服务管理类,双数年为整车类)坚持"公正、公平、公开"的原则,确保评选过程严谨、有序、高效。表 29-1 为 2018 年"中国工业车辆创新奖"(整车类)(国产品牌)获奖名单,表 29-2 为 2018 年第四届"中国工业车辆创新奖"(整车类)(合资、外资品牌)获奖名单。

表 29-1 2018 年"中国工业车辆创新奖"(整车类)(国产品牌)

企业名称	项目名称	奖项
杭叉集团股份有限公司	A 系列 1~5t 高性能蓄电池平衡重式叉车	金奖
柳州柳工叉车有限公司	CLG2020H/C~CLG2035H/C 内燃平衡重式叉车	银奖
安徽合力股份有限公司	G 系列 10t 电动平衡重式叉车	银奖
宁波如意股份有限公司	CBD12W 锂电池托盘搬运车	铜奖
安徽合力股份有限公司	G 系列 5~10t 内燃平衡重式叉车	铜奖

表 29-2　2018 年第四届"中国工业车辆创新奖"（整车类）（合资、外资品牌）

企业名称	项目名称	奖项
林德(中国)叉车有限公司	林德窄通道三向堆垛叉车(搬运机器人) Linde Robotics K-Matic	金奖
丰田产业车辆(上海)有限公司	BT Reflex RRE H 前移式叉车(1.4~2.5t)	银奖
科朗叉车商贸(上海)有限公司	带有自动定位系统的人上行窄巷道叉车	铜奖
林德(中国)叉车有限公司	林德 LAB 叉车(自动化改装基础版)	铜奖

2019 年第五届"中国工业车辆创新奖"（零部件、服务管理类）获奖企业名单见表 29-3 和表 29-4。

表 29-3　2019 年第五届"中国工业车辆创新奖"（零部件类）获奖企业名单

企业名称	项目名称	奖项
杭州杭叉桥箱有限公司	高性能电动工业车辆集成驱动关键技术研发	金奖
凡己科技(苏州)有限公司	FJ-D1 高效交流控制器 M1 智能仪表组件	金奖
江苏万达特种轴承有限公司	新型双列六点接触球滚轮	银奖
安庆联动属具股份有限公司	多动砖块夹	银奖
浙江华昌液压机械有限公司	45t 正面吊系列液压缸技术研发及应用	银奖
天津岛津液压有限公司	引进转化无侧隙啮合齿轮泵、TMG1 泵	银奖
淄博火炬能源有限责任公司	新型高性能系列牵引用铅酸电池研制	银奖
合肥宝发动力技术有限公司	DPF/GPF 电加热离线主动再生系统	银奖

表 29-4　2019 年第五届"中国工业车辆创新奖"（服务管理类）获奖企业名单

企业名称	项目名称	奖项
郑州嘉晨电器有限公司	工业车辆智能端及车辆管理系统	金奖
林德(中国)车有限公司	林德智联车队管理系统 Smartlink	银奖
安徽合力股份有限公司	合力智能工业车联网台建设	铜奖

此外，工业车辆行业企业也获得了多项国家级、省部级奖项，2018 年、2019 年工业车辆行业部分省部级以上获奖项目名单见表 29-5 和表 29-6。

表 29-5　2018 年工业车辆行业部分省部级以上获奖项目名单（排名不分先后）

获奖企业	项目名	证书类型	获奖等级	批准机关
安徽叉车集团有限公司	H3 系列 1~3.5t 内燃平衡重式叉车	安徽省科学技术进步奖	三等奖	安徽省人民政府
	H3 系列 2~3.5t 内燃平衡重式叉车	中国机械工业科学技术奖	三等奖	中国机械工业联合会

（续）

获奖企业	项目名	证书类型	获奖等级	批准机关
安徽叉车集团有限公司	1~3t 液力叉车变速箱试验台建设及其扩展应用	中国机械工业科学技术奖	三等奖	中国机械工业联合会
	仓储车减速箱疲劳试验装置研制	中国机械工业科学技术奖	三等奖	中国机械工业联合会
	G系列 1~3.5t 锂电池平衡重式叉车	安徽省机械工业科学技术奖	一等奖	安徽省机械工业联合会
	H3系列 2~3.5t 内燃平衡重式叉车	安徽省机械工业科学技术奖	二等奖	安徽省机械工业联合会
	前移式叉车	第二十届中国外观设计	优秀奖	国家知识产权局
杭叉集团股份有限公司	AGV前移式三向数据堆垛车	浙江省装备制造业重点领域省内首台（套）		浙江省经济和信息化委员会
	大举力密度高效率叉车设计制造关键技术研究及应用	中国机械工业重点科学技术奖	一等奖	中国机械工业联合会
	大举力密度高效率叉车机电液集成设计技术及应用	省科学技术进步奖	一等奖	浙江省人民政府
	中国工程机械走出去标准需求研究	中国机械工业科学技术奖	二等奖	中国机械工业联合会
	智能高位拣选车关键技术与装备	科技进步奖	二等奖	中国物流与采购联合会
	全系列大型内燃叉车技术研究及产业化	中国机械工业科学技术奖	三等奖	中国机械工业联合会
宁波如意股份有限公司	浙江省企业技术中心	省级	优秀级	浙江省经信委
	浙江省科技新浙商"科技小巨人"	省级	科技小巨人	浙江省科技厅
韶关比亚迪实业有限公司	物流技术	匠心奖		中国物流与采购联合会
	智能物流装备	优秀案例		中国物流与采购联合会
	科学技术奖		省部级	中国机械工业科学技术协会
诺力智能装备股份有限公司	AGL-PS10B 激光复合导航窄巷道托盘堆垛车	省级新产品		浙江省科学技术厅
	AGL-PS20 无人驾驶托盘堆垛车	省级新产品		浙江省科学技术厅

（续）

获奖企业	项目名	证书类型	获奖等级	批准机关
诺力智能装备股份有限公司	RT20座驾式前移叉车	省级新产品		浙江省科学技术厅
	基于智能控制的四向堆高车研究	重大科技专项重点工业项目		浙江省科学技术厅
		中国机械工业科学技术奖	三等奖	中国机械工业联合会、中国机械工程学会
	永磁驱动电动搬运车PTE15X	装备制造业重点领域首台（套）产品		浙江省经济和信息化委员会
	CS15G助力转向全电动堆高车	省科学技术进步奖	二等奖	浙江省人民政府
	2018年浙江省优秀工业新产品		二等奖	浙江省经济和信息化厅、浙江省财政厅
中机科车辆检测工程研究院	大型特种车辆防抱死制动式试验路面及测试系统研究	科学技术奖	二等奖	中国机械工业联合会
	观光车系列国家强制性标准《非公路旅游观光车座椅安全带及其固定器》和《非公路旅游观光车前照灯》制订	科学技术奖	三等奖	中国机械工业联合会

表29-6　2019年工业车辆行业部分省部级以上获奖项目名单（排名不分先后）

序号	获奖企业	项目名	证书类别	获奖等级	批准机关
1	安徽叉车集团公司	工程机械液压系统摩擦副材料关键技术开发与产业化应用	省科技进步一等奖	省级	安徽省人民政府
		前移式叉车关键技术开发与应用	省科技进步三等奖	省级	安徽省人民政府
		G2系列CQD15~18蓄电池站式前移式叉车	省级新产品	省级	安徽省经信厅
		G系列CPD20~32小轴距蓄电池平衡重叉车	省级新产品	省级	安徽省经信厅
		G系列CPD85~100蓄电池平衡重式叉车	省级新产品	省级	安徽省经信厅
		大吨位电动叉车门架起升驱动功率控制系统 201510245265.2	安徽省专利优秀奖	省级	安徽省知识产权局

（续）

序号	获奖企业	项目名	证书类别	获奖等级	批准机关
1	安徽叉车集团公司	H3 系列 1～3.5t 蓄电池平衡重式叉车	安徽省机械工业科学技术奖一等奖	省级	安徽省机械行业联合会
		G 系列 2～3.2t 小轴距平衡重式叉车	安徽省机械工业科学技术奖二等奖	省级	安徽省机械行业联合会
		"虾兵蟹将"字母叉车	首届工业装备互联协同创新设计大赛二等奖	行业	工信部人才交流中心
		新型门架优化设计	首届工业装备互联协同创新设计大赛三等奖	行业	工信部人才交流中心
		多功能搬运叉车	第五届 BICES 中国国际工程机械及专用车辆创意设计大赛三等奖	行业	中国工程机械协会
		G2 系列 1.6～2t 前移式叉车	合肥市工业设计十佳经典案例	市级	合肥工业设计协会
		基于物联网的无人叉车智慧物流系统项目	中央企业熠星创新创意大赛 优秀奖		国务院国有资产监督管理委员会办公厅
		爆炸性环境用气粉复合型防爆叉车关键技术及应用	湖南省科技进步奖	三等奖	湖南省人民政府
		ZJ20 系列纸卷夹	安徽省新产品		安徽省经济和信息化厅
		RJ22ST 系列软包夹	安徽省新产品		安徽省经济和信息化厅
		QF20～30 系列倾翻架	安徽省新产品		安徽省经济和信息化厅
		高新技术企业	高新技术企业证书		安徽省科技厅、安徽省财政厅、国家税务总局安徽省税务局
		LC15～45 系列侧移器	安徽省机械工业科学技术奖	二等奖	安徽省机械行业联合会、安徽省机械工程协会
2	杭叉集团股份有限公司	节能电动叉车设计制造关键技术研究及在冷链物流中的应用	中国机械工业科学技术奖	一等奖	
		5G 无人驾驶叉车项目	第二届"绽放杯"5G 应用征集大赛	二等奖	

（续）

序号	获奖企业	项目名	证书类别	获奖等级	批准机关
3	韶关比亚迪实业有限公司	物流技术装备推荐品牌			中国物流与采购联合会物流装备专业委员会
		突出贡献奖			城际运输服务协会
		智慧物流服务品牌企业			中国交通运输协会
		2019年物流技术装备"金智奖"			中国交通运输协会
		中国绿色仓储配送技术设备创新奖			中国仓储与配送协会
		2019用户满意的物流技术与装备供应商			物流时代周刊
		2019年度智能物流装备创新应用优秀案例			中国物流与采购联合会
		杰出贡献奖			MM现代制造
		汽车物流行业优秀技术装备供应商			中国物流与采购联合会汽车物流分会
		智慧物流最佳智能装备服务品牌			中国交通运输协会
4	宁波如意股份有限公司	自主跟随智能搬运车	先进装备重点领域首台套产品		浙江省
		液压搬运车机器人焊接加工柔性自动化装备关键技术研发及其应用	浙江省科技进步奖	三等奖	浙江省
		高效仓储工业车辆关键技术研发及产业化	宁波市科技进步奖	二等奖	宁波市
5	诺力智能装备股份有限公司	人工智能技术在特定领域的应用研究与示范——人工智能在工业车辆智能制造工厂的应用研究与示范			浙江省
		科技成果"工业车辆自动控制技术及其应用"	浙江省技术发明	二等奖	浙江省
		专利成果"一种搬运车（ZL201410231596.6）"	浙江省专利奖	金奖	
		无人驾驶工业车辆关键技术及应用	高等学校科学研究优秀成果奖（科学技术）技术发明	二等奖	教育部

(续)

序号	获奖企业	项目名	证书类别	获奖等级	批准机关
5	诺力智能装备股份有限公司	专利成果"一种工业车辆升降机构的控制装置及控制方法"	中国专利奖	优秀奖	
		天罡堆高车——PSE12N电动堆高车	德国 iF 设计大奖		
		诺力智慧物流工业互联网 APP 应用解决方案	工业互联网 APP 优秀解决方案	优秀奖	工信部
6	林德(中国)叉车有限公司	林德搬运机器人 L-Matic 及其调度管理系统 Kiwi	福建省首套智能制造装备认定		福建省

29.2 工业车辆行业未来发展趋势

面对复杂多变的市场环境，经过连续多年的高增长，业内企业要坚定信心，国内依然是世界最大的市场，我们产品的国际竞争力在不断提升，生产能力和效率处于历史最好的阶段，无论整机还是配套技术都在不断进步和完善，产品从经济型向价值型提升之路已经展开，新的销售和服务模式正在接受市场和用户的检验。总体来看，国内企业产品的质量进一步稳定、销售和服务网络进一步完善、品牌知名度进一步增强、整体竞争力在不断提高，近年出口产品保持了较好的水平。一方面，国际品牌为加强在我国市场份额，不断推出相适应的本土系列产品，与本土企业的合作、收购时有发生；另一方面，我国品牌走出去，在国际化需求合作、收购有技术产品优势的企业上也已迈出了关键性的一步。行业整体更加关注互联网、信息化技术，无人驾驶技术的应用，在远程监控、诊断、管理软硬件方面满足不同用户多方位需求。新能源工业车辆，尤其是锂电池为动力源的工业车辆在近年来已成为新的产品开发亮点，市场接受度更好、配套企业更多、相关技术研究更深入，市场销量增长显著。其他像无人驾驶工业车辆、车队管理系统等新技术也是近年来的研发热点、投入目标，业内主要制造商和零部件供应商也将这些新的技术列为企业未来竞争力提升的重点技术方向。

未来新的利润增长点将随着行业从"增量时代"逐渐迈入"存量时代"而出现一些新的变化，"设备更新""由买转租"和"服务升级"是重要路径，提前布局非常重要；增强品牌意识，夯实技术基础，着眼于产业升级和细分行业的需求，集中全行业的力量努力实现工业车辆的整体提升是行业发展的主要目标。

第6篇　供　应　链

第30章
供应链发展概况

30.1 全球供应链发展的重要变化

从19世纪50年代开始，在越来越多的跨国企业的引领下，企业一直致力于全球化的推进，全球供应链始终被认为是企业尤其是大型企业供应链发展的正确路线。在全球范围内组合供应链，要求以全球化的视野，将供应链系统延伸至整个世界范围，根据企业的需要在世界各地选取最有竞争力的合作伙伴。供应链的成员遍布全球，生产资料的获得、产品生产的组织、货物的流动和销售、信息的获取都是在全球范围内进行和实现的。

近几年，随着贸易争端、地缘政治局势变化的不断加剧，尤其是2020年新冠疫情对全球供应链的冲击，一方面使得供应链开始呈现产业重构的趋势，使得企业面临一个漫长的供应链重构过程。而另一方面，随着供应链相关基础技术和应用技术的快速发展，供应链数字化、智能化发展将进一步加速，"线上"的全球供应链协作进一步加强。

30.1.1 全球产业链重构

过去世界制造业的发展，形成了全球产业链的水平分工结构，但是这种水平分工导致产业链环节太多、运输距离太长，也会造成物流成本高、运输时间长等问题，从而增加全球产业链断裂的风险。一旦遇到自然灾害、社会动荡、新冠疫情等全球性危机，产业链平衡就会被打破，从而给全球制造业带来灾难性的冲击。

毕马威等权威机构也从资本市场、贸易、产业链和跨国投资等方面给出分析，并指出疫情对产业链形成了极大冲击，对全球价值链融合程度较高行业，如汽车、电子和机械设备等影响更为明显。从长远来看，疫情将推动全球产业链的智能化升级与重构，提高产业链应对突发情况的能力。

这意味着，为了降低风险和对特定供应商的依赖程度，产业链供应商的地区分布将更加多元。同时，由于产业链构建所需资本极大、配套产业集群难以形成、产业工人成本和素养难以平衡、产业发展基础设施难以配套等，无论是发达国家还是发展中国家，都不可能凭一己之力完成大部分产业的布局。因此，面对当前供应链的脆弱性，疫情之后，产业链重构最合理的方向是让这种产业分工能够在亚洲、非洲、欧洲、美洲某些条件相对更为成熟的地域聚集成垂直整合的产业链集群。产业链集群是在一定的地域内，既做到全球化水平分工，又实现垂直整合的生产关系，是提高全球产业链抗风险能力的产物。产业链集群的结构性重构，要让全球最优秀的企业聚集到具有一定产业基础的某些区域，产品收益仍然是由各参与国的企业分享，这仍然是国际化水平分工。

因此，"逆全球化"更多地体现为围绕产业资源的全球产业链结构化重构，而并非搬迁式重构。全球产业链将在市场规律的引导下，向垂直整合、更多元化、更具韧性的方向发展。

30.1.2　供应链数字化促进广泛的协作

传统企业的供应链在本质上都是线性的，依次分布着设计、计划、采购、生产和交付等流程。传统企业供应链越来越受到需求快速变化与不确定性、供应链预测与响应能力、企业成本和风险控制能力、广泛的外部协作能力等方面的挑战。从国内外优秀企业供应链的发展来看，许多企业供应链正从这种刻板的线性结构转变成动态互联的系统（数字化供应链网络），这些企业更容易整合生态系统里的合作伙伴，并随着时间推移不断优化供应链资源的配置。从线性序列的供应链到开放互联的供应系统，企业能够与生态体系内的任何相关方开展数据和信息的传送和接收，从而有效应对多变的市场环境，并发掘出新的价值，这个转变可以为企业在未来竞争中打下基础。

由于供应链技术的快速发展，促进了供应链的数字化、智能化迭代升级，使得全球范围和区域范围内的协作成本进一步降低，协作的有效性不断提高。即便是在全球产业链重构的背景下，各国企业、各产业集群在产品、研发、销售、供应、技术、数据等方面的供应链协作将得到更大的发展，全球的优势资源将得到更好的配置和利用。

另外，随着第四次工业革命的推动，各国工业互联网正在赋能企业数字化供应链转型。第四次工业革命所产生的数字化浪潮正在引起制造业的巨大变革，制造过程的产品链、价值链以及资产链都在发生变革，从传统的以产品为中心的大规模生产向以客户为中心的定制化模式转变，与此同时，现代数字技术、云计算、大数据、人工智能、数字孪生、5G等技术的发展和应用，正在改变着企业经营和竞争的游戏规则，许多企业的产品设计、生产、销售和服务方式正在快速改变。

30.2　我国企业供应链发展概述

我国是传统的制造大国，制造企业及其相关零售、电商、服务等的供应链发展极具代表性。在第四次工业革命的浪潮中，我国以"创新驱动、转型升级、迈向中高端"为核心纲领，引领制造强国战略的推进实现。企业供应链发展更多体现为以智能制造为核心驱动，以智能工厂为着力点拉动端到端的供应链协同。

30.2.1　面向智能制造的供应链

企业供应链的发展是智能制造的基础，智能制造必须要有优秀的供应链能力作为保证，才能够保证精益制造、安定制造、有效制造、有效交付。从供应链整体而言，智能制造实际上就是供应链的一个核心环节。供应链模式从以工厂/产品为中心，转变为以消费者为中心，企业的研发模式、响应机制、供应链协同模式、信息平台模式、制造批量策略和计划模式，甚至是组织结构，都在逐步发生根本性的变化。

我国目前已基本完成智能制造的顶层设计，先后出台了标准化体系建设指南、工程实施指南、发展规划等，持续开展智能制造试点示范和研发应用。一些企业在智能制造和智能工厂方面进行了大量的投入，"标杆工厂""灯塔工厂""黑灯工厂""透明工厂"等逐步涌现，如海尔、美的、三一重工、潍柴、宝山钢铁、上汽大通、富士康等。在世界经济论坛进行的全球"灯塔工厂"评选调研中，44家全球"灯塔工厂"有12家位于我国，占比全球排名第一。这些工厂正在引领第四次工业革命技术的普及，包括数字化、自动化、高级分析和预见性分析、VR和AR以及工业物联网等。这些企业尤其注重从横向和纵向打通端到端价值链，数字技术的应用开始突破单个工厂的范畴，进而在整个价值链发力，企业的敏捷度、效率和产品上市速度得到极大提升。

在智能制造得到长足发展的背景下，基于不同的需求、产品特征，不同的行业从不同的维度对其供应链核心能力进行差别化发展：家电、汽车、服装等致力于以客户为中心的大规模个性化定制能力；日用品、食品饮料、工业品、化工品等致力于以订单交付为中心的一体化供应链能力；钢铁、电子制造等致力于以效率为中心的卓越数字化、智能化制造能力；电气装备、工业装备则致力于以产品为中心打造卓越的产品生命周期数字化运营能力。

30.2.2　智能工厂物流中心化

在供应链环境下，物流已经成为智能工厂中的核心要素。智能工厂需要以智能物流作为前提和基础，生产被认为是供应链过程的一个节点，是在供应链上嵌入一个符合供应链价值导向和运作要求的工厂、车间或生产线，而物流和物流管理贯通供应链始末，成为端到端协同打通的有效承载。越来越多的智能工厂，在规划和建设时将智能生产设施嵌入到智能物流系统中，使之成为流线化物流系统不可或缺的环节和部分，从而实现有效运营过程中的无缝对接和联动，由此，通常也称之为制造工厂物流中心化。与此同时，企业智能物流也在向供应链方向整合和提升，其涉及的智能化要素也越来越专业和精准。

为了匹配越来越多的个性化需求，智能工厂需要具备大规模定制的能力，固定的产线和大规模生产模式已经开始被颠覆，企业开始思考、构建和试点生产与物流高度融合的柔性化生产线或车间。此时的智能工厂既能满足定制化、小批量生产的需求，也能满足标准化、大规模生产的需求，这将为供应链有效运营提供最根本的能力保障。

30.2.3　制造业供应链物流发展

1. 基本情况

2020年5月，由中国机械工程学会物流工程分会发起的"2020年制造企业供应链发展调研"，主要包括汽车及零部件行业、家电行业、电子行业、家居行业、机械行业、化工行业、食品行业等多个行业近 500 多家企业参与调研。调研结果显示，在参与调研的企业中：

1）制造企业对物流和智能物流的重视度和投入正在逐步提升，开始制定供应链物流战略的企业占 63%；成立独立的计划/物流/供应链部门的企业占 77%；使用了条码或 RFID 的企业占 67%；设置了包装工程师岗位的企业占 53%；建立了有应急物流策略与流程的企业占 62%；实现产品的全流程追溯企业占 54%。

2）51% 的企业开始投入使用 AGV、物流输送线、物流机械手或机器人、智能存储、智能分拣和智能装卸等智能物流设备，有近一半的企业尚未引入物流自动化设备。图 30-1 所示为智能物流设备使用情况。

图 30-1　智能物流设备使用情况

3）仓储管理、物料采购、物料需求、成品发运、主计划、生产管理方面广泛使用了信息系统，针对工位配送的信息化应用是生产物流的短板。图 30-2 所示为制造企业物流相关的信息化使用情况。

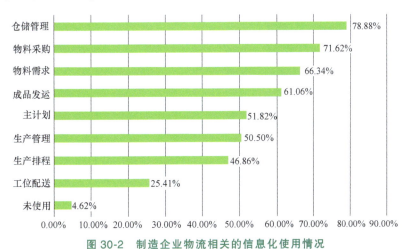

图 30-2　制造企业物流相关的信息化使用情况

4）供应链管理综合绩效欠佳，订单承诺交期在 10 天以上的占比为 47%；总库存周转天数 30 天以上的占比为 44%；综合物流成本占营业额比例总体较高（见图 30-3）。

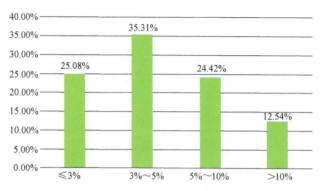

图30-3 综合物流成本占营业额的比例情况

注：图中≤3%表示综合物流成本占营业额比例25.08%的企业数量小于等于总数量的3%。

5）45%的企业客户满意度小于90%，无法及时、有效、敏捷地响应客户需求，特别是应对客户需求的变化。

6）50%认为其供方准时交付率小于90%，供应链各环节之间尚未形成有效的协同关系，以保证环环相扣的交付实现。

7）75%进行运输业务外包、42%进行仓储业务外包，劳务外包、包装及物流设备租赁也被普遍采用，但对于这些物流外包服务提供商满意的企业仅为64%，针对制造企业的专业供应链物流服务能力还极为欠缺。

调研结论：

智能制造强调创新驱动发展，需要实现智能工厂、智能产品、智能供应链。但是如何合理有效地规划、配置、应用，在供应链规划与构建之初就应该有答案。由调研结果可以知道，有相当一部分企业对于智能制造技术、供应链物流技术、信息技术等，缺乏专业的理解和导入，这可能导致盲目购买智能制造设备，走入诸如AGV就是物流自动化、有了软件就意味着智能化的误区；对于有可追溯需求的产品，往往只实现了产线的狭义制造追溯，对于占据绝大部分时间、空间、成本和效率损失的供应链过程追溯，却留下了大量的空白。供应链智能化是大势所趋，这意味着制造企业需要从国家供应链的发展高度来定位空间和时间，从产业供应链的竞争格局来定义策略和效能，从未来技术创新和模式创新驱动发展趋势来定义优化的动力结构，同时结合行业客户和消费者需求，来审视企业自身供应链的智能化战略路径和技术配置，必要时需要根据关键业务场景做个性化研发，从大处着眼，从小处着手，以终为始地逐步实现。

在当前的供应链运营管理中，企业对于仓储、运输、库存和生产计划、物流计划等痛点的关注，依然是普遍现象，但是对于应急物流、产能认知、智能供应链、工厂规划、与供应商的交付关系优化、物流外包和物流设施租赁，却成了新的深层次关注点，这意味着人们从更高层面思考运营的有效性判定，也开始从"借智借力"的角度思考供应链整合模式，对于供应链运营标准有了更多的诉求。优秀的供应链管理者越来越意识到精益生产必须要以精益供应链作为前提，没有智能供应链的支撑，智能制造只能停留在实验室阶段，要避免巧妇难为无米之炊的尴尬。企业已经意识到，需要通过精益供应链、数字化、网络化供应链，实现制造工厂与物联网的互联互通。

2. 我国供应链发展面临的主要挑战

1）供应链发展水平参差不齐。我国走出了一批供应链发展领先的企业，成为世界级的供应链发展标杆，但由于我国企业供应链发展起步晚，不同区域、不同行业、不同企业对供应链的重视程度有巨大的差异，大部分企业的供应链尚处在传统阶段，甚至很多企业还不具备发展供应链的思维和意识。值得庆幸的是，大部分企业已经开始重视物流，对入厂物流、运输、仓储、上线配送、成品发运、包装管理等方面的规划、优化有相当高的关注度。

2）企业供应链管理与协同需要同步提升。相较于智能制造和智能工厂的快速发展，企业供应链管理与协同是大部分企业的短板。针对企业供应链变革需求的调研显示，企业管理者认为当前最为紧迫的供应链变革任务依次是供应链数字化建设、全渠道供应链管理、需求与预测管理、产销协同与 S&OP（销售与运营计划）、供应链端到端整合、供应链计划协同驱动等。

3）企业供应链发展的主要瓶颈。我国智能供应链由于产业、行业、区域的不同，以及不同企业的价值导向不同，其表现出来的瓶颈也不同，主要表现为以下几个方面：缺乏智能供应链战略；组织导向和绩效设定不符合战略要求；预测与需求管理不到位；从计划到实际运营存在较大偏差；缺乏供应链运营标准及落地策略；信息化、数字化水平不足；组织能力与人才不足。

3. 企业供应链发展标杆

海尔以用户为中心、以大规模定制为目标，打造可扩展的数字化平台，实现了整个价值链的端到端连接，在大规模定制和 B2C 在线订购、用 3D 数字孪生来开发和测试产品、与供应商相连的数字化平台、数字化劳动系统和车间自动化、数字化质量管理等方面取得极大的成效。

美的集团围绕订单交付打造 T+3 模式，成为供应链管理变革的标杆，以客户为导向、快速满足市场需求的 T+3 模式，零售商快速、准确反映市场需求，以此来指引原料备货、工厂生产、发货销售等。不仅实现按需生产，还倒逼价值链的所有环节来适应消费者的需求，精简产品型号，扁平化渠道，缩短交货周期。其围绕智能产品和智能制造的"双智"战略取得了极大的成功，实现了全价值链数字化、透明化的管理，进一步支撑 T+3 模式的交付精准、效率提升、品质改善等。

宝山钢铁基于人工智能和高级算法技术广泛部署数字化工厂，在基于高级分析技术的生产规划、用先进的工业物联网技术优化流程、预见性维护汇总设备和流程数据、基于人工智能的视觉检测、基于实时追踪、无人操作和自动规划的物流等方面创造了极大的价值。

宝洁在江苏太仓建立了亚洲第一家自动化工厂，通过端到端同步供应链规划、端到端一体化供应链数字情报中心、制造流程的自动化、机器学习 3D 质检、分布式安全系统等，成功实现端到端供应链的互联互通，它将生产效率提高了 6.5 倍，促进了由敏捷生产带来的电子商务增长，员工满意度也随之提升。

上汽大通针对大规模定制化展开了新模式。利用一体化数字主线，该工厂对从客户到供应商的端到端价值链实行数字化，在提高销售量的同时降低了成本。潍柴推行了端到端价值链的数字化转型，以精确识别客户需求并降低成本。受人工智能和车联网技术驱动，它的研发周期缩短了20%，运营成本提高了35%。

G公司家居、罗莱家纺等家居龙头企业致力于打造以消费者为中心、以零售为导向的数字化服务型供应链，从需求感知和预测、消费者参与产品研发、订单交付管理数字化、全渠道供应链、一体化供应链计划、产销协同数字化等方面，推动供应链的变革，同时正在积极拓展与供应商、加盟商、经销商、网络平台等之间的共享和协作。

30.3 发达国家企业供应链发展概述

尽管在智能制造、工业4.0、工业互联网的推动下，欧洲、美国、日本智能工厂也有了较大的发展，但总体而言，发达国家更注重供应链数字化发展和端到端的管理协同，大数据、数字孪生与仿真、人工智能、网络优化、识别技术等各项技术也更多被应用与支撑供应链全过程的数据采集、感知和决策。

1. 供应链端到端的数字化建设

在Gartner2020全球供应链TOP25的供应链报告中，构建以客户为中心的端到端数字化供应链，成为优秀企业的重点投资领域。尤其是疫情爆发的大环境，对企业造成了无差别级的伤害，那些在数字化供应链方面已经打下基础的公司，显然能更敏捷地捕捉到市场的变化，提前做好了预防风险的准备，同时趁着竞争对手疲于奔命的时候，抢占市场份额。这些公司在供应链数字化建设、端到端透明化管理、需求感知与预测、供应链计划协同、供应链敏捷性建设等方面有着突出的表现。

联合利华正在投资卫星数据、地理定位、区块链、人工智能，并与大型科技公司和创新创业公司合作，建立从下游运营到上游种植园的监控和追溯的新方法，实现供应链全过程的透明度。为确保在COVID-19大流行病期间的抗灾能力，联合利华公司正利用RPA爬虫和AI等技术，梳理数百万次的发货量和数千家供应商，发现潜在的风险或短缺。

Inditex集团（ZARA母公司）通过整合门店和实体运营，以及大规模的产品级RFID部署，在推动组织走向数字化供应链领导地位方面发挥了关键作用。这使得该组织的销售渠道发生了实质性的转变，促进其销售额的快速增长。

雀巢非常重视以客户为中心来推动增长和盈利，重点是提高产品的上架和在线供应能力，并成为主要客户的首选合作伙伴。为提高产品的可用性，雀巢公司利用需求感知技术改造其计划能力，并整合与主要客户的战略合作，以提高供应链的敏捷性。可口可乐正在制定供应链数字化路线图，创新核心流程，推动敏捷性和生产力的提升，并建立端到端的透明度和可追溯性，为消费者和客户提供最佳服务。

惠普公司以客户为中心，并进行数字化整合，不仅在供应链上，而且在业务部门、营销、财务、人力资源和IT部门之间也进行了整合。这些措施提供了高质量的数据驱动能力,可以利用这一能力在决策、预测、采购、风险管理、库存优化、可视性、流程自动化机器人和机器学习的使用以及定价分析等方面提供价值。

耐克通过收购专业的预测分析公司,以便更好地了解消费者行为数据并做出反应。欧莱雅凭借其为客户提供个性化服务的能力,从传统消费品公司,向实体店和拥有直达消费者能力的零售商转型。苹果公司一直很看重客户体验,将其商业模式建立在深入了解客户偏好的基础上,从无数用户中收集数据,并且嵌入到了它的产品设计和持续改进以及服务中。

宝洁通过继续进行数字化转型以实现从根本上改变工作方式,同时推动业务成果和生产力的提升。宝洁在供应计划方面进行创新,通过算法驱动的库存部署,宝洁公司优化了产品转型迭代,节省了数百万美元。供应链创新将分析效率提升了90%,每周分析时间缩短到 5min 以内。宝洁公司还重新设计了在北美和欧洲的供应网络,这些长期和跨区域的项目,对宝洁的制造和仓储都产生了积极的影响。

2. 技术应用方面

在一项针对以北美、欧洲和跨国企业为主的制造业供应链技术应用调研中显示,过去 2 年至未来 3 年内,被广泛使用并将得到持续发展的技术包括云计算与存储、传感器与自动识别、库存与物流网络优化、机器人与自动化、可穿戴移动技术、物联网、预测分析、3D 打印技术、无人驾驶汽车及无人机、区块链、人工智能等,如图 30-4 所示。而其中机器人与自动化、预测分析、物联网、传感器和自动识别、库存与物流网络优化、无人驾驶汽车及无人机、可穿戴移动技术等被列为顶级的供应链创新技术,将对未来 10 年的供应链产生深远的影响,将为企业构建新的竞争优势。

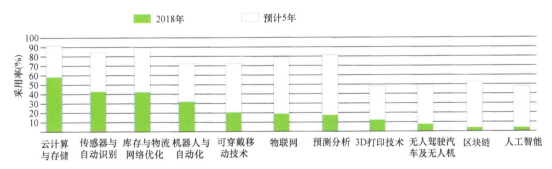

图 30-4 发达国家企业供应链技术及采用率调研结果

数据来源:德勤 MHI 全球供应链创新 2018 调研报告

3. 发达国家供应链发展的主要挑战

德勤 MHI 全球供应链创新 2018 调研报告结果显示,发达国家企业供应链发展面临的主要挑战如图 30-5 所示,这些问题在全球主要经济体中是普遍存在的。顾客需求的变化、个性化及更高的交付要求是企业供应链首要面对的问题,能否通过供应链的快速提升以适应和满足顾客需求,成为企业竞争的关键点。供应链技能差距和劳动力短缺问题同样是发达国家企业所面临的重要挑战。

另一个挑战是如何在数字化的、永远在线的供应链中建立信任和安全。尽管发展供

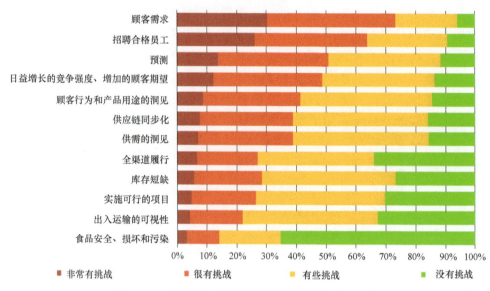

图 30-5　发达国家企业供应链发展面临的主要挑战

数据来源：德勤 MHI 全球供应链创新 2018 调研报告

应链数字化成了发达国家的共识行为，但是始终在线的供应链是一项关键的创新，它可以帮助企业加快交货速度，提高灵活性，积极优化库存，提高客户满意度和忠诚度。然而，这也增加了网络安全风险——没有一家公司能够幸免，对知名公司的网络攻击不仅损害了它们的财务业绩，而且损害了它们的客户，严重损害了它们的声誉。因此，网络风险越来越成为供应链管理人员首要考虑的问题，关键问题包括黑客越来越聪明和老练、供应链组织对网络问题缺乏认识以及中小供应商网络安全措施不力等。

30.4　供应链智能化发展概述

30.4.1　智能供应链的发展是大势所趋

智能供应链是指在互联网和物联网环境下，消费者（客户）发布、寻找个性化的产品或者服务，触发相关组织（企业）利用智能供应链云平台和大数据资源，进行跨企业智能预测、沟通和整合供应链资源计划，将消费者（客户）、门店、零售商、品牌商、研发者、智能物流服务供应商、智能制造商、材料及零部件供应商智能协同起来，实现智能研发、智能采购、智能生产、智能交付、智能结算，从而满足消费者需求的网链式智能服务体系。

相对于传统供应链，在智能制造时代，制造企业的供应链具有更多的市场要素、技术要素和服务要素，且已具备信息化、数字化、网络化、集成化、智能化、柔性化、敏捷化、可视化、自动化等先进技术特征。智能供应链需要与供应商之间链接智能物流，与客户之间也要链接智能物流；还需要将研发、预测与需求、计划与资源分配、排产与配套、制造与品质、交货与客户口碑串联起来，应用移动实时技术、工业大数据、智能运作与反馈分析技术、工业互联网技术、制造设备智能技术、自动仓储配送系统和技术、自动数据采集技术等,解决模块化设计、供应商配套管理、定制化需求配置、库存优化、内部物流技术与运作、制造平台、质量管理与交付等,从而形成全价值链智能绩效分析系统,优化订单满意度、计划、制造、差异管理、库存控制、能源降低等关键问题。

30.4.2 智能供应链图谱

物联网环境下的所有供应链要素都将按照自己的价值导向来参与供应链协同,前提是遵守互联网/物联网上共同遵守的规则。智能供应链的要素彼此之间互为前提、互为因果、交互并行或排队,是一个复杂的系统。图 30-6 所示为智能供应链图谱。

智能供应链由于多维度(涉及范围广、环节多、基于企业和资源管理战略高度、运营作业的技术深度等)、系统性要求,涉及各项不同的资源,这些资源大致可分为客户资源、数据资源、产品资源、供应资源和技术资源等。

1. 客户资源

客户资源主要是终端消费者和客户,他们可能通过门店、直销平台或者零售平台提出自己的个性化需求。消费者由于年龄、籍贯、成长背景、生活环境、学识水平、应用场景等不同,决定了其对于产品和品牌的认知状况、购买行为,对于质量、质感和价格(促销策略等)的敏感度、品牌忠诚度、购买/使用率、转换率、美誉度、产品性能、包装、口味、颜色、规格等都不一样,决定了消费者购买存在多变性、不可预测性和个性化的特点。如何吸引消费者(通常称为引流)促进购买(甚至是反复购买,通常称为客户黏度)是所有企业都需要重点思考的问题。对于客户资源的掌握,决定了企业的研发策略、产品策略和供应链策略,上述(包含不限于)要素仅仅靠传统的人工模式是无法实时、综合、立体化的捕捉和分析的,在智能供应链上,谁能够率先掌握客户资源、分析客户数据,通过科学的算法,明晰客户的消费导向、产品需求与购买导向,谁就掌握了市场的主动权,具有了立于不败之地的土壤和基础。

2. 数据资源

数据资源主要包含消费者大数据和供应、制造大数据(工业互联网),存储于互联网/物联网/云存储平台,通过跨企业的智能预测和供应链资源计划来协同,从而驱动相关供应链要素完成客户价值转移。数据是供应链运作过程中的量化结果,更是供应链智能化决策过程的基础要素,用数据来指导和决策企业经营管理,是大势所趋。通过挖掘和洞悉数据背后的逻辑、规律、趋势和技术发展,可以更好地感知需求、确认发展状态、识别风险并且预警、预见未来。数据资源是智能供应链建立、发展、运营的灵魂。

3. 产品资源

产品资源主要包含有形产品和服务(品牌),来源于客户参与定义、研发商(专业研发)和供应商技术与工艺引入等渠道,最终由品牌商和制造商完成客户价值的表现和承载。企业在研发、生产(包含 OEM/ODM 等生产外包)、销售产品时所运用的一系列措施和手段,包括产品定位、产品组合模式、产品差异化模式、新产品开发模式、品牌

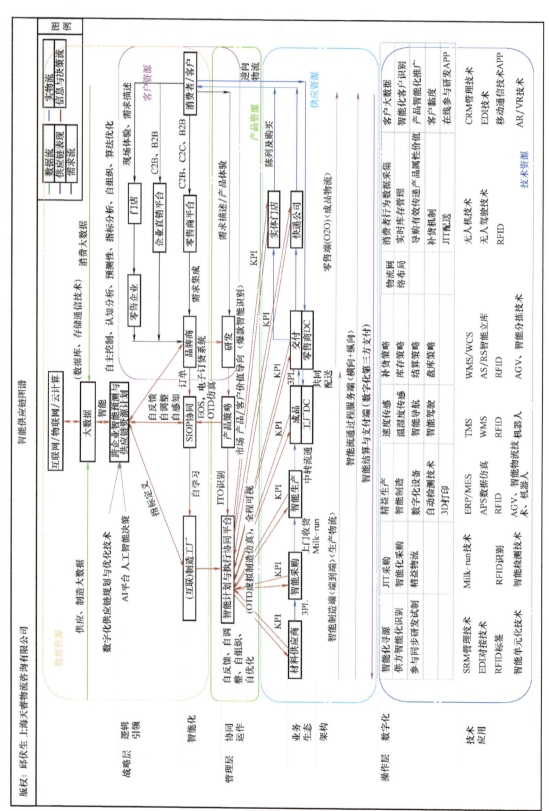

图 30-6 智能供应链图谱

策略以及产品的生命周期运用策略。在智能供应链发展过程中，资源决定了产品策略，产品策略又往往决定了智能供应链策略——企业首先要明确能提供什么样的产品和服务去满足消费者的要求。产品资源是市场营销组合策略的基础，从一定意义上讲，企业成功与发展的关键在于产品满足消费者需求的程度以及产品策略正确与否。产品资源是智能供应链得以体现核心竞争力的王牌。

4. 供应资源

供应资源主要是根据在智能供应链上的不同环节，所体现出来的实物流、信息流、资金流的流转效应。供应资源是智能供应链的关键脉络，可以分为智能制造端、零售端、流通过程服务端、结算与支付端。

1）智能制造端主要是应对数字化、网络化、智能化所需要的供应链智能化协同，至少包含上游材料供应商的互联互通、第三方物流的互联互通、智能化采购和采购入厂物流的智能化、智能生产和工位物流的精益、智能化配送、成品打包下线和智能化存储、发运（可能涉及下线装柜、下线装车），在工业互联网环境下（形成工业大数据）实现智能化采购供应和智能化生产供应，以保证制造端的快速响应和有效交付，传递制造价值。

2）零售端主要是应对消费者多样的消费和购买需求，所需要的供应链智能化协同包含线上线下管理（O2O）、电商策略（C2B/B2B）、经销商策略、连锁经营策略、门店选址、陈列、消费者行为识别（可能参与产品定义）和消费大数据管理，从而形成需求预测和热销产品引导，以拉动后续的研发和制造供应，传递消费者（客户）需求价值。

3）流通过程服务端主要是实现智能采购、智能制造、智能运输、智能仓储、智能配送、智能交付、智能逆向回收等过程一体化、信息互联互通化、实物物流有效增值化的供应链智能化协同，通常表现为以供应链服务为主体的第三方物流服务公司（3PL、4PL）转型升级后全链打通的智能服务平台，解决智能供应链流通资源计划与协调（如对供应商的智能化预约到货 ASN、成品的预约装柜与发货）、运力规划与运营管理、智能物流中心的管理与监控、终端客户配送与补货的智能化调度、库存策略与智能化管理、物流路径优化与算法等，从而实现供应与需求端之间的智能化价值对应，传递流转增值价值。

4）结算与支付端主要是实现上下游环节完成交付需要实现的结算与支付的方式。随着现金结算日趋减少，第三方支付模式不断增加，供应链金融的智能化越来越趋于常态化。智能供应链金融（Supply Chain Finance，SCF），主要是银行通过互联网/物联网协同中心进行跨企业的智能化预测以及供应链资源计划与整合，将关键企业和上下游企业联系在一起提供在线的、灵活运用的、全过程可控（如区块链应用）的金融产品和服务的一种融资模式。这是商业银行信贷业务的一个专业领域（银行层面），也是企业尤其是中小企业的一种融资渠道（企业层面），是关键企业与银行间达成的一种面向供应链所有成员企业的平台性、系统性融资安排，在此基础上，区块链的运用与发展可能成为新常态。结算支付端帮助企业实现价值获得。

5. 技术资源

技术资源主要是智能供应链运营过程中的不同环节和作业场景可供选择的技术和应

用模式，包含供应商智能化管理技术、智能化采购技术、智能制造技术、智能物流技术、智能配送技术、智能化信息采集技术、5G 技术、AI 技术、AR/VR 技术、RFID 技术和相关软件技术（如 ERP/SAAS/MES）等。

供应链的本质是快速响应客户要求，提供合格的产品和服务，获得客户满意度，而制造工厂需要精确、准时地生产合理、合格的产品，消耗合理的成本。其基础是制造企业和外围第三方物流企业为载体的产业链大联通，主体是制造企业，核心是集中采购和零部件加工企业，条件是现代物流技术、信息技术、供应链创新、人机协同的运作过程，目的是提高市场资源的综合利用率和实现供应链环节上的所有成员的核心竞争力，最终满足客户要求，提高满意度。需要说明的是，智能供应链并未改变供应链的本质，只是有别于传统供应链的大部分使用人工、局部软件模块、单线协同等做法，更多的是使用智能物流技术、RFID 等智能化信息技术，3D 打印等新一代数字化制造技术等，其目的还是满足客户市场的要求。

30.4.3 新时代供应链发展的关键属性

相较于传统供应链，基于新的全球产业格局、供应链技术发展、供应链数字化建设、智能制造的持续发展等，智能供应链发展将呈现以下关键属性和方向。

（1）数字 供应链正在迅速数字化，信息和洞察力正在成为新时代供应链的通货。传感器和智能设备正将企业与其供应链的每一个环节连接起来，创造出一波潜在的、富有洞察力的数字信息浪潮。人工智能（也称为机器学习或认知计算）可以接收这些数字信息并通过实时分析和认知工具以及可穿戴设备等技术将其传递给供应链工人，从而使其立即具有可操作性。

（2）连接 万物互联进一步加速，物理世界和数字世界将进一步融合。在未来，所有的供应链将被连接起来，信息将在各方之间将实现无缝共享。零售商、配送中心、制造商、供应商将实现广泛的链接和数据共享，实现需求、计划、交付、库存等方面的快速决策，甚至自主管理将逐步实现。

（3）前瞻分析（预测） 利用大数据实现更好的洞察和感知，通过前瞻性分析和预测来探索新的可能性，明确需求、规避风险，产生数据驱动的洞察力和进行大胆的决策，利用颠覆的力量，并产生突破性的结果。

（4）协作 供应链将进一步实现内部和外部高度协作，这种协作将逐步实现端到端，并消除旧的竞争障碍，追求共享利益。

（5）永远保持在线和敏捷响应 供应链信息将在各方之间实现无缝共享。未来的供应链将全天候运转，以满足顾客日益增长的关于更快、更好、更便宜的诉求。供应链将是高速运行的，AI、大数据和自动化机器将协同工作，能够实现灵活、完美地运转，毫不停止地应对多变的客户需求。凭借着与贸易伙伴共享实时信息，协同规划过程将使供应链的各个环节能够更好地同步起来，能够快速调整和适应市场变化。

（6）透明 透明度是一个公司通过可视性获得的见解，然后采取行动以更有效地进行风险管理的过程。新时代供应链将集成实时、宏观经济风险指标、供应链可视化工具和预测分析功能，为所有利益相关者创建透明度。

（7）安全、信任　随着全球商业的持续增长，许多供应链正变得越来越分散，增加了潜在失败或中断的风险，随着供应链变得更加数字化，网络安全威胁也在增加。此外，基于企业之间的不信任也将给供应链带来巨大的不确定性，未来供应链将借助区块链等方面的技术不断提升信任基础和安全水平。

（8）安全、可持续　越来越多危险、重复的工作被转移给机器人负责。此外，企业供应链可持续发展已成为普遍共识，通过减少能源和水的消耗、（通过线上协作）减少随意的旅行、更多地使用可循环利用和重新利用的供应品，最大限度地减少对外部环境影响。商业决策不仅要考虑内部工作场所的健康和安全，还要考虑对外部物理环境和社会环境的影响。

30.4.4　我国智能供应链发展的切入点

1. 强化智能供应链战略及愿景规划

面对智能制造，企业需要加深对智能供应链的理解，制定智能供应链发展战略，明确个性化的供应链发展方向，如智慧化等级、优化的重心、产品的流转效率设计、客户服务的响应等级、不同环节的数据敏感度设定等，引领企业向智能化迭代升级，保证企业运营发展目标的实现。

智能供应链战略是整个业务愿景和供应链战略的基础部分。有了智能供应链战略规划，才能说清楚"公司未来的智能供应链长成啥样？""如何将智能供应链提纯为公司的核心竞争力？"并以此设立智能供应链战略支撑要素，从而设定战略目标、方针和智能供应链战略绩效、供应链运营管理组织、团队提升和智能化采购策略（供应商共同转型升级）、智能化制造策略、智能化交付（智能物流）策略、库存策略和供应链计划与信息策略。

因此，企业需要由领导层授权提出能够支撑其核心竞争力的智能供应链发展战略，以引领其智能化迭代升级的有效路径，适时做出战略组织调整，之后才有采购策略、库存策略、制造策略、交付策略、成本策略等，然后在技术选择上做出精准的判断和导入，从而保证供应链运营目标、战略支撑、指标分解，达到最终的战略绩效。

2. 智能供应链协同运营能力建设

智能供应链建设同样离不开供应链上下游企业的协同互动。当前，制造企业应该通过物联网、云计算等信息计算与制造技术融合，构建智能供应链平台，实现与上下游企业的软硬件制造资源的全系统、全生命周期、全方位的联动，进而实现人、机、物、信息的集成、共享，最终形成智能供应链生态圈。

作为"有产品"的供应链建设，产品的好坏、流动的合理性，承载了企业服务和品牌的一致性和有效传播；与此同时，作为价值链最长的实业供应链，其涉及研发、制造、物流、供应商、运营商、经销商、消费者等，率先需要锁定客户价值的实现、建立有效运营平台，从而实现核心竞争力的提升和表现。

核心企业必须建立智能产品研发能力以应对个性化需求；提高供应链全过程的库存

周转率以提升盈利能力；提高采购、制造、交付、物流的成本与效率控制能力以保证有效交付；实现智能供应链的平台运营能力以保证多方利益共同体的价值诉求；提高工业数据与消费大数据的精准、实时掌控能力以保证智能供应链的自我反馈、自我优化的可能；需要建立以终为始的生态圈影响力以实现消费者对于其品牌、产品、服务的认可和口碑传递；通过互联互通的连锁经营（新零售）、综合运作以提高整个供应链的盈利能力。

协同化是智能供应链落地的根本，即打破层层壁垒，提升核心企业与上下游企业合作的效率和水平，丰田的准时化打破了企业与供应商的沟通壁垒，实现了与供应商的同步计划与制造能力；戴尔的直销打破了企业与客户的沟通壁垒，实现了客户需求的精准预测和满足能力；ZARA 的极速供应链打破了服装企业与时尚对接的时间壁垒，实现了潮流变化与快速制造的完美结合；Amazon 的智慧物流打破了线上线下的流通壁垒，通过海量信息处理与先进物流的结合满足了多样化的长尾客户需求；UPS 的供应链金融打破了现金拥有者与使用者的资源壁垒，通过资金和资源的合理调配，实现智能供应链的平安落地。

3. 打造供给型智能制造工厂

智能工厂的建设需要通过科学的规划和有效的运营，其结果是各项大数据的组合表现。全球很多制造企业尤其是汽车、家电、服装、乳品、航天、造船、机床、电子等行业，都在打造工业4.0工厂或智能工厂，并且很多已逐具雏形，如宝马的莱比锡工厂和铁西工厂，一汽大众的佛山、天津、青岛工厂等都是基于全球、全国供应链布局（按照销区建厂）的智能工厂。但是，纵观其他汽车主机厂，绝大部分没有思考该智能工厂如何在智能供应链环境下运作，如经销商不认可、供应商不提升、制造能力不足、物流能力不匹配、预测与计划达成能力欠缺、信息能力不协同等，即使他们在建设智能工厂，也仅仅是花了钱解决了制造技术问题，并未解决该工厂未来的可持续发展与运作的问题。

基于智能供应链环境下的供给型智能制造工厂，可以理解为制造工厂物流中心化，其本质就是智能供应链上的一个关键节点，是在供应链上嵌入一个符合智能供应链价值导向和运作要求的工厂或生产线。实际上，企业建设一个智能工厂的终极目的是为了有效运营，其诞生可以根据供应链战略决定是否需要智能化或者智能化程度，需要符合和满足该企业的供应链战略价值导向，同时需要一定程度上符合投资和收益要求。

4. 智能供应链平台重构

智能供应链平台重构，协同大数据战略，最终决定信息平台的有效性。随着产品和服务个性化需求的不断具体化，不同产品具有不同的制造、流转方式，其经历的智能化环节也有所不同，那么企业势必要分析消费者需求、市场变化、产品/服务模式的变化，从而提纯企业需要的智能供应链的差异化竞争能力。

传统的供应链平台大部分都是链式而且断点、分散的，没有强调端到端的服务机制，无法保证有效的 OTD（订单到交付）；在广度上并没有思考合作伙伴的横向联系，所以订单也是单纯地以单个交付为目的，信息是零散的、单向的，而没有考虑多个订单的协同排序以及资源的同步利用和分配。

智能供应链平台需要将产品、客户、供应商、技术、服务,订单、物料、工厂、产能、库存、仓库、门店、计划等都整合到一起,服从和服务于企业供应链大数据的逻辑要求,需要建立仿真能力与供应链预警,从而保证供应链在运营过程中能够适时抓取标准、计划和执行之间的数据差异,然后进行自我反馈、自我补偿、自我优化和自我调整,形成智能的行动。

5. 组织能力建设与人才配置

组织原则与人才战略已经发生深刻变化。专业的供应链人才是智能制造和智能供应链系统构建的关键,然而目前,多数制造企业不注重供应链人才的培养,很难具备充足的专业人才。

在智能供应链环境下,核心企业组织能力建设本质不再是完善团队而已,而是整合产品资源、制造资源、供应资源、客户资源和技术资源,于是其工作不再是物理上的组织结构表现形式,而是嵌入式的将团队和人员配置到智能供应链的各个环节中去。通俗地说,智能供应链上不再是以人作为主导的,而是以系统平台综合主导的。

在智能供应链体系,人员将急剧减少(由于信息能力优化等原因),于是运营的管理深度和幅度也大为减小,组织结构也将日益简单。但是,由于市场、技术、消费者需求不断变化,未来组织对于消费者的影响与引导力、感知力和对于市场数据获得能力、分析能力、爆款等都需要更加专业的人才。

6. 合理的过程可视化和透明化

传统的供应链过程也提倡可视化,但是主要表现在现场的打印、书写表单和指标标识,先进一点的用上了与软件联系的显示屏,但主要还是人工输入相关数据。这种可视化体现的数据特点是静态和滞后,无法实时显示供应链过程的动态变化,更无法体现数据之间的逻辑关系和联动、协同关系,其中很多还是无效数据。

而智能供应链不但需要将所有的有效数据显示出来,并且必须是同时、同一频率、同一事件、同一逻辑、可追溯地显示出来,同时不仅仅是给管理者(人)监控,更多的是形成自我分析、自我反馈、自我调整、自我优化的过程。此时,管理者更多的是"看",而不是干涉,由此企业大数据管理也就水到渠成了。

其他方面,集团型企业将开展全国乃至全球的网络化布局,网络化工厂替代物流中心,取消干线运输,越来越多的成为终端配送;3D 打印技术的使用也将大大减少物流的复杂度和成本。以上将可能给城市运输体系和物流管理带来整合与优化的机会。

7. 供应链金融将为智能供应链的落地保驾护航

传统供应链金融业务的不足主要体现在授信不足和不良资产处置乏力等方面。近年来 B2B 平台和垂直行业 SaaS 如雨后春笋般地出现,如若供应链金融能够借力 B2B 或许是解决当前难题的有力途径。供应链金融跨行业难度系数极高,所以在一个行业进行深入挖掘是助力当前我国供应链金融站稳脚跟的明智选择。

8. 提高物流信息化水平

智能物流是实现智能供应链落地的必经之路。面对智能制造,整个智能供应链体系下的智能物流系统应该是智能化的物流装备、信息系统与生产工艺、制造技术与装备的紧密结合。

智能物流可以打通整个供应链链条，在运输过程中可以将信息全面地记录下来，还可以实现运输的总成本最低，这个数据可以返回给供应链环节上的每一个使用者，这样数据的共享就产生了价值的创造。智能物流可以有效地缩短供应链的反应时间，提高供应链的反应能力，增加智能供应链的抗风险能力和柔性能力，智能物流是整个供应链链条降本增效的必要手段。智能物流能大大降低供应链上各个企业的成本，提高企业的利润，供应链上的各个企业通过智能物流相互协作，信息共享，物流企业便能更节省成本。智能物流是所有行业普遍共享的，所以一定是协同的、智能的，是智能供应链下的产物，是各个行业未来所必须具备的能力。

9. 大力发展电商供应链

电商供应链是智能供应链的重要构成部分。由于我们的消费互联网、相关基础设施建设、快递物流发展、电商平台发展、支付技术等走在了世界的前列，由此带动我国电子商务的数字化供应链得到快速的发展，涌现出如阿里巴巴、京东、美团、苏宁易购、拼多多等众多电商平台。基于供应链数字化的电商供应链平台，不断提升预测能力、品类管理能力、供应链端到端数据算法能力、消费者及客户服务能力，进一步促进了电商的快速发展。此次疫情期间，电商企业营业额都逆势上扬，且在生鲜食品电商、无接触式购物、直播电商、企业自营电商等新的电商领域突飞猛进。这充分说明网络空间形成的市场与传统的市场有很大不同，前者能够部分避免因为物理隔离带来的交易障碍。电商的发展进一步对制造企业的供应链造成了极大的影响，因为电商的背后正是依托电商平台实现线上贸易的成千上万的制造企业。未来，无论是国内还是国际贸易，更多的企业将通过电商和跨境电商实现产品和服务"上网"。

10. 专业的供应链物流服务能力

符合企业智能供应链发展要求的专业第三方、第四方、咨询公司等专业供应链物流服务提供商，是促进智能供应链发展的重要力量。

第31章 企业供应链技术应用现状

31.1 企业供应链技术发展

近两年,以工业互联网、物联网、人工智能、云计算、大数据、区块链为代表的新一代信息技术呈现出系统性、整体性、协同性的融合发展态势。同时这些新的信息技术和创新推动了供应链的巨大变革和改善,与此同时,信息技术的影响和持续的全球化正将客户服务的期望推向顶峰,这也使得供应链承受着前所未有的压力。为了实现供应链最大限度地提高效率,满足客户对灵活性、可视性和透明度的需求,这些技术在企业供应链得到了广泛应用。图31-1所示为企业供应链主要技术明细。

图 31-1 企业供应链主要技术明细

在这些纷繁、多样的技术中,结合技术对供应链的影响程度,经国外 Gartner 等研究部门分析,人工智能技术、物联网技术、区块链技术、大数据技术、工业互联网技术、高级数据处理技术、智能工厂物流技术、机器人与自动化技术、库存与物流网络优化技术是促进企业供应链发展的 9 大关键技术。

1. 人工智能技术

人工智能（AI），它是研究、开发用于模拟、延伸和扩展人体智能的理论、方法、技术及应用系统的一门新的技术科学。供应链中的人工智能通过学习（如机器学习），得出自己的结论，并模仿人类行为，表现为可以理解复杂的内容，参与和人类的自然对话，提升人类认知表现或者代替人来执行非例行的工作任务。

在企业供应链中，人工智能为供应链自动化提供了更多可能。通过自学及自然语言，人工智能可以实现各种供应链流程的自动化，如在需求预测环节，可以增强人类的决策能力；在库存优化环节，可以实现精准备货，从而缩短交付周期、降低运营成本；通过分析大量数据，识别不断变化的模式、预测破坏性事件和潜在的解决方案，从而降低供应链风险。

2. 物联网技术

物联网是利用二维码、RFID、各类传感器等技术和设备，使物体与互联网等各类网络相连，获取现实世界无处不在的信息，实现物与物、物与人之间的信息交互，支持智能的信息化应用，实现信息基础设施与物流基础设施的全面融合，最终形成统一的智能基础设施。

物联网可以在供应链领域产生广泛而深远的影响，其能够动态和实时掌握供应链上所发生的任何事情，从而实现供应链可视化，为高效协同打下基础。比如，一些供应链组织在功能区域试运行物联网，以量化收益；通过使用物联网技术提高零售供应链的可见性，从而提供更加动态的库存跟踪等。

3. 区块链技术

区块链技术是分布式数据存储、点对点传输、共识机制、加密算法等计算机技术的新型应用模式。其由网络中所有参与者共享加密签名和不可撤销的交易记录的扩展列表组成。在区块链中每条记录都包含一个时间戳和前面交易的参考链接。有了这些信息，任何拥有访问权限的人都可以追溯属于任何参与者的历史记录中的任何事务事件。

从国家层面来看，2019年国家将区块链技术写入国家战略，政府出台多项政策鼓励发展区块链技术，加快其脱虚向实，与产业结合，赋能实体经济的进程。2020年全国两会上，区块链作为新基建的一部分，也备受关注。从企业层面来看，供应链相关人员对区块链也表现出较高的兴趣，对其在供应链上的应用进行探索。比如，针对复杂、动态、多变的全球供应链，区块链为解决长期以来的痛点和调整提供了可能。又比如，通过区块链技术，使得传统的链式供应链向网络化供应链转型，从而加强了供应链各环节的信任与协同，降低沟通成本。

4. 大数据技术

大数据指无法在一定时间范围内用常规软件工具进行捕捉、管理和处理的数据集合，是需要新处理模式才能具有更强的决策力、洞察发现力和流程优化能力的海量、高增长率和多样化的信息资产，其具有大量、高速、多样、低价值密度、真实性等特点。

大数据技术的应用已经渗透到供应链的多个环节，通过对海量数据的深度挖掘以及相关数据模型的构建，大数据在供应链需求预测、资源评估、供应链协同、供应链计划编制、库存优化、运输效率提升、物流网络设计与优化、风险预警等方面有较好的应用趋势。

5. 工业互联网技术

工业互联网被定义为是连接工业全系统、全产业链、全价值链，支撑工业智能化发展的关键基础设施，是新一代信息技术与制造业深度融合所形成的新兴业态与应用模式，是互联网从消费领域向生产领域、从虚拟经济向实体经济拓展的核心载体。

从应用趋势看，工业互联网可以连接用户、产品、供应商、设备及开发者，通过深度与供应链融合，集成供应链管理数字技术，赋能供应链数字化转型，实现供应链数字化、网络化。通过工业互联网搭建的工业互联网平台，由智能设备、智能系统和智能决策三大核心要素构成，涉及数据流、硬件、软件和智能的交互。将智能设备和网络收集的数据存储之后，利用大数据分析工具进行数据分析和可视化，由此产生的"智能信息"可以供供应链中的决策者在必要时进行实时判断处理。

6. 高级数据处理技术

高级数据处理涵盖预测性和规范性分析。预测性分析是分析数据、识别模式和预测未来情景的技术。预测技术包括模拟、统计建模、预测和机器学习。规范性分析以实证分析为基础，可以找到满足预定义目标的行动方案。规范性技术包括优化方法，如线性规划、预测分析和规则的组合，启发式方法以及影响图等决策分析方法。

高级数据处理技术对供应链的影响非常显著，预测分析能够使企业积极主动地利用未来的机会，减轻或避免意外发生。规范分析可以改善供应链计划、采购、物流和运输等功能领域的决策制定。例如，采用高级分析，预测产品需求，从而为资源准备提供精准依据。或者通过高级分析，在制造工厂，基于提前维护的设备状态，提前预测设备故障等。

7. 智能工厂物流技术

智能工厂物流技术主要指智能工厂物流活动中所采用的科学理论、方法以及物流设施、物流设备装置与工艺的总称。物流技术包括包装智能单元技术、物流搬运技术、物流存储技术、物流拣选技术、物流打包及码垛技术等。从技术形态上区分，主要包括物流硬技术和物流软技术两方面。物流硬技术是指物料活动过程中涉及的各种机械化设备、运输工具、设施及计算机、通信网络设备等，如货架、堆垛机、穿梭车、AGV等。物流软技术是指组成高效率的物流系统而使用的识别技术、控制技术等。

随着智能制造、智能工厂等浪潮的兴起，智能工厂物流技术也得到了较快发展。物流技术的广泛应用可以减少物流断点、解决物流痛点、节约仓储面积并匹配不同的生产模式需求。比如，在智能工厂零部件存储环节，采用全自动立体库；在零部件配送环节，通过AGV配送等。

8. 机器人与自动化技术

机器人与自动化技术通过融合机械、电子、计算机、材料、仿生学、自动化技术、通信技术等各种技术，执行传统由手工完成的任务，从而达到省人、防呆的效果，进而提高整体效率。机器人一般由3大部分、6个子系统构成。3大部分主要是机械部分、传感部分、控制部分。6个子系统为驱动系统、机械结构系统、感受系统、机器人-环境交互系统、人-机交互系统、控制系统。

随着自动化变得更智能、更安全、更准确，机器人与自动化技术也变得更便宜、更容易实现，其在企业供应链各环节应用更为广泛且逐年增长，如在智能工厂装配、焊接、切割等环节利用机器人与自动化技术实现操作自动化，达到省人、提效的目的。

9. 库存与物流网络优化技术

库存与物流网络优化技术，通过一系列的数据分析及算法，使得供应链中的库存及物流网络优化的技术。对于制造企业而言，供应链全通路库存主要包括供应商备货库存、原材料库存、在制品库存、总部成品库存、成品在途库存、终端渠道库存等。物流网络优化主要包括供应物流网络布局、制造工厂网络布局、成品物流网络布局等。

从发展趋势看，库存与物流网络优化技术在企业供应链中应用较为普遍与广泛。比如对于电商供应链，其通过一系列的数据分析，提前确定好前置仓备货库存物料清单，以实现"快速达""精准达"。而物流网络优化技术在制造企业供应链、电商供应链中应用也较为广泛。通过物流网络技术，进一步挖掘供应链优化空间，从而为企业降低成本、提高利润。

31.2 企业供应链技术应用趋势

供应链技术的应用往往具有协同、融合的特点，在企业供应链各环节主要有以下应用趋势：智能研发、数字化供应网络、物流中心化的智能工厂、供应链计划一体化协同、工业互联网平台以及供应链控制塔等。

31.2.1 智能研发

在智能供应链大的发展趋势下，智能研发是其中的重要环节。随着物联网、工业大数据、增材制造、AR、仿真、传感器等新兴技术不断涌现并逐步走向成熟，传统的串行研发流程逐渐转变为根据用户需求持续改进的闭环智能研发流程，从而感知用户需求并灵活做出调整，同时融入智能制造相关新兴使能技术，形成从用户到用户的产品研发循环。

要想实现智能研发，需要系统化建立以下能力作为支撑：①建立统一的多学科协同研发平台；②建立数字化样机，实现仿真驱动创新；③采用标准化、模块化设计形成系列化产品开发能力；④确保设计信息与生产信息高度集成；⑤在研发过程中融合增材制造与拓扑优化技术的创新设计；⑥设计评审应用 VR 和 AR 技术；⑦建立基于云端的广域协同研发；⑧建立基于物联网、大数据的闭环产品研发流程等。

目前，智能研发在汽车业、航空装备业、工程机械业已开始有所应用，但建立系统化的智能研发体系是一个复杂而漫长的过程。企业除了要建立完善的研发体系，还应通过信息化技术实现产品全生命周期中数据流的自动化，以用户为中心，通过智能研发构造出智能互联的产品，并形成系列化的产品生态圈，将用户的需求、使用等信息与产品研发紧密地联系起来，形成一个闭环持续优化的产品研发及服务体系。

31.2.2 数字化供应网络

数字化供应网络是利用传感器、AI、云计算、区块链、预测分析等新兴技术，将传统的链式供应链逐步打造为矩阵式的网状数字化供应网络，如图31-2所示。数字化供应网络能够综合来自不同渠道和地区的数据与信息，具有迅速敏捷、互联社区、智能优化、端到端透明、整体决策的特征。

相较于传统链式供应链，其具有较高的灵活度，能够最大化地提高信息传播效率，以应对客户和市场需求的变化。基于这一网络，企业能够与生态体系内的任何相关方开展数据和信息的传递和接收，从而有效应对多变的市场环境，并发掘新的价值。例如，供应链内相关方能够基于数字化供应网络对每个月或单个项目产生的数据进行实时分析，从而避免出现沟通滞后的情况，同时确保相关方能够及时精简或优化生产流程。

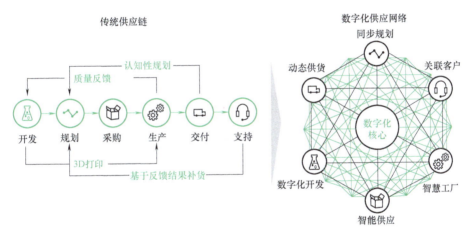

图 31-2　传统供应链向数字化供应网络转型

图片来源：德勤数字化供应链深度研究

目前，尽管数字化供应网络具有较多优点，但尚属新兴领域。对于通过供应链能力来获得竞争优势的企业和行业，应用更加迫切。

汽车行业基于供应链一体化的竞争和发展要求，需要应对市场变化的"牛鞭效应"，已经开始在其业务领域推动数字化供应链网络体系，要求上下游企业实现EDI传输平台，并且要求主机厂计划和交付要求通过ASN的方式提前共享给供应商，这就要求供应商必须满足主机厂的数字化供应网络的要求，尤其是开始推动"智能制造"的头部品牌企业；另一方面，2018—2019年市场需求进入下行阶段，甚至有些品牌企业销量"腰斩"，从4S门店、经销商、主机厂、供应商以及其他关联要素，均被库存、交付、信息、联动所困扰。随着网上卖汽车的可能性不断得到实现，主机厂、供应商、4S店要求供应链网络数字化、一体化的趋势更加明显，人们已经认识到，不与数字化供应链网络协同，就基本上没有参与的空间。

家电行业通过供应链竞争进入新的深度，头部企业开始研究工业互联网与供应链的协同升级在转型。海尔、美的纷纷投入巨资研究企业集团的数字化、网络化平台，打通横向和纵向的供应链架构，向工业互联网模式推进。海尔推出卡奥斯平台将生态圈的相关资源纳入其中；美的推出T+3系统，结合工业互联网，将CRM/SRM/MES/APS和门店管理系统全部连接起来，形成了颇具竞争力的数字化网络体系，并且能对外输出服务能力。

企业从传统供应链过渡到数字化供应网络过程中，首先需要有清晰的战略愿景，作为后续转型判断的标准；其次需要打破传统线性思维，充分挖掘转型给企业带来的价值；接着企业可小处着手，选取典型项目优先开展，以此检测数字化转型策略并测算其投资回报率；最后，在典型项目验证基础上，迅速推广。

31.2.3　物流中心化的智能工厂

随着智能制造的大力发展，智能工厂建设如火如荼。而在智能供应链的大背景下，智能工厂作为交付过程的一个关键环节，本质是将智能工厂嵌入到智能供应链系统中，从而实现制造工厂物流中心化。智能工厂涉及研发、采购、物流、制造、交付等多个环节，应用到的供应链技术主要包括数字孪生技术、仿真技术、机器人与自动化技术、智能物流技术等。

而在物流中心化的智能工厂中，智能物流技术作为其中的关键技术，近两年应用较为广泛。这种现象从自动化物流装备行业市场规模变化趋势中可见一斑，根据智研咨询整理，自2010年开始，自动化物流装备行业市场规模逐年上升，其中2017年市场规模达到957亿元，2018年上升到1,160亿元，环比上升21%。在智能物流技术应用方面，通过对应用场景、生产模式、物料特点、流量及存量等分析，选取合理、有效的物流技术，从而加速物料流动、降低库存水平，进一步支撑智能工厂运营。

比如，在某流程型化工新材料企业中，通过智能物流技术的应用，成功打造了物流中心化的智能工厂。首先，原材料到货后通过全自动化的立体库存储，实现库存实时预警及监控，避免缺料停产。从存储区到加工设备，通过不落地的输送线进行连续输送，进行物料供应。原材料加工完成后，袋料由机器人码垛后再进入该立体库进行存储。立体库作为该智能工厂的物流中心，智能化调度物料、成品的入出库，全流程物料及成品不落地，极大地提升了周转效率、降低了运营成本。

针对不同行业和企业，智能工厂的发展趋势也有差异。在离散型企业中，比如汽车、家电、家居等行业，智能工厂发展具有以下特点：在汽车行业，强调精益制造、精益物流、供应链一体化，运营稳定性强，所以便于达成系统化，智能化程度高；在家电行业，供应链质量相对不稳定，尤其是供应商部分和汽车行业比相差极大，需求变数大，个性化定制比较多，智能化提升空间较大；在家居行业，定制化要求高，需求普遍呈现个性化，导致家居行业供应链管理难度大，产品标准化程度偏低，生产方式难于变革，整个精益制造过程还没有形成体系，智能化程度低。而在流程型企业，比如乳品行业，智能化程度高，因为乳品行业涉及食品安全，要求可追溯性、可查证，人工参与是相对比较少的，整体质量风险高，供应链管理难度大。

当然，需要看到的是，智能工厂建设浪潮兴起，但建设中往往还存在一些误区需要规避。比如，智能化战略认知缺失、规划主线缺失或误导、以经验替代专业、不注重工业基础、忽略产品特色等。采用合理的方式将这些误区加以规避，才能使得供应链技术在其中发挥更大的作用。

31.2.4 供应链计划一体化协同

供应链计划一体化协同，是指实现产销计划、生产计划、采购计划、物流计划、分销补货计划之间的协同联动。协同的关键是打破"击鼓传花"式的串联机制，建立以供应链计划为核心的互联互通机制，当一个条件发生变化时，该体系能够快速识别风险和差异，并指引其他计划进行合理的判断和调整。

供应链计划一体化协同的难点在于供应链全流程信息不透明、管理无法拉通，最终导致协同难度大。借助大数据、物联网、云计算等新技术，可清晰、透明地勾勒出供应体系全景图，展现出客户、制造工厂、供应商之间的关键关系，同时对消费者需求、全通路库存、工厂产能、质量状况等信息进行实时监控，通过透明可视、智能分析协助供应链计划一体化协同，从而实现企业敏捷、一致的智能运营。

2018—2019年我国家居行业总体消费量呈整体下降趋势，但与之形成鲜明对比的是，国内中高端家居市场需求却在不断扩大，伴随着个性化需求的拉动，家居市场竞争日趋激烈，品牌战、广告战、促销战、渠道战铺天盖地，最终直接表现为客户体验，这使每一个家居厂家都倍感压力。家居行业，一直受到市场需求不确定性的困扰（包含房地产政策），如市场推广、促销及竞争对手的营销变化都会影响市场预测的准确性；对市场把握不准、计划频繁调整、生产过剩或者不足、渠道渗透及产品铺货率不够高、产品推广不理想等。面对不确定的市场需求，家居企业间竞争已不再纯粹是产品与产品、单个企业与企业间的竞争，而是供应链与供应链之间的竞争，甚至未来是平台之间的竞争。

目前，60%以上的家居企业还没有建立统一、稳定、顺畅的供应链。按照家居行业发展导向，行业的品牌领导和先行者，开始率先打造合理的、有效的、一体化的、快速可靠型的供应链平台，并能一次成为超越竞争对手的核心竞争力。其打造的核心切入点之一就是首先实现供应链计划一体化化协同，之后才能形成数字化供应链和相应的网络体系，同时稳步提高其库存周转率。某家居头部企业通过近5年来的供应链计划、网络一体化整合与优化，库存周转率从当初的2%以内，提升到2019年底的8%以上。

在越来越强调以客户为中心的智能供应链模式下，供应链计划一体化协同有助于企业实现主动调整、快速响应，从而赢得市场。企业首先需要建立计划一体化协同基本模型，其次需要理顺计划逻辑，如从战略到执行计划、从长期到短期计划，清晰的定义月、周、日计划频率及其逻辑关系等。在此基础上，再借助新的供应链技术，使得全流程信息透明化，为协同提供支撑和依据。

31.2.5 工业互联网平台

工业互联网平台是指工业企业在生产、经营、管理等全流程领域，以构建互联互通的网络化结构、提升自动化和智能化水平为目的,所采用的生产设备、通信技术、组织平台、软件应用及安全方案。其由工业互联网、大数据、AI、传感器等供应链技术和制造业深度融合,是面向制造业数字化、网络化、智能化需求,构建基于海量数据采集、汇聚、分析的服务体系,支撑制造资源泛在连接、弹性供给、高效配置的工业云平台。

目前,工业互联网平台在我国发展较为迅速,根据中国工业互联网产业联盟(AII)发布的统计结果,我国当前有 269 个工业互联网平台类产品。2019 年 11 月 8 日工业和信息化部发布的 2019 年 10 家双跨(跨行业、跨领域)工业互联网平台主要包括海尔 COSMOPlat、东方国信 Cloudiip、用友精智、树根互联根云、航天云网 INDICS、浪潮云 IN-CLond、华为 FusionPlant 等。同时,这些工业互联网平台都或强或弱集成了供应链管理作为平台的功能模块,为工业互联网与供应链深度集成提供了实践案例。

工业互联网平台是赋能企业数字化转型的重要基础设施,也是助力企业创新发展的系统解决方案,更是未来供应链一体化、数字化、透明化的趋势。通过工业互联网平台,工业企业打通数据链,通过数据分析进行运营及业务优化,从而帮助企业实现成本降低、效率提升、产品和服务能力提升、业务和模式创新等,打造数字经济时代的新型核心竞争力。

31.2.6　供应链控制塔

供应链控制塔(又称为数字化中控、驾驶舱、大数据中心等)在 2011 年由凯捷咨询公司提出,一般用于控制和管理整个供应链或跨多个供应链-供应链网络,包括供应链网络中的信息流、实物流、资金流,其提供供应链端到端整体可见性和近实时的信息和决策。

目前,从控制塔的发展阶段来看,可以分为过程可视阶段 1.0、差异管理阶段 2.0、协同管理阶段 3.0 和自主决策阶段 4.0。

从全球范围来看,供应链控制塔已经经历了过程可视阶段 1.0、差异管理阶段 2.0、协同管理阶段 3.0。近两年,随着新一代信息技术的发展及成熟,供应链控制塔融合 AI、大数据、工业互联网等新技术,逐步向供应链控制塔 4.0 阶段发展。

根据供应链控制塔的推广及应用情况,我国大多数供应链控制塔还处于控制塔 1.0 或 2.0 阶段,部分达到了控制塔 3.0,如海尔的 COSMOPlat 工业互联网平台、华为 FusionPlant 工业互联网平台等。而国外已有成熟的控制塔 3.0,控制塔 4.0 正在发展中,如宝洁的供应链控制塔。可以预见的是,我国的供应链将会采纳控制塔解决方案来解决供应链面临的挑战,供应链控制塔技术也将走向控制塔 3.0 和控制塔 4.0。

第32章

企业供应链优化案例

一流的企业都具有一流的供应链能力。据统计，76%以上的企业供应链管理成功案例，在很大程度上得益于其优秀的供应链与物流体系。信息技术的迭代升级、不确定的市场需求，使企业的竞争上升至供应链与供应链之间的竞争，甚至平台竞争，同时，优秀的客户体验成为行业竞争的制高点。

供应链管理环境下企业管理最重要的任务之一就是以最好的方式协调好供应链网络上的各个节点企业并使之受益，供应链是物流、资金流、信息流三流的统一。由于物流运转不畅而导致的供应链高成本运作则是影响价值链增值的主要原因，因此要保证企业产品能够适应供应链管理环境并高效运转，其一体化进程就显得格外重要。

32.1　G公司家居供应链改革

32.1.1　供应链变革总体策略

家居行业一直受市场需求不确定性的困扰，如房地产政策、市场推广、促销及竞争对手的营销变化都会影响市场预测的准确性；又比如对市场把握不准、计划频繁调整、生产过剩或不足、渠道渗透及产品铺货率不够高、产品推广不理想等。目前，很多家居企业还没有建立统一、稳定、顺畅的供应链。与此同时，与我国家居行业总消费量整体下降呈鲜明对比的是，国内中高端家居市场需求却在不断扩大，伴随着个性化需求的拉动，家居市场竞争日趋激烈，品牌战、广告战、促销战、渠道战铺天盖地，最终直接表现为客户体验，这使每一个家居厂家都倍感压力。

G公司家居是我国家居行业的领军品牌，专业从事客餐厅、卧室以及全屋定制家居产品的研究、开发、生产与销售，为全球家庭提供健康、舒适、环保的家居解决方案，公司旗下拥有床垫、布艺沙发、休闲沙发、功能沙发、真皮沙发、软床、定制家具以及茶几、电视柜、餐桌椅等客餐厅配套家具产品。

2013年前后，随着企业规模及产品品类的快速扩张，G公司家居产品品类日趋复杂导致供应链复杂度与日俱增，企业的库存周转率、交付周期及准交率、制造周期及制造效率等关键供应链指标提升乏力，使得企业的规模和利润增长也受到极大的约束。更大的问题在于，此时的G公司家居团队对于"供应链"认识非常模糊，甚至不清楚何为"供应链"。管理层意识到，当前供应链能力已经无法匹配公司发展的要求，更加无法支撑企业的快速增长。因此，G 公司家居决定引入外部咨询团队，双方成立联合项目团队共同开展供应链的优化。

供应链能力的打造对于任何企业而言都是一项战略和长期工程，需要具有长久的战略定力和坚持。正如 G 公司家居反复强调的："供应链效率是第一效率，一旦建立起来了就会形成很大的竞争优势，我们必须把供应链效率当成第一效率来抓。制造、研发、营销等所有单元都要给予绝对的支持，发自内心的去关心供应链效率。供应链效率不是 1~2 年的短期工程，我们要站得更高，看得更远，立足未来，用 5 年甚至 10 年的时间打造出行业领先的供应链竞争优势。"

按照 G 公司家居发展导向，作为行业的品牌领导和先行者，率先打造合理的、有效的、一体化的快速可靠型的供应链平台成为必要，也将成为超越竞争对手的核心竞争力。其主要策略为：

（1）优化产品结构　建立以标准化为前提的定制化产品体系。
（2）优化交付策略　建立细分市场和产品的差异化交付策略。
（3）构建供应链计划　打造一体化供应链计划协同体系。
（4）提升制造保障能力　回归制造本质，聚焦制造能力的提升与保障。
（5）网络布局　打造以客户需求为导向的生产、物流、仓储、配送网络体系。
（6）构建供应链数字化平台　打造数字化供应链，减少信息流断点，逐步实现供应链可视化，提高综合运营效率。

32.1.2　供应链改革的基本历程

第一阶段：供应链诊断与供应链战略规划（2013—2014 年）。主要包含：调研订单流、计划、库存等环节的现状和存在的问题；梳理影响客户订单"准交、快交"的逻辑关系图；供应链战略、组织、绩效的规划、供应链发展路径规划。

第二阶段：制造工厂订单交付能力提升（2014—2015 年）。主要包含：回归制造本质，聚焦制造交付能力的提升与保障（先准后快）；产线模式变革，加工中心-流水线-柔性线的迭代升级；搭建以客户需求为导向的制造倒排和制造计划一体化；生产计划与物流计划协同管理逻辑与流程规划；计划协同管理和物料的配套管理，推动厂内精益物流管理。

第三阶段：供应链计划协同体系建立（2016—2017 年）。主要包含：导入需求管理与预测工具，建立机制；订单履行全流程优化及交付改善；建立以客户需求为导向的供应链计划协同模式，完善产销协同模式与机制。

第四阶段：全通路供应链运作规划与协同（2017—2018 年）。主要包含：物流网络布局规划；外协产品供应商协同备货与全通路库存管理；大客户需求协同管理。

第五阶段：智能工厂建设与供应链数字化升级（2019—2020 年）。主要包含：标杆产线智能化升级；智能工厂规划与建设；供应链过程数字化规划；供应链信息平台构建。

32.1.3 供应链变革项目总体逻辑与行动

定义了交付的"稳、准、快"的基本层次,"稳"是"准"的前提,"准"是"快"的基础,"快"是最终能力的体现。同时,针对不同的产品进行差异化交付服务水平和交付策略的设定。对于市场需求旺盛且稳定的主推产品,需要有更快的交期保障,以提高顾客的交付体验,并针对每个 SKU 结合销量大小、采购周期、需求波动等制定差异化的生产和库存策略,实现库存和交付的合理匹配;对于需求较小、需求波动较大的产品,则适当延长交期,以尽可能降低供应链过程中的各类风险;对于 OEM 产品、定制产品、B2B 业务等的交付策略也具有各自的特征。

优化订单端到端履行流程,采用取消、合并、重排、简化等手段,实现各流程节点的标准化、系统化,优化和建立变更、加急、延期、取消、非标订单等各类异常处理流程,实现订单在端到端全流程的自动流转,订单流转时间缩短 60% 以上(供应链提供)。并且建立了订单交付的"一站式处理中心",对每一个订单履行过程及产生的各类异常,由专人及时跟进处理、协同解决,并针对频繁出现的问题推动改善专项,使得订单履行逐步实现了良性的循环。

明确提出客户需求交期管理,以客户需求交期为导向推动供应链的响应机制。客户需求交期是供应链交付执行的输入,客户交期的准确性在很大程度上决定了后续整个供应链履行过程管控的有效性,是真正实现"以销定产"的重要输入,客户交期决定了订单优先级,订单优先级决定了生产的先后顺序和资源投入的侧重点。G 公司家居供应链变革项目总体逻辑如图 32-1 所示。

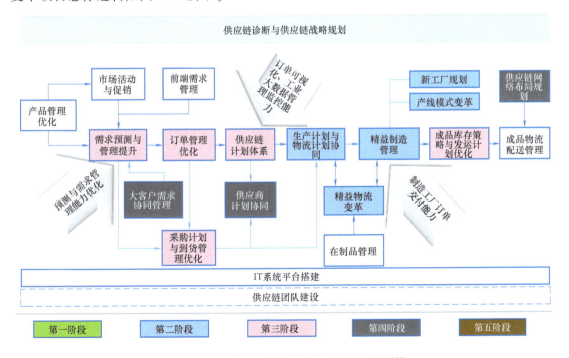

图 32-1 G 公司家居供应链变革项目总体逻辑

32.1.4 供应链变革项目涉及的范围

就系统而言，基本上是系统规划、分步实施。但是由于涉及面比较广，在推动过程中多按照战略层、管理层和执行层面来逐步推进。具体包括供应链规划、供应链计划、生产管理、采购管理、生产物流、成品物流、终端配送和库存管理。同步推动可实现全价值链拉通管理的信息平台与大数据管理平台。期间涉及流程与规则、数据管理、绩效管理、人才梯队建设和项目管理本身的专业问题。

在整个供应链优化与构建过程中，涉及多种供应链物流技术，比如物流网络布局、入厂物流、生产物流的智能化存储、拣选和输送技术、全通路库存标准与算法、成品运输信息平台等创新的技术。供应链构建过程中涉及的相关技术如图32-2所示（蓝色部分为涉及的供应链物流相关技术）。

图32-2 供应链构建过程中涉及的相关技术

32.1.5 供应链变革项目成果

从2013年开始，到2020年，G公司家居从最高管理层到生产、物流、配送、门店、信息等现场，都统一了认识和行动。尤其是在过去5年，G公司家居供应链管理取得了长足的进步，主要得益于其对供应链的相信和重视，在供应链上未雨绸缪的布局，使得G公司家居在整个家居行业的大整合、大调整期走得更加的从容和游刃有余，而G公司家居供应链能力的提升，在一定程度上也引领了家居行业的供应链发展，起到了很好的示范作用。

通过一次规划、分步实施的方式，逐渐明确供应链战略及发展路径，将"供应链能力打造成为公司核心竞争力"上升为企业发展战略。从"以产定销、批发导向"的模式，转变为"需求驱动、零售导向"；从传统的孤岛式生产模式转变为流水线生产模式；

实现了供应链计划一体化和协同运作。客户交期满足率从无到有，并达到95%以上；可承诺交付周期缩短50%；生产制造周期缩短65%；总库存周转率从2015年的3次提升到2019年底的8.2次；流水线生产人均小时产出提升30%以上。

对于G公司家居而言，这5年的努力并不是供应链优化的终点，而是一个新的起点。基于前几年供应链优化打下的坚实基础，结合物联网、云计算、大数据、供应链控制塔、智能工厂、供应链网络布局、智慧门店、个性化定制、3D打印、区块链等新兴技术的智能供应链打造正在一步一个脚印的推动。5年前播下的供应链的种子，以及未来几年的努力，将最终形成G公司家居领先于行业的供应链竞争优势，引领和推动家居行业供应链的升级与进步。

32.2　Y公司供应链改革

32.2.1　供应链改革背景

Y公司是专业从事高性能通用及工程改性合成树脂研发、生产和销售的高新技术企业。

随着消费市场竞争的日益加剧，汽车、家电等领域企业不断缩短其新产品开发周期，以迅速抢占市场先机，强化其在行业内的市场地位。改性塑料作为汽车及家用电器的重要材料，其生产供应链也需要顺应下游领域对产品快速需求的趋势，不断深化其服务能力，如前期即介入客户终端产品设计流程以保障产品品质符合客户需求，适量存储基材以保障客户订单生产，强化自身生产切换能力以应对多家客户在同一时间产生的差异化产品需求，通过供应链团队建设保障产品快速交付以及定制化、针对性的项目研发体制等。

企业供应链运营体现在"四难"，分别是招人难、用人难、留人难、降本难。无论是生产一线工人还是供应链过程的运营人员，都不好招，招来的人要经过长时间的指导才能单独作业，掌握技术后的工人易往大城市、大企业或其他行业走，因此车间的人工成本逐年上升。

Y公司供应链建设以其战略经营目标为中心，以市场和客户需求为导向，以研发为基础，制造为支撑，销售为龙头，结合公司多组织、多基地的管理模式，建立起统一的供应链模式、IT体系和架构。根据"统筹规划、分步实施"的原则，综合运用物流智能化技术和信息技术，实现有关人、设备、生产和产品运营四要素的一体化。应尽可能减少资源和效率的浪费，实现企业资源的整体优化，显著提高企业的经济效益和社会效益。

遵循"小步快跑，持续改进，先固化再优化"的原则，与公司经营和业务流程紧密结合，通过定期收集业务需求，评估、提出改进方案，讨论确认方案，指导项目实施。上述流程可以通过一体化、数字化的方法对现有业务流程不断进行梳理、改进和优化，不断提高公司基础管理的效率和水平。

建立以产品为中心的研、产、销为一体的价值链系统：从接单到项目立项，产品设计研发、供应链协同再到精益生产和成品发运，不同环节实现最大限度的精细化管理，降低成本、提高内部各部门间的协同合作，提高产品竞争力。

建立面向市场和客户，以客户为中心的敏捷性信息系统，通过 CRM、销售管理等系统，加强销售端的管理，加强与客户的联动和沟通，提高产品的交付能力，满足客户的需求，提高客户满意度，最终实现与客户的共赢。

32.2.2　供应链数字化升级需求

Y 公司以产品生命周期"智能化、少人化"为目标，从 2015 年开始产品生命周期重要节点智能化改造。

Y 公司产品主要包括聚烯烃类产品（PP 类）、聚苯乙烯类产品（ABS、AS、HIPS）、聚酰胺类产品（PA 类）、聚酯类产品（PC、PBT、PET、合金）等多种改性树脂产品。这些产品常见的生产工艺流程为：配料→混料→挤出→拉条→冷却→切粒→过筛→包装→入库。

整个合成树脂的生产工艺过程存在高温、粉尘、有毒气体、噪声等有可能危害人体安全健康的因素，因此，产品生产和物流过程的自动化、智能化设备和系统的应用是非常必要的。

通过信息化软件技术的运用、智能装备的投入、自动化产线的建设及技术改造，改变原有的生产方式，使生产效率提高、运营成本降低、产品研制周期缩短、产品不良品率降低、能源利用率提高，推动智能化生产，引导公司由低端加工向智能制造模式转变，促进公司内部工业化和信息化的深度融合，提高公司的竞争力。

（1）生产管理标准化　通过建立统一的标准，实现从经验性管理向标准化管理的转变。通过信息系统将规范、制度、数据、业务流程等固化到系统中，从而保证规范、制度、业务流程得到有效的贯彻和执行。同时，充分利用信息系统，从全局角度实现资源的统一调配和组织结构的优化，实现过程精简、规范和无缝衔接，最终达到节约管理成本、提高管理效率和效益的目的。

（2）生产过程透明化　通过信息系统与各种生产设备的集成，PDA、IPC、看板、三色灯、PLC 等工具的使用，将工厂接单到交付全过程管理起来，将每个环节、每个过程的数据和异常情况完全展示出来，实现生产过程的全透明管理。

（3）分析应用数据化　通过 PDA、IPC、电子秤等工具的数据采集，将各环节的业务数据及时准确地采集进系统，通过系统提供的各种报表工具，对系统数据进行有效分类、整理、汇总、对标、分析，最终实现生产过程的优化、效率的提升。

（4）决策支持科学化　数据分析结果为公司高层领导决策提供支撑；通过实时报表等决策管理工具，为管理服务提供生产经营、决策分析实时数据，支撑生产经营活动持续优化；同时，通过整合内、外部结构化和非结构化数据，为管理层和决策层提供多维度、科学、准确、及时的数据、信息、知识和决策依据。

（5）产品质量可追溯　通过物料条码启用质量状态管理，物料的使用均通过扫码进行管控；原料入库、成品完工后，报检信息抛送至质量部门看板，根据检测结果判定后即可入库；从每一批次原材料入库（IQC）、每个生产单的过程检验（PQC）、每个订单的成品检验、每个订单的出货检验（OQC）都可以在系统中清楚地查询到，形成完整的质量追溯链条。

32.2.3 智能物流供应链系统支持智能制造

供应链物流-制造一体化概念设计，改善原有的物流布局，提高物流配送及传输能力，提高库存周转率。

供应链一体化需要以系统最优为准则，对从原材料采购和运输到产品分销和配送的所有物流活动及相关信息进行系统的管理，通过整合物流各个环节的资源和作业，集成各阶段的物流运作、物流信息和物流职能，从总成本、总效用的角度寻找两者交替损益的最佳结合点，通过提高物流服务满意度和市场需求响应速度，以达到降低物流成本、增强企业竞争力和盈利能力的目的。

为此，公司引进天睿咨询机构对公司的生产线及工作站进行了合理的规划设计，以配合供应链物流一体化的管理要求。总体设计原则为：稳定性、经济性、实用性、灵活性、低风险、高精度、少人化、信息化、可视化。表32-1为其设计思路。

表 32-1 设计思路

车流量、车型、车位数、排队等	停车区域	考虑入场物流到货计划、车位计算等
卸货速度、流量、包装、卸货方式等	卸货区域	辊道、条码、码垛、机器人等
不同物料、库存量、存储方式、出入库方式、包装方式、仓库空间、周转率、自动化程度、消防、应急、办公等	原材料库	AS/RS、窄巷道叉车、高位货架、自动化辊道输送等
针对不同物料流转方式、时间节拍进行分析 PEEP 等		传送带、辊道、AGV、人工、牵引车等
物料分类、配料提前期、配料方式等	配料区域	自动配料、人工配料等
针对不同物料配料方式、速度进行分析 PEEP 等	配料区域	自动输送、人工投料等
针对不同客户、行业、需求、交货要求、库存、生产效率进行分析 PEEP 等	生产车间/生产线	自动化、一体化产线、产品集中输送辊道、条码、机器人码垛等
不同物料、库存量、存储方式、出入库方式、包装方式、仓库空间、周转率、自动化程度、消防、应急、办公等	产品仓库	AS/RS、窄巷道叉车、高位货架、自动化辊道输送等
装车速度、流量、包装、装货方式等	装车区域	叉车、伸缩带、人工等
车流量、车型、车位数、排队等	停车区域	出货计划、叫号装车、号牌管理等

根据以上设计思路，公司最终选择单座厂房设计方案，并提炼出了如图32-3所示的制造供应链各环节的关键技术。

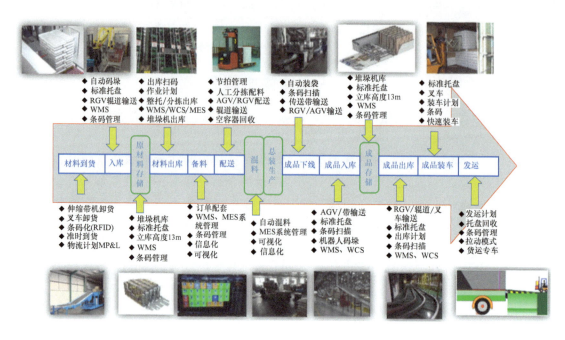

图 32-3 制造供应链各环节的关键技术

在此基础上,根据公司生产纲要、供应商供货时间、公司生产线分布情况、各车间产量以及原材料重量、托盘尺寸等为依据,设计了原材料入出库模式、原材料分拣配送模式、成品出入库与存储模式,如图 32-4~图 32-8 所示。

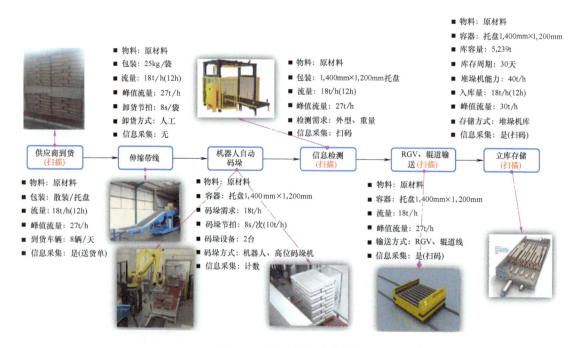

图 32-4 原材料入出库模式

第32章 企业供应链优化案例

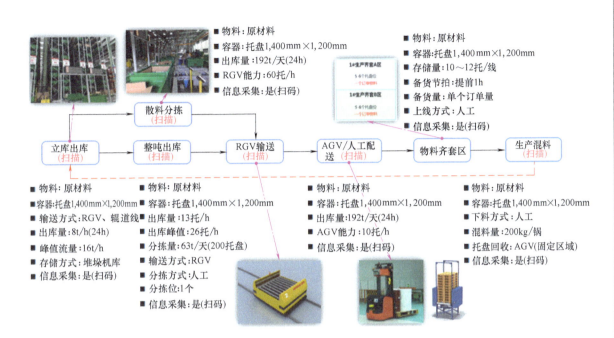

图 32-5 原材料分拣配送模式

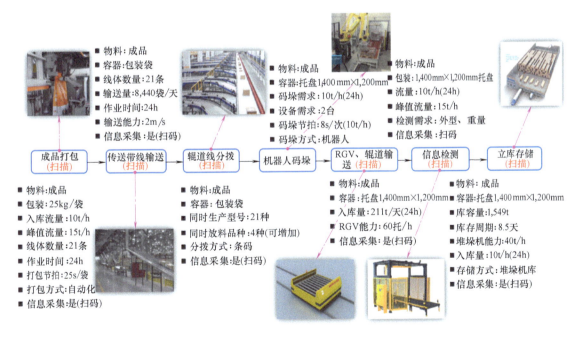

图 32-6 成品入库流程说明

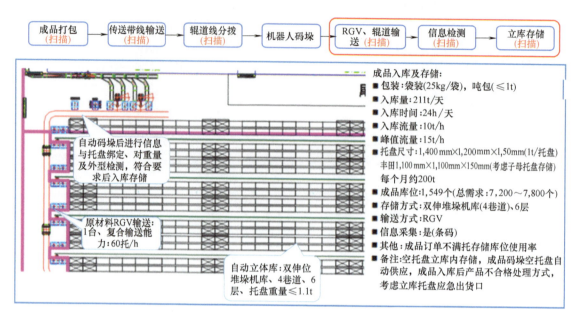

图 32-7　成品入库存储说明

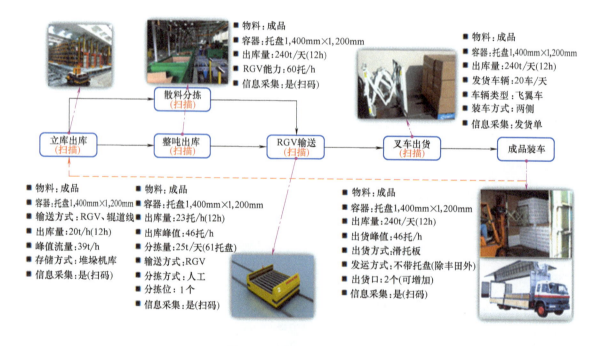

图 32-8　成品出库流程说明

32.2.4　供应链信息化平台构建

公司从成立伊始即注重信息化规划和建设，逐年加大信息化投入，在行业内其信息化建设处于领先地位。随着公司规模的不断拓展、产品的多样化，公司对于统一、灵活、高效并且能为企业经营管理提供决策支持的信息应用处理平台的需求日益强烈。为此，将公司的财务管理、供应链管理、项目财务管理、人力资源管理有效地结合起来，成了公司快速发展的迫切需求。

根据业务运营要求，公司逐步由产品战略向产品+服务战略转化，在此过程中需要公司信息化基础服务平台能为互联网服务建立更好的基础。公司希望通过客户信息的深度挖掘和分析，把握商业机会，进行收入预测，实现公司业务的全方位管理视角，实现公司更完善的客户交流能力，实时响应客户需求，建立长期的客户关系，以期保持业务长期稳定的增长态势。

2009年2月开始实施了ERP系统，初步建立了以ERP系统为核心，逐步实现系统整合，消除信息孤岛。建设起一个以流程为导向的、可用的、集成的、核心的信息平台构架。使用了ERP财务应收、应付、固定资产、总账模块，实现物流、信息流、资金流三流合一。

2014年实施ERP中二次开发的资金系统，2015年实施IBM咨询、费用报销系统，2016年实施PDM系统、SAP系统、条码系统，进一步优化现有业务流程，降低营运成本，提升公司竞争力。

2014年，公司开始数字化车间、智能工厂建设，以高效、敏捷、精准为指导思想，基于产品的模块化和标准化设计，以实现制造系统的全程可视化、数字化为目标，通过分模块的数字化改造，配置挤出机自动化控制系统、PDM系统、SAP系统等，改造现有中控机房与网络，实现对生产、仓储过程中产生的数据进行数字化采集、存储、交换与处理，实现数字化的生产进度、产品质量、物料、库存、成本费用控制，所有过程可监控、可追溯。

2018年，已构建了以SAP为核心、集成研发PDM和制造执行MES为主干的三大核心IT系统。在主数据管理方面，以SAP作为主数据（物料、客户、供应商）管理平台，明确物料数据管理的职能部门，相关属性由不同部门对应岗位负责完善，实现主数据规范、有序、不断完善的管理。

截至2019年，Y公司基本上拉通了从供应商到入厂物流（SRM）、原材料智能存储（WMS）、生产物流（MES）、计划体系（APS）、工位物流配送（WMS）、成品物流（WMS），以及多工厂协同排产、同步制造、调拨和交付的供应链平台，并在不断完善中。Y公司供应链信息化逻辑如图32-9所示。

32.2.5　智能化物流供应链对公司的影响

Y公司的整体物流供应链系统采用条码技术、快速装卸货技术、机器人码垛技术、智能存储技术、AGV搬运技术、智能拣选技术和连续输送技术、工位连接技术等对传统供应链模式进行升级替代，空间利用率提高35%、作业效率提高20%、人工成本降低25%，降本增效明显，整体效率提升30%。

其他显性收益：投入节约5,000万元，节约土地近3万m^2，每年节约运营成本300

万元。

其他隐形收益：智能入库、无人工干预、账实一致；无须挑选、智能出库、一键式操作；实现仓储信息的实时化；具有较强的产业可复制性；实现了1min快速出货。

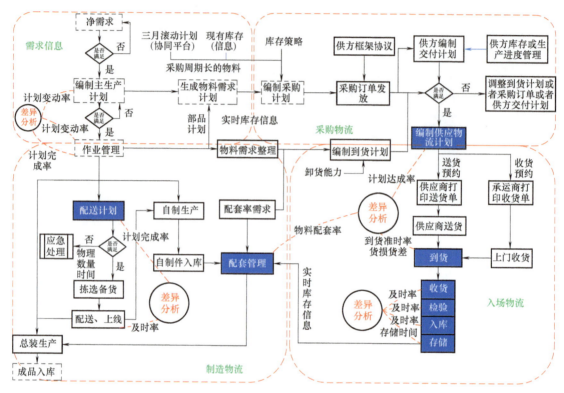

图32-9　Y公司供应链信息化逻辑

第33章 应急供应链

国家和企业都可能面临不可预知的重大风险和重大突发问题，主要包括重大自然灾害、重大公共安全事故、地缘政治风险等。此类问题和风险，对于国家和企业而言，难以及时有效地预计，即便有一定的预见性，也需要具备完善的应急供应链体系，才能从容、专业地应对。基于此，国家和企业均需要建立完善的应急供应链体系，从而及时应对风险、减少损失。

新冠肺炎疫情对全球供应链产生了极大的影响，企业面临诸多挑战，具体包括如何尽快复工复产、如何应对供应能力的不稳定性、如何调整生产计划、如何调整出口订单需求、如何保证准时交付等。能否经受住考验，关键在于应急供应链水平如何。

33.1 国家应急供应链

针对国家应急供应链体系建设，不仅要考虑突发状况应对、管理与运行，还要做整体布局和长期规划，既要考虑和平时期整体供应链能力基于不同场景的规划与预案、战略供应商资源的筛选和产能融合、战略物资库存的储备与布局，又要兼顾战时对疫情所引发需求的有效预测、精准把握、实时响应和高效交付。

33.1.1 建立应急供应链运作逻辑

首先，没有先期的应急供应链战略目标和价值导向界定，容易导致供应链服务理念不统一，应对过程进退失据、判断失误、贻误战机。比如没有战略目标和价值导向的指引，相关应急人员进退失据，只能按照自己的理解开展工作。此种方式容易顾此失彼，无法从大局的角度应对，形不成系统的战斗力，也无法快速响应突发状况。

因此，需要建立和优化灾难识别体系，并同步构建该灾难情况下的快速分析方法论和供应链策略、逻辑梳理模型以及目标和价值导向，保证灾难来临时能够快速开展"顶层设计""中层应对"和"基层执行"的应急供应链战略体系。

比如，面对本次新冠肺炎疫情，除了医疗团队的调度和派遣，还应该同时集中应急供应链专家团队讨论供应链的战略和价值导向（如树立疫情为纲、以人为本、人-物匹配的战略导向，快速、精确、实时支援一线医疗团队与定点医院，为阻止疫情扩散做后援的定位），做出本次供应链如何配合前线医疗团队的协同和配合。并以此为出发点，梳理相关要素和逻辑关系，保证后续的运营组织、人员调度、物资管理、信息机制的综合计划和作战方略,从而为后续的有效运作提供方向、依据和准则。图33-1所示为试图提炼的新冠肺炎疫情应急供应链战略导向。

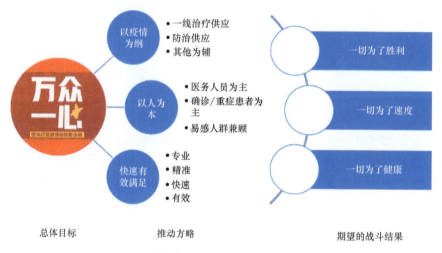

图33-1 新冠肺炎疫情应急供应链战略导向

33.1.2 建立专业的应急管理组织

突发问题一旦发生,往往涉及人员安排、物资调配、救援保障等一系列专业的问题,因此需要有一定专业度的组织结构和管理职能、管理人员、管理方式、管理绩效来系统开展,如相关专家团队来督导和调度,尤其是突发问题十分紧急的情况下,更需要"快速""有效""精准"的供应链管理团队、管理方略和行为来做保证。

基于此,需要根据应急供应链的价值导向,设立国家级、省级、地市级甚至县级的应急供应链中心。比如,针对本次新冠肺炎疫情,建议设置应急供应链中心,如图33-2所示。

图33-2 新冠肺炎疫情应急供应链中心

该中心更多的是强调专业性和有效运作性，必要时应该成立应急供应链专家组，配合一线医疗团队的需求和易感人群防护要求，建立相关物资、资金、饮食、服装、器械、场地、人员等的调度和运作，设立信息发布机制、公共关系机制、专业考核机制、人员上岗机制、物流运作机制等，确保实现合理组织、快速反应、有效应对的组织机能。

33.1.3 应急供应链运营管理

1. 应急供应链计划总体规划

供应链计划是运作的龙头，如果应急供应链计划缺乏全价值链总体规划、部署和打通，容易导致供应链运行缺乏执行标准和依据，最终影响供应链整体绩效。

比如本次新冠肺炎疫情暴发的诸多问题，主要原因在于整个供应链缺乏总体规划、没有统一筹划和管理。

以应急物资为例，其涉及物资采购、到货管理、检验管理、存储管理、前线物资供应及分发管理。如果对应的各环节计划缺乏或者没有统一筹划和管理，就容易顾此失彼、各行其是，最终导致前线物资缺货，中间环节库存堆积，后续采购被迫中止，给生命、财产安全带来较大风险。

因此，需要根据应急供应链过程中涉及的人员、物资、资金、医院、慈善机构、捐助人员、采购渠道、储备中心、物流中心、运输公司、信息机制等，梳理运作逻辑和关键节点（瓶颈约束）控制机制，从而建立应急供应链计划体系（如供应链运营能力的储备，具体包括供应链专家、供应链物流运营团队、供应保障定点单位、储备物资清单及存储等先期规划），以求尽快打通全过程链，并以此为中心梳理和发现过程中的风险和瓶颈，从而做到早期预警、先期准备、有备无患，尽量做到以突发问题为指令、以一线为中心，实现有效的拉动机制，做到"人尽其才、物尽其用"。

2. 建立运营准则和判断标准

应急供应链运营过程中，需要建立和梳理应急供应链运营准则和判断标准，以保证人员进出、物资流转、资金使用、信息发布和预警、场地征用等的快速、有效运作，做到突发问题发生时"事事有依据、事事有标准、人人都遵守"，从而面对问题有章可循，不会盲目、错乱和各行其是，以保证突发问题中心地带和更广阔的区域乃至社会层面都不会措手不及。

比如，针对疫情救助物资的流转和运作，需要事先设定物流管理和运营机构的准入机制，根据不同紧急程度、等级的划分，指导物流机构的权限和运作模式（可以有多家类似 3A、4A、5A 评级的公司同时具备资格），等到疫情发生时即可征用，避免紧急情况下不当运作主体的介入。又如，关于待使用和使用后的疫情防护物资如何回收和管理的问题，医院的医疗废物有一套严格的规定和管理，但是医院之外的废物缺乏一套行之有效的管理规范，需要有专门的管理主体来全程巡查和追溯（如未感染人群的口罩使用规范和集中回收流程）；慈善捐助的物资准入规范和授权使用流程，需要有相对有效、严格、实时的管理准则。

3. 提升应急供应链信息化水平

对于供应链而言,信息是所有判断和决策的依据。因此,提升应急供应链信息化水平、建立信息化机制,才能实现全过程透明性,进而实现快速响应。

在整个应急供应链过程中,可能涉及受灾人员的具体数据,如救援人员、辅助人员和管理人员的动态数据,不同医院、政府、红十字会等管理组织的具体数据,物流中心的管理运营数据和物资流转的包装存储、库存、进货、出货、装车、回收等具体数据,慈善机构捐助的物资数据,关键物资供应商的产能数据和物资在途运输数据等。面对如此庞大的数据量,每类数据都需要实时的抓取、统计、分析、传递、决策,而这些就需要有一套信息管理平台和信息获取机制,实现对突发问题的可视化及供应链需求的实时转化,保证人员、物资、平台能够协同作战。

比如将物资在必要的时间内送达到必要的人员手中,以避免由于信息滞后所带来的贻误战机的风险,降低由于过程信息不透明带来的质疑和误解,提升抗击突发问题的效率和信心。又比如依据信息管理平台,可以根据某类突发问题的实际发展情况,以及国家根据《国家突发公共事件总体应急预案》启动的不同级别的应对预案,动态地评估和预测应急供应链当前及未来对医疗物资和服务资源的需求趋势、必要时效、库存可用性,为接下来的全局协调统筹、资源调配、物资采购、动态库存管理与物流协同提供了基础和前提。

33.1.4 应急供应链对于技术的应用

在应急供应链中需要灵活应用 AI、机器学习、预测分析、工业互联网、数据采集等新的供应链技术,以建立符合突发问题需求的、成本优化、高质量、快速响应的弹性敏捷的供应链能力。

以此次新冠肺炎疫情为例,较多的供应链新技术应用其中。比如 AI 测温仪,其集人工智能和大数据系统于一身,测量体温精准度为 2m,1s 测体温、误差小于 0.5℃。智慧体温疫情监控测量预警系统通过温感摄像头系统结合了人脸识别和热成像体温检测功能采集相关信息,身份信息与体温匹配形成数据报表,自动启动预警机制并实时传输给疾控管理部门,采用 AI 测温仪的监控测量系统,安全可靠,减少了监测人员的感染风险,同时大大提升了检测效率。

又比如,在医院投入使用的一大批智能机器人。这些医护助理机器人被工程师调试好后,可以代替医护人员进入隔离病房,进行实时监控病情、患者定时提醒、体温检测等工作,从而降低医护人员的工作强度,减少医护人员的感染。

在未来,基于某些突发问题和以往历史数据,在平时可以利用 AI、机器学习和数据分析等技术手段,对未来的发展及供应链能力进行模拟演练,从而检验应急供应链在不同场景下的应对能力,从而发现供应链管理短板,针对性地进行补足和提升。

33.2 企业应急供应链

目前大部分企业普遍缺乏应急供应链管理意识,缺乏系统化的应急供应链机制,缺乏稳定的应急供应链组织，缺乏行之有效的应急供应链方案。一旦发生紧急的事情，企业将面临较大的风险。

站在企业的角度，企业应急供应链体系建设要从以下几个方面打造应对重大风险和危机的能力。

33.2.1 制定应急处理的机制

应急供应链的管理关键在于建立应急供应链组织与流程标准，明确职责与处理流程。应急供应链的发生是个概率事件，所以应急供应链的组织不需要设置独立的组织，而是在企业的现有组织下，根据企业应急供应链管理的需求，成立一个临时的组织，该组织只有在应急事件发生后才明确产生。

1. 成立应急组织

成立以企业第一负责人为组长，各部门领导组成的应急处理工作小组。应急供应链的组织可以根据应急供应链的等级分类来区别设置，整体原则为应由部长级以上领导负责，倡导快速响应，可跨级沟通、跨部门反馈。根据事件的影响程度，还可能需要更高层的管理者参与或主导。

2. 建立响应机制

接警-响应等级确定-启动应急-方案执行-应急结束（恢复正常生产）。应急供应链的响应各环节需建立标准响应时间，如每个环节在问题发生后15min内反馈，2h内未解决的，问题升级反馈；应急协调未解决情况由负责部门在1h内负责会同部门长向公司高层报警，高层及时协助参与决策或亲自解决。如企业发生了应急事件会影响到企业对客户的交付，应在出现应急情况后立即向客户报告相关情况和应急措施计划，与客户协商沟通。响应机制中最基础和最关键的是通信联络方式，应急小组相关人员的通信电话需定期更新。

3. 设计应急预案

这是应急供应链管理中最关键的一步，这需要企业相关人员集中精力来一起完成，企业对于每个应急供应链场景都需要有针对性的合理的应急预案，对应急预案的要求是合理的、经济的、可落地执行的、有效的。如应急预案中涉及应急物资的，对于应急物资的管理需有管理标准。

4. 应急程序培训

培训是应急情况发生时能够快速、低成本的应对处理的重要保证。关于应急程序的培训需作为企业培训中的一个重要部分。对应急预案的实施各环节涉及人员需要进行定期培训、考核，使其充分掌握应急预案知识、流程，如果有条件，可以针对某些预案进行不同程度的演习（如消防演习）。培训的过程也是不断宣导与强化应急供应链管理的意识，企业全员都要有这种应急的理念。

5. 应急预案持续优化

应急预案需要持续验证并根据企业情况、业务流程调整或者发生事件的经验总结进行不断更新、完善。

33.2.2 建立企业危机意识

企业要始终致力于打造组织能力和组织凝聚力（命运共同体）、预留合理的现金流、预留可靠的资金来源等。这些措施是从战略层面应对可能发生危机的长期举措，也就是经常所说的危机意识。这些长期举措需要在企业经营过程中固化为战略定力，长久坚持，才能有利于企业灵活、坦然的应对危机的降临。此外，龙头企业、链主企业要致力于打造生态，并建立该生态链整体面对危机时的应急处理机制，在应对危机时，整条链能快速协同起来，做到未雨绸缪。

33.2.3 重视供应链能力建设

从战略上重视供应链能力建设，不断夯实供应链运营基础、提升供应链运营的效率、提高库存和资金周转率、缩短交付周期等，以确保企业面对危机时能快速应对。供应链响应速度越快、越灵活、弹性越强，那么企业应对风险的能力就会越强。此外，企业在进行供应链网络布局时，不能单从成本和效率的角度考虑，而必须考虑到风险防范的因素，将供应资源、产能资源、数据资源、客户资源等进行合理的分布，在全国、全球范围内寻求相对有利于风险控制的布局。

33.2.4 关键风险重点管理

企业需要建立危机过程中可能出现的风险和问题清单，并不断更新动态、评估风险、快速应对。比如针对高风险客户、重点供应商，要及时了解其动态，明确后续可获得的资源，协同应对危机。如果预计可能出现问题，需要由更高层管理者进行协同，建立快捷的信息通路，高层迅速切入解决问题。

33.2.5 快速行动、加强自救

在政策允许的前提下，不惜一切代价、团结一切可以团结的力量，进行企业的自救，对于制造企业而言最重要的就是突发问题后如何快速的复工复产、如何保证交付。重大危机不能预计，对于危机覆盖范围下的企业影响基本上是一致的，但是不同的应对态度和策略却能完全决定企业的生死，以及危机过后是否能够快速复原，甚至实现超越。毕竟，对于某些企业是"危"，恰恰是另外一些企业的"机"。

第7篇 物料搬运装备及系统数字化设计案例

在数字化智能时代的背景下，如何构建高效智能的系统规划及设计制造体系一直是物料搬运装备企业重点关注的课题。本篇着重探讨并系统阐述了三个方面的内容，即物料搬运系统规划设计、物料搬运装备快速智能设计与制造、未来物料搬运系统设计与数字化运维。本篇所涉及的数字化工厂、仿真分析、4D施工模拟、产线布局规划仿真、参数化设计、VR设计评审、设计自动化、数字样机、销售自动化、轻量化设计、基于互联网的协同设计、衍生式设计、设计分析制造一体化、数据管理平台、数字孪生、数字化运维系统等概念，均为该领域的前沿或主流技术。本篇所展示的案例，意在为从业者展示数字化智能时代下系统规划及设计制造的未来。在企业研发设计转型之路上，相信将会有越来越多的企业去尝试、探索、迎接新技术的蜕变与进化，为企业在数字化智能时代赢得先机。

第34章

物料搬运系统规划设计

随着物料搬运行业的迅速发展，物料搬运规划复杂度大大提升，早已不仅仅是项目启动初期的一个环节，而是贯穿于整个物料搬运系统的规划设计。这其中包括从初期流程定义到后期运维的整个生命周期。物料搬运系统规划设计施工运维流程如图34-1所示。

物料搬运规划方需要沟通的对象包括需求方和相关设备供应商，另外还会涉及施工方、厂房/仓储的设计方、后期交付的运维方等。同时还会面临需求方提出更多新的需求，例如绿色节能、高安全性、灵活可拓展可升级的规划等。这些将物料搬运规划的复杂度推向了新高度。

为了应对越来越复杂的物料搬运规划系统，升级数字化设计手段对于物料搬运规划方来说势在必行。同时，数字化设计作为一种新的工具，被引入到物料搬运规划中是为了更好地解决问题，而本身不应该成为系统复杂度的推手。

图34-1 物料搬运系统规划设计施工运维流程

基于以上认知，本章从相关案例分析出发，借助Autodesk®集成的工具集，了解数字化设计手段如何帮助物料搬运企业解决实际遇到的问题。针对物料搬运系统的规划方案如图34-2所示，它基于现有的2D设计平台，并进行了功能扩展，使历史的设计资产和软件使用技能都可以得到继承，这大大降低了企业的拥有成本和学习成本，并可以帮助行业客户进行物料搬运系统的规划仿真和设计，其中包含物料搬运平衡评估、2D-3D布局、设计评审、可视化展示、施工模拟等工具。

1. 消除物料搬运路线瓶颈

应用仿真工具（Process Analysis 或者 ProModel）进行物料搬运路线的平衡分析，消除瓶颈，规划出合理的物料搬运路线。

2. 高效地完成布局

基于二维设计工具（Autodesk AutoCAD®）及扩展功能，应用参数化的图库和智能化装配等针对性工具，满足定制化需求，快速进行系统方案的布局。

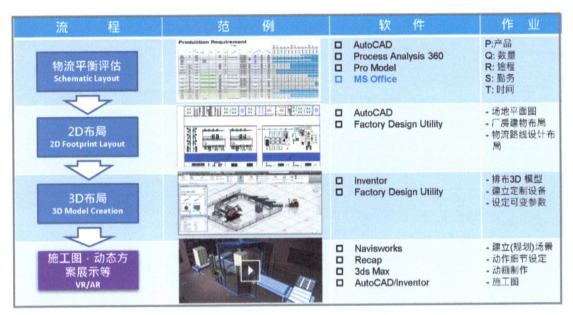

图 34-2　针对物料搬运系统的规划方案

3. 自动生成布局的三维模型

2D 和 3D 布局联动，从 2D 布局自动生成 3D 布局，降低三维设计的学习和使用门槛。工程师可以根据自己的喜好或业务需要，自由选择在 2D 软件（AutoCAD）或 3D 软件（Autodesk Inventor®）中进行布局。

4. 整合多种工程数据

基于 AnyCAD 的技术具有非常好的数据兼容性，可以直接读取多种主流 CAD 格式文件，可以更高效的重用现有数据。

5. 使用设计捕捉技术，减少了手工测量所需要的时间，避免可能出现的测量错误

在已有建筑内进行布局时，必须要考虑物料搬运系统和现有建筑设施的位置关系。以往使用手工测量，耗时且准确性较低，利用设计捕捉技术，可以快速解决测量问题。通过扫描仪获取原建筑的点云模型，并经过专业软件（Autodesk Recap®）处理后，把点云模型整合到设计中，用于布局时进行位置参考，避免发生干涉和碰撞。

6. 生动展示规划方案赢得客户

应用轻量化技术集成 BIM 等多专业数据，形成项目的完整数字模型。应用模型生成展示动画，还可以应用漫游功能进行沉浸式体验，轻松地和客户交流，充分展示方案的特点和优势，提高赢单概率并缩短方案批准时间。

7. 设计评审和施工模拟

在最终方案实施前会进行设计评审，并同步完成施工方案编制和模拟。使用基于整合多专业数据的完整项目数字模型进行设计评审和施工模拟，可以很好地检查解决方案中空间、时间、工艺逻辑、操作流程等关键问题，使其具有合理性和可实施性，减少由错误造成的额外损失。

在此基础上，进一步集成 Autodesk 在建筑、施工解决方案、物联网等技术及定制开发，可以满足整个数字化厂房从规划、设计、施工到数字化运维的业务需求。数字化工厂方案如图 34-3 所示。

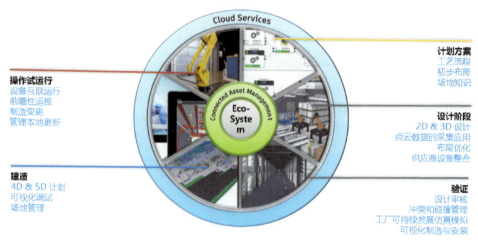

图 34-3 数字化工厂方案

本章我们通过一系列侧重于不同应用方面的案例，来展示数字化设计工具如何更简便、直观地帮助物料搬运规划方应对日益复杂的规划需求。

34.1 生产线仿真分析案例

在进行系统的物料搬运平衡计算时，以往更多的是通过主观经验以及手工的表格计算和 CAD 绘图来完成规划。但随着系统的复杂度越来越高，单凭经验和静态表格计算已无法保证系统运行效率最优，甚至还会在规划阶段发生错误，这会给后期的施工带来麻烦。在项目初期进行必要的平衡性仿真分析，不但可以高效合理地规划整个物料搬运系统，而且还可以将平衡性分析搭建的模型复用到后续的模型搭建环节。

34.1.1 案例简介

某白色家电公司，多年来在进行产线的布局与物料搬运规划方法时较为传统，基本流程为：立项后搜集相关数据，用 CAD 绘制布局图，用表格计算物料搬运量，分析物料搬运强度，最后对比多个方案择优选择。这样的方法存在以下不足：数据表格计算中大部分数据采用的是经验值与平均值，准确性较低；多方案比较分析，调整数据与布局图时，整理分析工作量大，操作效率较低；没有直观形象的模型，规划都停留在想象和概念中，沟通交流困难。

该公司目前正在运行的几条生产线，都或多或少存在着设备负荷不均衡、缓冲区大小不合适、物料搬运系统存在瓶颈等问题。物料搬运系统整体存在着较大的改善空间，但由于没有合适的工具支撑，且改善方案缺乏说服力，最终优化方案均难以实施。

基于以上问题,该客户计划通过引进系统仿真分析软件,对新建厂房进行布局规划仿真,以优化物料搬运系统,分析设备负荷和利用率,找出产线瓶颈,为指导实际生产提供科学依据。

目前市场上也有着相对应的大型仿真商业软件套件,但投资大,学习和掌握不易,实施周期长,需要配置专门的工程师。本案例企业采用的分析仿真软件,其成本较低,容易掌握,仿真要素集中在时间、节拍、效率、负荷、产能等生产线规划初期的核心指标上,且操作简单,仅通过拖拽、放置、连线、设置参数等简单操作就能完成模型创建,再设定必要信息,就可以运行仿真。其仿真结果也聚焦在整条生产线及单设备的产能、负荷、节拍、时间、效率等关键信息上,满足企业对核心指标的关注。此外,仿真软件能快速评估多种布局设计方案,根据分析结果不断迭代优化,从而达成最合理高效的产线布局设计。

34.1.2 案例内容

物料搬运系统的仿真分析流程如图34-4所示。即通过基于规划的产能和产品的相关信息,形成生产工艺流程图,在仿真系统中进行仿真模型建模,运行仿真生成报告,找出瓶颈并调整布局设计,通过不断的迭代从而达成优化布局的目标。

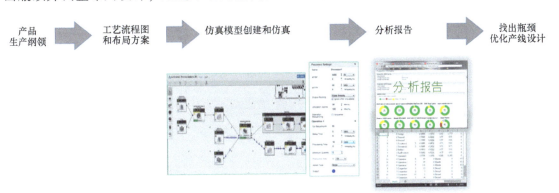

图 34-4 物料搬运系统仿真分析流程

1. 建模

仿真分析软件的界面如图34-5所示,对于产线上多节点的定义,工程师只要从窗格①选择相应的节点种类,通过拖拽的方式放置到设计区域③即可,至于具体的设备种类,可以通过窗格②来定义。连接设备之间的物料搬运设施,通过设备端的两点连线来表达,所有设备相关的属性参数,从窗格④来设置。在窗格④中,还可以设置生产任务的数量、批次等信息,软件掌握起来很容易,操作也很方便。

在仿真系统中为新产线构建的仿真模型,其中覆盖了塑料件生产车间、立体库、预装线、总装线、成品库存等多个部分。图34-6所示为产线仿真模型示意图。

2. 仿真

仿真相关设置如图34-7所示,建模完成后,就可以进行仿真准备,设置仿真相关的参数,如仿真持续的时间(是连续运行,还是在特定目标数量后就停止),需不需要看

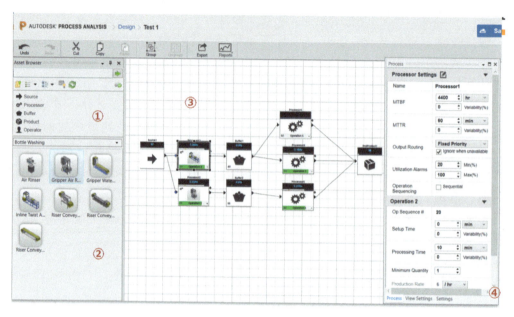

图 34-5　仿真分析软件的界面

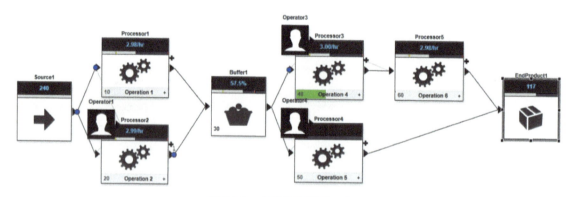

图 34-6　产线仿真模型示意图

到仿真动画,要不要显示每个设备的处理时间和生产线节拍的对比,以几倍速来运行仿真。运行仿真后,可以动态观测物料搬运和加工组装过程。在遇到非正常情况时,有相应的颜色报警提示。

3. 生成分析报告

运行完仿真后,生成分析报告,仿真分析结果示意图如图 34-8 所示。报告包括物料搬运设备及加工设备的有效利用率(生产),以及其他状态,如生产、闲置、拥堵的占比等,缓冲区的情况。还可以进一步输出多个设备在每个时间戳的状态(闲置、拥堵,以及等待装置

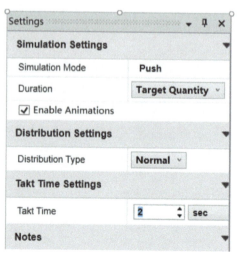

图 34-7　仿真相关设置

等），这些报告无论从效率还是准确性来说，都是以往手工计算难以达成的。

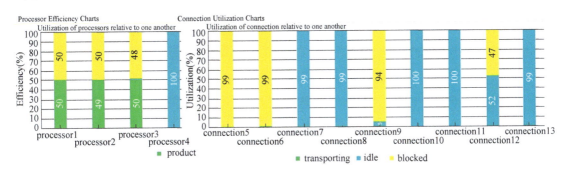

图 34-8　仿真分析结果示意图

通过直观的仿真模型、动态仿真和详细的分析报告，让沟通和交流有了基础，避免了大量的手工计算，增强了结果的可信度，从而加快了对多方案的评估效率。经过多次的设计迭代，消除了物料搬运系统的瓶颈，合理规划了多个缓冲区的大小，均衡了设备负荷，在保证达成产能的情况下，优化了新厂的规划设计。

基于分析模型，还可以把仿真模型的布局输出为 AutoCAD 的 DWG 格式，以便进行后面的布局设计，系统仿真和布局设计流程的衔接如图 34-9 所示。

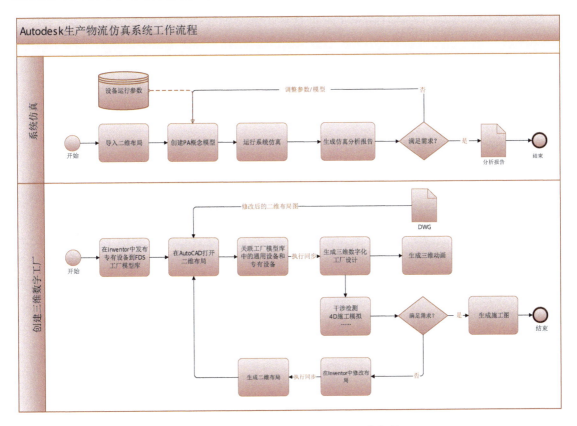

图 34-9　系统仿真和布局设计流程的衔接

34.2　生产线布局案例

生产线的布局是设计中的重要内容，如何快速完成布局设计，并保证设计质量，对于赢得订单和按期交付都非常关键。企业技术人员都熟练掌握二维设计软件，且二维图样及配套资源非常丰富，但二维设计有着明显不足，表达不直观，设计错误难以发现，沟通交流起来不方便。采用三维设计可以很好地解决上述问题，但三维设计在企业中并未广泛使用。一些行业经验资深的技术人员掌握三维软件并不熟练，加之三维设计基础资源积累不够，且常规三维设计软件缺少针对生产线布局设计的专门工具和基础图库资源。究竟是选择二维还是三维来完成生产线布局设计，是很多企业面临的难题。

生产线布局工具，是专门针对生产线布局设计要求，可以基于现有二维设计软件环境进行2D布局设计，然后一键式转变成3D布局，以实现2D和3D联动布局。另外，针对生产线布局的设计特点而开发的一系列高效的工具，可以让操作更加简便，设计效率更高。

34.2.1　案例简介

某服务集成商多年来专注于为工业设备企业，包括工程机械行业提供生产线规划服务。一直使用二维设计平台作为最主要的设计工具，但在项目实践中，总避免不了以下问题：

1）沟通和交流不易，理解困难。生产线规划工程师难以具体呈现最终方案，业务人员和客户难以理解规划设计方案的实际运行情况。

2）难以协作。不能把多个专业数据整合在一起，缺乏规划、营建施工、客户三方协同作业的平台。

3）施工现场设计变更多。这是由设计错误、设施和环境间的碰撞、施工工艺及计划的不合理所造成的。

上面这些问题，从前期来说，影响到是否能顺利拿到订单；从后期来说，影响了按期交付且额外成本上升。

由于上述原因，为了便于方案交流和展示，提高规划设计质量，便于多方协作、减少后期施工问题以及客户对BIM的要求，并考虑到历史数据的继承、工程师的使用习惯和已掌握的软件的技能，业务跨建筑和制造行业等特点后，该企业引入了针对物料搬运系统和数字化工厂的工具。现有的设计工具，加入适当的扩展工具，就能在设计效率、设计质量、设计表达方式等方面取得明显提升，并为多方的交流和协作提供直观的可视化平台，为降低成本、按期交付提供了保障。图34-10所示为多车间布局平面图，图34-11所示为车间三维图。

34.2.2　案例内容

在整个物料搬运系统和车间布局中，该企业使用现有的AutoCAD 2D设计平台和针

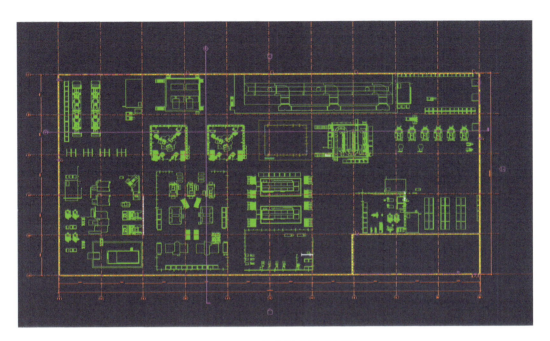

图 34-10 多车间布局平面图

图 34-11 车间三维图

对性扩展工具,如参数化的二维三维图库,拖拽式放置方法、碰触式组装、2D 和 3D 布局联动及其广泛的数据兼容和整合能力,提升了生产线布局的效率,并把项目多种专业数据整合到一个数字模型中。为客户、设计方、施工方提供了交流、设计评审和施工模拟的平台。以下以其中的一个焊接单元为例来讲述其应用过程和特点优势。图 34-12 所示为节选图库。

1. 借助参数化的图库,满足不同项目对设备的定制化需求

物料搬运系统的设计布局中,会比较多的使用一些通用设备,但随着不同的项目要求,尺寸规格也会有所不同,使用参数化的图库(包括 2D/3D)可以很好地满足这方面

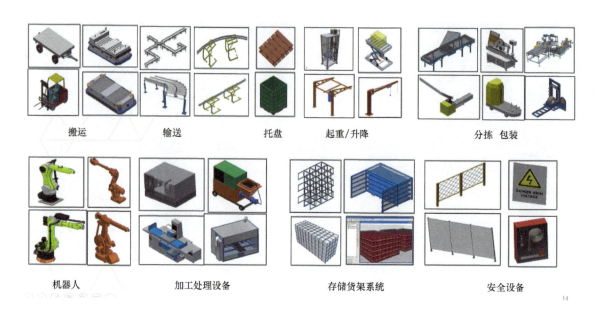

图 34-12 节选图库

的需求。进行布局时,可以直接从图库中调用,并且可根据需求调整参数,满足特定的定制需求。输送机参数和属性如图 34-13 所示,输送机如图 34-14 所示,输送机的尺寸可以根据需要进行调整。

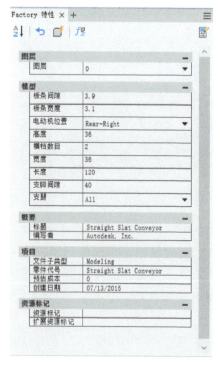

图 34-13 输送机参数和属性

图 34-14 输送机

在进行输送机、围栏和电缆桥架等链式设备的布置时，基于链式库技术，通过绘制线条就可以进行产品摆放，链式库如图34-15所示，为此类链式设备的布局提供了很大方便。

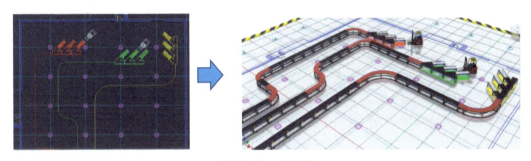

图34-15 链式库

设备间的装配也非常简单，通过预定义装配点的碰触，就可以完成装配，如图34-16和图34-17所示。当两个需要装在一起的设备间距在一定范围内，就会自动出现一条黄色线段，两端显示自定义装配点，确定后就会自动完成装配，节省了使用约束或精确定位操作所需要的时间。

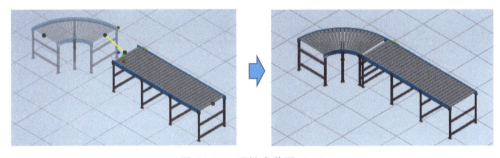

图34-16 碰触式装配（一）

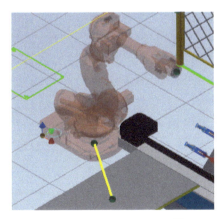

图34-17 碰触式装配（二）

软件附带的图库丰富，内容会不断更新增加，也可以下载到本地供离线使用。对于企业特有的设备，可按照特定的发布流程，把这些设备发布到企业库中。对于设备供应商来说，在对设备设计细节进行必要处理后（以保护知识产权），可以把其生产的设备发布到共享库中，供其他用户下载使用。这将有助于提高企业产品的知名度和被采用的机会。

2. 生成三维模型

在熟悉的 AutoCAD 中进行二维布局，借助扩展工具，能自动生成三维模型，节省建模时间，降低三维软件使用门槛。

图 34-18 所示为焊接车间的布局，图 a 是在 AutoCAD 中，通过软件的常规及增强功能，如参数化库、碰触式装配功能来完成的物料搬运系统和焊接设备布局，图 b 是通过一键转换获得的三维布局模型。同样，三维布局也可以同步更新到二维布局中，形成 2D-3D 布局的联动。

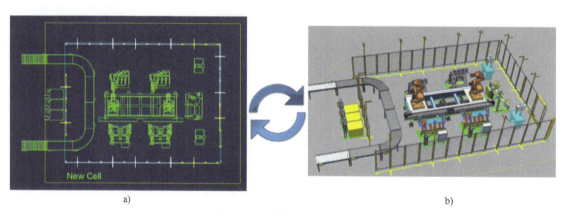

图 34-18 焊接车间的布局

不同于物料搬运装备制造方，对于物料搬运系统的系统集成商来说，建模不是最终目的，建模只是为了更直观地展示和验证规划方案的运行效果。因此从工程设计人员熟悉的二维布局入手，在不改变目前所使用的 AutoCAD 软件和流程的情况下，适当拓展其功能，既提高了二维设计布局的效率，又能通过自动生成三维布局模型来提升设计的直观性，降低三维设计门槛，并为后期直观可视化打下基础。

3. 利用广泛的数据流兼容性，高效重用现有工程数据

物料搬运规划方作为总体单位往往会与众多的装备供应商对接，势必会遇到多种格式的模型及数据流。这在以往是一件非常麻烦的事情，多种格式在数据转化过程中往往会导致模型重要信息的缺失。但应用该设计平台，规划方则不必为数据格式的转换苦恼，可以在原有的平台上兼容市面主流的数据格式，甚至是仓储、园区的建筑模型，大幅提升设计效率。

在焊接车间的布局设计中就用到了很多其他格式的模型数据。图 34-19 所示为其他 CAD 格式的悬挂焊接系统模型，图 34-20 所示为建筑厂房的点云模型，作为设备布局的参考。

该设计平台兼容的数据格式很多，目前市场上主流的产品设计 CAD 软件和建筑 CAD 软件的数据都支持。并且该设计平台还能做到无须进行数据转换就可以直接引用第三方 CAD 格式的三维模型文件，并和引用的源文件保持关联更新。

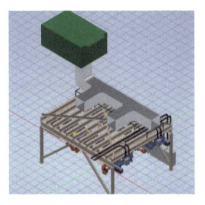

图 34-19　其他 CAD 格式的悬挂焊接系统模型

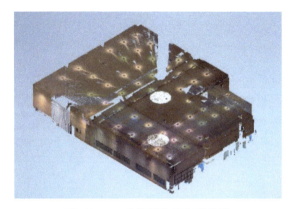

图 34-20　建筑厂房的点云模型

4. 利用卓越的轻量化功能，整合多专业数据，直观展示规划方案，轻松和客户交流，为规划、施工、客户三方提供无缝的协同平台

整合物料搬运系统、建筑模型等整个数字化工厂模型数据于同一平台下，在实际施工开始前，利用直观的三维模型、渲染的图片、动画以及虚拟漫游功能，让业主可以沉浸式体验规划方案，提高方案的认可度和竞争力。图 34-21 所示为整合多种专业数据的数字模型。

在整合多种专业数据的三维模型中，进行碰撞检查，设计评审，把错误消除在设计阶段，如图 34-22 所示。

图 34-21　整合多种专业数据的数字模型

图 34-22　设计评审

4D 施工方案模拟是指在最终方案实施前，所有相关专业技术人员参与，并同步完成方案的编制和模拟，解决方案中空间、时间、工艺逻辑、操作流程等关键问题，使其具有合理性和可实施性。图 34-23 所示为基于甘特图的施工方案模拟。

通过上述案例可以得出如下结论，应用新的设计工具，可以大幅度提高布局设计的效率。通过三维模型的直观展示以及沉浸式体验，便于客户、团队成员和合作方更好地理解设计方案，避免因误解所引起的种种问题。在整合多种专业数据的模型中，进行设计评审和基于 4D 的施工模拟，可以把多种错误消除在施工前，减少施工现场的设计变

图 34-23　基于甘特图的施工方案模拟

更,也同时减少了工期的延宕和成本提高所造成的损失。

第35章

物料搬运装备快速智能设计与制造

我国经济的增长和下游需求的巨大发展空间,将吸引更多的参与者进入物料搬用装备制造市场,从而使现有的物料搬运设备制造商面临着日益严峻的挑战。合同项目交付要求日益提高,需求方往往要求提供从设计、制造、安装到售后服务的一条龙服务,周期短,任务重;智能物料搬运装备非标程度高,下游行业差别较大,应用相对分散,即便是同一系列的产品,装备制造商也常常要根据不同的应用场景和客户需求进行改型。如何能在较短的时间内设计出符合客户需求的产品,是物料搬运设备制造商必须面对的难题。

另一方面,国内物料搬运装备技术水平与国际先进技术水平还存在一定的差距,且价格优势也在逐渐消失。虽然物料搬运装备制造企业的数量很多,但总体情况是大企业少、小企业多,产业分布不够合理,行业集中度不高,产品同质化严重,低价竞争现象普遍存在。因此,利用技术的优势实现差异化竞争,赢得订单的同时保证利润率和交付周期,进而从日益白热化的市场竞争中脱颖而出,是每一个物料搬运装备制造商所追求的目标。

针对上述物料搬运设备制造商所面临的生存环境,要想在激烈的竞争中拔得头筹,就需要企业能够及时响应客户的需求,在短时间内完成投标、设计、生产和交付。为了应对这些问题,物料搬运设备制造企业需要改变其现有的工作方式,提升企业自动化工作及管理水平,从而提升整体效率。设计自动化相关技术和平台如图35-1所示,该平台

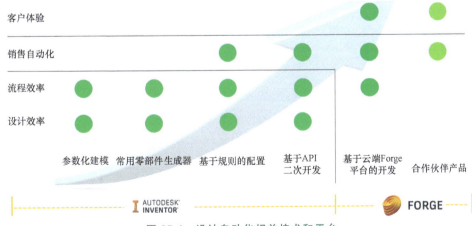

图 35-1　设计自动化相关技术和平台

提供了建模自动化、参数化设计、基于规则的配置、基于 API 的二次开发、Autodesk Forge® 开发等多种实现自动化的技术和平台，来帮助企业从不同层面实现自动化。

具体来说，从提高设计效率的设计自动化到及时响应项目招标的销售自动化，再到打通企业所有业务系统的流程自动化，自动化可以应用到企业的多个层面中。在这里，我们主要介绍销售自动化和设计自动化。图 35-2 所示为自动化在企业不同层级的应用。

销售自动化，是针对已有的成熟产品，基于现有的参数化数字设计模型，构建产品的销售数字模型，并关联相关信息，从而达到在销售自动化系统的界面，输入客户定制化的需求，就可以生成相应的三维模型、二维图样和报价单，从而帮助企业快速响应投标。同时，也帮助企业降低了售前阶段投标方面的人力成本。销售自动化系统简单易用，企业只要部署到互联网上，通过浏览器和移动设备就可以使用。图 35-3 所示为销售自动化系统界面。

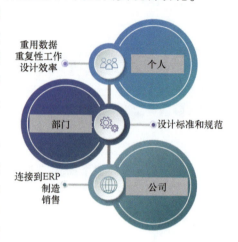

图 35-2 自动化在企业不同层级的应用

图 35-3 销售自动化系统界面

设计自动化，是针对现有的成熟产品，综合应用自动化的建模工具、参数化关联设计、基于规则和逻辑的设计等技术，应用模块化和自顶向下等设计方法，构建产品的智能数字化样机。通过使用设计自动化，企业可最终实现在产品的配置界面上，根据客户定制化的需求，选配零部件和修改参数。相关的三维模型、工程图和相关文档，根据定制化的输入和设定的规则自动更新和生成。通俗地讲就是工程师只需要通过配置，就可以完成日常的设计工作。

设计自动化案例如图 35-4 所示，在左边的对话框中修改参数，如"长度""负载高度"等就可以改尺寸大小，驱动模型更新。选择"工况"和"路况"下相应的下拉选项，就可以更改"支撑"和"轮胎"类型。配置和参数修改完成后，工程图自动生成，使设计成为标准化、自动执行的过程。

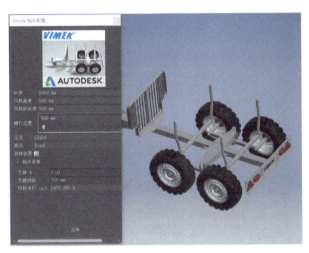

图 35-4　设计自动化案例

实现设计自动化，需要构建产品的数字样机，且要综合以下的方法和技术。

1. 模块化设计

首先，打造产品平台，对产品进行模块化划分。模块是指有独立功能的零件组合，具有标准接口，且可分、可合、可互换，产品一般可分为通用件模块（标准零部件）、系列化零部件模块（不同规格的零部件）和参数化模块等。

通过模块的组合配置可形成不同的产品，从而满足客户的定制需求，且重用度高，能有效简化采购、制造和服务等工作。

需要注意的是，在模块化设计中，对于通用件模块和系列化零部件模块，在调用时，要能做到可选，即从一系列规格中选所需要的；而调用参数化模块时，需要其能在一定范围内调整设计参数，可以选配组成的零部件。

2. 关联设计

修改方案和参数时，所有相关的零部件都需要跟着关联更新，这就需要采用关联设计的方法，包括参数关联和几何形体关联。参数可以是文件中设定的数值，也可以是 Excel 中设定的数值，引用后能在不同零部件之间保持关联；而基于几何形体的关联，常使用骨架模型来传递设计信息（这种方法称为自顶向下的设计），实现零部件之间的关联。通过联合使用这两种方法，从而实现设计的关联性。

3. 基于规则的设计

设计数据根据配置界面的输入来变化和更新，那变化的规则是什么？这就需要工程师在设计时，将设计规则和逻辑嵌入到设计中，从而使设计数据根据输入而自动变化。

基于规则设计的示例如图 35-5 所示，建模软件内置了智能设计功能 iLogic，可以把设计知识和设计规则嵌入到设计中，其使用的逻辑语言，不需要工程师有编程方面的背景就能轻松掌握。例如，图 35-5 中这条规则的意思是，如果输入的设计参数"Length"≥60，且<80，那么参数"thickness"设置为 1.5，如果设计参数"Length"≥80，且<100，那么参数"thickness"设置为 3，如果设计参数"Length"<60，或者>100，那么系统会提示"无效的输入，输入一个 60~100mm 之间的数值"。

```
If length >= 60 And length < 80 Then
    thickness = 1.5

ElseIf length >= 80 And length <= 100 Then
    thickness = 3.0

ElseIf length < 60 Or length > 100 Then
    MessageBox.Show("Please enter a value betweeb 60mm to 100mm", "Invalid Entry")
End If
```

Length = 60mm　　　　　　　　　　Length = 90mm

图 35-5　基于规则设计的示例

要想更好地实现设计自动化，除了上述方法和技术外，最好还要有数据管理平台和复制设计的工具，以便快速找到并组织数据，执行批量的文件改名和属性的更改，缩短新项目的数据准备时间。

下面从案例分析出发，以设计自动化、装备轻量化、数据管理技术为切入点，来改善和解决物料搬运装备制造商在设计过程中遇到的实际问题，提升他们的设计效率和能力，进而提高产品的竞争力。

35.1　自动化设计案例

35.1.1　案例简介

高度定制化是物料搬运装备行业的显著特点之一。输送机作为物料搬运系统常用的设备，不同的项目以及应用场景需要不同的规格和零部件组合。有时，仅从特定规格中选择还不足以满足需求，还要能对包括设计参数在内的某些设计选项在一定范围内进行调整，实现更灵活的定制化设计。

下面两个企业通过应用数字化设计平台，在进行输送机的系列化和定制化设计时，通过重用设计，高效且快速完成设计并交付制造，减少了重复性工作，提升了企业的设计自动化水平，使企业有能力处理更多的订单，并将更多的时间和资源用于创新。其中一家企业利用产品的配置功能，配置出系列化产品，在应用的时候，可做到从这些产品系列中选择合适的规格。另一家国外企业，为了满足客户的需求，开发出输送机的智能数字样机，提供定制化的输入界面，可灵活满足客户定制化的需求。

35.1.2 案例内容

1. 输送机的系列化设计

产品的配置功能基于设计数据，不需要重复进行建模设计。通过表格，就能对产品参数、零件特征、包含的零部件等信息进行配置，从而实现产品的系列化设计。输送机的系列化设计如图 35-6 所示，基于表格的配置界面，可以配置出不同大小的、包含不同零部件的多种规格的输送机。

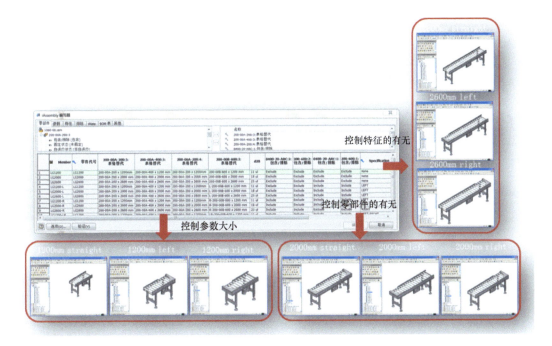

图 35-6 输送机的系列化设计

2. 输送机的定制化设计

为了满足客户的定制化需求，需要能在一定范围内调整包括设计参数在内的多种设计选项，并且与设计相关联的部分也依据设定的规则跟着变化。因此，在构建能满足定制化设计的智能数字样机时，需要综合应用模块化、参数化以及基于规则的设计等设计方法。有了这样的智能数字样机，就可以将重复修改模型和图样等的烦琐工作，通过在图 35-7 所示的配置界面中输入定制的参数，如 Length（长度参数）和 Belt Width（带宽），选配相应的零部件规格，如 Hub Specification（轮毂的规范规格），确认后，设计模型、图样以及分析报告等相关文档就会按照输入的定制化需求自动生成更新。

输送机的系列化和定制化设计，都极大地方便了对现有设计数据的重用，减少了工程师在建模和出图等烦琐重复工作上面所花的时间，实现了设计自动化，设计效率得到明显提升。

图 35-7　输送机的设计自动化界面

35.2　轻量化设计案例

通过创新实现产品的差异化，是企业应对激烈市场竞争的重要方法。通过创新设计，使产品结构更合理、性能更好，用更少的材料，使其更轻量化，从而为企业赢得更多的订单。

如何提高装备的轻量化是业界一直探索的问题。产品经过多次的设计迭代，传统的拓扑优化方法也只是对现有设计的修改，可以做轻量化的空间很小。有没有更好的手段，不受限于定向思维和现有设计方案，可以在更广阔的设计空间探索更优的轻量化方案呢？Autodesk 的衍生式设计提供了一种可能性。

衍生式设计，是基于服务端高性能计算和人工智能等技术手段，以目标为导向的一种设计方法。只需要设定设计目标（安全系数和质量等）和约束（边界条件、材料、制造方法等），软件就能够独立创造性地提出多达上千种的设计方案（CAD 模型），让客户能根据不同方案相对应的参数来选择合适的方案。图 35-8 所示为传统设计，图 35-9 所示为衍生式设计。

传统的产品设计方式，设计师或工程师使用计算机作为设计工具。人加上计算机软件，有限时间内只能设计出有限的设计选项。而衍生式设计，利用服务端强大的计算能力和人工智能技术，设计师或工程师与计算机（人工智能）共同创作，有限时间内可以提出千百种可行的设计选项。图 35-10 所示为传统设计流程，图 35-11 所示为衍生式设计流程。

第35章　物料搬运装备快速智能设计与制造

图 35-8　传统设计

图 35-9　衍生式设计

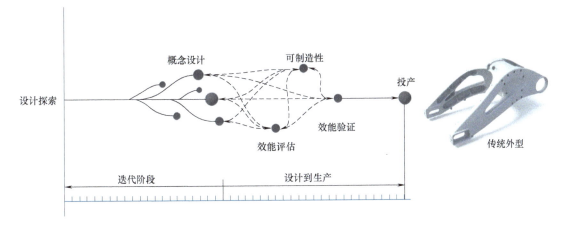

图 35-10　传统设计流程

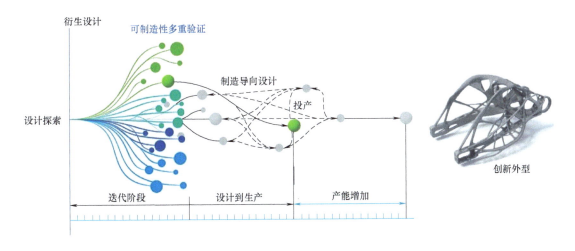

图 35-11　衍生式设计流程

总之，传统的设计流程在有限的时间内只能提供少数几种设计方案，对于可制造性及效能验证能力不足，而且只能设计出传统的外观。采用衍生式设计则可以在有限的时间内生产出成百上千种可制造的及经过性能验证的设计方案，可以构建创新的产品外形且快速投入生产，缩短设计周期，增加生产能力。

35.2.1 案例简介

本案例中的企业是有百年历史的大型装备制造商,主要业务为开发生产大型的材料处理设备。该企业以衍生式设计方法生成的方案为指导,重新设计物料搬运装备,使大型设备大大减轻了重量,从而达到了轻量化的目的。更重要的是,应用常规的工艺生产轻量化后的设备,生产制造成本并未提高。图 35-12 所示为轻量化设计,是该产品的缩小版样品(左边是产品的原结构,右边是轻量化后的结构)。

图 35-12 轻量化设计

35.2.2 案例内容

图 35-13 所示为该用户使用衍生式设计进行物料处理设备轻量化设计的流程。该企业产品轻量化设计的主要过程如下。

1. 定义轻量化目标

例如,生成的方案在保证安全系数是 2 的情况下,质量最小化,接着再定义边界情况(约束和载荷)以及设计空间情况。

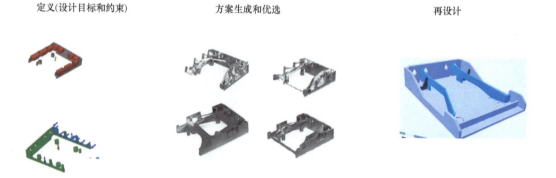

图 35-13 该用户使用衍生式设计进行物料处理设备轻量化设计的流程

2. **定义完成后，提交到服务端结算**（所需时间和设计的复杂程度相关）

计算完成后会返回多个方案，可以预览方案的三维模型、应力和应变情况以及相关参数，也可以同时选择多个方案进行比较，最终确定最合适的方案。

3. **把合适的方案导出**

在 CAD 模型中打开，以此为指导对原有的产品进行再设计。最终达成轻量化的目标，并且用常规的加工生产工艺生产出来。

衍生式设计不仅可以帮助实现产品的轻量化，还能改善产品性能，优化产品耐用性，消除脆弱点，并能把多个零部件合并成一个零件，减少产品的零件数，从而降低成本。

35.3 数据管理案例

物料搬运装备从需求的提出，到设计验证，再到生产加工，经过了多个环节和多个部门，甚至多个单位。如何提高不同部门之间的协作效率，尽可能的复用阶段性的工作成果，对缩短产品的研发周期至关重要。

以设计部门和工艺生产部门为例，很多企业这两个部门间的数据流转并不通畅，甚至还是通过蓝图来实现的。究其原因，有些是企业遵循早年的固有流程造成的，有些是使用工具的不统一、没有协同平台、工艺和生产部门不得不重建数据导致的。这不仅造成了时间的浪费，也增加了出错的概率，延长了生产准备的时间，最终影响项目交付。

35.3.1 案例简介

该案例来自于包装行业的制造企业，该企业在非标设备和包装线设计生产中，采用了设计、分析、生产加工以及数据管理全套解决方案，并进行了定制开发以增加特定功能与企业的业务系统进行连接。图 35-14 所示为包装生产线。

图 35-14 包装生产线

设计分析制造一体化如图 35-15 所示，这些工具以不同模块形式构建在建模平台上，多个业务部门在相应的模块中工作，由于实际上是同一个软件，因此无须数据转换，所有数据通过数据管理平台集中管理，在多个业务部门之间流转。

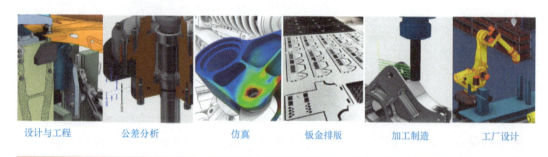

图 35-15　设计分析制造一体化

在采用三维建模平台和数据管理工具前，该用户的典型设计流程是市场及销售人员先谈好合同，之后设计师开始了解客户需求、做设计，然后出二维图，手工打印出来后找相关领导签字审批，之后再手工将图样信息录入 ERP 系统，若中间出现问题再返回更改一下。整个一套流程下来最少要 8 个月甚至 1 年的时间，设计流程烦琐且不合理，从而导致整个设计周期漫长。使用了三维建模平台和数据管理工具后，该用户原有的设计流程转变为"并行护航"的模式，所有人都能直接及时了解客户的需求，即了解客户的需求、项目设计、审批、输出到 ERP 等工作同时进行，合同谈好的同时需求了解和设计流程也同时完成，设计 BOM 可直接转化成生产 BOM，立即进入生产制造环节。设计流程的转变和优化，使该用户的项目交付周期由原来的 8~12 个月变为 3~6 个月，大大缩短了产品的交付周期。

该企业在设计阶段全面应用了参数化的设计方案，项目出图率大幅提升；在生产制造阶段，采用了与设计紧密集成的工具和定制系统，打破了设计和制造的边界，避免了数据格式转换和数据重建，减少了生产准备所需的时间和人员配置，加速了生产制造。设计、生产和流程的进步，使该企业有更多的时间和精力用在提升客户体验上，如更好的零部件加工效果，更轻量化、更可靠的机架结构等。

35.3.2　案例内容

在总体设计阶段，该企业在三维建模平台里采用仿真驱动设计的理念快速完成总体设计和验证，方案确定后再将关键参数和关键的设计条件通过结构总模型传到下游的详细设计阶段，使用自顶向下的设计方法，在详细设计阶段通过模块化、参数化、配置化设计，再通过集成的 CAE 工具进行验证，完成机、电、液一体化协同设计，进而生成三维零部件模型及对应的二维工程图。接下来将三维模型和 BOM 信息流转到工艺设计环节，对于数控加工件，直接基于设计模型，应用集成的 CAM 系统进行数控编程。图 35-16 所示为 Autodesk Vault® PDM 数据管理和协同设计平台。

第35章 物料搬运装备快速智能设计与制造

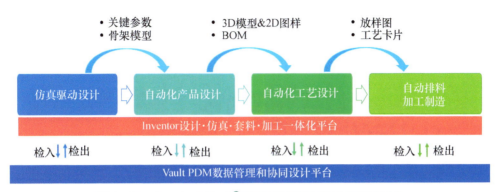

图 35-16 Autodesk Vault® PDM 数据管理和协同设计平台

对于钣金类零件，系统可以批量提取钣金模型，快速地链接工艺规则库，自动生成工艺放样图，并进行排版套料生成 NC 代码，系统连接物资库，并选择合适的机床进行切割加工，并对加工好的板材进行追踪。Vault PDM 平台如图 35-17 所示，多个阶段之间的数据都集中存储在 Autodesk Vault® PDM 平台上，平台在多个业务部门之间流转，方便不同部门之间进行协作。

图 35-17 Vault PDM 平台

集成的设计和生产制造系统消除了设计和生产制造之前的障碍，尽可能地复用设计阶段的设计数据等工作成果，缩短了产品的研发周期，保证项目如期交付。

第36章

未来物料搬运系统设计与数字化运维

36.1 案例简介

该案例是某电气设备制造企业数字化工厂的设计和运维案例。该企业使用制造行业和建筑行业的整体解决方案,进行物料搬运系统和整个产线的规划设计以及建筑设计,进而整合成完整的数字化工厂。图36-1所示为完整的数字化工厂。

在工厂的设计过程中,应用分析工具对厂房的逃生通道进行合理规划,对厂房的日照、通风、供热、制冷等进行分析,以达成节能减排、绿色环保、恒温舒适且高效的工厂设计。

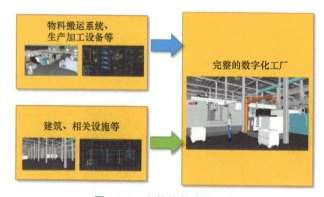

图36-1 完整的数字化工厂

基于工厂的数字化模型,通过虚拟现实技术展示物料搬运系统乃至整个产线的运作,帮助企业清楚地理解产线规划的意图及细节,并在工厂没有动工前,身临其境地虚拟参观整个工厂。

基于数字孪生的工厂模型和物联网技术,实时反应产线实况并管控产线的生产进度,监视产区及多种设施状况,适时调用多种设施资料查看运行和维护记录,从而实现对工厂的数字化运维。

36.2 案例内容

1. 通过虚拟现实技术,展示物料搬运系统和产线运作

虚拟现实工具如图36-2所示,应用虚拟现实工具,直接导入数字化模型,构建数字化工厂及产线逼真的虚拟现实环境,让体验者身临其境,更清楚地理解产线规划的意图及运作细节,并反馈自己的意见。

虚拟现实技术相对于三维可视化模型,更真实地表达了最终的设计,并且让客户可以沉浸其中,对方案的理解和交流更直观,也确保最终的设计能更符合客户的期望。

第36章 未来物料搬运系统设计与数字化运维

图 36-2 虚拟现实工具

2. 借助分析软件，设计绿色节能、恒温舒适和安全的工厂

图 36-3～图 36-5 所示分别为日照模拟、散热空调系统模拟、排烟系统模拟，它们是绿色节能、恒温舒适、安全工厂系统功能的仿真模拟。

 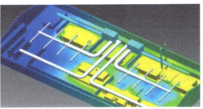 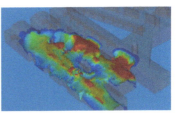

图 36-3 日照模拟　　　图 36-4 散热空调系统模拟　　　图 36-5 排烟系统模拟

1) 绿色工厂。在分析软件中，使用厂房的建筑模型，设定所处的地理位置，模拟日照效果，通过合理利用光照来实现厂房的绿色节能设计。

2) 恒温工厂。随着产品精密程度的不断提高，恒温工厂成了生产线的基本要求。利用 3D 产线模型和相应的仿真分析软件，对厂房的光照、热源及空调系统进行仿真分析，从而实现整个工厂环境的温度恒定，并具有较好的舒适度。

3) 安全工厂。工厂安全是持续生产的关键，在分析系统中，设置起火点，运行仿真来模拟烟雾流动的方向，并以仿真结果为指导，合理规划逃生通道和防烟系统，保证工厂安全。

3. 数字化运维

借助于数字化模型、物联网和大数据技术，数字化运维已走进了工业制造业。数字化运维可视化数字监测，让工厂生产运维变得更加智能、更加高效。Forge 技术，可以用于开发数字孪生、厂区监控及设备运行管理系统。

图 36-6 所示为基于 Forge 开发的数字化运维系统，可以进行厂区监控及区域环境监测，系统在对从物联网采集的设备运行参数进行处理后，以可视化图像的方式显示出来，如设备开机率和日均产量等，做到了对设备的生产状态的实时监控，并减少现场巡检的人力成本，提高了管理效率。

同时，企业还可以对设备设置指标，预防意外停机和故障，如某一关键设备的温度、电动机转数等。如果超过设定值，系统会报警，根据报警确定是否需要调节生产状

图 36-6　基于 Forge 开发的数字化运维系统

态,这是延长设备寿命的一种方式,能有效避免设备因为长期处于超负荷状态运作而发生意外停机的现象。另外,Forge 还可以对设备运行的历史数据进行分析,识别并调节造成运行故障的参数设置,让工厂生产更加智能,解决了传统工业升级面临的一些单凭人力无法解决的问题。

　　Autodesk、Autodesk 标识和【填写在文件中出现的其他 Autodesk 商标】是 Autodesk,Inc. 和/或其子公司和/或其关联公司在美国和/或其他国家或地区的注册商标或商标。所有其他品牌名称、产品名称或者商标均属于其各自的所有者。Autodesk 对于此文档中可能出现的印刷或图形错误以及其他错误不承担任何责任。ⓒ 2020 Autodesk,Inc. 保留所有权利（All rights reserved）。

　　本文和此处包含的信息由 AUTODESK,INC "按原样"提供。AUTODESK,INC 不明示或暗示的方式作任何保证,包括但不限于这些材料针对特定用途的适销性或适用性的任何默示担保。

　　与其他所有性能测试类似,测试结果可能会因计算机、操作系统、过滤器、测试地点的网络环境、测试样本的来源不同而有所差异。本次测试的最终结果可能与您所在其他地区进行的测试结果存在差异。产品信息和规格可能随时变化,恕不另行通知。Autodesk "按现状"提供该信息,无意通过本次测试就相关产品及服务提供任何形式的明示或默示质保。

附录

附录 A 物料搬运装备产业标准

A.1 起重机械国家标准与行业标准（截至 2019 年 4 月）

起重机械国家标准与行业标准见表 A-1。

表 A-1 起重机械国家标准与行业标准

序号	标准编号	标准名称	采标情况	代替标准
1	GB/T 783—2013	起重机械 基本型的最大起重量系列	ISO 2374:1983,IDT	GB/T 783—1987
2	GB/T 790—1995	电动桥式起重机跨度和起升高度系列		GB 790—1965 GB 791—1965
3	GB/T 3811—2008	起重机设计规范		GB/T 3811—1983
4	GB/T 4307—2005	起重吊钩 术语	ISO 1837:2003,IDT	GB/T 4307—1984
5	GB/T 5031—2008	塔式起重机		GB/T 5031—1994 GB/T 9462—1999 GB/T 17806—1999 GB/T 17807—1999
6	GB/T 5082—1985	起重吊运指挥信号		
7	GB 5144—2006	塔式起重机安全规程		GB 5144—1994
8	GB/T 5905—2011	起重机 试验规范和程序	ISO 4310:2009,IDT	GB/T 5905—1986
9	GB/T 5972—2016	起重机 钢丝绳 保养、维护、检验和报废	ISO 4309:2010,IDT	GB/T 5972—2009
10	GB/T 5973—2006	钢丝绳用楔形接头		GB/T 5973—1986
11	GB/T 5974.1—2006	钢丝绳用普通套环		GB/T 5974.1—1986
12	GB/T 5974.2—2006	钢丝绳用重型套环		GB/T 5974.2—1986
13	GB/T 5975—2006	钢丝绳用压板		GB/T 5975—1986
14	GB/T 5976—2006	钢丝绳夹		GB/T 5976—1986

（续）

序号	标准编号	标准名称	采标情况	代替标准
15	GB/T 6067.1—2010	起重机械安全规程 第1部分：总则		GB 6067—1985
16	GB/T 6067.5—2014	起重机械安全规程 第5部分：桥式和门式起重机		
17	GB/T 6068—2008	汽车起重机和轮胎起重机试验规范		GB/T 6068.1~3—2005
18	GB/T 6974.1—2008	起重机 术语 第1部分：通用术语	ISO 4306-1:2007,IDT	GB/T 6974.1~5—1986
19	GB/T 6974.2—2017	起重机 术语 第2部分：流动式起重机	ISO 4306-2:2012,IDT	GB/T 6974.6—1986 GB/T 6974.2—2010
20	GB/T 6974.3—2008	起重机 术语 第3部分：塔式起重机	ISO 4306-3:2003,IDT	GB/T 6974.9—1986
21	GB/T 6974.4—2016	起重机 术语 第4部分：臂架起重机		GB/T 6974.10—1986 GB/T 6974.11—1986
22	GB/T 6974.5—2008	起重机 术语 第5部分：桥式和门式起重机	ISO 4306-5:2005,IDT	
23	GB/T 6974.6—2016	起重机 术语 第6部分：铁路起重机		GB/T 6974.7—1986
24	GB/T 6974.8—1986	起重机械名词术语 浮式起重机		
25	GB/T 6974.14—1986	起重机械名词术语 缆索起重机		
26	GB/T 6974.15—1986	起重机械名词术语 悬挂单轨系统		
27	GB/T 6974.16—1986	起重机械名词术语 冶金起重机		
28	GB/T 6974.17—1986	起重机械名词术语 堆垛起重机		
29	GB/T 6974.18—1986	起重机械名词术语 港口起重机		
30	GB/T 6974.19—1986	起重机械名词术语 集装箱起重机		
31	GB/T 10051.1—2010	起重吊钩 第1部分：力学性能、起重量、应力及材料		GB/T 10051.1—1988
32	GB/T 10051.2—2010	起重吊钩 第2部分：锻造吊钩技术条件		GB/T 10051.2—1988

(续)

序号	标准编号	标准名称	采标情况	代替标准
33	GB/T 10051.3—2010	起重吊钩 第3部分:锻造吊钩使用检查		GB 10051.3—1988
34	GB/T 10051.4—2010	起重吊钩 第4部分:直柄单钩毛坯件		GB/T 10051.4—1988
35	GB/T 10051.5—2010	起重吊钩 第5部分:直柄单钩		GB/T 10051.5—1988
36	GB/T 10051.6—2010	起重吊钩 第6部分:直柄双钩毛坯件		
37	GB/T 10051.7—2010	起重吊钩 第7部分:直柄双钩		
38	GB/T 10051.8—2010	起重吊钩 第8部分:吊钩横梁毛坯件		
39	GB/T 10051.9—2010	起重吊钩 第9部分:吊钩横梁		
40	GB/T 10051.10—2010	起重吊钩 第10部分:吊钩螺母		
41	GB/T 10051.11—2010	起重吊钩 第11部分:吊钩螺母防松板		
42	GB/T 10051.12—2010	起重吊钩 第12部分:吊钩闭锁装置		
43	GB/T 10051.13—2010	起重吊钩 第13部分:叠片式吊钩技术条件		
44	GB/T 10051.14—2010	起重吊钩 第14部分:叠片式吊钩使用检查		
45	GB/T 10051.15—2010	起重吊钩 第15部分:叠片式单钩		
46	GB/T 10183.1—2018	起重机 车轮及大车和小车轨道公差 第1部分:总则	ISO 12488-1:2012,IDT	GB/T 10183—2010
47	GB/T 10183.4—2010	起重机 车轮及大车和小车轨道公差 第4部分:臂架起重机	ISO 12488-4:2004,IDT	
48	GB/T 10597—2011	卷扬式启闭机		GB/T 10597.1—1989 GB/T 10597.2—1989
49	GB/T 12602—2009	起重机械超载保护装置		GB 12602—1990 GB 7950—1999
50	GB/T 13752—2017	塔式起重机设计规范		GB/T 13752—1992

(续)

序号	标准编号	标准名称	采标情况	代替标准
51	GB/T 14405—2011	通用桥式起重机		GB/T 14405—1993
52	GB/T 14406—2011	通用门式起重机		GB/T 14406—1993
53	GB/T 14560—2016	履带起重机		GB/T 14560—2011
54	GB/T 14627—2011	液压式启闭机		GB/T 14627—1993
55	GB/T 15052—2010	起重机 安全标志和危险图形符号总则	ISO 13200:1995,IDT	GB 15052—1994
56	GB 17907—2010	机械式停车设备 通用安全要求		GB 17907—1999
57	GB/T 17908—1999	起重机和起重机械 技术性能和验收文件	ISO 7363:1986,IDT	
58	GB/T 17909.1—1999	起重机 起重机操作手册 第1部分:总则	ISO 9928-1:1990,IDT	
59	GB/T 17909.2—2010	起重机 起重机操作手册 第2部分:流动式起重机	ISO 9928-2:2007,IDT	
60	GB/T 18453—2001	起重机 维护手册 第1部分:总则	ISO 12478-1:1997,IDT	
61	GB/T 18874.1—2002	起重机 供需双方应提供的资料 第1部分:总则	ISO 9374-1:1989,IDT	
62	GB/T 18874.3—2018	起重机 供需双方应提供的资料 第3部分:塔式起重机	ISO 9374-3:2014,IDT	GB/T 18874.3—2009
63	GB/T 18874.4—2009	起重机 供需双方应提供的资料 第4部分:臂架起重机	ISO 9374-4:1989,IDT	
64	GB/T 18874.5—2002	起重机 供需双方应提供的资料 第5部分:桥式和门式起重机	ISO 9374-5:1991,EQV	
65	GB/T 18875—2002	起重机 备件手册	ISO 10973:1995,IDT	
66	GB/T 19924—2005	流动式起重机 稳定性的确定	ISO 4305:1991,IDT	
67	GB/T 20062—2017	流动式起重机作业噪声限值及测量方法		GB/T 20062—2006
68	GB/T 20303.1—2016	起重机 司机室和控制站 第1部分:总则	ISO 8566-1:2010,IDT	GB/T 20303.1—2006
69	GB/T 20303.2—2006	起重机 司机室 第2部分:流动式起重机	ISO 8566-2:1995,IDT	
70	GB/T 20303.3—2016	起重机 司机室和控制站 第3部分:塔式起重机	ISO 8566-3:2010,IDT	GB/T 20303.3—2006

（续）

序号	标准编号	标准名称	采标情况	代替标准
71	GB/T 20303.4—2006	起重机 司机室 第4部分：臂架起重机	ISO 8566-4:1998,IDT	
72	GB/T 20303.5—2006	起重机 司机室 第5部分：桥式和门式起重机	ISO 8566-5:1992,IDT	GB/T 14407—1993
73	GB/T 20304—2006	塔式起重机 稳定性要求	ISO 12485:1998,IDT	
74	GB/T 20305—2006	起重用钢制圆环校准链 正确使用和维护导则	ISO 7592:1983,IDT	
75	GB/T 20652—2006	M(4)、S(6)和T(8)级焊接吊链	ISO 4778:1981,IDT	
76	GB/T 20776—2006	起重机械分类		
77	GB/T 20863.1—2007	起重机械 分级 第1部分：总则	ISO 4301-1:1986,IDT	
78	GB/T 20863.2—2016	起重机械 分级 第2部分：流动式起重机	ISO 4301-2:2009,IDT	GB/T 20863.2—2007
79	GB/T 20863.3—2007	起重机械 分级 第3部分：塔式起重机	ISO 4301-3:1993,IDT	
80	GB/T 20863.4—2007	起重机械 分级 第4部分：臂架起重机	ISO 4301-4:1989,IDT	
81	GB/T 20863.5—2007	起重机械 分级 第5部分：桥式和门式起重机	ISO 4301-5:1991,IDT	
82	GB/T 20946—2007	起重用短环链 验收总则	ISO 1834:1999,IDT	
83	GB/T 20947—2007	起重用短环链 T级（T、DAT和DT型）高精度葫芦链	ISO 3077:2001,IDT	
84	GB/T 21457—2008	起重机和相关设备 试验中参数的测量精度要求	ISO 9373:1989,IDT	
85	GB/T 21458—2008	流动式起重机 额定起重量图表	ISO 11661:1998,IDT	
86	GB/T 22166—2008	非校准起重圆环链和吊链 使用和维护	ISO 3056:1986,IDT	
87	GB/T 22414—2008	起重机 速度和时间参数的测量	ISO 13202:2003,IDT	
88	GB/T 22415—2008	起重机 对试验载荷的要求	ISO 14518:2005,IDT	
89	GB/T 22416.1—2008	起重机 维护 第1部分：总则	ISO 23815:2007,IDT	

（续）

序号	标准编号	标准名称	采标情况	代替标准
90	GB/T 22437.1—2018	起重机 载荷与载荷组合的设计原则 第1部分：总则	ISO 8686-1：2012，IDT	GB/T 22437.1—2008
91	GB/T 22437.2—2010	起重机 载荷与载荷组合的设计原则 第2部分：流动式起重机	ISO 8686-2：2004，MOD	
92	GB/T 22437.3—2008	起重机 载荷与载荷组合的设计原则 第3部分：塔式起重机	ISO 8686-3：1998，IDT	
93	GB/T 22437.4—2010	起重机 载荷与载荷组合的设计原则 第4部分：臂架起重机	ISO 8686-4：2005，MOD	
94	GB/T 22437.5—2008	起重机 载荷与载荷组合的设计原则 第5部分：桥式和门式起重机	ISO 8686-5：1992，MOD	
95	GB/T 23720.1—2009	起重机 司机培训 第1部分：总则	ISO 9926-1：1990，IDT	
96	GB/T 23720.3—2010	起重机 司机培训 第3部分：塔式起重机	ISO 9926-3：2005，IDT	
97	GB/T 23721—2009	起重机 吊装工和指挥人员的培训	ISO 23853：2004，IDT	
98	GB/T 23722—2009	起重机 司机（操作员）、吊装工、指挥人员和评审员的资格要求	ISO 15513：2000，IDT	
99	GB/T 23723.1—2009	起重机 安全使用 第1部分：总则	ISO 12480-1：1997，IDT	
100	GB/T 23723.3—2010	起重机 安全使用 第3部分：塔式起重机	ISO 12480-3：2005，IDT	
101	GB/T 23723.4—2010	起重机 安全使用 第4部分：臂架起重机	ISO 12480-4：2007，IDT	
102	GB/T 23724.1—2016	起重机 检查 第1部分：总则	ISO 9927-1：2013，IDT	GB/T 23724.1—2009
103	GB/T 23724.3—2010	起重机 检查 第3部分：塔式起重机	ISO 9927-3：2005，IDT	
104	GB/T 23725.1—2009	起重机 信息标牌 第1部分：总则	ISO 9942-1：1994，IDT	

(续)

序号	标准编号	标准名称	采标情况	代替标准
105	GB/T 23725.3—2010	起重机 信息标牌 第3部分:塔式起重机	ISO 9942-3:1999,IDT	
106	GB/T 24809.1—2009	起重机 对机构的要求 第1部分:总则	ISO 10972-1:1998,IDT	
107	GB/T 24809.2—2015	起重机 对机构的要求 第2部分:流动式起重机	ISO 10972-2:2009,IDT	
108	GB/T 24809.3—2009	起重机 对机构的要求 第3部分:塔式起重机	ISO 10972-3:2003,IDT	
109	GB/T 24809.4—2009	起重机 对机构的要求 第4部分:臂架起重机	ISO 10972-4:2007,IDT	
110	GB/T 24809.5—2009	起重机 对机构的要求 第5部分:桥式和门式起重机	ISO 10972-5:2006,IDT	
111	GB/T 24810.1—2009	起重机 限制器和指示器 第1部分:总则	ISO 10245-1:2008,IDT	
112	GB/T 24810.2—2009	起重机 限制器和指示器 第2部分:流动式起重机	ISO 10245-2:1994,IDT	
113	GB/T 24810.3—2009	起重机 限制器和指示器 第3部分:塔式起重机	ISO 10245-3:2008,IDT	
114	GB/T 24810.4—2009	起重机 限制器和指示器 第4部分:臂架起重机	ISO 10245-4:2004,IDT	
115	GB/T 24810.5—2009	起重机 限制器和指示器 第5部分:桥式和门式起重机	ISO 10245-5:1995,IDT	
116	GB/T 24811.1—2009	起重机和起重机械 钢丝绳选择 第1部分:总则	ISO 4308-1:2003,IDT	
117	GB/T 24811.2—2009	起重机和起重机械 钢丝绳选择 第2部分:流动式起重机利用系数	ISO 4308-2:1988,IDT	
118	GB/T 24812—2009	4级链条用锻造环眼吊钩	ISO 4779:1986,IDT	

（续）

序号	标准编号	标准名称	采标情况	代替标准
119	GB/T 24813—2018	带安全闭锁装置的8级钢制锻造起重吊钩	ISO 7597:2013,IDT	GB/T 24813—2019
120	GB/T 24814—2009	起重用短环链 吊链等用4级普通精度链	ISO 1835:1980,IDT	
121	GB/T 24815—2009	起重用短环链 吊链等用6级普通精度链	ISO 3075:1980,IDT	
122	GB/T 24816—2017	起重用短环链 吊链等用8级普通精度链	ISO 3076:2012,IDT	GB/T 24816—2009
123	GB/T 24817.1—2016	起重机 控制装置布置形式和特性 第1部分:总则	ISO 7752-1:2010,IDT	GB/T 24817.1—2009
124	GB/T 24817.2—2010	起重机械 控制装置布置形式和特性 第2部分:流动式起重机	ISO 7752-2:1985,IDT	
125	GB/T 24817.3—2016	起重机 控制装置布置形式和特性 第3部分:塔式起重机	ISO 7752-3:2013,IDT	GB/T 24817.3—2009
126	GB/T 24817.4—2009	起重机械 控制装置布置形式和特性 第4部分:臂架起重机	ISO 7752-4:1989,IDT	
127	GB/T 24817.5—2009	起重机械 控制装置布置形式和特性 第5部分:桥式和门式起重机	ISO 7752-5:1985,IDT	
128	GB/T 24818.1—2009	起重机 通道及安全防护设施 第1部分:总则	ISO 11660-1:2008,IDT	
129	GB/T 24818.2—2010	起重机 通道及安全防护设施 第2部分:流动式起重机	ISO 11660-2:1994,IDT	
130	GB/T 24818.3—2009	起重机 通道及安全防护设施 第3部分:塔式起重机	ISO 11660-3:2008,IDT	

(续)

序号	标准编号	标准名称	采标情况	代替标准
131	GB/T 24818.4—2017	起重机 通道及安全防护设施 第4部分:臂架起重机	ISO 11660-4:2012,IDT	
132	GB/T 24818.5—2009	起重机 通道及安全防护设施 第5部分:桥式和门式起重机	ISO 11660-5:2001,IDT	
133	GB/T 25195.1—2010	起重机 图形符号 第1部分:总则	ISO 7296-1:1991,IDT	
134	GB/T 25195.2—2010	起重机 图形符号 第2部分:流动式起重机	ISO 7296-2:1996,IDT	
135	GB/T 25195.3—2010	起重机 图形符号 第3部分:塔式起重机	ISO 7296-3:2006,IDT	
136	GB/T 25196.1—2018	起重机 设计工作周期的监控	ISO 12482-1:2014,IDT	GB/T 25196.1—2010
137	GB/T 25850—2010	起重机 指派人员的培训	ISO 23813:2007,IDT	
138	GB/T 25851.1—2010	流动式起重机 起重机性能的试验测定 第1部分:倾翻载荷和幅度	ISO 11662-1:1995,IDT	
139	GB/T 25852—2017	8级钢制锻造起重部件	ISO 8539:2009,IDT	GB/T 25852—2010
140	GB/T 25853—2010	8级非焊接吊链	ISO 7593:1986,IDT	
141	GB/T 25854—2010	一般起重用D形和弓形锻造卸扣	ISO 2415:2004,IDT	
142	GB/T 25855—2010	索具用8级连接环	ISO 16798:2004,IDT	
143	GB 26469—2011	架桥机安全规程		
144	GB/T 26470—2011	架桥机通用技术条件		
145	GB/T 26471—2011	塔式起重机 安装与拆卸规则		
146	GB/T 26472—2011	流动式起重机 卷筒和滑轮尺寸	ISO 8087:1985,IDT	
147	GB/T 26473—2011	起重机 随车起重机安全要求	ISO 15442:2005,IDT	
148	GB/T 26474—2011	集装箱正面吊运起重机 技术条件		

(续)

序号	标准编号	标准名称	采标情况	代替标准
149	GB/T 26475—2011	桥式抓斗卸船机		
150	GB/T 26476—2011	机械式停车设备 术语		
151	GB/T 26477.1—2011	起重机 车轮和相关小车承轨结构的设计计算 第1部分：总则	ISO 16881-1:2005,IDT	
152	GB/T 26558—2011	桅杆起重机		
153	GB/T 26559—2011	机械式停车设备 分类		
154	GB/T 27545—2011	水平循环类机械式停车设备		
155	GB/T 27546—2011	起重机械 滑轮		
156	GB 27695—2011	汽车举升机安全规程		
157	GB/T 27696—2011	一般起重用4级锻造吊环螺栓	ISO 3266:2010,IDT	
158	GB/T 27697—2011	立式油压千斤顶		
159	GB/T 27996—2011	全地面起重机		
160	GB/T 27997—2011	造船门式起重机		
161	GB/T 27998—2011	平衡式起重机		
162	GB/T 28264—2017	起重机械 安全监控管理系统		GB/T 28264—2012
163	GB 28755—2012	简易升降机安全规程		
164	GB/T 28756—2012	缆索起重机		
165	GB/T 28757—2012	除流动式、塔式和浮式起重机以外的起重机 稳定性基本要求	ISO 4304:1987,MOD	
166	GB/T 28758—2012	起重机 检查人员和资格要求	ISO 23814:2009,IDT	
167	GB/T 29560—2013	门座起重机		
168	GB/T 29561—2013	港口固定式起重机		
169	GB/T 29562.1—2013	起重机械用电动机能效测试方法 第1部分：YZP系列变频调速三相异步电动机		
170	GB/T 29562.2—2013	起重机械用电动机能效测试方法 第2部分：YZR/YZ系列三相异步电动机		

(续)

序号	标准编号	标准名称	采标情况	代替标准
171	GB/T 29562.3—2013	起重机械用电动机能效测试方法 第3部分:锥形转子三相异步电动机		
172	GB/T 30023—2013	起重机 可用性 术语	ISO 11994:1997,IDT	
173	GB/T 30024—2013	起重机 金属结构能力验证	ISO 20332:2008,IDT	
174	GB/T 30025—2013	起重机 起重机及其部件质量的测量	ISO 11629:2004,IDT	
175	GB/T 30026—2013	起重机用短环链 TH级手动链式葫芦用高精度链	ISO 16877:2008,IDT	
176	GB/T 30027—2013	起重机用短环链 VH级手动链式葫芦用高精度链	ISO 16872:2008,IDT	
177	GB/T 30028—2013	电动葫芦能效测试方法		
178	GB/T 30221—2013	工业制动器能效测试方法		
179	GB/T 30222—2013	起重机械用电力驱动起升机构能效测试方法		
180	GB/T 30223—2013	起重机械用电力驱动运行机构能效测试方法		
181	GB/T 30561—2014	起重机 刚性 桥式和门式起重机	ISO 22986:2007,MOD	
182	GB/T 31050—2014	冶金起重机能效测试方法		
183	GB/T 31051.1—2014	起重机 工作和非工作状态下的锚定装置 第1部分:总则	ISO 12210-1:1998,MOD	
184	GB/T 31051.4—2016	起重机 工作和非工作状态下的锚定装置 第4部分:臂架起重机	ISO 12210-4:1998,IDT	
185	GB/T 31052.1—2014	起重机械 检查与维护规程 第1部分:总则		
186	GB/T 31052.2—2016	起重机械 检查与维护规程 第2部分:流动式起重机		
187	GB/T 31052.3—2016	起重机械 检查与维护规程 第3部分:塔式起重机		
188	GB/T 31052.4—2017	起重机械 检查与维护规程 第4部分:臂架起重机		

（续）

序号	标准编号	标准名称	采标情况	代替标准
189	GB/T 31052.5—2015	起重机械　检查与维护规程　第5部分:桥式和门式起重机		
190	GB/T 31052.6—2016	起重机械　检查与维护规程　第6部分:缆索起重机		
191	GB/T 31052.7—2016	起重机械　检查与维护规程　第7部分:桅杆起重机		
192	GB/T 31052.8—2016	起重机械　检查与维护规程　第8部分:铁路起重机		
193	GB/T 31052.9—2016	起重机械　检查与维护规程　第9部分:升降机		
194	GB/T 31052.10—2016	起重机械　检查与维护规程　第10部分:轻小型起重设备		
195	GB/T 31052.11—2015	起重机械　检查与维护规程　第11部分:机械式停车设备		
196	GB/T 31052.12—2017	起重机械　检查与维护规程　第12部分:浮式起重机		
197	GB/T 32544—2016	桥式与门式起重机金属结构声发射检测及结果评定方法		
198	GB/T 33080—2016	塔式起重机安全评估规程		
199	GB/T 33082—2016	机械式停车设备　使用与操作安全要求		
200	GB/T 34529—2017	起重机和葫芦　钢丝绳、卷筒和滑轮的选择		
201	GB/T 35975—2018	起重吊具　分类		
202	GB/T 36697—2018	铸造起重机报废条件		
203	JB/T 1306—2008	电动单梁起重机		JB/T 1306—1994
204	JB/T 2592—2017	螺旋千斤顶		JB/T 2592—2008
205	JB/T 2603—2008	电动悬挂起重机		JB/T 2603—1994
206	JB/T 3695—2008	电动葫芦桥式起重机		JB/T 3695—1994
207	JB/T 4030.1—2013	汽车起重机和轮胎起重机试验规范　第1部分:作业可靠性试验		JB/T 4030.1—2000

（续）

序号	标准编号	标准名称	采标情况	代替标准
208	JB/T 4030.2—2013	汽车起重机和轮胎起重机试验规范 第2部分:行驶可靠性试验		JB/T 4030.2—2000
209	JB/T 4030.3—2013	汽车起重机和轮胎起重机试验规范 第3部分:液压系统试验		JB/T 4030.3—2000
210	JB/T 4207.1—1999	手动起重设备用吊钩		JB 4207—1986
211	JB/T 4207.2—1999	手动起重设备用吊钩闭锁装置		ZB J80004—1987
212	JB/T 4315—1997	起重机电控设备		
213	JB/T 5242—2013	流动式起重机 回转机构试验规范		JB/T 5242—1991 JB/T 8715—1998
214	JB/T 5315—2017	卧式油压千斤顶		JB/T 5315—2008
215	JB/T 5317—2016	环链电动葫芦		JB/T 5317—2007
216	JB/T 5663—2008	电动葫芦门式起重机		JB/T 5663.1—1991 JB/T 5663.2—1991
217	JB/T 5897—2014	防爆桥式起重机		JB/T 5897—2006
218	JB/T 6042—2016	汽车起重机专用底盘		JB/T 6042—2006
219	JB/T 6128—2008	水电站门式起重机		JB/T 6128—1992
220	JB/T 6391.1—2010	滑接输电装置 第1部分:绝缘防护型滑接输电装置		JB/T 6391.1—1992 JB/T 6391.2—1992
221	JB/T 6391.2—2010	滑接输电装置 第2部分:刚体滑接输电导轨装置		
222	JB/T 6392—2008	起重机车轮		JB/T 6392.1—1992 JB/T 6392.2—1992
223	JB/T 6406—2006	电力液压鼓式制动器		JB/T 6406.1~ JB/T 6406.2—1992
224	JB/T 6748—2013	起重机控制台		
225	JB/T 7017—1993	起重机用液压缓冲器		
226	JB/T 7019—2013	工业制动器 制动轮和制动盘		JB/T 7019—1993
227	JB/T 7020—2006	电力液压盘式制动器		JB/T 7020.1~ JB/T 7020.3—1993

（续）

序号	标准编号	标准名称	采标情况	代替标准
228	JB/T 7021—2006	鼓式制动器连接尺寸		JB/T 7021.1~ JB/T 7021.3—1993
229	JB/T 7332—2016	手动单轨小车		JB/T 7332—2007
230	JB/T 7333—2013	手动起重用夹钳		JB/T 7333—1994
231	JB/T 7334—2016	手拉葫芦		JB/T 7334—2007
232	JB/T 7335—2016	环链手扳葫芦		JB/T 7335—2007
233	JB/T 7685—2006	电磁鼓式制动器		JB/T 7685.1—1995 JB/T 7685.2—1995
234	JB/T 7688.1—2008	冶金起重机技术条件 第1部分：通用要求		JB/T 7688.1—1995
235	JB/T 7688.2—2008	冶金起重机技术条件 第2部分：料箱起重机		JB/T 7688.4—1995
236	JB/T 7688.3—2008	冶金起重机技术条件 第3部分：锻造起重机		JB/T 7688.10—1995
237	JB/T 7688.4—2013	冶金起重机技术条件 第4部分：板坯搬运起重机		JB/T 7688.14—1999
238	JB/T 7688.5—2012	冶金起重机技术条件 第5部分：铸造起重机		JB/T 7688.15—1999
239	JB/T 7688.6—2008	冶金起重机技术条件 第6部分：淬火起重机		JB/T 5898—1991
240	JB/T 7688.7—2008	冶金起重机技术条件 第7部分：料耙起重机		JB/T 5899—1991
241	JB/T 7688.8—2015	冶金起重机技术条件 第8部分：均热炉夹钳起重机		
242	JB/T 8319—2013	轻小型起重机电控设备		JB/T 8319—1996
243	JB/T 8437—2016	起重机械无线遥控装置		JB/T 8437—1996
244	JB/T 8521.1—2007	编织吊索 安全性 第1部分：一般用途合成纤维扁平吊装带		JB/T 8521—1997
245	JB/T 8521.2—2007	编织吊索 安全性 第2部分：一般用途合成纤维圆形吊装带		
246	JB/T 8905—2018	起重机用三支点减速器		JB/T 8905.1—1999

（续）

序号	标准编号	标准名称	采标情况	代替标准
247	JB/T 8906—2014	悬臂起重机		JB/T 8906—1999
248	JB/T 8907—2013	绝缘桥式起重机		JB/T 8907—1999
249	JB/T 8909—2013	简易升降类机械式停车设备		JB/T 8909—1999
250	JB/T 8910—2013	升降横移类机械式停车设备		JB/T 8910—1999
251	JB/T 9003—2004	起重机用三合一减速器		JB/T 9003—1999
252	JB/T 9006—2013	起重机 卷筒		JB/T 9006.1—1999 JB/T 9006.2—1999 JB/T 9006.3—1999
253	JB/T 9007—2018	起重滑车		JB/T 9007.1—1999 JB/T 9007.2—1999
254	JB/T 9008.1—2014	钢丝绳电动葫芦 第1部分：型式与基本参数、技术条件		JB/T 9008.1—2004
255	JB/T 9008.2—2015	钢丝绳电动葫芦 第2部分：试验方法		JB/T 9008.2—2004
256	JB/T 9010—1999	手拉葫芦 安全规则		ZB J80015—89
257	JB/T 9737—2013	流动式起重机 液压油固体颗粒污染等级、测量和选用		JB/T 9737.1—2000 JB/T 9737.2—2000 JB/T 9737.3—2000
258	JB/T 9738—2015	汽车起重机		JB/T 9738—2000
259	JB/T 10170—2013	流动式起重机 起升机构试验规范		JB/T 10170—2000
260	JB/T 10215—2000	垂直循环类机械式停车设备		
261	JB/T 10219—2011	防爆梁式起重机		JB/T 10219—2001
262	JB/T 10222—2011	防爆电动葫芦		JB/T 10222—2001
263	JB/T 10381—2013	柔性组合式悬挂起重机		JB/T 10381—2002
264	JB/T 10474—2015	巷道堆垛类机械式停车设备		JB/T 10474—2004
265	JB/T 10475—2015	垂直升降类机械式停车设备		JB/T 10475—2004
266	JB/T 10545—2016	平面移动类机械式停车设备		JB/T 10545—2006
267	JB/T 10546—2014	汽车专用升降机		JB/T 10546—2006
268	JB/T 10559—2018	起重机械无损检测 钢焊缝超声检测		JB/T 10559—2006
269	JB/T 10603—2006	电力液压推动器		JB/T 6406.3—1992

(续)

序号	标准编号	标准名称	采标情况	代替标准
270	JB/T 10816—2007	起重机用底座式硬齿面减速器		
271	JB/T 10817—2007	起重机用三支点硬齿面减速器		
272	JB/T 10833—2017	起重用聚氨酯缓冲器		
273	JB/T 10917—2008	钳盘式制动器		
274	JB/T 11101—2011	齿条千斤顶		
275	JB/T 11156—2011	塔式起重机　起升机构		
276	JB/T 11157—2011	塔式起重机　钢结构制造与检验		
277	JB/T 11209—2011	流动式起重机　滑轮		
278	JB/T 11455—2013	多层循环类机构式停车设备		
279	JB/T 11864—2014	长期堵转力矩电动机式电缆卷筒		
280	JB/T 11865—2014	塔式起重机车轮技术条件		
281	JB/T 11866—2014	塔式起重机用限矩型液力偶合器		
282	JB/T 11963—2014	气动葫芦		
283	JB/T 12214—2015	核电站环行起重机		
284	JB/T 12215—2015	钢丝绳卷扬提升式垂直升船机		
285	JB/T 12477—2018	起重机用底座式减速器		JB/T 8905.2—1999
286	JB/T 12478—2018	起重机用立式减速器		JB/T 8905.3—1999
287	JB/T 12479—2018	起重机用套装式减速器		JB/T 8905.4—1999
288	JB/T 12576—2015	轮胎起重机		
289	JB/T 12577—2015	随车起重机		
290	JB/T 12664—2016	起重机定子调压调速控制装置		
291	JB/T 12745—2016	电动葫芦　能效限额		
292	JB/T 12880—2016	起重机械用不锈钢电阻器		
293	JB/T 12982—2016	电磁圆盘式制动器		
294	JB/T 12983—2016	钢丝绳手扳葫芦		

(续)

序号	标准编号	标准名称	采标情况	代替标准
295	JB/T 12984—2016	起重机抗风制动装置		
296	JB/T 12985—2016	流动式起重机 行走机构试验规范		
297	JB/T 12987—2016	起重机 弹簧缓冲器		JB/T 8110.1—1999
298	JB/T 12988—2016	起重机 橡胶缓冲器		JB/T 8110.2—1999
299	JB/T 12989—2016	起重机械用变频器		
300	JB/T 13312—2018	工业制动器 能效限额		
301	JB/T 13357—2018	起重机械用制动电动机 能效限额		
302	JB/T 13479—2018	工业制动器 制动衬垫		
303	JB/T 13480—2018	起重机用主令控制器		
304	JB/T 13481—2018	起重机用抓斗		
305	JB/T 13622—2018	机械式停车设备三合一减速器		

A.2 连续输送机械国家标准和行业标准（截至 2019 年 4 月）

连续输送机械国家标准和行业标准见表 A-2。

表 A-2 连续输送机械国家标准和行业标准

序号	标准编号	标准名称	采标情况	代替标准
1	GB/T 5837—2008	液力偶合器 型式和基本参数		GB/T 5837—1993
2	GB/T 10595—2017	带式输送机		GB/T 10595—2009
3	GB/T 10596—2011	埋刮板输送机		GB/T 10596.1—1989 GB/T 10596.2—1989 GB/T 10596.3—1989
4	GB/T 14521—2015	连续搬运机械术语		GB/T 14521.1—1993 GB/T 14521.2—1993 GB/T 14521.3—1993 GB/T 14521.4—1993 GB/T 14521.5—1993 GB/T 14521.6—1993 GB/T 14521.7—1993 GB/T 14521.8—1993 GB/T 14521.9—1993

(续)

序号	标准编号	标准名称	采标情况	代替标准
5	GB/T 14695—2011	臂式斗轮堆取料机 型式和基本参数		GB/T 14695—1993
6	GB 14784—2013	带式输送机 安全规范		GB 14784—1993
7	GB/T 17119—1997	连续搬运设备 带承载托辊的带式输送机 运行功率和张力的计算	ISO 5048:1989,IDT	
8	GB/T 23580—2009	连续搬运设备 安全规范 专用规则	ISO 7149:1982,IDT	
9	GB/T 23581—2009	散状物料用贮存设备 安全规范	ISO 8456:1985,IDT	JB/T 3247—1991 JB/T 3248—1991 JB/T 6131—1992
10	GB/T 33079—2016	散状物料连续装船机 型式和基本参数		
11	GB/T 35016—2018	连续搬运机械 装卸机械 安全规范		
12	GB/T 35017—2018	连续搬运设备 散状物料分类、符号、性能及测试方法		
13	GB/T 36698—2018	带式输送机 设计计算方法		
14	JB/T 2647—1995	带式输送机 包装技术条件		JB 2647—1979
15	JB/T 3002—2008	仓壁振动器 型式、基本参数和尺寸		JB/T 3002—1994
16	JB/T 3666—2015	吊式圆盘给料机		JB/T 3666—1996
17	JB/T 3667—2015	座式圆盘给料机		JB/T 3667—1996
18	JB/T 3926—2014	垂直斗式提升机		JB 3926.1—1999~ JB 3926.14—1999
19	JB/T 3927—2010	移动带式输送机		JB/T 3927—1999
20	JB/T 3929—2008	通用悬挂输送机		JB/T 3929—1999 JB/T 7331—1994
21	JB/T 4040—2013	重型板式给料机		JB/T 4040—1999
22	JB/T 4149—2010	臂式斗轮堆取料机 技术条件		JB/T 4149—1994 JB/T 7326—1994 JB/T 7328—1994
23	JB/T 4234—2013	普通型、限矩型液力偶合器铸造叶轮技术条件		JB/T 4234—1999

（续）

序号	标准编号	标准名称	采标情况	代替标准
24	JB/T 4235—2018	普通型、限矩型液力偶合器 易熔塞		JB 4235—1999
25	JB/T 4238.1—2005	调速型液力偶合器、液力偶合器传动装置 试验 第1部分：出厂试验方法		JB/T 4238.1—1986
26	JB/T 4238.2—2005	调速型液力偶合器、液力偶合器传动装置 试验 第2部分：出厂试验技术指标		JB/T 4238.2—1986
27	JB/T 4238.3—2005	调速型液力偶合器、液力偶合器传动装置 试验 第3部分：型式试验方法		JB/T 4238.3—1986
28	JB/T 4238.4—2005	调速型液力偶合器、液力偶合器传动装置 试验 第4部分：型式试验技术指标		JB/T 4238.4—1986
29	JB/T 4255—2013	中轻型板式给料机		JB/T 4255—1999 JB/T 3813—1999
30	JB/T 5321—2008	积放式悬挂输送机 技术条件		JB/T 5321.2—1991
31	JB/T 5322—2008	封闭轨积放式悬挂输送机 技术条件		JB/T 5322.2—1991
32	JB/T 5968—2008	液粘调速器 型式和基本参数		JB/T 5968—1991
33	JB/T 6132—1992	埋刮板输送机 安全规范		
34	JB/T 7011—2008	悬挂输送机 术语		JB/T 7011—1993
35	JB/T 7012—2008	辊子输送机		JB/T 7012—1993
36	JB/T 7013—2008	鳞板输送机		JB/T 7013—1993
37	JB/T 7014—2008	平板式输送机		JB/T 7014—1993
38	JB/T 7015—2010	回转式翻车机		JB/T 7015—1993
39	JB/T 7018—2008	单轨小车悬挂输送机 安全规程	ISO 9851:1990,EQV	JB/T 7018—1993
40	JB/T 7329—2008	斗轮堆取料机械 术语		JB/T 7329—1994
41	JB/T 7330—2018	电动滚筒		JB/T 7330—2008
42	JB/T 7336—2008	单轨小车悬挂输送机 技术条件		JB/T 7336—1994
43	JB/T 7337—2010	轴装式减速器		JB/T 7337—1994

（续）

序号	标准编号	标准名称	采标情况	代替标准
44	JB/T 7555—2008	惯性振动给料机		JB/T 7555—1994
45	JB/T 7679—2008	螺旋输送机		JB/T 7679—1995
46	JB/T 7854—2008	气垫带式输送机		JB/T 7854—1995
47	JB/T 8114—2008	电磁振动给料机		JB/T 2604—1994 JB/T 8114.1—1999
48	JB/T 8848—2018	液力元件 系列型谱		JB/T 8848—1999
49	JB/T 8849—2005	移动式散料连续搬运设备钢结构设计规范	ISO 5049-1:1994,MOD	JB/T 8849—1999
50	JB/T 8908—2013	波状挡边带式输送机		JB/T 8908—1999
51	JB/T 9000—2018	液力偶合器 通用技术条件		JB/T 9000—1999
52	JB/T 9001—2013	调速型液力偶合器 叶轮技术条件		JB/T 9001—1999
53	JB/T 9004—2015	限矩型液力偶合器 试验		JB/T 9004.1—1999 JB/T 9004.2—1999
54	JB/T 9013—1999	封闭轨悬挂输送机 技术条件		ZB J81004—88
55	JB/T 9014.1—1999	连续输送设备 散粒物料性能术语及其分类		ZB J81006.1—88
56	JB/T 9014.2—1999	连续输送设备 散粒物料物理性能试验方法的一般规定		ZB J81006.2—88
57	JB/T 9014.3—1999	连续输送设备 散粒物料粒度和颗粒组成的测定		ZB J81006.3—88
58	JB/T 9014.4—1999	连续输送设备 散粒物料密度的测定		ZB J81006.4—88
59	JB/T 9014.5—1999	连续输送设备 散粒物料湿度（含水率）的测定		ZB J81006.5—88
60	JB/T 9014.6—1999	连续输送设备 散粒物料温度的测定		ZB J81006.6—88
61	JB/T 9014.7—1999	连续输送设备 散粒物料堆积角的测定		ZB J81006.7—88
62	JB/T 9014.8—1999	连续输送设备 散粒物料抗剪强度的测定		ZB J81006.8—88
63	JB/T 9014.9—1999	连续输送设备 散粒物料外摩擦系数的测定		ZB J81006.9—88
64	JB/T 9015—2011	带式输送机用逆止器		JB/T 9015—1999

(续)

序号	标准编号	标准名称	采标情况	代替标准
65	JB/T 9016—2013	悬挂输送机 链和链轮		JB/T 9016.1—1999 JB/T 9016.2—1999
66	JB/T 9017—1999	气垫托盘		ZB J81009—89
67	JB/T 10380—2013	圆管带式输送机		JB/T 10380—2002
68	JB/T 10936—2010	带式输送机 漏斗堵塞检测器		
69	JB/T 10937—2010	带式输送机 输送带纵向撕裂检测器		
70	JB/T 10938—2010	带式输送机 保护装置地址编码系统		
71	JB/T 10939—2010	带式输送机 跑偏开关		
72	JB/T 10958—2010	带式输送机 打滑检测器		
73	JB/T 10959—2010	带式输送机 料流检测器		
74	JB/T 10960—2010	带式输送机 拉绳开关		
75	JB/T 10961—2010	料仓用料位开关		
76	JB/T 11231—2011	摩擦驱动悬挂输送机		
77	JB/T 11517—2013	刮板取料机		
78	JB/T 11518—2013	桥式斗轮取料机		
79	JB/T 12194—2015	液力传动油		
80	JB/T 12195—2015	双轨小车悬挂输送机		
81	JB/T 12636—2016	无轴螺旋输送机		
82	JB/T 12919—2016	成件物品用轻型带式输送机		
83	JB/T 13365—2018	带式输送机用盘式制动器		

A.3 物流仓储机械国家标准和行业标准（截至2019年4月）

物流仓储机械国家标准和行业标准见表A-3。

表A-3 物流仓储机械国家标准和行业标准

序号	标准编号	标准名称	采标情况	代替标准
1	GB/T 30029—2013	自动导引车（AGV）设计通则		
2	GB/T 30030—2013	自动导引车（AGV）术语		
3	GB/T 30673—2014	自动化立体仓库的安装与维护规范		
4	GB/T 30675—2014	阁楼式货架		

(续)

序号	标准编号	标准名称	采标情况	代替标准
5	GB/T 33454—2016	仓储货架使用规范		
6	GB/T 35485—2017	导轮式分拣机技术规范		
7	GB/T 35486—2017	物流仓储配送中心螺旋箱式输送机技术规范		
8	GB/T 35738—2017	物流仓储配送中心输送、分拣及辅助设备 分类和术语		
9	GB/T 35739—2017	物流仓储配送中心成件物品连续垂直输送机		
10	JB/T 5319.1—2008	巷道堆垛起重机 术语		JB/T 5319.1—1991
11	JB/T 5320—2000	剪叉式升降台 安全规程		JB 5320.4—1991
12	JB/T 5323—2017	立体仓库焊接式钢结构货架 技术条件		JB/T 5323—1991
13	JB/T 6130—1992	工业称重式充填机 型式和基本参数		
14	JB/T 6133—1992	码包机 型式和基本参数		
15	JB/T 7016—2017	巷道堆垛起重机		JB/T 2960—1999 JB/T 7016—1993
16	JB/T 9018—2011	自动化立体仓库 设计规范		JB/T 9018—1999
17	JB/T 9229—2013	剪叉式升降台工作平台		JB/T 9229.1—1999 JB/T 9229.2—1999 JB/T 9229.3—1999
18	JB/T 10822—2008	自动化立体仓库 设计通则		
19	JB/T 10823—2008	自动化立体仓库 术语		
20	JB/T 11269—2011	巷道堆垛起重机 安全规范		JB/T 5319.2—1991
21	JB/T 11270—2011	立体仓库组合式钢结构货架 技术条件		

A.4 工业车辆国家标准和行业标准（截至 2019 年 4 月）

工业车辆国家标准和行业标准见表 A-4。

表 A-4 工业车辆国家标准和行业标准

序号	标准编号	标准名称	采标情况	代替标准
1	GB/T 5140—2005	叉车 挂钩型货叉 术语	ISO 2331:1974,IDT	GB/T 5140—1985
2	GB/T 5143—2008	工业车辆 护顶架 技术要求和试验方法	ISO 6055:2004,IDT	GB/T 5143—2001
3	GB/T 5182—2008	叉车 货叉 技术要求和试验方法	ISO 2330:2002,IDT	GB 5182—1996

(续)

序号	标准编号	标准名称	采标情况	代替标准
4	GB/T 5183—2005	叉车 货叉 尺寸		GB/T 5183—1985
5	GB/T 5184—2016	叉车 挂钩型货叉和货叉架安装尺寸	ISO 2328:2011,IDT	GB/T 5184—2008
6	GB/T 6104—2005	机动工业车辆 术语	ISO 5053:1987,IDT	GB/T 6104—1985
7	GB/T 6104.1—2018	工业车辆 术语和分类 第1部分:工业车辆类型	ISO 5053-1:2015,IDT	部分代替 GB/T 6104—2005
8	GB/T 7593—2008	机动工业车辆 驾驶员控制装置及其他显示装置用符号	ISO 3287:1999,IDT	GB/T 7593—1987
9	GB/T 10827.1—2014	工业车辆 安全要求和验证 第1部分:自行式工业车辆（除无人驾驶车辆、伸缩臂式叉车和载运车）	ISO 3691-1:2011,IDT	GB 10827—1999
10	GB/T 10827.5—2013	工业车辆 安全要求和验证 第5部分:步行式车辆	ISO 3691-5:2009,IDT	
11	JB/T 14687—2011	工业脚轮和车轮		GB/T 14687—1993 GB/T 14688—1993
12	GB/T 17910—1999	工业车辆 叉车货叉在使用中的检查和修复	ISO 5057:1993,IDT	
13	GB/T 17938—1999	工业车辆 电动车辆牵引用铅酸蓄电池 优先选用的电压	ISO 1044:1993,IDT	
14	GB/T 18849—2011	机动工业车辆 制动器性能和零件强度	ISO 6292:2008,IDT	GB/T 18849—2002
15	GB/T 22417—2008	叉车 货叉叉套和伸缩式货叉技术性能和强度要求	ISO 13284:2003,IDT	
16	GB/T 22418—2008	工业车辆 车辆自动功能的附加要求	ISO 24134:2006,IDT	
17	GB/T 22419—2008	工业车辆 集装箱吊具和抓臂操作用指示灯技术要求	ISO 15871:2000,IDT	
18	GB/T 26560—2011	机动工业车辆 安全标志和危险图示通则	ISO 15870:2000,IDT	
19	GB/T 26562—2011	自行式坐驾工业车辆踏板的结构与布置 踏板的结构与布置原则	ISO 21281:2005,IDT	
20	GB/T 26945—2011	集装箱空箱堆高机		
21	GB/T 26946.2—2011	侧面式叉车 第2部分:搬运6m及其以上长度货运集装箱叉车的附加稳定性试验	ISO 13563-2:2001,IDT	

（续）

序号	标准编号	标准名称	采标情况	代替标准
22	GB/T 26947—2011	手动托盘搬运车		
23	GB/T 26948.1—2011	工业车辆驾驶员约束系统技术要求及试验方法 第1部分：腰部安全带	ISO 24135-1：2006,IDT	
24	GB/T 26949.1—2012	工业车辆 稳定性验证 第1部分：总则	ISO 22915-1：2008,IDT	
25	GB/T 26949.2—2013	工业车辆 稳定性验证 第2部分：平衡重式叉车	ISO 22915-2：2008,IDT	GB/T 5141—2005
26	GB/T 26949.3—2013	工业车辆 稳定性验证 第3部分：前移式和插腿式叉车	ISO 22915-3：2008,IDT	GB/T 5142—2005
27	GB/T 26949.4—2016	工业车辆 稳定性验证 第4部分：托盘堆垛车、双层堆垛车和操作者位置起升高度不大于1200mm的拣选车	ISO 22915-4：2009,IDT	GB/T 21468—2008
28	GB/T 26949.5—2018	工业车辆 稳定性验证 第5部分：侧面式叉车(单侧)	ISO 22915-5：2014,IDT	GB/T 26946.1—2011
29	GB/T 26949.7—2016	工业车辆 稳定性验证 第7部分：两向和多向运行叉车	ISO 22915-7：2009,IDT	GB/T 22420—2008
30	GB/T 26949.8—2016	工业车辆 稳定性验证 第8部分：在门架前倾和载荷起升条件下堆垛作业的附加稳定性试验	ISO 22915-8：2008,IDT	GB/T 21467—2008
31	GB/T 26949.9—2018	工业车辆 稳定性验证 第9部分：搬运6m及其以上长度货运集装箱的平衡重式叉车	ISO 22915-9：2014,IDT	GB/T 26561—2011
32	GB/T 26949.10—2011	工业车辆 稳定性验证 第10部分：在由动力装置侧移载荷条件下堆垛作业的附加稳定性试验	ISO 22915-10：2008,IDT	
33	GB/T 26949.11—2016	工业车辆 稳定性验证 第11部分：伸缩臂式叉车	ISO 22915-11：2011,IDT	
34	GB/T 26949.13—2017	工业车辆 稳定性验证 第13部分：带门架的越野型叉车	ISO 22915-13：2012,IDT	
35	GB/T 26949.14—2016	工业车辆 稳定性验证 第14部分：越野型伸缩臂式叉车	ISO 22915-14：2010,IDT	
36	GB/T 26949.15—2017	工业车辆 稳定性验证 第15部分：带铰接转向的平衡重式叉车	ISO 22915-15：2013,IDT	

(续)

序号	标准编号	标准名称	采标情况	代替标准
37	GB/T 26949.16—2018	工业车辆 稳定性验证 第16部分:步行式车辆	ISO 22915-16：2014,IDT	
38	GB/T 26949.20—2016	工业车辆 稳定性验证 第20部分:在载荷偏置条件下作业的附加稳定性试验	ISO 22915-20：2008,IDT	
39	GB/T 26949.21—2016	工业车辆 稳定性验证 第21部分:操作者位置起升高度大于1200mm的拣选车	ISO 22915-21：2009,IDT	
40	GB/T 26950.1—2011	防爆工业车辆 第1部分:蓄电池工业车辆		
41	GB/T 26950.2—2015	防爆工业车辆 第2部分:内燃工业车辆		
42	GB/T 27542—2011	蓄电池托盘搬运车		
43	GB/T 27543—2011	手推升降平台搬运车		
44	GB/T 27544—2011	工业车辆 电气要求	ISO 20898：2008,IDT	
45	GB/T 27693—2011	工业车辆安全 噪声辐射的测量方法		
46	GB/T 27694—2011	工业车辆安全 振动的测量方法		
47	GB/T 30031—2013	工业车辆 电磁兼容性		
48	GB/T 32272.1—2015	机动工业车辆 验证视野的试验方法 第1部分:起重量不大于10t的坐驾式、站驾式车辆和伸缩臂式叉车	ISO 13564-1：2012,IDT	
49	GB/T 35205.1—2017	越野叉车 安全要求及验证 第1部分:伸缩臂式叉车	ISO 10896-1：2012,IDT	
50	GB/T 36507—2018	工业车辆 使用、操作与维护安全规范		
51	JB/T 2391—2017	500~10,000kg乘驾式平衡重式叉车		JB/T 2390—2005 JB/T 2391—2007
52	JB/T 2785—2010	工矿内燃机车		JB/T 2785—1994 JB/T 3247—1991 JB/T 3248—1991 JB/T 6131—1992
53	JB/T 3244—2005	蓄电池前移式叉车		JB 3244—1999
54	JB/T 3299—2012	手动插腿式液压叉车		JB 3299—1999
55	JB/T 3300—2010	平衡重式叉车 整机试验方法		JB/T 3300—1992
56	JB/T 3340—2005	插腿式叉车		JB/T 3340—1999

(续)

序号	标准编号	标准名称	采标情况	代替标准
57	JB/T 3341—2005	托盘堆垛车		JB/T 3341—1999
58	JB/T 3811—2013	电动固定平台搬运车		JB/T 3811.1—1999 JB/T 3811.2—1999
59	JB/T 6127—2010	电动平车 技术条件		JB/T 6127—1992
60	JB/T 9012—2011	侧面式叉车		JB/T 9012—1999
61	JB/T 10750—2018	牵引车		JB/T 10750—2007 JB/T 10751—2007
62	JB/T 11037—2010	10,000~45,000kg 内燃平衡重式叉车 技术条件		
63	JB/T 11764—2018	内燃平衡重式叉车 能效限额		
64	JB/T 11840—2014	叉车 侧移器		
65	JB/T 11988—2014	内燃平衡重式叉车 能效测试方法		
66	JB/T 12388—2015	自行式轮胎平板搬运车		
67	JB/T 12574—2015	叉车属具 术语		
68	JB/T 12575—2015	叉车属具 纸卷夹		
69	JB/T 13367—2018	叉车属具 倾翻架		
70	JB/T 13368—2018	叉车属具 软包夹		

附录 B 国际联盟与交流合作（部分）

本附录收录了部分物料搬运装备产业国际联盟和交流合作组织，排序不分先后。

B.1 ISO 起重机技术委员会（ISO/TC 96）

ISO 起重机技术委员会（ISO/TC 96）成立于 1961 年，其主要任务是负责起重机械包括流动式起重机、塔式起重机、臂架起重机、桥式及门式起重机等的设计、术语、钢丝绳、测试方法、使用、操作及维护相关国际标准的制修订工作。其工作范围是借助取物装置，用于空间吊运和移动悬吊载荷的起重机及其相关设备领域的标准化工作，主要是术语、额定载荷、试验、安全、通用设计原则、维护和操作方面。

ISO/TC 96 技术委员会下设 9 个分技术委员会（SC），具体见表 B-1。截至 2018 年 6 月 30 日，该技术委员会共有 P 成员（积极成员）20 个，O 成员（观察成员）30 个。ISO/TC 96 共有正式国际标准 98 项（不包括技术报告、技术规范、标准的修改件、技术勘误和补充件），正在进行的工作项目为 12 项。

表 B-1　ISO/TC 96 的分技术委员会组织结构

分技术委员会代号	名称	秘书国	P成员	O成员	标准数量
SC2	术语	俄罗斯	14	13	5
SC3	钢丝绳的选择	法国	19	14	2
SC4	测试方法	俄罗斯	17	14	6
SC5	使用、操作及维护	日本	18	12	14
SC6	流动式起重机	美国	17	12	21
SC7	塔式起重机	法国	16	11	20
SC8	臂架式起重机	美国	18	11	18
SC9	桥式及门式起重机	澳大利亚	18	11	14
SC10	设计原则和要求	德国	15	6	9

B.2　全球工程机械产业大会

全球工程机械产业大会是中国工程机械工业协会联手美国设备制造商协会、韩国建筑机械工业协会等共同主办，大会为中外企业更清晰、更深刻地了解全球以及中国工程机械产业未来提供了平台，有力地推动了我国与世界产业健康、可持续发展，实现了我国工程机械行业与国际市场的全面对接。

B.3　中日韩起重机安全论坛

中日韩起重机安全论坛自 2002 年第一次在韩国召开，就形成了每年依次在中国、韩国、日本轮流举办的惯例，来自中国、日本与韩国的专家代表和三个国家各地的起重机械方面的专家代表汇聚一堂，就起重机行业情况、安全及智能化等方面进行深入的交流，为中国、日本、韩国三国起重机设计制造水平的提高、使用安全的保障起到了积极的作用。

B.4　世界物料搬运联盟（WMHA）

2014 年，由中国机械工程学会（CMES）、北京起重运输机械设计研究院（BMHRI）、欧洲物料搬运联合会（FEM）、日本物流系统机器协会（JIMH）、美国物流搬运协会（MHI）共同发起的世界物料搬运联盟（World Materials Handling Alliance，WMHA）（简称联盟）在德国汉诺威正式宣告成立。

联盟的成员基本涵盖了全球经济最发达、技术水平最先进的国家和地区，联盟的成立旨在全世界的物料搬运领域内开展广泛的合作，联盟内所涉及的产品类别包括连续输送设备、起重机或起重设备、升降设备、仓储设备、高空作业平台、货架和托盘、工业货车，联盟将在上述产品范围内，在各成员之间就市场情况（生产与对外贸易）的数据交换、最新的技术交流、成员所处国家或地区对于物料搬运设备在安全、环境保护、绿色能源等领域的最新规定、要求及标准等进行沟通和协商。在联盟的框架内包含了中国、欧洲、美国、日本约 2,300 家制造企业的 500,000 名员工，年产值达到 1,470 亿欧元（2016 年的数字），使得联盟具有国际性、权威性和广泛的代表性。

联盟的成立极大地推动了国际物料搬运领域内市场、技术、标准等方面的合作，将对我国物料搬运技术的提高、我国物料搬运行业参与世界市场竞争能力的增强、参与国际标准的制定并推广我国标准在世界范围内执行等方面产生非常积极的作用。

联盟成立之后，形成了在各成员所在的国家轮流举办年度会议的机制，现已在我国上海（2015 年）、日本东京（2016 年）、美国芝加哥（2017 年）、德国汉诺威（2018）、我国上海（2019 年）召开过联盟的年度会议。

在 2016 年和 2017 年召开的联盟会议上，各成员代表除了介绍各自国家和地区物料搬运行业（包括起重机、轻小型起重设备、连续搬运设备、工业车辆、货架和仓储设备）的产值及对外贸易情况之外，还针对各自国家和地区在桥门式起重机、小件物品存储库、货架和仓储设备的现行标准及欧盟最新采用的排放环保标准对工业车辆和移动式起重机的影响进行了交流。

B.5 世界工业车辆联盟

世界工业车辆联盟创立于 1997 年，由欧洲物料搬运协会工业车辆分会（FEM IT）、美国工业车辆协会（ITA）和日本产业车辆协会（JIVA）创办。随着我国在国际工业车辆市场中的地位越来越重要，2007 年联盟邀请中国工程机械工业协会工业车辆分会（CITA）代表我国工业车辆制造商加入这一国际性组织，2008 年，中国工程机械工业协会工业车辆分会成为联盟正式成员。

世界工业车辆联盟是一个代表世界工业车辆制造商的组织，其目的是促进讨论行业内共同关心的非竞争性的议题，如统计、标准、环境保护、可持续发展、叉车安全和各国家与工业车辆相关的法律、法规等。

在每年的世界工业车辆联盟会议同期，还举办工业车辆主席论坛，欧盟、美国、日本和我国协会的主席分别就各国家和地区的经济发展情况、工业车辆市场销售情况和未来行业发展趋势等问题进行介绍。

B.6 中美物料搬运技术交流

长期以来，中国机械工程学会与美国物料搬运协会保持着良好的合作关系，并签订了双边友好合作协议。双方定期进行互访，组织学术研讨会及各种交流活动，共同促进物流技术的进步和发展。

美国物料搬运协会（Material Handling Institute，MHI）成立于 1945 年，其宗旨是服务于会员，促进行业发展。MHI 是美国最大的物料搬运和供应链协会，向会员及客户提供教育、咨询、问题解决方案服务。MHI 拥有近千家企业会员。

B.7 中日物流技术交流会

中日物流技术交流会是由原机械部副部长陆燕荪同志和日本物流装备行业元老木下

先生、间野勉先生共同倡导设立的。该交流会由中国机械工程学会（委托物流工程分会）（CMES\CLEI）和日本物流系统机器协会（JIMH）具体负责组织，每年在中国和日本轮流举办，截至2017年年底已连续成功举办了9届，得到了中国和日本两国物流装备行业的一致好评，也推动了我国物流装备技术的进步。

在历届的中日物流技术交流会上，中日双方代表除了介绍各自国家上一年度物流装备产业的发展情况以及发展趋势之外，每一届还会根据不同的会议主题，安排中日双方的专家代表做专题报告。

中日物流技术交流会为中日双方物流装备的同行搭建了一个可以相互借鉴和学习的平台，为我国物流装备系统的建设提供了许多很好的参考，进一步推动了我国物流装备技术的进步，也将极大地促进我国物流装备行业更加蓬勃地发展。

在2016年和2017年举办的中日物流技术交流会上，中日双方的专家分别以"物流系统故障诊断和安全防护""物流装备的维护保养与物流中心对消防安全的新要求"为主题进行了深入交流。

附录 C　科技会展

本附录收录了部分物料搬运装备相关科技会展，排序不分先后。

C.1　物流技术与装备

C.1.1　日本东京国际物流综合展（Logis-Tech Tokyo）

日本东京国际物流综合展宣传图如图 C-1 所示。

近年来，亚洲各国呈现出与国外企业开展业务合作以及开拓邻国市场的显著势头，亚洲地区正在形成统一的市场。之前主攻国内市场的日本物流企业现正踌躇满志地向亚洲市场进军。

自1994年首次举办以来东京国际物流综合展已有26年的历史，每两年举办一届，是亚洲地区规模最大的物流专业展览会之一，也是日本境内唯一的物流展览会。展会由7大日本行业协会组织：日本工业机械制造商协会、日本工业车辆协会、日本托盘协会、日本运输车辆设备协会、日本物流系统设备协会、日本物流系统协会、日本管理协会。

图 C-1　日本东京国际物流综合展宣传图

2018年展会面积达到59,000m²。据展会官方统计：展商规模有479家（共2,435个展位），其中海外展商5家（共37个展位）。近年来，我国企业组织参展并开拓日本市场的趋势有所上升。展会期间,从叉车到仓储系统、托盘、输送机、台车、集装箱、第三方物流合理化管理与软件系统等众多的最新产品和服务汇聚一堂。我国部分参展企业在本次展会期间发布新产品、新技术应用,其产品及技术侧重在物流智能化、轻量化、密集存储、新型材料设备、人工智能技术植入设备等方面。

C.1.2 亚洲国际物流技术与运输系统展览会(CeMAT ASIA)

随着"智能制造"政策的落地,各行业制造企业急需升级改造,冷链物流、跨境物流、供应链管理、低成本自动化、新零售新物流、智慧物流、物流赋能、融合共生成为先进物流发展的主议题。CeMAT ASIA 展会不仅背靠德国汉诺威展览集团全球品牌资源,还积极配合响应国家提出的制造强国战略的发展方略,融合世界物流先进技术,立足推动我国物流创新发展,致力于打造一个多角度展示企业、深层次实现交流、全方位促成合作的平台。

CeMAT ASIA 是亚洲物料搬运和物流技术行业规模领先、影响力巨大、展品齐全、极具技术价值的国际展会。自 2000 年以来,CeMAT ASIA 的规模不断发展壮大,从第一届规模仅为上海国际展览中心(INTEX)的半个馆,展商数量不到百家的新生展,到如今覆盖上海新国际博览中心(SNIEC)室内外超 85,000m²、展商数量超 800 家的亚洲地区最大物流装备展。CeMAT ASIA 20 年一路走来的历程同样也是我国物流装备业发展的一个缩影。2019 年 CeMAT ASIA 现场如图 C-2 所示。

图 C-2　2019 年 CeMAT ASIA 现场

第 21 届亚洲国际物流技术与运输系统展览会于 2020 年 11 月 3~6 日在上海新国际博览中心开启。展会以"智慧物流"为系列主题,展品范围涵盖系统集成与解决方案、物流机器人、AGV 叉车及配件、输送分拣设备、起重设备、机器视觉、包装设备等板块,联合打造横跨各领域的大工业平台。主办单位在发展浪潮的推动下也积极寻求新突破、新创新。CeMAT ASIA 系列活动已经初步形成品牌化——CeMAT ASIA 创新沙龙迄今为止已连续举办 6 届,吸引在场听众超 1.5 万人次;每年 CeMAT ASIA 下午茶活动都为物流行业精英们创造了一个除去展会以外的线下交流平台;"智享荟"更关注物流行业未来的方向和前景;跟物流研究院合作举办的"世界物流日"活动也成为传统。2020 年 CeMAT ASIA 打造了丰富的线上活动,4 次直播课程共吸引了近 2 万次观看。CeMAT

ASIA 致力于服务展商、买家、媒体及合作伙伴,建立了良好的口碑,2020 年 CeMAT A-SIA 推出"享见"计划,将特邀买家计划做"精"、做"专",继续秉持初衷,不断推陈出新,尽最大努力为各方的发展与共赢添砖加瓦。

C.1.3 中国(广州)国际物流装备与技术展览会(LET-a CeMAT ASIA event)

中国(广州)国际物流装备与技术展览会(LET-a CeMAT ASIA event)自 2010 年首次举办以来,目前已成功举办了 10 届。2018 年,LET-a CeMAT ASIA event 正式成为其母展亚洲国际物流技术与运输系统展览会(CeMAT ASIA)旗下品牌展会。LET-a CeMAT ASIA event 2019 主题聚焦"智能制造,智慧物流",展会总面积近 30,000m^2,共计 373 家企业参展亮相,吸引了 38,065 名专业观众莅临现场参观采购,重点展示关于仓储技术与物流系统、AGV 及配件、仓储技术与车间设备、包装与订单拣选设备、智能工厂等版块的创新产品与技术,成为我国华南地区物流技术发展的重要风向标。

2019 年 LET-a CeMAT ASIA event 现场如图 C-3 所示。

LET-a CeMAT ASIA event 立足华南市场,共享粤港澳大湾区发展机遇,获得中国仓储与配送协会、德国弗劳恩霍夫物流研究院、中国国际商会广州商会、阿拉伯商人论坛(中国)、中国澳大利亚商会—华南、老挝粤商会、广东省制造业协会等近百余家知名商协会的鼎力支持,开拓"一带一路"国家采购商机,致力于打造成为华南地区物流行业最具规模的国际物流装备与技术博览会,使智慧工厂生产、

图 C-3 2019 年 LET-a CeMAT ASIA event 现场

仓储、配送、零售、供应链等企业上下游全面联通,为展商和买家搭建全产业链的商洽平台,推动并实现物流智能化、自动化、信息化,将先进制造、物联网以及工业 4.0 的最新理念应用于企业生产。

C.1.4 美国物流展 Promat

依托美国物料搬运协会深耕行业的号召力以及影响力,每两年一届的美国物流展(隔年在美国亚特兰大市举办,称为 Modex 展)主要覆盖北美地区的物流制造、分销、供应链设备和系统。2019 年,Promat 现场有来自本行业、商业界和政府部门的 1,000 余家参展商在超过 3.7 万 m^2 的展区内展示各种供应链解决方案及创新成果。除了有众多精彩的物流集成,还有机器人与自动化、云存储与应用、3D 打印、无人驾驶、物联网、供应链应用的展示(供应链管理是北美物流的战略特点),更有参与体验度非常高的现场论坛及主题演讲活动,如美洲物流行业报告发布、物流供应链早餐会等。2019 年美国物流展 Promat 现场如图 C-4 所示。

美国物流展 Promat 的口号是"推进供应链发展的解决方案",意味着其将额外涵盖更多多元化的技术、服务、教育展示,以服务于整个物流供应链。

图 C-4　2019 年美国物流展 Promat 现场

C.1.5　汉诺威工业博览会（HANNOVER MESSE）

作为享誉全球的"世界工业发展晴雨表"，德国汉诺威工业博览会自 1947 年创立至今已成功举办 72 届。展会涵盖 7 大展示主题——创新技术及未来生产、自动化及动力传动、数字化生态系统、能源解决方案、工业零配件、压缩空气及真空技术（单年）或物流主题（双年），为工业、能源以及物流等重要领域的未来发展奠定了基础。

2019 年德国汉诺威工业博览会现场如图 C-5 所示。

汉诺威工业博览会作为全球工业技术领域的焦点，在 2019 年吸引了 6,500 家参展企业，展出总面积达到 227,000m²，产生了 650 万次商业交流。整个展期共迎接了 210,000 人次观众参观（其中超过 94%为专业观众）以及 2,500 名国际记者。

未来，数字化转型成为新的全球热点。人工智能、协作机器人、轻量制造、行业整合、5G 等与物流

图 C-5　2019 年德国汉诺威工业博览会现场

的紧密融合都是新的亮点与看点。2021 年汉诺威工业博览会以"产业先锋之家"为主题，聚焦人、机器和信息技术如何进一步融合协作，即"工业 4.0"所描绘的未来工厂的发展方向；印度尼西亚作为合作伙伴国，也将在展会上集中展示国家展团。

在 70 多年的发展历程中，汉诺威工业博览会始终引领工业发展趋势，并将其成功理念和旗舰展会拓展到全球市场，目前 HANNOVER MESSE 品牌系列展已在土耳其、美国、新加坡和墨西哥成功举办。

C.1.6　德国斯图加特物流展（Logimat Germany）

已成功举办 17 届的德国斯图加特物流展作为全球物流行业知名展会，保持着旺盛的创新活力，在展会上不断推陈出新，立足德国，面向全球提供领先的创新理念、物流

装备技术以及整体解决方案。

德国斯图加特物流展参观规模近3年以10%的增速增长,是欧洲地区最具规模的物流技术展会之一。Logimat 2019 共开放8个展馆,展出面积达117,000m^2,吸引了来自意大利、荷兰、瑞士、澳大利亚、中国、美国、日本、韩国、马来西亚、俄罗斯、印度、加拿大等40个国家和地区的近1,600家展商,为期3天的展会吸引专业观众多达60,000人次。Logimat 2019 反映了当前物流仓储和供应链管理方面的现状,3天的展会每天有40多位专家做讲座,30多场90min讲座,以及来自商界、学术界和专业媒体的100多位知名专家交流会,内容涵盖了公众对当前欧洲物流装备市场的信息需求,特别关注了数字化转型以及工业4.0、物流4.0和物联网等项目。

2019年德国斯图加特物流展展会现场如图C-6所示。

图 C-6　2019 年德国斯图加特物流展展会现场

同时,德国斯图加特物流展上也集结了最新的移动机器人系统、智能AGV、数据采集系统等,用现场展示说明物流是工业4.0的核心,物流的革命是未来工业革命的根本。

C.2　工程机械技术与装备展览会

C.2.1　德国慕尼黑国际工程机械博览会（Bauma）

德国慕尼黑国际工程机械博览会（Bauma）是世界上规模大、国际影响力很强的工程机械、建材机械、矿山机械以及建筑和工程车辆及设备的专业展览会,每三年定期在德国慕尼黑举办。

2019年举办的展会面积创新高,达605,000m^2,来自63个国家共3,700家参展商参加,观众数量高达620,000人次,其中250,000人次来自德国以外其他国家和地区。Bauma 2019 取得了65年来最好的成绩,与 Bauma 2016 相比,观众人数增加了约4万人次。中国展团在 Bauma 上的出展规模逐届升级,扩大了我国企业在国际市场的影响力,提升了民族品牌产品的竞争力,形成了中国工程机械行业的群体优势。

2019年德国慕尼黑国际工程机械博览会如图C-7所示。

图C-7　2019年德国慕尼黑国际工程机械博览会

C.2.2　美国工程机械博览会（CONEXPO-CON/AGG）

美国工程机械博览会是全球知名的三大工程机械展之一，仅次于德国Bauma，是全球工程机械行业生产商、贸易商和技术专家在北美市场展示交流的最佳平台，2020年展会面积约为270万m^2，其中室内外各半，参展商超过2,000家，观众人数超过10万人次。展览会期间举办了150场次行业会议、年会，其中多家国际行业协会的年会在展会期间举办。展会提供为期5天的全方位的着眼于分析现代工业的走向、问题、管理和应用技术等教育培训项目。

2020年美国工程机械博览会如图C-8所示。

图C-8　2020年美国工程机械博览会

C.2.3　法国巴黎国际工程机械和建材机械博览会（INTERMAT）

法国巴黎国际工程机械和建材机械博览会（INTERMAT）是与德国慕尼黑国际工程机械博览会和美国工程机械博览会齐名的全球工程机械三大展会之一。该展会创办于

1988 年，每三年一届。

2018 年举办的第十一届展会共吸引了来自 40 个国家和地区的 1,415 名参展商参展，国际参展商占到 64%；总计展出面积为 37.5 万 m^2；吸引了来自 168 个国家的 18.3 万名观众前来参观，其中包括 16 个国家的 33 个国际参观团到会参观。第十一届法国巴黎国际工程机械和建材机械博览会如图 C-9 所示。

图 C-9　第十一届法国巴黎国际工程机械和建材机械博览会

附录 D　科技期刊

部分物料搬运装备产业有关中文期刊和外文期刊见表 D-1 和表 D-2，排序不分先后。

表 D-1　部分物料搬运装备产业有关中文期刊

序号	名称	封面	主管单位	主办单位	出版周期
1	起重运输机械		中国机械工业联合会	北京起重运输机械设计研究院有限公司	半月刊
2	西南交通大学学报			西南交通大学	双月刊

（续）

序号	名称	封面	主管单位	主办单位	出版周期
3	水道港口		交通运输部	交通运输部天津水运工程科学研究所	双月刊
4	中国港湾建设		中国交通建设集团有限公司	中国交通建设股份有限公司	月刊
5	中国港口		交通运输部	中国港口协会	月刊
6	港口科技		中国港口协会	中国港口协会	月刊
7	港口装卸		教育部	武汉理工大学	双月刊
8	交通运输工程学报		教育部	长安大学	双月刊

（续）

序号	名称	封面	主管单位	主办单位	出版周期
9	工程机械		天津工程机械研究院	天津工程机械研究院	月刊
10	工程机械文摘		天津工程机械研究院	天津工程机械研究院	双月刊
11	工程机械与维修		中国机械工业联合会	北京卓众出版有限公司	双月刊
12	建筑机械		住房与城乡建设部	北京建筑机械化研究院	月刊
13	建筑机械化			中国建筑科学研究院建筑机械化研究分院	月刊
14	矿山机械		洛阳矿山机械工程设计研究院有限责任公司	洛阳矿山机械工程设计研究院	月刊

415

(续)

序号	名称	封面	主管单位	主办单位	出版周期
15	重型机械			中国重型机械研究院	双月刊
16	煤矿机械		黑龙江科技大学	黑龙江科技大学 哈尔滨煤矿机械研究所	月刊
17	特种设备安全技术		湖北省质量技术监管局	湖北特种设备检验检测研究院	双月刊
18	中国设备工程		国家发展和改革委员会 中国设备管理协会	中国设备管理协会	月刊
19	中国电梯		建设部	中国建筑科学研究院 建筑机械化研究分院	半月刊
20	中国工程机械学报		中国科学技术协会	中国机械工程学会	双月刊

（续）

序号	名称	封面	主管单位	主办单位	出版周期
21	建设机械技术与管理		住房和城乡建设部	长沙建设机械研究院 国家建筑城建机械质量监督检验中心	月刊
22	中国机械工程		中国科学技术协会	中国机械工程学会	月刊
23	中国储运			中储发展股份有限公司中国物资储运协会	月刊
24	东北大学学报（自然科学版）		教育部	东北大学	双月刊
25	今日工程机械		中国机械工业联合会	中国农机院和机电商报社	半月刊
26	物流技术		中国物流生产力促进中心	中国物资流通技术经济委员会、中国物资流通技术开发协会、物流技术研究所	月刊

(续)

序号	名称	封面	主管单位	主办单位	出版周期
27	物流技术与应用		教育部	北京科技大学	月刊
28	物流科技		中国商业联合会	中国商业股份制企业经济联合会	月刊
29	中国物流与采购			中国物流与采购联合会	半月刊
30	叉车技术		宝鸡市委宣传部；宝鸡市新闻出版局	全国叉车与工业车辆网	季刊

表 D-2　部分物料搬运装备产业有关外文期刊

序号	名称	中文译名	封面
1	Modern Materials Handling	现代物料搬运	

(续)

序号	名称	中文译名	封面
2	Elevator World	电梯世界	
3	Materials Handling Engineering	材料搬运工程	
4	Storage Handling Distribution	存储处理分配	
5	Cranes Today	今日起重机	
6	Hoist	起重机	
7	Logistik Heute	今日物流	

(续)

序号	名称	中文译名	封面
8	International Seilbahn-Rundschau	国际缆车	
9	Fördern und Heben	德国起重运输技术	
10	Materialfluss	国际缆车之旅	
11	Seilbahnen International	国际缆车	
12	Technische Logistik	物流技术	
13	Deutsche hebe-und Fördertechnik	输送机技术	

（续）

序号	名称	中文译名	封面
14	Logistik für Unternehmen	公司物流	
15	Logistik Journal	物流杂志	
16	Jahrbuch Logistik	物流年鉴	
17	dhf Intralogistik	dhf 内部物流	
18	FM Das Logistik-Magazin	FM 物流杂志	

（续）

序号	名称	中文译名	封面
19	マテリマルフロー	日本物流研究中心	
20	クレーン	起重机	
21	資源と素材	资源和素材	
22	化學装置	化学装置	
23	機械と研究	机械和研究	
24	混相流	混相流	

附录 E 开设物料搬运装备相关专业大专院校

我国开设物料搬运装备相关专业的部分大专院校，见表 E-1。

表 E-1 我国开设物料搬运装备相关专业的部分大专院校（排名不分先后）

学校名称	专业概述
东南大学	东南大学物料搬运机械装备专业主要设在交通学院，其中交通运输工程是国家一级重点学科，下设交通运输规划与管理、道路与铁道工程两个国家二级重点学科
西南交通大学	西南交通大学物流专业设在交通运输与物流学院和机械工程学院。交通运输与物流学院和机械工程学院是西南交通大学具有悠久办学历史的学院，拥有雄厚的师资力量和完善的教学设施，它们已为国家交通运输与物流、起重运输机械领域培养了数十万名毕业生
北京交通大学	北京交通大学物料搬运装备有关专业设置在交通运输学院，设有交通运输、交通工程、物流工程、电子商务等专业，其中交通运输专业下设 6 个方向，为我国起重运输产业培养了很多人才
北京科技大学	北京科技大学物流专业设置在机械工程学院，1985 年在原机械系"起重机研究室"的基础上组建了"物流工程教研室"，2004 年成立了"物流工程系"，现承担物流工程和工业工程两个本科、两个研究生专业的教学及人才培养工作
北京航空航天大学	北京航空航天大学交通科学与工程学院的交通运输系设有交通运输工程一级学科博士点及博士后流动站，在全国第四轮学科评估中获评 A 类学科，拥有综合交通大数据应用技术国家工程实验室，2019 年交通运输专业入选国家一流本科专业建设"双万计划"
北京邮电大学	北京邮电大学物流工程专业主要培养掌握信息系统、物流装备、物流运作与管理等方面的规划、研究、开发与应用能力，培养具有机械工程、控制工程、计算机科学和管理科学交叉融合的物流专业技术知识的物流工程优秀人才
大连理工大学	大连理工大学管理与经济学部设有运营与物流管理研究所，主要培养物流运作与管理方面的优秀人才，为企事业单位培养了一大批掌握现代物流管理知识的专业人才
同济大学	同济大学物料搬运相关专业设置于交通与运输工程学院及机械与能源工程学院，主要培养起重运输机械装备产业方面的高端专业人才
华南理工大学	华南理工大学培养物流发展规划、物流系统分析与设计、物流企业运作与管理方向的技术能力和管理能力兼备的复合型人才。该专业要求学生具有扎实的理论基础，并具备从事物流工程、运输管理工程等方面的能力
大连海事大学	大连海事大学物料搬运装备有关专业设置在交通运输工程学院，其下设交通运输规划与管理、交通运输工程、道路与铁道工程、载运工具运用工程等 11 个学科
哈尔滨工业大学	哈尔滨工业大学物料搬运装备有关专业设置在机电工程学院、交通科学与工程学院，为我国起重运输机械装备产业培养了一大批人才

(续)

学校名称	专业概述
武汉理工大学	武汉理工大学物料搬运机械装备有关专业设置在交通学院和物流工程学院，其中港口装卸机械产品研发、港口物流关键技术研究、物流装备自动化及智能控制等居全国前列
太原科技大学	太原科技大学起重运输机械装备有关专业设置在机械工程学院，其中机械设计制造及其自动化专业（包括起重运输机械、工程机械、冶金机械、矿山机械、机械制造工艺与设备、流体传动与控制6个方向）为"国家管理的专业点"和"国家级特色专业建设点"，2019年获批国家一流专业，该专业从2011年开始连续三次通过国际工程教育专业认证；机械电子工程专业2018年通过国际工程教育专业认证，2019年被评为山西省一流专业
重庆大学	重庆大学物料搬运装备有关专业设置在机械工程学院和汽车工程学院，机械设计与制造、动力机械与工程等学科与方向为起重运输机械装备产业培养了大批人才
华中科技大学	华中科技大学物料搬运装备有关专业设置在机械工程学院，其中先进制造与智能实验室等为起重机状态监控、故障诊断等贡献了力量
长安大学	长安大学物料搬运装备有关专业设置在运输工程学院，其中交通运输与交通工程专业历史悠久，特色突出，社会影响显著。经过多年的积淀，取得了丰硕的成果
中南大学	中南大学物料搬运装备有关专业设置在交通运输工程学院，其中交通设备与控制工程系整合了工程机械、电力牵引传动与控制等专业，开展轨道交通设备与控制工程领域的科学研究，是全国综合改革试点专业和"卓越计划"专业
吉林大学	吉林大学物料搬运装备有关专业设置在交通学院，该学院自建立以来为我国交通行业培养了大批专业人才，相当一部分毕业生已经成为交通运输业的技术骨干和管理骨干
广西大学	广西大学物流工程专业主要培养制造企业和流通企业物流供应链实施的高级物流工程专业技术人才，该专业涵盖机械工程、管理工程、交通运输工程、自动化控制和计算机技术等
东北大学	东北大学物料搬运装备有关专业设置在机械工程与自动化学院，其中机械工程和动力工程及工程热物理为一级学科，均设有博士后流动站，涵盖机械制造及其自动化、机械设计及理论、机械电子工程、车辆工程、流体机械及工程、化工过程机械、动力机械及工程7个二级学科
燕山大学	燕山大学起重运输机械装备有关专业设置在机械工程学院，该学院以重型机械及装备为特色，以机械设计及理论、机械电子工程、机械制造及其自动化、材料加工工程等重点学科为基础，在国内具有重要的学术地位
合肥工业大学	合肥工业大学物料搬运机械装备有关专业设置在机械工程学院和汽车与交通工程学院，该学院为起重运输机械装备产业培养了大批人才
上海海事大学	上海海事大学物料搬运装备有关专业设置在物流工程学院，其中机械设计制造及其自动化为国家特色专业，港口机械电子工程是上海市重点学科，港航电力传动与控制、电力电子与电力传动、机械设计及理论学科是上海市教委重点学科，物流工程专业、机械设计制造及自动化专业、电气工程及其自动化专业属上海市高校教育高地重点建设项目

（续）

学校名称	专业概述
山东大学	山东大学设有物流管理研究所,主要培养物流管理方面的人才,为国家培养出了一大批具有物流管理专业技能的新时代精英
山东科技大学	山东科技大学物流管理专业设置在经济管理学院,主要为物流管理方向,重点培养具有管理科学基本知识和物流管理能力的人才
山西能源学院	山西能源学院以煤炭、电力、新能源类专业为主体,主要培养基础理论扎实、专业技能突出、实践动手能力强的人才,可直接为能源企业服务

结 束 语

物料搬运装备是物料搬运系统的物质技术基础，是物料搬运系统的重要资产，涉及物料搬运的各个环节。总的来说，物料搬运装备的发展水平是评价整个物料搬运技术水平的重要标志。

2010 年颁布的《国务院关于加快培育和发展战略性新兴产业的决定》确定了我国未来经济社会发展的战略重点和方向是战略性新兴产业，并且根据我国国情和科技、产业基础，制定出了现阶段重点发展的包括节能环保、新一代信息技术、生物、高端装备制造、新能源新材料、新能源汽车等在内的七大新兴产业。物料搬运装备作为高端装备制造的重要组成部分，将会是国家大力支持、推广的产业。

2018—2019 年是我国"十三五"关键的两年，也是新一轮经济循环的上升阶段，物料搬运装备发展的利好因素将达到一个新高度，本书立足物料搬运装备产业相关数据和现状对物料搬运装备产业进行了分析，分 7 篇浅析了物料搬运装备产业不同版块的产业现状、发展趋势和整体发展环境，使读者对国内物料搬运装备产业有较为深入的认识，并能够更清晰地展望物料搬运装备产业的未来。

贯彻落实国家战略决策，提高政府、企业以及物料搬运产业同仁对战略性新兴产业物料搬运装备的关注及其认识；为政府制定新的战略规划，提供系统理论指导和科学决策依据；为企业和研究单位人员开阔视野，强化关键核心技术重要性的认识三个方面，相信本书的出版将产生一定的推动作用，为物料搬运装备产业的发展与腾飞做出应有的贡献。

本书的编写是一次尝试和探索，其中或许会存在不完善的地方，期待业内专家、同仁提出意见和建议，以便在以后的编写中积极整改、日臻完善。

参 考 文 献

[1] 陆大明，等．中国战略性新兴产业研究与发展：物流仓储装备［M］．北京：机械工业出版社，2017．

[2] 中国机械工程学会物流工程分会．物流工程技术路线图［M］．北京：中国科学技术出版社，2015．

[3] 中国机械工程学会．中国机械工程技术路线图［M］．2版．北京：中国科学技术出版社，2017．

[4] 中国机械工程学会物流工程分会．"数控一代"案例集（物流技术与装备卷）［M］．北京：中国科学技术出版社，2016．

[5] 赵炯，周奇才，熊肖磊，等．设备故障诊断及远程维护技术［M］．北京：机械工业出版社，2014．

[6] 立群．从上市公司看中国物流装备行业发展趋势［J］．物流技术与应用，2016，21（10）：102-105．

[7] 贺登才．多管齐下 多方发力 推动物流高质量发展——对《关于推动物流高质量发展促进形成强大国内市场的意见》的理解［J］．大陆桥视野，2019（3）：31-34．

[8] 宋哲．我国产业转移的动因与效应分析［D］．武汉：武汉大学，2013．

[9] 任芳．"货到人"拣选方案及其创新发展［J］．物流技术与应用，2017（10）：80-84．

[10] 佚名．取代人工仓储自动分拣系统何去何从［EB/OL］．（2020-04-10）［2020-09-25］．http://www.qdtengyue.com/xwdt/gyzs/983.html．

[11] 李传波．VR和AR的行业应用价值及其在邮政、物流业的应用前景［EB/OL］．（2017-03-29）［2020-09-25］．http://www.chinapost.com.cn/html1/report/171354/9798-1.html．

[12] 袁勇，王飞跃．区块链技术发展现状与展望［J］．自动化学报，2016，42（4）：481-494．

[13] 陈友东，胡嘉航．基于边缘计算的工业应用：自动导引小车控制系统［J］．计算机集成制造系统，2019，25（12）：3191-3198．

[14] 刘云浩．从互联到新工业革命［M］．北京：清华大学出版社，2016．

[15] WU Y，GE D. Key technologies of warehousing robot for intelligent logistics，The First International Symposium on Management and Social Sciences（ISMSS 2019）［C］. Atlantis Press，2019．

[16] FERNÁNDEZ-CARAMÉS T，BLANCO-NOVOA O，SUÁREZ-ALBELA M，et al. A UAV and Blockchain-Based System for Industry 4.0 Inventory and Traceability Applications［J］. Proceedings，2018，4（1）．

[17] LI X，ZHANG Z. Research and analysis for real-time streaming big data based on controllable clustering and edge computing algorithm［J］. IEEE Access，2019，（99）：1-1．

[18] 张晋强，张娟玲．虚拟装配技术在起重机产品中的应用［J］．山西冶金，2018，41（3）：109-110，120．

[19] 杨宗儒．桥式起重机起升系统动力学建模及仿真［D］．武汉：武汉理工大学，2018．

[20] 李桐．汽车起重机起升机构液压系统的仿真研究［D］．秦皇岛：燕山大学，2018．

[21] 戴炼．深海折臂式起重机主动升沉补偿液压系统建模与仿真［J］．价值工程，2019，38（24）：172-173．

[22] 李善锋，赵云伟．液压起重机柔性平动连杆建模新方法及误差仿真研究［J］．机床与液压，2020，48（9）：150-153．

[23] 刘卫标．起重机快速设计方法研究及结构性能分析［D］．昆明：昆明理工大学，2018．

[24] 赵丽媛，常中龙，郝鹏飞．基于桥式起重机的电气模块化设计［J］．起重运输机械，2018（5）：78-80．

[25] 邹志文．浅谈门式起重机全生命周期发展趋势［J］．科技创新导报，2019，16（13）：90-92．

[26] 张子健．桥式起重机主梁优化设计系统及云设计平台研究［D］．太原：中北大学，2019．

[27] 吴昊罡，潘彦宏，步超．智能起重机的控制系统与关键技术［J］．起重运输机械，2018（5）：69-72．

[28] 牟杰．桥式起重机防摇摆控制方法研究［D］．杭州：浙江工业大学，2019．

[29] 周奇才，沈鹤鸿，刘星辰，等．大型机械设备全生命周期管理体系结构研究［J］．中国工程机械学报，2017，15（4）：318-323．

[30] 中国电子信息产业发展研究院，世界智能制造大会组委会．2017—2018中国智能制造发展年度报告［R］．中国经济信息社，2018．

[31] 国家统计局．中华人民共和国2019年国民经济和社会发展统计公报［Z］．2020．

[32] 国家发展和改革委员会，等．关于推动物流高质量发展，促进形成强大国内市场的意见［Z］．2019．

[33] 丁俊发.中国供应链研究：供应链国家战略[M].北京：中国铁道出版社，2018.

[34] 陆大明.中国物流仓储装备产业发展研究报告（2016—2017）[M].北京：机械工业出版社，2018.

[35] 邱伏生.智能供应链[M].北京：机械工业出版社，2019.

[36] 中币网.德国ALLCHAIN打造区块链+物联网+智能制造，打造万亿级别市场[EB/OL].（2017-12-20）[2020-09-25］.https：//www.zhongbi.net/news/jishu/10553.html.

[37] 田春芳.巴斯夫：供应链上的"点金术"[EB/OL].（2012-10-24）[2020-09-25］.http：//info.10000link.com/newsdetail.aspx?doc=2012102490020.

[38] 唐隆基，罗克博.未来的供应链是数字化的供应链——析CSCMP2017全球供应链大会[EB/OL].（2017-10-19）[2020-09-25］.https：//baijiahao.baidu.com/s?id=1581739813771482687&wfr=spider&for=pc.

[39] 吕程.国内外物流研究现状、热点与趋势——文献计量与理论综述[J].中国流通经济，2017，31（12）：33-40.

[40] ALLCHAIN.区块链物联网工业4.0白皮书[R].ALLCHAIN FOUNDATION，2017.

[41] 张颖川.智能制造下的智慧供应链变革[J].物流技术与应用，2018，23（4）：84-86.

[42] 文化评论网.供应链产业的发展 智能化是关键[EB/OL].（2017-10-27）[2020-09-25］.http：//www.sohu.com/a/200560099_100032642.

[43] 佚名.供给侧改革背景下的供应链变革[EB/OL].（2016-01-19）[2020-09-25］.https：//wenku.baidu.com/view/0f7f59af27284b73f342502d.html.

[44] 中国产业信息网.2017年中国供应链管理行业发展现状、主要特点和发展趋势分析[EB/OL].（2017-07-06）[2020-09-25］.http：//www.chyxx.com/industry/201707/538996.html.

[45] 佚名.从新型冠状肺炎病毒阻击战看国家疫情应急供应链体系建设[J].物流技术与应用，2020，243（25）：52-55.

[46] 高峻峻.构建新零售时代下的新型供应链[EB/OL].（2017-08-29）[2020-09-25］.http：//www.ebrun.com/20170829/244508.shtml.

[47] 艾媒咨询.艾媒报告l2017—2018中国跨境电商市场研究报告[EB/OL].（2018-02-06）[2020-09-25］.http：//www.iimedia.cn/60608.html.

[48] 中国报告网.中国智能制造领域信息化市场概述及工业软件市场规模分析[EB/OL].（2017-03-29）[2020-09-25］.http：//market.chinabaogao.com/it/03292MD52017.html.

[49] 李卓，魏文艺.供应链业态迎来风口：2020年市场规模将超3万亿美元[EB/OL].（2018-07-01）[2020-09-25］.https：//finance.sina.com.cn/chanjing/cyxw/2018-07-02/doc-ihespqry2412732.shtml.

[50] 国家发展和改革委员会."互联网+"高效物流实施意见[Z].2016.

[51] 国务院.物流业发展中长期规划（2014—2020年）[Z].2014.

[52] 国务院办公厅.关于加快发展冷链物流保障食品安全促进消费升级的意见[Z].2017.

[53] 蔡熙.2019年自动分拣设备行业市场回顾与2020年展望[EB/OL].（2020-05-14）[2020-09-25］.https：//www.sohu.com/a/395279004_649545.

[54] 哈工大机器人（山东）智能研究院.中国机器人产业发展报告（2019）[M].北京：社会科学文献出版社，2020.

[55] 中国物流与采购联合会冷链物流专业委员会.中国冷链物流发展报告（2019）[M].北京：中国物资出版社，2019.

[56] 中国产业信息网.2018年中国自动化立体仓库行业市场现状分析[EB/OL].（2019-12-09）[2020-09-25］.http：//www.chyxx.com/industry/201912/815575.html.

[57] 佚名.中国快递行业发展报告（2018—2019）[EB/OL].（2019-10-18）[2020-09-25］.https：//www.sohu.com/a/347741343_747369.

[58] 国家发展改革委.物流业降本增效专项行动方案（2016—2018年）[Z].2016.

[59] 杨正栋.浙江产业集聚规模效应的探索和研究[J].中国外资，2010（8）：185-186.

[60] 国务院.长江三角洲区域一体化发展规划纲要[Z].2019.

[61] 广东省人民政府办公厅.关于印发推进珠江三角洲地区物流一体化行动计划（2014—2020年）的通知[Z].2014.

[62] 商务部电子商务和信息化司.一图看懂2019年全国网络零售市场发展报告[EB/OL].[2020-04-14]. https：//dzswgf.mofcom.gov.cn/news/5/2020/4/1586913870177.html.

[63] LOGISTICS IQ.2020年仓储自动化市场图谱[R/OL].（2020-07-09）[2020-09-25]. https：//www.sohu.com/a/407212529_120043419.

[64] 施巍松、孙辉、曹杰，等.边缘计算：万物互联时代新型计算模型[J].计算机研究与发展，2017（5）：907-924.